Deutschland
im Kalten Krieg

Deutschland im Kalten Krieg 1945–1963

Eine Ausstellung des
Deutschen Historischen Museums
28. August bis 24. November 1992
im Zeughaus Berlin

Argon

Gregor Glass

Katalog

Bausteine
Deutsches Historisches Museum
Generaldirektor
Prof. Dr. Christoph Stölzl

Baustein 9
Deutschland
im Kalten Krieg
1945–1963
hg. v. Dieter Vorsteher

Bearbeitung und Redaktion
Winfried Ranke
Katharina Klotz
Wilfried Rogasch

Gestaltung
Regelindis Westphal, Berlin

Photographie
Photowerkstätten des DHM

Satz
Mercator Druckerei GmbH, Berlin

Lithographie
Graphische Werkstätten Berlin,
GmbH

Druck
Druckerei Ludwig Vogt, Berlin

Bindung
Heinz Stein, Berlin

Verlag
Argon Verlag GmbH, Berlin
Potsdamer Straße 87
W-1000 Berlin 30

ISBN 3-87024-225-6

Ausstellung

Deutsches Historisches Museum
vom 28. August bis 24. November 1992
im Zeughaus, Berlin

Konzeption
Winfried Ranke
Dieter Vorsteher

Wissenschaftliche Beratung
Prof. Dr. Wolfgang Benz, Berlin
Prof. Dr. Wilfried Loth, Essen
Prof. Dr. Hermann Weber, Mannheim

Gestaltung
Peter Gössel, Nürnberg (Entwurf)

Leihverkehr
Edith Michelsen

Aufbau
Thomas Schmid-Dankward,
Atelier Zentral, Berlin (Graphik)
Fa. W. Schackla, Berlin (Großphotos)
Fa. Bernd-Michael Weisheit (Bau)
Michael Flegel (Beleuchtung) und
Werkstätten des DHM

Ton- und Videobänder
Wilfried Rogasch

Restaurierung und Rahmung
Restaurierungsabteilung des DHM

Plakat
Regelindis Westphal, Berlin

Öffentlichkeitsarbeit
Rita Brebaun, Angelika Wachs
(DHM 030/21502-349)

Leihgeber

Der Senat von Berlin, Protokollabteilung der Senatskanzlei

Johannes-Sassenbach-Stiftung, Bibliothek und Archiv der Gewerkschaftsbewegung, Berlin

Landesarchiv Berlin

Bildarchiv Preußischer Kulturbesitz, Berlin

Archiv der sozialen Demokratie der Friedrich-Ebert-Stiftung, Bonn

Haus der Geschichte, Bonn

Institut für Zeitungsforschung, Dortmund

Sammlung K. Körner, Hamburg

Historisches Archiv der Stadt Köln

Bundesarchiv Koblenz, Photosammlung

Sammlung K. Stehle, München

Münchner Stadtmuseum, Plakatsammlung

Stadtarchiv München

Stadtarchiv Saarbrücken

Archiv für Christlich-Demokratische Politik, Konrad-Adenauer-Stiftung e.V., St. Augustin

Wir danken allen Leihgebern für die freundliche Unterstützung des Ausstellungsprojekts.

Inhaltsverzeichnis

Dieter Vorsteher

Vorwort

Vor drei Jahren konnte man davon ausgehen, daß die Nachkriegszeit zur Mitte der fünfziger Jahre beendet, daß der Kalte Krieg spätestens seit zwei Jahrzehnten vorbei gewesen sei. Seine bedrohlichen Szenarien hatte er zu Beginn der fünfziger Jahre entworfen. Die Epoche des Kalten Krieges besaß keine Aktualität, lediglich nostalgische Rückblenden auf die Gründungsphasen von Bundesrepublik wie DDR konnten dem Thema abgewonnen werden. Der politische Erdrutsch vom Herbst 1989 veränderte schlagartig die Perspektive. Als die internationale Politik dann feststellte, der Kalte Krieg sei vorbei, wurde deutlich, in einer Epoche gelebt zu haben, die erst jetzt als eine vorübergehende Nachkriegsordnung zu Ende ging. Erst jetzt entstand eine verbindliche Friedensordnung für das Nachkriegseuropa. Innerhalb weniger Monate zerbarst die große gesellschaftliche Alternative des Sozialismus in den Staaten Osteuropas, verrauchte die so lange als bedrohlich empfundene Gefahr eines revolutionären Weltkommunismus gleich einem »Papiertiger«. Die »Wende« in Osteuropa war nicht Aufbruch in einen neuen Sozialismus, sondern letzter Schritt eines lange währenden Zerfalls.

Die unerwartete Revision der Nachkriegsordnung war für die DDR folgenreich: Ihre staatsrechtliche Existenz hörte im Oktober 1990 auf. Zuvor durchlief sie innerhalb weniger Monate die Phasen ihrer Gründungsgeschichte von 1945 bis 1961 ein zweites Mal. Im Zeitraffer traten die Etappen der deutsch-deutschen Entzweiung, jetzt als »Rolle rückwärts« vor unsere Augen. Punkt für Punkt revidierte die DDR, was Herzstück ihrer staatlichen Substanz war. Das Einparteiensystem löste sich auf und freie Wahlen wurden durchgeführt. Die sowjetische Siegernacht hielt sich zurück, und die politische Öffentlichkeit ließ sich nicht mehr reglementieren. Eine Massenflucht, wie man sie aus den fünfziger Jahren kannte, setzte über Ungarn und die CSSR ein, die Mauer fiel, die Wirtschaft brach zusammen. Damit erhielten aufmerksame Beobachter einen Schnellkurs über die wesentlichen Elemente, die über 45 Jahre den Bestand der DDR gesichert hatten: Vereinigungsparteitag (1946), währungspolitische Abtrennung von Westeuropa/Berlin-Blockade (1948), Unterdrückung der politischen Öffentlichkeit (17. Juni 1953) und territoriale Abgrenzung bis zum Mauerbau 1961. Das Volk, so widersprüchlich seine Beweggründe im Jahre 1989 waren, mischte sich in die inneren und äußeren Angelegenheiten des DDR-Staates ein.

Zugleich geschah etwas Erstaunliches. Nicht nur in der DDR, sondern auch in der Bundesrepublik gab es nicht wenige, die des status quo der Nachkriegsordnung von Potsdam, nun um einige Punkte verbessert, erhalten wollten. Eine marktwirtschaftliche Bundesrepublik und eine sozialistische Repulik mit »menschlichem Antlitz« sollten bei offener Grenze eine Konföderation bilden. Bei diesem Ringen im Jahre 1990 um eine brauchbare Alternative zur bisherigen Zweistaatlichkeit stellte sich immer bohrender die Frage nach dem, was die DDR in den neuen Staat einbringen könnte. Dieser Prozeß des Nachdenkens war einerseits überschattet von Ängsten und Vorbehalten gegenüber der Bundesrepublik, andererseits war er vom Erschrecken über die Machenschaften der DDR-Institutionen und deren heilloser Nähe zur Staatsdiktatur gelähmt. Der Versuch einer »verbesserten« DDR mißriet. Das ehemalige Unbehagen über die Gänsefüßchen (fast vierzig Jahre hatten sie die »DDR« gebrandmarkt) wich der Angst nun als »Fußnote der Geschichte« behandelt zu werden (Stefan Heym). Der befürchtete Griff der Bundesrepublik nach der DDR weckte alptraumartige Ängste, die in der Propaganda der Nachkriegszeit wurzelten. Längst vergessene, durch jahrzehntelang geführte Konsultationen abgebaute und mithin totgeglaubte Feindbilder erstanden zu neuem Leben. Unzählige Parolen – »Wir lassen uns nicht vereinnahmen«, »Nie wieder Groß-Deutschland«, »Nazis raus«, »Wessi hau ab«, »Wieder-Vereinigung«, »Kein viertes Reich« – bedienten sich des Themenkataloges aus der Mottenkiste des Kalten Krieges. Dem Bundesrepublikaner fröstelte es weniger bei diesen Parolen als bei den sich überbietenden Hochrechnungen, was diese Einheit kosten werde, und er konterte: »Kein Geld für rote Socken!«

Alptraum und Entfremdung, Angst und große Worte belebten und bestimmten den Gefühlshaushalt der Vereinigungs-Deutschen. Nach der euphorischen Kontaktaufnahme im Herbst 1989 und den Wahlen im März 1990 offenbarte er wider Erwarten eine Militanz, als gelte es erneut den Streit der Väter auszufechten. In den Köpfen von Ost und West kam vehement zum Vorschein, wozu die Potsdamer Konferenz einen Grundstein gelegt und was durch den Mauerbau zu einer trügerischen Ruhe in Europa geführt hatte: ein erbittert geführter Glaubenskrieg, der an Heftigkeit dem oftmals beschworenen Bruderkrieg nicht viel nachsteht. Das Unterstreichen eines gänzlichen Versagens des Sozialismus ist dem einen genauso wichtig wie dem anderen das Insistieren auf Widerstand gegen den »Manchester-Kapitalismus«. Die verheerenden Folgen, die der Kalte Krieg in den Köpfen angerichtet hatte, offenbarten sich bei den deutsch-deutschen Begegnungen nach der Vereinigung. Mit seinen Texten und Bildern war der Kalte Krieg mehr als Drohrhetorik und hämische Satire: Er hat unser Denken geformt, noch lange nachdem die Propagandasprüche und -bilder nicht mehr opportun waren.

Nimmt man die Deformation des Denkens wahr, die hinter der sprichwörtlichen »Mauer im Kopf« zum Vorschein kommt, so offenbaren sich Zerrbilder, die ungebrochen mehr als drei Jahrzehnte überwintert haben. Das durch die Teilung persönlich Erlittene wie auch die propagandistischen Bilder der Nachkriegszeit bis zum Mauerbau treten als Gespenster wieder auf. Zu sehr sind wir in Mitteleuropa Kinder des 20. Jahrhunderts, seiner Konflikte und Konfrontationen. In den Glaubenskrieg der Ideologen hat sich Deutschland immer wieder verwickelt, an dem Streit zwischen Demokratie und Diktatur hat es mit eigenen Varianten teilgenommen. Seit dem Sieg des Bolschewismus 1917 in Rußland trat es einerseits mit seinem Antibolschewismus hervor, andererseits schürte es mit seiner sowjetischen Bündnispolitik Unbehagen in Westeuropa.

Das »Gespenst der Weltrevolution« auf der einen Seite und die »Hyäne des Wallstreet Kapitalismus« auf der anderen waren die prägenden Metaphern für politische Standorte in den zwanziger und dreißiger Jahren gewesen. Der Nationalsozialismus radikalisierte auf seine Weise diesen Weltanschauungskrieg. Als imperialen Eroberungs- und Rassenkrieg betrieb er aggressiv eine Weltrevolution und bestätigte somit auf das Grausamste sowohl das sowjetische Feindbild vom militanten Imperialismus, wie auch das der westlichen Demokratien von Diktatur und Staatsterror. In diesem Punkt konnte sich die Anti-Hitler-Koalition über alle Interessenunterschiede hinweg verbünden und traditionelle Vorbehalte zurückstellen. Was vom »Deutschen« nach dem Zweiten Weltkrieg zurückblieb, war ein Konglomerat international gehandelter Feindbilder. Der Nationalsozialismus hatte es verstanden, innerhalb weniger Jahre fast alle auf sich zu vereinen. Eine »besinnungslose, blutgierige, faschistische Bestie« stand für Militarismus, Imperialismus, Faschismus, Diktatur, staatlich angeordnetem Mord, Ausrottung von Andersdenkenden und Völkermord. Ein moderner Staat, mitten in Europa, war innerhalb weniger Jahre degeneriert und in die Barbarei zurückgefallen.

So wie das nationalsozialistische Deutschland durch seine Kriege eine Überwindung der Ost-West-Konflikte in der Anti-Hitler-Koalition bewirkte, wurde Deutschland nach 1945 zunächst Probierstein für die Tragfähigkeit dieses Bündnisses. Vom gemeinsamen Anspruch her waren sich die Sieger noch einig bei der Potsdamer Konferenz, bei der gemeinsamen Verwaltung Berlins, bei der Enteignung der Nazi-Verbrecher, bei der demokratischen Umerziehung, bei Gründung der demokratischen Parteien und bei den Nürnberger Prozessen. Die unterschiedlichen Auffassungen und Mentalitäten lieferten jedoch innerhalb eines Jahres genügend Konfliktstoff, um die Interpretationsmuster der jeweils anderen Seite aus der Vorkriegszeit wieder zu beleben. Die Enteignung der »Nazi-Verbrecher« ging in der Sowjetischen Besatzungszone weit über das hinaus, was die Westalliierten darunter verstanden hatten. Die Zwangsvereinigung von KPD und SPD zur SED widersprach dem Aufbau einer demokratischen Parteienlandschaft, die Zurückweisung der sowjetischen Reparationsforderung durch die Westmächte förderte spätestens seit Sommer 1947 ein tiefes Mißtrauen auf der sowjetischen Seite. Die vier Zonen und insbesondere die vier Sektoren in Berlin boten nun ein vielfältiges Experimentierfeld der wiedererwachten Systemkonkurrenz und beförderten die Spaltung. Der Aufbau der westeuropäischen Wirtschaft mit Hilfe des Marshall-Planes schien dort ein Wiedererstarken von »Imperialismus und Kapitalismus« zu ermöglichen, die militanten Ordnungsmaßnahmen der Roten Armee in Polen und der Putsch der Kommunisten in der Tschechoslowakei 1948 gaben Anzeichen der vom Westen befürchteten Weltrevolution, die die Angst vor einer Sowjetisierung Mittel- und Westeuropas mobilisierten.

Für das Nachkriegsdeutschland war diese weltanschauliche Konfrontation fatal. Rückschauend muß man wohl sagen: Es gab keinen »Dritten Weg« der Neutralität. Denn durch den Überfall auf die Sowjetunion im Juni 1941 und durch die deutsche Kriegserklärung an die USA im Dezember hatte Deutschland zwei Mächte nach Mitteleuropa gerufen, die sich nun durch eine Neutralitätserklärung Deutschlands nicht abschieben lassen wollten. So hart die Resultate der Potsdamer Konferenz, die gescheiterten Außenministerkonferenzen und letzlich die Gründung zweier Staaten mit unterschiedlichen Gesellschaftsordnungen den deutschen Nationalstaat von 1871 trafen, so virulent war nach 1945 auch eine andere Tradition – das Ressentiment gegen Preußen, gegen den vom ihm geschaffenen deutschen Staat.

Der Handschlag der sowjetischen und amerikanischen Siegerstreitmächte im April 1945 bei Torgau an der Elbe war nicht zufällig. Die Elbe galt keineswegs als neuempfundene Grenze in Deutschland. Für den westorientierten, aus seiner Tradition föderativ struktuierten Westen Deutschlands fing der Osten schon im 19. Jahrhundert jenseits der Elbe an. Nicht erst Adenauer hat als Rheinländer so empfunden. Die 1991 zu beobachtende Reserve vieler westdeutscher Politiker gegenüber Berlin hat ihre Wurzeln im letzten Jahrhundert, in antipreußischem Sentiment. Gerade für die Jahre nach 1945 war es ein ernstzunehmender Faktor der Teilung. Die westdeutschen Führungselieten in den drei Westzonen mögen unter diesem Gesichtspunkt wohl eher befördernd den Konfrontationskurs ihrer Siegermächte begleitet haben. Und die aus der sowjetischen Besatzungszone verdrängten Eliten mahnten aus eigener Erfahrung zur Vorsicht bei östlicher Einheitspropaganda.

Das zunächst nur demonstrativ gegeneinander gerichtete Säbelrasseln zweier in sich labiler Staatsgebilde änderte sich durch den Ausbruch des Koreakrieges im Juni 1951. Die Sowjetunion hatte die Auswirkungen der kommunistischen Offensive gegen Südkorea für die US-Politik in Westeuropa falsch eingeschätzt. Dadurch wuchs die Bereitschaft der Westmächte, die Bundesrepublik in eine Europäische Verteidigungsgemeinschaft (EVG) aufzunehmen. Vor diesem internationalen Hintergrund erreichten die Propagandaschlachten der beiden deutschen Staaten eine neue Qualität und Quantität an gegenseitiger Diffamierung. Alle Initiativen zur Einheit Deutschlands, selbst die – vom Westen als nur taktisch gewertete – Stalin-Note von 1952, haben diesen Konfrontationskurs nicht mehr hindern können.

Nach dem Tode Stalins gab es in der Bundesrepublik berechtigte Hoffnungen auf eine Lösung der »offenen« deutschen Frage. Die Überlegungen des Stalin-Nachfolgers Berija im Frühsommer 1953, die DDR gegebenenfalls aufzugeben, um eine NATO-Mitgliedschaft der Bundesrepublik zu verhindern, erstarben mit seiner Entmachtung im Juni 1953. Der für das DDR-Regime fast mit einem Fiasko endende 17. Juni war nicht dessen Ende, sondern zweiter Gründungstag: Walter Ulbricht, eben noch fast gestürzt, konnte sich mit Rückendeckung der neuen Machthaber in Moskau seiner parteiinternen Kritiker entledigen. Die DDR war nun nicht länger verhandelbare Masse auf dem Tisch der internationalen Politik. Die Bundesrepublik stellte sich auf eine lange Zeit der Teilung ein. Für sie war der 17. Juni mehr als eine Arbeiterunruhe, sein Ausgang schrieb die Teilung fest.

In das Reden von der Einheit mischte sich viel Rhetorik. Wollte man sie im Westen wirklich, die »Brüder und Schwestern« aus der notorisch armen »Streusandbüchse« Deutschlands? – Nicht überall und im Laufe der Jahrzehnte immer weniger. Die Entscheidung vom

Juni 1991 für Berlin als Hauptstadt war knapp – fast ein Zufall nur. Es scheint, als seien die Deutschen nicht nur Opfer der Ost-West-Konfrontation, sondern derzeit auch deren einzige Erben. Schon traut man im Westen den ständig fordernden und nörgelnden »Ossis« nicht mehr über den Weg, schon zimmert der Osten seine Phalanx gegen den unbarmherzigen und geldgierigen »Wessi« in einer »Sammlungsbewegung für Gerechtigkeit«. Der Kalte Krieg, von der internationalen Politik für beendet erklärt, war in Europa nicht nur ein unblutiges Ideenspiel, sondern er forderte seine Opfer und übergab am Ende ein wirtschaftlich, landschaftlich und mental verwüstetes »Schlachtfeld«. Dieses aufzuräumen, erfordert auf beiden Seiten nicht nur finanzielle Opfer, sondern auch Verständnis der Ursachen und Vorgänge.

All diese Überlegungen waren Anlaß, sich auf eine Ausstellung ›Deutschland im Kalten Krieg‹ einzulassen. Die Periodisierung von 1945 bis 1963, so wie wir sie hier vornahmen, behandelt die uns heute noch prägende Epoche des Ost-West-Konfliktes. Sie spannt den Bogen von der Potsdamer Konferenz, auf der eine weitgehende Übereinkunft zwischen den späteren Protagonisten des Konfliktes bestand, bis zum »Wandel durch Annäherung« in der Deutschlandpolitik, ein Ziel, das Egon Bahr 1963 formulierte. Die Ausstellung möchte die heutigen Erben des Kalten Krieges in eine deutsch-deutsche Nachdenklichkeit einüben. Dabei wünschen sich die Veranstalter, Fehlwahrnehmungen zu behindern und Zerrbilder gerade zu rücken.

Für die wissenschaftliche Beratung der Ausstellung danken wir den Herren Professoren Wolfgang Benz, Wilfried Loth und Hermann Weber. Ihnen sei ebenfalls gedankt – stellvertretend für alle Autoren –, daß der vorliegende Katalog in dieser Form erscheinen konnte. Dank auch an Winfried Ranke, der das Ausstellungsprojekt verantwortlich leitete.

Wilfried Loth

Was war der Kalte Krieg? Annäherungen an ein unbewältigtes Erbe

Der Kalte Krieg, so heißt es allenthalben, ist zu Ende. Das ist grundsätzlich richtig und doch nur die halbe Wahrheit. Wenn man verstehen will, was der Kalte Krieg gewesen ist, muß man sich daran erinnern, daß schon häufiger von seinem Ende die Rede war: 1949 nach der Aufhebung der Berliner Blockade, 1953 nach Stalins Tod, 1962 nach der Beilegung der Kuba-Krise und in der Hochphase der Entspannung zu Beginn der 70er Jahre. Das deutet darauf hin, daß es sich beim Kalten Krieg weniger um eine historische Epoche handelte als um einen Zustand: einen Aggregatzustand des Ost-West-Konflikts, der zu unterschiedlichen Zeiten in unterschiedlichen Dosierungen aufgetreten ist.

Verhängnisvolle Furcht

Gekennzeichnet war dieser Aggregatzustand durch die Vorstellung, daß es im Ost-West-Konflikt nicht nur um eine Auseinandersetzung zwischen unterschiedlichen Lebensformen, Gesellschaftssystemen und Machtsphären ging, sondern um einen Kampf auf Leben und Tod, der die eine wie die andere Seite existenziell bedrohte. Aus Furcht vor dem Übergriff der Gegenseite auf die eigene Lebensform wurden Kontakte abgebrochen, Mauern errichtet, wurde aufgerüstet und die Militarisierung der eigenen Gesellschaft vorangetrieben. Kommunistische Führer bauten ihr Lager zu einer repressiven Festung aus, weil sie glaubten, anders nicht gegenüber dem aggressiven Imperialismus der USA bestehen zu können; und westliche Demokratien entwickelten ähnliche Militanz, weil sie fürchteten, die bolschewistische Revolution werde sonst unaufhaltsam immer weiter nach Westen vordringen.

Diese Furcht war allerdings nicht immer gleich stark und sie war auch nie allein handlungsbestimmend. Immer wieder machten sich Zweifel bemerkbar, ob die Gegenseite wirklich so aggressiv und so mächtig war, wie die Furchtsamen und die Dogmatiker behaupteten. Immer wieder machten sich Stimmen bemerkbar, die auf die Kosten der Konfrontation hinwiesen: die Notwendigkeit, immer mehr Ressourcen in die Rüstung zu stecken, ohne je ganz sicher sein zu können, daß die Abschreckung wirklich funktionierte; die schleichende Militarisierung der eigenen Gesellschaft; das Risiko einer atomaren Katastrophe. Immer wieder setzten sich diejenigen zur Wehr, die unter der Blockkonfrontation besonders zu leiden hatten, die – im Osten wie im Westen – innenpolitisch zu den Verlierern der Konfrontation zählten. All dies sorgte dafür, daß der Kalte Krieg permanent relativiert wurde. Darum ist es wohl sinnvoll, von Kalte-Kriegs-Tendenzen und Höhepunkten des Kalten Krieges zu sprechen; es ist aber nicht möglich, einen klar abgegrenzten Zeitraum des Kalten Krieges innerhalb der Ära des Ost-West-Konflikts auszumachen.

Kalte-Kriegs-Tendenzen konnte es geben und gab es, solange die amerikanisch-sowjetische Rivalität die künftige oder aktuelle Weltpolitik dominierte, also vom Eintritt der Sowjetunion und der USA in den Zweiten Weltkrieg 1941 bis zum Ende des Ost-West-Konflikts infolge der Gorbatschow-Revolution. Sie verdichteten sich nach dem Scheitern der Bemühungen um eine einvernehmliche Regelung der Nachkriegsordnung 1947 und flauten wieder ab, als um die Mitte der 50er Jahre deutlich wurde, daß sich mit den beiden Blöcken in Ost und West gleichwohl eine vergleichsweise stabile Nachkriegsordnung etabliert hatte. In der Zeit der Berlin-Krise 1958-1962 flackerten die Ängste wieder auf, und auch im Jahrzehnt zwischen 1974 und 1984 machten sich Verhaltensweisen bemerkbar, die an die Hoch-Zeiten des Kalten Krieges erinnerten.

Für das Verständnis des Kalten Krieges ist die Einsicht zentral, daß die Furcht vor dem Übergriff der Gegenseite auf die eigene Sicherheitssphäre nicht nur mehr oder weniger übertrieben, sondern in der Substanz unbegründet war. Diese Einsicht ist nicht unumstritten.

»Schluß mit dem Kalten Krieg!«; Plakat der westdeutschen KPD (BAK)

»Auftrag an Dr. Adenauer in Moskau: ... Kalten Krieg beenden ... normale Beziehungen herstellen«; Plakat, hg. v. ›Bund der Deutschen‹, 1955 (BAK)

»Die Rote Flut, Tatsachen und Zahlen über die Bolschewisierung der Sowjetzone«; eine der ersten Broschüren, die der VFF um 1951 für das Bundesministerium für Gesamtdeutsche Fragen herstellte und vertrieb (DHM)

»Zuchthaus Russland«; Plakat, vgl. Kat. 4/30

Sie fällt auch nicht jedermann leicht, weil sie dazu zwingt, von vertrauten Illusionen und Legitimationen Abschied zu nehmen, die sich in der Zeit des Kalten Krieges festgesetzt haben. Sie ist aber gut belegt und wird durch die Fakten, die nach dem Ende des Ost-West-Konflikts zutage treten, zusätzlich erhärtet.

Weltmacht USA

Was die Furcht vor dem amerikanischen Imperialismus betrifft, so muß man wohl konzedieren, daß die USA mit dem Zweiten Weltkrieg zur ersten und vorläufig einzigen Weltmacht aufstiegen. Ihre Industrieproduktion hatte sich während des Krieges mehr als verdreifacht und bestritt nun mehr als die Hälfte des Welt-Produktionsvermögens. Ebenso waren sie strategisch zur führenden Militärmacht der Welt geworden: als Seemacht wie als Luftmacht dominierend und mit der Atombombe, die im Juli 1945 erstmals erfolgreich erprobt wurde, über ein Mittel zur Sicherung ihrer Überlegenheit verfügend, dem andere Mächte vorerst nichts Vergleichbares entgegenzusetzen hatten. Richtig ist zudem, daß sie ihren Einfluß auch weltweit geltend zu machen suchten. Dabei versuchten sie, ihre Vorstellungen von liberaler Demokratie soweit als möglich durchzusetzen; und sie drängten auf eine Öffnung der Märkte, die ihnen als unterdessen stärkster Wirtschaftsmacht der Welt auch am meisten zugute kommen mußte.

Imperialistischen Charakter nahm diese Expansion jedoch nur soweit an, wie es die Partnerländer versäumten, entsprechenden Widerstand zu leisten und Gegenmacht zu bilden. Die politische Absicherung der amerikanischen Expansion krankte stets daran, daß die amerikanische Öffentlichkeit wenig geneigt war, die Kosten für die weltweite Präsenz zu tragen. Schon zur politischen Präsenz im Nachkriegseuropa mußten die USA daher erst einmal von den Europäern gedrängt werden. Erst recht war die militärische Präsenz der USA in der integrierten NATO-Streitmacht das Ergebnis heftigen europäischen Drängens, dem die amerikanischen Verantwortlichen zögernd, spät und auch dann noch halbherzig nachgaben.

Mit Rücksicht auf die Fesseln, die ihr die eigene Öffentlichkeit anlegte, blieb die amerikanische Weltmacht auf kooperationswillige Partner angewiesen und insofern in ihrer Durchsetzungsfähigkeit beschränkt; und aufgrund ihrer ökonomischen und strategischen Stärke konnte sie mit Kompromissen letztlich auch recht gut leben. Osteuropa, das vorrangige Interessengebiet sowjetischer Sicherheitspolitik, war für sie weder strategisch noch wirtschaftlich von besonderer Bedeutung. Der amerikanische Anspruch auf eine Revision der Ordnungsverhältnisse, wie sie die Sowjetunion nach dem Vormarsch der Roten Armee im östlichen Europa geschaffen hatte, wurde darum nie mit besonderem Nachdruck vorgetragen; die Forderung nach einem »roll back« oder einer »Politik der Befreiung« erwies sich, wenn es ernst wurde, stets als Rhetorik.

Sowjetische Vorsicht

Ganz ähnlich erhob die Sowjetunion wohl den Anspruch, an der Spitze einer weltweiten revolutionären Bewegung zu stehen, der historisch notwendigerweise die Zukunft gehörte, doch ging tatsächlich nur wenig revolutionäre Dynamik von ihr aus. Unter Stalin führte ein abgrundtiefes Mißtrauen gegenüber einer als grundsätzlich feindlich perzipierten Umwelt zu vielfacher Repression im Innern des sowjetischen Machtbereichs; nach außen konnte er sich Kompromisse nur als Arrangements auf Zeit vorstellen, die es ermöglichten, einen besseren Ausgangspunkt für die nächste Runde im internationalen Klassenkampf zu finden. Gleichzeitig hatte Stalin aber auch ein äußerst lebhaftes Gespür für die relative Schwäche und Verwundbarkeit seines Landes; darum verfolgte er einen extrem pragmatischen, gegenüber den Westmächten geradezu übervorsichtigen Kurs.

In der Tat ging die Sowjetunion aus dem Zweiten Weltkrieg bei allem strategischen Geländegewinn als ein zutiefst geschwächtes Land hervor: Nach neuesten sowjetischen Angaben hatten mindestens 27 Millionen Menschen ihr Leben gelassen, vielleicht sogar noch mehr. Der von den Deutschen besetzte Teil des Landes war weitgehend verwüstet und ausgeplündert. Die Landwirtschaft war so desorganisiert, daß 1946 in der Ukraine und in Weißrußland Hungersnot herrschte; das Industrialisierungsprogramm war um viele Jahre zurückgeworfen. Deutlicher als die Zeitgenossen, die unter den Nachwirkungen der antibolschewistischen Propaganda und dem Schock des Vorrückens der Roten Armee standen, sehen wir nach dem Zusammenbruch des Sowjetimperiums, daß die UdSSR durch den Kalten Krieg in eine Weltmachtrolle hineinmanövriert wurde, in der sie hoffnungslos überfordert war.

Mit außerordentlichem, vermutlich sogar weit übertriebenem Respekt vor den Fähigkeiten des amerikanischen und des deutschen Kapitalismus suchte Stalin bei Kriegsende sein strategisches Vorfeld in Osteuropa zu sichern, das deutsche Problem in den Griff zu bekommen und im übrigen den Vormarsch des amerikanischen Kapitalismus so gut es ging abzumildern. Der Export der bolschewistischen Revolution stand für ihn nicht auf der Tagesordnung.

Selbst im östlichen Europa, das jetzt unter der Kontrolle der Roten Armee stand, steuerte er keineswegs zielstrebig auf die Etablierung des kommunistischen Machtmonopols zu. Lange Zeit suchte er, sehr zum

»Stop! Kein deutsches Blut für imperialistische Kriege!«; Plakat, vgl. Kat. 1/9

Verdruß seiner osteuropäischen Parteigenossen, nach verläßlichen Verbündeten unter den traditionellen Eliten der osteuropäischen Völker; und auch nachdem er damit (mit Ausnahme der Tschechoslowakei) keinen Erfolg gehabt hatte, schärfte er – wie wir heute wissen – seinen Statthaltern in den osteuropäischen Hauptstädten ein, daß die Einführung des Sozialismus nicht überstürzt betrieben werden dürfe. Erst nach allerlei Kompromissen und Umwegen wurde 1947 mit der Gründung des Kominform der sowjetische Weg zum Sozialismus zum allein maßgeblichen erklärt.

In Deutschland meinte er es ernst mit der »antifaschistisch-demokratischen Umwälzung«, die er propagierte: Sie sollte in allen vier Besatzungszonen durchgeführt werden, um die gesellschaftlichen Wurzeln des Nationalsozialismus zu beseitigen und so die Garantie für ein friedliches Deutschland zu schaffen. Daraus folgte, daß er ein lebhaftes Interesse daran hatte, die gemeinsame Verantwortung für die vier Besatzungszonen, wie sie in Potsdam beschlossen worden war, aufrecht zu erhalten, und daß das Umgestaltungsprogramm, das von den drei westlichen Alliierten mitgetragen werden sollte, nur ein Kompromißprogramm sein konnte.

In den Ländern des westlichen Europas arbeitete er keineswegs auf eine weitere Verelendung hin, um so, wie man in Washington fürchtete, sozialen Aufruhr zu fördern, den die Kommunisten zur Machtergreifung nutzen konnten. Vielmehr verpflichtete er die westlichen Kommunisten darauf, am Wiederaufbau ihrer Länder konstruktiv mitzuarbeiten, um so den – im Prinzip unvermeidlichen – Einfluß der USA auf diese Länder in Grenzen zu halten. In Frankreich wie in Italien dienten sich die Kommunisten daraufhin als Verbündete im Kampf um den Wiederaufbau und die Wiedergewinnung nationaler Unabhängigkeiten an; sozialistische Umgestaltungshoffnungen, die durch das Erlebnis des Krieges befördert worden waren, mußten zurückstehen.

Die beiden Hauptsiegermächte des Zweiten Weltkrieges bedrohten sich also bei der Verfolgung ihrer jeweiligen Sicherheitsinteressen nicht wirklich vital; viel eher

»40 Jahre Oktoberrevolution«; Karikatur in einer Sonderausgabe der ›Tarantel‹ zum 40. Jahrestag der russischen Oktoberrevolution, 1957 (DHM)

»Studiert im 2. Schuljahr der FDJ die unschätzbaren Erfahrungen der Sowjetmenschen beim Aufbau des Kommunismus«, Plakat, vgl. Kat. 1/14

Befehl des Obersten Chefs der Sowjetischen Militärverwaltung
Oberkommandierenden der sowjetischen Besatzungstruppen in Deutschland

Nr. 201

Richtlinien zur Anwendung der Direktiven Nr. 24 und Nr. 38 des Kontrollrats über die Entnazifizierung

In der sowjetischen Besatzungszone wurde vom Augenblick der bedingungslosen Kapitulation Deutschlands an eine große Arbeit geleistet zur Säuberung der öffentlichen Behörden, staatlichen und wichtigen Privatunternehmen von ehemaligen aktiven Faschisten, Militaristen und Kriegsverbrechern und zur Ersetzung dieser Personen durch Menschen, die fähig sind, bei der demokratischen Umgestaltung in Deutschland im Interesse des deutschen Volkes behilflich zu sein.
Durch die Bodenreform wurde der Landbesitz der Junker und der Faschisten und Kriegsverbrecher in die Hände der Bauern übergeben. Kredit- und Bankeinrichtungen sowie Privatbetriebe ehemaliger aktiver Faschisten und Militaristen gingen in das Eigentum des Volkes über. Somit wurde in der sowjetischen Besatzungszone die Grundlage des Faschismus, des Militarismus und der Reaktion ernsthaft erschüttert.
Unter diesen Umständen ist es unbedingt erforderlich, entsprechend den Bestimmungen der vierten Sitzung der Außenminister in Moskau, einen Unterschied zu machen zwischen ehemaligen aktiven Faschisten, Militaristen und Personen, die wirklich an Kriegsverbrechen und Verbrechen anderer Art, die von den Hitleristen begangen wurden, schuldig sind, einerseits, und den nominellen, nicht aktiven Faschisten, die wirklich fähig sind, mit der faschistischen Ideologie zu brechen und zusammen mit den demokratischen Schichten des deutschen Volkes an den allgemeinen Bemühungen zur Wiederherstellung eines friedlichen demokratischen Deutschlands teilzunehmen, andererseits; eine allgemeine gerichtliche Belangung sämtlicher ehemaligen nominellen, nicht aktiven Mitglieder der Nazipartei würde nur der Sache des demokratischen Aufbaus Deutschlands schaden und dazu beitragen, daß die Positionen der Überbleibsel der faschistischen, militaristischen Reaktion gefestigt werden.
Auf Grund des Punktes 5, Teil 1, der Direktive Nr. 38 des Kontrollrats und den Wünschen der antifaschistischen demokratischen Parteien, die die breite Öffentlichkeit der sowjetischen Besatzungszone darstellen, entgegenkommend, befehle ich:

1. Den ehemaligen Mitgliedern der Nazipartei, die sich nicht durch Verbrechen gegen den Frie-

5. Die deutschen Verwaltungsorgane zu verpflichten, **keine Beschlagnahmen,** Sequestrierungen

nen Fälle zur Feststellung der Schuld und zur Bestrafung der Kriegsverbrecher, ehemaligen Nazis,

»Befehl des Obersten Chefs der Sowjetischen Militärverwaltung, Oberkommandierenden der sowjetischen Besatzungstruppen in Deutschland, Nr. 201: Richtlinien zur Anwendung der Direktiven Nr. 24 und Nr. 38 des Kontrollrats über die Entnazifizierung – Berlin, den 16. 8. 1947«; Schriftplakat (Ausschnitt), vgl. Kat. 7/4

neigten sie zu Kompromissen und zum Arrangement. Mehr noch: Ihre konkreten wirtschaftlichen Interessen waren auf weite Strecken komplementär – das amerikanische Interesse an der Erschließung neuer Märkte korrespondierte mit dem sowjetischen Interesse an Wiederaufbauhilfe. Selbst in ideologischer Hinsicht gab es eine Reihe von Gemeinsamkeiten – sowohl die USA als auch die Sowjetunion waren aus Revolutionen hervorgegangen, die sich gegen die alteuropäische Ordnung gerichtet und die Befreiung von gesellschaftlichen Zwängen auf ihre Fahnen geschrieben hatten.

Amerikanischer Anstoß

Die USA haben die Chance für die Schaffung einer kooperativen Nachkriegsordnung, die in der pragmatisch-vorsichtigen, auf Kooperation mit den Westmächten setzenden Nachkriegspolitik Stalins steckte, freilich nicht genutzt. Außenpolitisch wenig erfahren und auf die Vereinfachung komplizierter internationaler Sachverhalte gegenüber einem idealistisch gesonnenen Publikum angewiesen, mißdeuteten die amerikanischen Verantwortlichen die Repressionen im Machtbereich der Roten Armee als Ausdruck eines grundsätzlichen sowjetischen Eroberungswillens, der an den bei Kriegsende gezogenen Demarkationslinien nicht halt machen würde. Den Linksruck im politischen Kräftefeld des kriegszerstörten Europa betrachteten sie in ziemlicher Verkennung der europäischen Realitäten als Auftakt zur Sowjetisierung des ganzen alten Kontinents: Wie die Weltwirtschaftskrise den Triumph des Nationalsozialismus ermöglicht hatte, so schien ihnen nun die Nachkriegs-Wirtschaftskrise im befreiten Europa dem Sieg des Sowjetkommunismus den Weg zu bereiten.
Im Streit um den undemokratischen Charakter der osteuropäischen Regime versäumte es die Truman-

»Inter-europäische Zusammenarbeit für bessere Lebensbedingungen«; Plakat, vgl. Kat. 2/9

Regierung 1945/46, die Sowjetunion mit einer Wiederaufbauhilfe – die unter Roosevelt schon in Aussicht gestellt worden war – auf den Weg der Entstalinisierung zu bringen. Ebenso ließ sie die Chance für eine Internationalisierung der Atomwaffe verstreichen. Als sie dann 1946/47 auch noch ein Programm zur »Eindämmung« der sowjetischen Expansion entwickelte, verwies sie die Sowjetunion vollends auf den Weg der Abschließung und der dogmatischen Verhärtung: In sowjetischer Sicht erschien dieses Programm, das so gar nicht zum amerikanisch-sowjetischen Kräfteverhältnis und zur kommunistischen Praxis im westlichen Europa paßte, fast notwendigerweise als Ausdruck amerikanischen Dominanzstrebens, dem man am besten mit der Abschottung des eigenen Lagers begegnete.
Insofern waren es tatsächlich die USA, die den ersten und entscheidenden Anstoß zur Entwicklung des Kalten Krieges gaben. Soviel bleibt von der »revisionistischen« Interpretation des Kalten Krieges, die die traditionelle westliche Selbstinterpretation in den Jahren der 68er Bewegung erschütterte. Sie taten es freilich nicht aus einer politikbestimmenden ökonomischen Notwendigkeit heraus; und sie waren auch keineswegs allein für diese Entwicklung verantwortlich.

Postkarte aus der ČSR mit einer Karikatur der Kukryniksy von 1949 gegen die Unterjochung durch den Marshall-Plan, um 1949 (Slg. Stehle)

Der »Eiserne Vorhang«

Die sowjetische Führung hatte wesentlichen Anteil am Scheitern einer kooperativen Nachkriegsordnung – zunächst und vor allem natürlich durch die vielfältigen Formen der Repression, der Manipulation, des Drucks und der politischen Verfolgung, zu der sie in ihrem Machtbereich immer dann griff, wenn sie anders nicht mehr zurechtzukommen glaubte. Die Erzwingung der Vereinigung der beiden Arbeiterparteien in der sowjetischen Besatzungszone Deutschlands im Frühjahr 1946 ist ein klassisches Beispiel dafür; aber auch die zunehmende Machtausweitung der Kommunisten in den osteuropäischen Ländern verlief nach diesem Muster. Der »gewöhnliche Stalinismus«, auf den unteren Ebenen oft ohne Bedenken der strategischen Zusammenhänge praktiziert, zudem stets mit dem Klassenkampf-Argument zu rechtfertigen, trug dazu bei, das sowjetische Imperium vom Westen abzuschotten, und lieferte zugleich all jenen im Westen wohlfeile Argumente, die einer Politik der Konfrontation das Wort redeten.
Ebenso trug die sowjetische Rhetorik dazu bei, daß die These vom sowjetischen Expansionismus rasch an Glaubwürdigkeit gewann. In den Verhandlungen mit den Westmächten legten die sowjetischen Vertreter soviel mißtrauische Hartnäckigkeit an den Tag, daß die gleichzeitigen Freundschaftsbeteuerungen als Einschläferungstaktik eines machthungrigen Gegenspielers erscheinen mußten. Mit der Gründung des Kominform im Herbst 1947 setzte eine dogmatische Verhärtung des sowjetischen Kurses ein, die den Warnern vor ideologischem Fanatismus nachträglich Recht zu geben

schien. Und im Kampf gegen den Marshall-Plan entwickelten die kommunistischen Parteien dann ein solches Ausmaß an rhetorischer Aggressivität, daß sich die westlichen Europäer mit einem Male – sachlich ganz ohne Grund – auch militärisch von der Sowjetunion bedroht fühlten.

Darüber hinaus schlug Stalin aber auch wiederholt Chancen zur Kooperation aus, die ihm von westlicher Seite dargeboten wurden. Der breiten Bewegung für ein Europa der »Dritten Kraft«, das den amerikanisch-sowjetischen Gegensatz abmildern sollte, zeigte er ohne Not die kalte Schulter und verwies die westlichen Europäer damit von sich aus ins westliche Lager. Im Juli 1946 ließ er die Chance ungenutzt verstreichen, die Bildung der Bizone zu verhindern; ein Jahr später lehnte er eine Beteiligung am Marshall-Plan ab – beides wohl, weil ihm der eigene Machtbereich nicht genügend konsolidiert erschien, um eine Öffnung zum Westen hin zu wagen.

Was will die Gesamtdeutsche Volkspartei
(Heinemann, Wessel, Bodensteiner)
GVP

Außenpolitik

1. Die GVP will nicht,
daß sich Deutschland einer neuen Machtpolitik verschreibt.
Die GVP will,
daß Deutschland dazu beiträgt, eine Dritte Kraft zwischen Ost und West zu schaffen, welche die Spannungen ausgleicht und so den Frieden stärkt.

2. Die GVP will nicht
die Wiedervereinigung Deutschlands dem westlichen Militärblock opfern.
Die GVP will
das natürliche Recht des deutschen Volkes auf Wiedervereinigung ohne Krieg nicht mit leeren Worten, sondern durch die Tat geltend machen.

»Was will die Gesamtdeutsche Volkspartei«; Flugblatt der GVP, worin sie für eine »Dritte Kraft zwischen Ost und West« eintritt, um 1953 (DHM)

Europäische Weichenstellungen

Im übrigen wurde der Kalte Krieg nicht von den USA und der Sowjetunion alleine geführt; angesichts der Ambivalenzen der amerikanischen wie der sowjetischen Politik spielten oft auch die westlichen Europäer eine entscheidende Rolle.

In der Deutschlandfrage war es der britische Außenminister Bevin, der 1946/47 gegenüber den zögernden Amerikanern einen Abschottungskurs der westlichen Besatzungszonen durchsetzte; früher als die amerikanische Führung war er für die Überzeugung gewonnen worden, daß eine Befriedigung sowjetischer Reparationsbedürfnisse zu einer Sowjetisierung ganz Deutschlands führen würde. In die gleiche Richtung wirkten deutsche Politiker wie Kurt Schumacher und Konrad Adenauer, die die sowjetische Zone schon 1945 »abgeschrieben« hatten und darum Versuche zur Schaffung gesamtdeutscher Strukturen nach Kräften behinderten.

Die sowjetische Absage an den Marshall-Plan im Juli 1947 wurde von Bevin und seinem französischen Kollegen Bidault gezielt provoziert: Indem sie minimale Meinungsverschiedenheiten zu Grundsatzdifferenzen hochspielten, erreichten sie es, daß sich Stalin nach langem Zögern zu der Auffassung durchrang, eine sowjetische Beteiligung werde noch verheerendere Folgen für das Sowjetregime haben als eine Absage.

Die Beschlüsse zur Bildung des Atlantikpakts (April 1949) sowie zur Schaffung der integrierten NATO-Streitmacht für Europa (Dezember 1950) gehen eindeutig auf das Drängen der Europäer zurück; die Amerikaner hielten eine militärische Bedrohung des westlichen Europas zunächst nicht für gegeben und verstanden ihr Engagement, auch nachdem sie schließlich eingewilligt hatten, nur als vorläufig.

Insgesamt hat es also eine Fülle von Weichenstellungen in Richtung auf den Kalten Krieg gegeben. Es kann daher keine Rede davon sein, daß die Konfrontation aufgrund des Systemgegensatzes zwischen Ost und West unvermeidlich gewesen sei. Wer so argumentiert – und das tun, nicht zuletzt weil es politisch ganz bequem ist, viele –, leugnet die Offenheit der Geschichte und verwischt die Verantwortlichkeiten. Gewiß war der Kalte Krieg kein bloßes Mißverständnis. Bei den vielen Gegensätzen zwischen liberaldemokratischer Demokratie amerikanischer Prägung und sowjetkommunistischer Mobilisierungsdiktatur und dem missionarischen Anspruch der beiden Hauptsieger des Zweiten Weltkriegs war ihre Konfrontation von vornherein wahrscheinlich und die Spaltung Europas in gegensätzliche Einflußsphären auf jeden Fall die bequemere Lösung. Fremdheit, Neigung zu ideologischer Verallgemeinerung und Unerfahrenheit im Umgang mit fremden Mächten erschwerten die Verständigung auf beiden Seiten zusätzlich. Aber notwendig war die Konfrontation in der Form, in der wir sie kennen, deswegen noch lange nicht. Es bleiben wesentlich kooperativere Formen der Nachkriegsordnung denkbar, freilich ebenso auch noch höhere Grade an Konfrontation.

»Wenn Schumacher redet, dann spricht der Boß. ... Fort mit Schumacher«; Plakat von Alfred Beier-Red, hg. v. ZK der SED, 1951 (DHM)

Das Sicherheitsdilemma

Nachdem die Bemühungen um eine kooperative Nachkriegsordnung aber erst einmal gescheitert waren, war die Schaffung zweier Blocksysteme mit je eigener Militärstruktur ziemlich unvermeidlich. Das ergab sich aus der Logik des Sicherheitsdilemmas: Wenn sich Ost und West gegenüberstanden, ohne durch eine gemeinsame Sicherheitsstruktur miteinander verbunden zu sein, dann konnte weder die eine noch die andere Seite je ganz sicher sein, ob die Gegenseite nicht doch aggressive Absichten hegte. Folglich trafen beide Seiten Vorkehrungen, um in der befürchteten Konfrontation bestehen zu können – und bestärkten sich damit wechselseitig in dem Verdacht, mit aggressiven Akten der Gegenseite rechnen zu müssen.

Als die Westmächte im Zuge ihres Eindämmungsprogramms im Juni 1948 das Startsignal für die Bildung eines westdeutschen Staates gaben, antwortete Stalin mit der Sperrung der Zufahrtswege nach Berlin – und bewirkte damit, daß die Westmächte noch enger zusammenrückten und verbliebene Widerstände gegen die Weststaatsgründung überwunden wurden. Die

»Die müssen weg – Her mit dem Frieden«; Plakat, vgl. Kat. 3/17

»Angst vor Frieden haben die amerikanischen Millionäre denn das ›Geschäft‹ in Korea bringt goldene Profite.«;

Zündung einer ersten sowjetischen Atombombe im August 1949 trieb die amerikanischen Militärs dazu, nun eine konventionelle Präsenz in Europa für notwendig zu halten. Und der Überfall des kommunistischen Nordkoreas auf Südkorea im Juni 1950 – von Stalin zugelassen, weil er auf leichte Beute hoffte und Südkorea nicht zum »Westen« rechnete – löste in der westlichen Öffentlichkeit soviel Furcht vor einem parallelen Vorgehen in Europa aus, daß die dauerhafte Einbindung amerikanischer Truppen in eine westeuropäische Verteidigungsstruktur tatsächlich möglich wurde, ebenso die Einbeziehung der Bundesrepublik in dieses Verteidigungssystem.

DDR-Plakat aus der Zeit des Korea-Krieges, hg. v. ZK der SED und dem Amt für Information der Regierung der DDR, um 1953 (DHM)

Das Sicherheitsdilemma war auch der Hauptgrund dafür, daß der Ost-West-Konflikt über lange Zeit hinweg virulent blieb, obwohl weder die eine noch die andere Seite akut aggressive Absichten verfolgte und der sowjetische Revolutionsanspruch im mühevollen Kampf ums Überleben immer mehr an Bedeutung verlor. Daneben arbeitete eine breite Koalition »sekundärer Verursacher«, die aus der Konfrontation Nutzen zogen – von einzelnen Politikern in beiden Lagern bis zu den militärisch-industriellen Komplexen –, aus Gründen des Machterhalts und der Legitimation auf einen Fortbestand der Konfliktsituation hin. Feindbilder, die in der Konfrontation enstanden waren, wurden zu Selbstläufern, die den Handlungsspielraum der Verantwortlichen einengten, wenn sie sich um eine Überwindung der Konfrontation bemühten.

Zusätzlich erschwert wurde eine Verständigung durch das Fortwirken traumatischer Erfahrungen und ideologischer Fixierungen. In den Augen der kommunistischen Führer war die kapitalistische Umwelt grundsätzlich feindselig und gleichzeitig langfristig zum Untergang verurteilt. Bemühungen um Sicherheits-

partnerschaft erschienen ihnen daher weder aussichtsreich noch letztlich notwendig; es genügte, die eigenen Bastionen zu behaupten, und im übrigen auf bessere Zeiten zu hoffen. Die westlichen Gesellschaften erholten sich nie ganz von dem Schock, den die Umsturzversuche im Anschluß an die Oktoberrevolution 1917 ausgelöst hatten; und sie blieben auch immer von dem Trauma geprägt, das die Erfahrung mit der Appeasement-Politik gegenüber dem nationalsozialistischen Deutschland für sie bedeutete. Beides gab ihnen Anlaß, sowjetische Angebote grundsätzlich für suspekt zu halten.

Infolge der Unsicherheiten, die sich aus dem Scheitern der Kooperation ergaben, darf die NATO durchaus für sich in Anspruch nehmen, zur Sicherung des Friedens beigetragen zu haben. Das gleiche gilt allerdings auch für den Warschauer Pakt. Und beide Paktsysteme müssen sich sagen lassen, daß Sicherheit auch zu wesentlich geringeren Kosten zu haben gewesen wäre und daß das permanente Streben nach einem nie objektivierbaren »Gleichgewicht« den Frieden keineswegs sicherer gemacht hat. Nicht das militärische Gleichgewicht, das genau besehen nie existierte, und auch nicht die wechselseitige atomare Abschreckung, die nach einer Phase erdrückender Überlegenheit der USA erst Ende der

»Nicht Atomwaffen, sondern Atomkraftwerke«; Plakat des ›Deutschen Friedensrates‹, um 1956 (DHM)

60er Jahre zu greifen begann, haben den Übergang vom Kalten zum Heißen Krieg verhindert, sondern der Umstand, daß beide Seiten von Anfang an, noch vor irgendwelchen gezielten Aufrüstungsmaßnahmen, das Risiko eines bewaffneten Konflikts scheuten. Die diversen Rüstungsanstrengungen hatten nur den Zweck, sich der Fortdauer dieses Risikobewußtseins zu versichern.

Das Sicherheitsdilemma war nicht leicht zu überwinden. Um dahin zu gelangen, war die Fähigkeit vonnöten, sich von den ideologischen Fixierungen zu lösen und den Realitäten ins Auge zu sehen, dazu der entschiedene Wille, die Ressourcenvergeudung des Wettrüstens zu stoppen und der wachsenden Gefahr der atomaren Vernichtung »aus Versehen« zu begegnen, die Befreiung von innenpolitischen Zwängen, die die Verantwortlichen in Ost und West immer wieder an das Kalte-Kriegs-Schema zurückbanden, und eine gewisse Risikobereitschaft beim Zugehen auf den vermeintlichen Todfeind. Weil diese Bedingungen nicht so schnell zusammenkamen, blieb die Geschichte des Ost-West-Konflikts auch nach der Blockbildung vorwiegend eine Geschichte der verpaßten Chancen.

Notenschreiber Stalin; Titelkarikatur der ›Tarantel‹ Nr. 25 vom Oktober 1952, vgl. Kat. 1/15c

Verpaßte Chancen

Vertan wurde zunächst die Gelegenheit, das Deutschland-Problem trotz aller Divergenzen im Viermächte-Kontrollrat doch noch gemeinsam zu regeln und das Vierzonen-Deutschland so aus der Blockkonfrontation herauszuhalten. Ob dies eine Chance war, muß dahingestellt bleiben, betrachtet man das latente Hegemonialpotential eines vereinten Deutschlands und die politische Unreife der Deutschen wenige Jahre nach dem Ende des Hitlerregimes. Aber daß es eine Möglichkeit war, läßt sich nicht mehr ernsthaft bestreiten. Immer mehr Indizien deuten darauf hin, daß Stalin 1952 bereit war, das Machtmonopol der SED in dem ungeliebten östlichen Teilstaat zu opfern, wenn damit die Aufrüstung der Bundesrepublik verhindert werden konnte. Die Entlassung Deutschlands in die Autonomie schwebte ihm dabei nicht vor, eher eine gemeinsame Kontrolle durch die vier Siegermächte nach Potsdamer Muster, die der Sowjetzone zwar die Segnungen des Sozialismus ersparte, zugleich aber die westliche Sicherheitskonstruktion in ihrem empfindlichsten Punkt traf. Neue Quellen, die nach dem Zusammenbruch der DDR zugänglich wurden, erhärten zudem die Gewißheit, daß seine Nachfolger im Frühjahr 1953 noch einmal in die gleiche Richtung gingen. Adenauer hat diese Neutralisierung nicht gewollt und darum nach Kräften hintertrieben (eine Entscheidung, für die es respektable Gründe gibt, die aber gleichwohl fundamentale Bedeutung hatte); und dann gewannen, besonders nach dem gescheiterten Aufstand vom 17. Juni 1953, auch die Anwälte einer Konsolidierung der DDR im sowjetischen Machtsystem immer mehr an Gewicht.

Vertan wurde sodann die Möglichkeit – und hier wird man eindeutiger auch von einer Chance sprechen können –, die militärische Konfrontation schon in den 50er Jahren zu entzerren und damit die Eskalation des atomaren Wettrüstens zu bändigen. Sie war insofern gegeben, als die Sowjetunion unter Chruschtschow – atomar immer noch hoffnungslos unterlegen und voller dunkler Vorahnungen hinsichtlich einer Ausrüstung der Bundesrepublik mit Atomwaffen – ernsthaft an einer solchen Rüstungsbegrenzung interessiert war. Die Verhandlungen wurden jedoch zunächst von Adenauer torpediert, der die Sowjetunion zuerst zur Preisgabe der DDR zwingen wollte; und dann griff Chruschtschow im November 1958 selbst zu dem untauglichen Mittel der Pression auf Berlin, das die Westmächte zwar endlich an den Verhandlungstisch brachte, zugleich aber einen neuen Rüstungsschub der westlichen Seite in Gang setzte.

Nicht nur mit den verschiedenen Berlin-Ultimaten und dem Bau der Berliner Mauer im August 1961 hat die Sowjetunion Entspannungsansätze konterkariert. Auch die wiederholten militärischen Interventionen gegen Freiheitsbewegungen im eigenen Machtbereich – 1953 in der DDR, 1956 in Ungarn und 1968 in der Tschechoslowakei – haben westlichen Entspannungsbemühungen immer wieder einen Schlag versetzt. Das sowjetische Regime war nicht souverän genug, um Entspannungsofferten lange durchhalten zu können; statt einen grundsätzlichen Umbau in Angriff zu nehmen, setzten seine Verantwortlichen im Zweifelsfall immer wieder Gewalt zur Konservierung der bestehenden Strukturen ein.

Die Kuba-Krise vom Oktober 1962, ausgelöst durch den sowjetischen Versuch, die strategische Überlegenheit der USA durch die Installation sowjetischer Mittelstreckenraketen auf der Karibik-Insel zu kompensieren, führte zwar allen Beteiligten die Gefährlichkeit des atomaren Wettrüstens vor Augen. Mehr als die Einrichtung des »roten Telefons« zwischen Moskau und Washington und ein erstes Atomteststopp-Abkommen folgte aus dieser Einsicht jedoch vorerst nicht. Vielmehr konzentrierte die Sowjetunion ihre Anstrengungen jetzt darauf, in der strategischen Rüstung und im Aufbau einer weltweit operierenden Seemacht mit den USA gleichzuziehen; die USA aber verstrickten sich zunehmend in den Kolonialkrieg gegen die kommunistische Nationalbewegung in Vietnam.

Dieser »schmutzige Krieg« war in besonderer Weise fatal: Entstanden aus einem überdimensionierten Eindämmungsdenken, das die kommunistische Welt als einheitlichen Block sah und jeden kommunistischen Erfolg als Etappensieg nach dem Dominoprinzip betrachtete, hat er aberwitzige menschliche und moralische Verluste gekostet, ehe der Schock über das Ausmaß der dadurch verursachten Katastrophe dem globalisierenden Antikommunismus einen empfindlichen Schlag versetzte.

Zu den verpaßten Chancen gehört schließlich auch die mangelnde westliche Konsequenz bei der Verfolgung der Entspannungspolitik. Überzogene Erwartungen an die sowjetische Reformbereitschaft und erneute Ängste vor einer sowjetischen Überrumpelungstaktik führten schon bald nach dem Abschluß der deutschen Ostverträge und des ersten SALT-Abkommens 1972 zu einer Verzögerung der Rüstungskontrollverhandlungen und zur Zurückhaltung bei der Entwicklung des Ost-West-Handels. Als daraufhin die Sowjetführung unter Breschnew der Versuchung zur militärischen Überversicherung nachgab, löste das, beginnend mit dem »Nachrüstungs«-Beschluß von 1979, einen neuerlichen westlichen Rüstungsschub aus, der von einer Wiederbelebung der Gestik wie der Rhetorik des Kalten Krieges begleitet wurde.

Das Ende des Ost-West-Konflikts

Daß der Ost-West-Konflikt schließlich doch, für alle Beteiligten überraschend schnell, zu Ende ging, war, das muß gegen einen allzu durchsichtigen Versuch der Legendenbildung festgehalten werden, nicht ein Erfolg westlicher Politik der Stärke. Die Durchführung des »Nachrüstungs«-Beschlusses und die Modernisierungsanstrengungen der Reagan-Administration mögen die sowjetische Einsicht beschleunigt haben, daß der technologische Wettlauf von der Sowjetunion nicht gewonnen werden konnte, doch war diese Einsicht früher oder später ohnehin unvermeidlich. Im übrigen haben Verweigerung von Kooperation und aggressive westliche Rhetorik wiederholt dazu beige-

»Nieder mit den Kriegshetzern«; Plakat von John Heartfield zum 1. Mai 1932 gegen eine Einkreisung der Sowjetunion (DHM)

tragen, frühere Ansätze zur Perestroika wieder zunichte zu machen.

Entscheidend für die Überwindung des Sicherheitsdilemmas war vielmehr zunächst das geduldige Beharren all derjenigen, die sich um ein Durchlässigmachen der Blockgrenzen bemühten. Sie trugen damit dazu bei, daß die westlichen Prinzipien im sowjetischen Machtbereich Verbreitung fanden und bis zur Spitze des sowjetischen Imperiums vordrangen, und sie erleichterten mit ihrer Kooperationsbereitschaft der sowjetischen Führung den Abschied von den alten Einkreisungsängsten.

Entscheidend war sodann und vor allem, daß Michail Gorbatschow und die Reformer, für die er stand, den Schritt aus der Festung des Kalten Krieges heraus tatsächlich gewagt haben. Dieser Schritt folgte gewiß aus der Einsicht in die desolate Lage des Sowjetimperiums; er wurde mit dem Mut der Verzweiflung unternommen. Dennoch war er alles andere als selbstverständlich. Niemand konnte voraussagen, zu welchem Zeitpunkt er erfolgen würde.

Die Rede vom westlichen Sieg im Kalten Krieg ist daher ziemlich irreführend. Zu registrieren ist weder ein militärischer Sieg noch ein politischer Durchbruch der Westmächte. Vielmehr haben sich die Prinzipien der westlichen Zivilisation auch im Machtbereich der Sowjetunion durchgesetzt, zumindest als Programm. Das ist etwas ganz anderes: Es ist neben und vor dem Erfolg westlicher Entspannungspolitik auch ein Erfolg der sowjetischen Führer: Sie haben ein Imperium verloren, aber auch Verbündete gewonnen, die ihnen bei der überfälligen Neuordnung des bisherigen Regimes helfen können. Vor allem aber haben sich die Völker der bisherigen Sowjetunion von den Lasten einer 45jährigen Überspannung ihrer Kräfte befreit.

Anders als es die bipolare Weltsicht nahelegt, war der Kalte Krieg nie ein Konflikt zwischen zwei im Prinzip gleichrangigen Größen, sondern ein Konflikt zwischen dem prinzipiell eine Vielzahl von Lebensformen und Machtkonfigurationen zulassenden westlichen System und der tendenziell totalitären Verabsolutierung einer dieser Möglichkeiten im Ostblock. Für die westlichen Prinzipien war darum, das war bei nüchterner Betrachtung schon früher zu sehen und ist im Rückblick vollends deutlich geworden, von einer offenen, das heißt kooperativen und jede Chance zur Entspannung nutzenden Systemkonkurrenz nichts zu befürchten, vielmehr alles zu erhoffen.

Insofern bleibt nach dem Ende des Ost-West-Konflikts neben der Erleichterung, daß dem Kalten Krieg nun die Grundlage entzogen ist, das Bedauern, daß diese Chancen nicht früher und konsequenter genutzt wurden. Weder lassen sich die unnötigerweise vergeudeten Ressourcen zurückholen noch kann man die Deformationen in den Biographien so vieler Zeitgenossen des Kalten Krieges einfach wieder zurechtrücken, und schon gar nicht lassen sich die Opfer sowjetischer Repression wieder zum Leben erwecken, für die der Kalte Krieg zumindest mitverantwortlich ist. Die Überlebenden des Kalten Krieges stehen vor einer Last, an der sie noch lange zu tragen haben.

Hermann Weber

Der Kalte Krieg und die DDR

Die DDR nahm in der europäischen Nachkriegsgeschichte insofern eine Ausnahmestellung ein, als sie sich von anderen – auch kommunistisch regierten Staaten – durch einige Besonderheiten unterschied: Erstens handelte es sich bis zur Staatsgründung im Oktober 1949 um ein Besatzungsgebiet, in dem nicht nur faktisch, sondern auch formal die Siegermacht Sowjetunion kommandierte; zweitens existierte sie dann als ein Teilstaat, und blieb immer auf den anderen deutschen Teilstaat, die Bundesrepublik, fixiert; drittens wurde auf ein sozioökonomisch hochentwickeltes Gebiet eine Herrschafts- und Gesellschaftsordnung übertragen (der Stalinismus), die nicht zuletzt auf der Rückständigkeit Rußlands beruhte, und viertens war ihre Propaganda bis Mitte der sechziger Jahre auf die »Wiedervereinigung« Deutschlands ausgerichtet.

Die Sowjetische Besatzungszone Deutschlands (SBZ) wurde zunächst formell durch den Alliierten Kontrollrat mitverwaltet, so schien eine Einheit Deutschlands damals durchaus gegeben. Auch in der folgenden Zeit blieb die SBZ bzw. die DDR mit ihrer Berufung auf das Potsdamer Abkommen der Alliierten an deren Nachkriegsbestimmungen gebunden und damit ihre Politik weiterhin gesamtdeutsch verknüpft.

Die DDR selbst war ein Produkt des Kalten Krieges: Erst durch den sich verhärtenden Ost-West-Konflikt zwischen den bisherigen Alliierten ergab sich die grundlegende Voraussetzung für die deutsche Spaltung und somit die Bildung der DDR. Die Spaltung Deutschlands und damit auch die Errichtung zweier deutscher Staaten nach dem Krieg war die Folge der Okkupation Deutschlands durch vier Alliierte mit ihren heterogenen Interessen. Die Ursache der Spaltung lag aber letztlich in der NS-Diktatur in Deutschland und in dem von der Hitler-Regierung begonnenen Zweiten Weltkrieg, an dessen Ende 1945 die Besetzung Deutschlands stand.

Die DDR war zwar ein »Kind« des Kalten Krieges – manche ihrer politischen, ökonomischen und kulturellen Maßnahmen sind daher unter diesem Aspekt zu sehen –, doch sie hat zugleich als ein in der Mitte Europas etabliertes stalinistisches Regime auch erheblich zur Verschärfung dieses Kalten Krieges beigetragen. Was der Kalte Krieg in der DDR bewirkte und wie diese ihn ihrerseits betrieb, ist daher kaum voneinander zu trennen und im folgenden an einigen Beispielen zu zeigen.

Bildlegende siehe Seite 30

Seite 29: »›Zeitpunkte, Ausmasse und Koordinierung neuer, noch wuchtigerer Schläge, die unsere Land- und Luftstreitkräfte gegen das Herz Deutschlands von Ost, West, Nord und Süd führen werden, wurden festgelegt und im einzelnen geplant.‹ (Aus dem Beschluss der Krimkonferenz.)«; Feldpostkarte, die aus einem sowjetischen Kriegsgefangenenlager nach Deutschland geschrieben wurde, o. J. (Slg. Stehle)

Spaltung Deutschlands

Die vier Siegermächte, die das total zusammengebrochene Deutsche Reich 1945 in Besatzungszonen aufteilten und zunächst aber selbst regierten, erklärten übereinstimmend den Aufbau eines demokratischen Deutschland zu einer ihrer Aufgaben. Allerdings ließen unterschiedliche Gesellschaftsstrukturen und gegensätzliche Ideologien zwischen den drei westlichen Besatzungsmächten und der UdSSR die Vorstellungen einer »Demokratisierung« stark voneinander abweichen und verhinderten eine einheitliche Entwicklung Deutschlands.

Die Sowjetunion entwarf für ihre Deutschlandpolitik mehrere Alternativpläne. Hauptziel war neben der Zerschlagung des deutschen Faschismus und Militarismus, Wiedergutmachung für ihr vom Krieg schwer getroffenes Land zu erhalten. Es kam ihr auf Reparationen aus ganz Deutschland (vor allem dem Ruhrgebiet) an, daher trat die UdSSR anfangs für die gesamtdeutsche Lösung ein und strebte dafür die enge Zusammenarbeit mit den Westalliierten an.

Durch den Ost-West-Konflikt änderte sich die Lage. Der Kalte Krieg forcierte die Einbeziehung der Zonen in die jeweiligen Machtblöcke und damit die Spaltung Deutschlands. Keine der Besatzungsmächte konnte ihre Konzeption optimal verwirklichen, und sie beschränkten sich darauf, nun ihr eigenes System auf den von ihnen okkupierten Teil Deutschlands zu übertragen. Damit wurde in den drei Westzonen im Laufe der Zeit der Kapitalismus restauriert und die politische Demokratie eingeführt, eine Entwicklung, die die Bevölkerung in freien Wahlen legitimierte. Der Ostzone dagegen wurde die zentralgesteuerte Staatswirtschaft und das politische System der stalinistischen Diktatur der Sowjetunion aufgezwungen.

Anfangs bestimmte in der Ostzone (wie in ganz Deutschland) ausschließlich die Besatzungsmacht, aber sie ließ eine allmähliche Mitwirkung deutscher Politiker zu. Die UdSSR verzichtete dabei zunächst auf die völlige Veränderung der gesellschaftlichen und wirtschaftlichen Verhältnisse im Sinne des Sowjetkommunismus. Sie gestattete sogar 1945 in ihrer Zone als erste Besatzungsmacht durch Zulassung deutscher Parteien wieder das traditionelle Parteiensystem.

Erst parallel zur Verschärfung der Ost-West-Spannung trieb die Sowjetische Militäradministration (SMAD) die »antifaschistisch-demokratische Umwälzung« voran und leitete damit stufenweise die Transformation der SBZ ein. Politik, Wirtschaft und Gesellschaft wurden dort nach sowjetischem Vorbild verändert und die Umwandlung der 1945 entstandenen Parteienlandschaft mündete in die Diktatur der SED.

SED und Kalter Krieg

Bereits vor dem Kalten Krieg trug die Zwangsvereinigung von SPD und KPD zur SED im April 1946 in der SBZ zur Verhärtung des Gegensatzes zwischen Ost und West bei. Da in den übrigen »volksdemokratischen Ländern« die Einschmelzung der Sozialdemokraten in »Einheitsparteien« erst zwei Jahre später erfolgte (Rumänien, Bulgarien, Ungarn und Tschechoslowakei zwischen Februar und Juni 1948, Polen im Dezember 1948) waren es die deutschen Kommunisten, die, unterstützt von der sowjetischen Besatzungsmacht, vorangingen. Die negativen Folgen für die Ost-West-Politik waren beträchtlich. So vertiefte sich die Spaltung Deutschlands auch, weil die Auseinandersetzungen zwischen der westdeutschen Sozialdemokratie und der SED ein feindseliges Klima schufen. Für die westlichen Besatzungsmächte – vor allem für das damals von der Labour-Party regierte Großbritannien – war die unter Druck erzwungene Einschmelzung der ostdeutschen Sozialdemokraten in die Einheitspartei ein wichtiger Aspekt, um der sowjetischen Politik noch mehr zu mißtrauen und auf einen separaten deutschen Weststaat hin zu steuern.

In ihrer Propaganda blieb die neugeschaffene SED allerdings 1946 – wie die KPD in Westdeutschland – auf die Respektierung der Maßnahmen aller Siegerstaaten festgelegt. So hatte einer der Parteivorsitzenden, Otto Grotewohl, auf dem Gründungsparteitag der SED eine »loyale und entschlossene Bereitschaft zur Zusammenarbeit mit allen vier Besatzungsmächten« verlangt.[1]

»Moskau will das Ruhrgebiet für die sowjetische Rüstung«; Plakat, um 1952, vgl. Kat. 1/4

Die SED vertrat noch 1947 nach außen – etwa zur Moskauer Konferenz der Außenminister – zwar die Position der Sowjetunion, betrachtete es aber als positiv, daß alle »Alliierten den Weg zur gemeinsamen Lösung« der Deutschlandfrage gehen könnten.[2] Erst ab Mitte 1947 (Marshall-Plan, Münchener Ministerpräsidenten-Konferenz und schließlich Kominform-Gründung) schaltete die Einheitspartei offen auf Konfrontationskurs gegen »den Westen«.

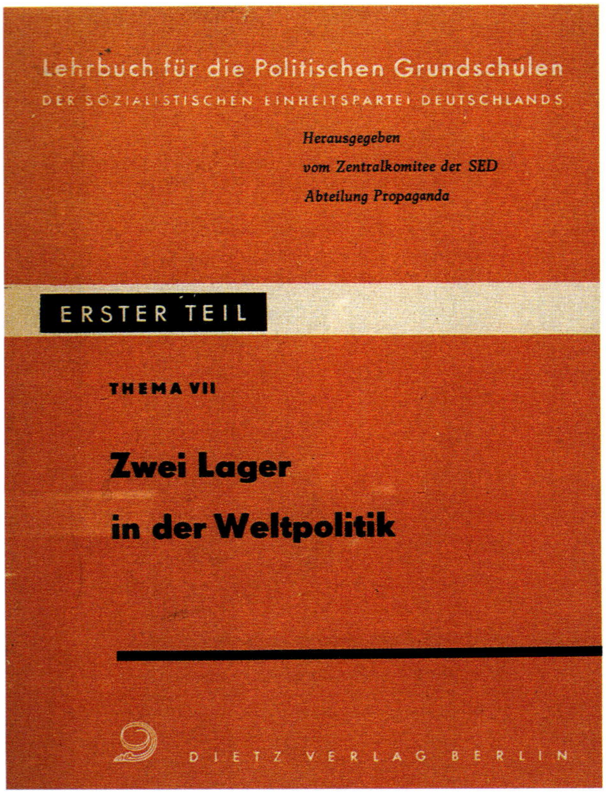

Zwei Lager in der Weltpolitik; Lehrbuch für Politische Grundschulen der SED, Erster Teil, Thema VII, hg. v. ZK der SED, Abt. Propaganda, Berlin/DDR

Intern hatte einer der SED-Führer, Franz Dahlem, vor westdeutschen Kommunisten allerdings schon im Januar 1947 behauptet, daß zwei Drittel Deutschlands in »koloniale Abhängigkeit vom kapitalistischen Westen zu geraten drohe«.[3] Für die Kommunisten war bereits damals ein »Neuaufbau Deutschlands in freiheitlichem und friedlichen Sinne« nur dann garantiert, wenn er »durchgeführt wird wie in der Ostzone«. Gerade solche eindeutigen Stellungnahmen zeigen, daß die SED schon vor dem Kalten Krieg – wenn auch nicht öffentlich – dafür ideologische Aussagen programmiert hatte. So war es kein Zufall, daß Ulbricht auf der Tagung des SED-Parteivorstandes im Januar 1947 vom »Wendepunkt« der Aufgabenstellung in der Sowjetzone sprach.[4]

Der II. Parteitag der SED im September 1947 erklärte den »Kampf für die Einheit Deutschlands« zur »Hauptaufgabe der Partei«. Bestimmten zunächst die gegen den »Faschismus« gerichteten Maßnahmen die Strategie der SED, so instrumentalisierte die Parteiführung nun nicht nur den Antifaschismus, sondern auch den Nationalismus für ihre Politik. Entsprechend den Vorgaben des im September 1947 geschaffenen ›Informationsbüro der Kommunistischen und Arbeiterparteien‹ (Kominform) vertrat die SED jetzt die »Zwei-Lager-Theorie«, und unterstützte uneingeschränkt das »Friedenslager« unter »Führung« der Sowjetunion gegen das anglo-amerikanische »Lager der Kriegstreiber« und deren angebliche »Kolonie Westdeutschland«.

Mit dieser von der UdSSR diktierten neuen Strategie wurde zugleich die bisherige Zurückhaltung im Innern der SBZ aufgegeben, die stalinistischen Veränderungen dort rascher vorangetrieben. Außerdem wurde jetzt auch öffentlich die – noch zehn Monate zuvor nur intern verbreitete – These verkündet, der »in der Ostzone eingeschlagene Weg« sei der »einzig richtige« und er allein sichere die »demokratische und friedliche Entwicklung in ganz Deutschland«[5].

Einbindung im Kalten Krieg 1948/49

Der politische Kurs von 1948/49 lag offensichtlich weniger in der deutschen Situation begründet, sondern war in erster Linie durch den Kalten Krieg zwischen den Großmächten hervorgerufen. Nach dem Scheitern der Außenministerkonferenzen (vor allem der in Paris im Juli 1947) zeigten sich deutliche Differenzen; die Gründung des ›Zweizonen-Wirtschaftsrats‹ und später des Parlamentarischen Rats im Westen und der ›Deutschen Wirtschaftskommission‹ im Osten vertiefte die Trennung. In der SBZ konnte die SED ihre Macht ausbauen und in der Partei Ulbricht die Zügel straffer anziehen.

»Verschwörung gegen Deutschland – Ein eisernes Kreuz – und für die USA-Millionäre sterben«; SED-Plakat, September 1951, vgl. Kat. 1/12

Schließlich brach auch die Alliierte Verwaltung für Deutschland auseinander, die sowjetischen Vertreter schieden am 20. März 1948 aus dem gemeinsamen Kontrollrat aus. Die getrennte Währungsreform vom Juni 1948 zerriß Deutschland auch als Wirtschaftsgebiet und führte zur Spaltung Berlins. Nachdem die Sowjets am 16. Juni 1948 die Alliierte Kommandantur in Berlin verlassen hatten, versuchten sie durch die Blockade West-Berlins ganz Berlin in ihre Hand zu bekommen. Diese Absicht verhinderten die West-Alliierten mit ihrer »Luftbrücke« nach Berlin. Doch die Bildung eines eigenen Magistrats im November 1948 im Ostsektor Berlins war dann das sichtbare Zeichen für die Zweiteilung auch der früheren deutschen Hauptstadt.

Wegen der Verschärfung des Kalten Krieges und der Forcierung des Aufbaus der Bundesrepublik richtete die Sowjetunion das Augenmerk auf die Schaffung eines zweiten deutschen Staates in ihrer Besatzungszone. Der Kalte Krieg und insbesondere der Stalin-Tito-Konflikt ließen den Kommunisten in Europa keinen Spielraum mehr für »eigene« Wege. Stalin diktierte die Anpassung an das sowjetische Modell und an seine Strategie. Entsprechend dem Plan Stalins, Osteuropa nunmehr voll dem sowjetischen Machtbereich einzugliedern, wurde Ende April 1949 der Rat für Gegenseitige Wirtshaftshilfe (RGW) ins Leben gerufen, und die UdSSR gab den Weg zur DDR-Gründung frei. Am 15. und 16. Mai 1949 »wählte« die Bevölkerung der SBZ den ›III. Deutschen Volkskongreß‹. Erstmals gab es Einheitslisten, doch stimmte – trotz massiver Propaganda und Manipulationen – über ein Drittel der Wähler mit »Nein«. Dieser III. Volkskongreß setzte einen Volksrat ein, dem die Aufgabe zufiel, ein eigenes Staatsgebilde, die DDR, zu konstituieren.

Alle Voraussetzungen dazu hatten SMAD und SED bereits geschaffen. Sowohl die veränderten Eigentumsformen und Sozialstrukturen, als auch die neuen Machtverhältnisse im Parteiensystem und im Staat ermöglichten der kommunistischen SED, nun als »Partei neuen Typus« die Herrschaft in der Sowjetzone auszuüben und sie dem Vorbild der stalinistischen Sowjetunion anzupassen.

In ihrer Propaganda intensivierte die SED die nationalistische Agitation und behauptete gar, der »US-Imperialismus« habe das »Erbe des Hitler-Faschismus« angetreten. Pieck sprach auf der 1. Parteikonferenz der SED im Januar 1949 von der »brutalen kolonialen Versklavung« Westdeutschlands. Für ihn galt es als »heilige Pflicht« aller Deutschen, im »nationalen Interesse« dagegen eine »Widerstandsbewegung« zu entfalten. Nicht zuletzt solche Töne haben den Kalten Krieg in Deutschland angeheizt. Zugleich sollten nun auch frühere Nazis für den »nationalen Kampf« gewonnen werden, während der »Sozialdemokratismus« oder nichtkonforme Politiker der Blockparteien als »feindlich« bekämpft wurden.

Wie sehr die deutschen Kommunisten sich andererseits bereits in der ersten Phase des Kalten Krieges völlig mit der Sowjetunion identifizierten, belegt eine Erklärung des Politbüros der SED vom 1. März 1949. Diese trägt die Unterschriften der beiden Parteivorsitzenden Wilhelm Pieck (dem späteren DDR-Präsidenten) und Otto Grotewohl (dem ersten DDR-Regierungschef). Sie rief zur »Unterstützung der Sowjetarmee« auf. Damit schloß sich die SED den Verlautbarungen westeuropäischer Kommunisten an und warnte ebenfalls vor der »drohenden Gefahr eines neuen Krieges«. Nach Ansicht der deutschen Kommunisten war die Sowjetunion die stärkste »Friedensmacht« der Welt. Im Falle der »Aggression«, also eines Krieges, müsse »das deutsche Volk gegen die Aggressoren kämpfen und die Sowjetarmee in der Herbeiführung des Friedens unterstützen.«[6]

Mit dem Aufruf zu einer eventuellen militanten Unterstützung der Sowjetunion knüpfte die SED an jene Politik der KPD an, die den deutschen Kommunisten seit 1920, die »Verteidigung« des »Vaterlandes« Sowjetrußland befahl. Dies signalisierte, daß die SED 1949 keineswegs mehr eine »Einheitspartei«, sondern eine kommunistische Organisation war. Als frühes Ergebnis des Kalten Krieges hatte sie 1948/49 die sozialdemokratischen Traditionen ausgemerzt. Verworfen wurde die 1946/47 gültige These vom »deutschen, demokratischen Weg« zum Sozialismus, ebenso wurde die 1946 vereinbarte paritätische Besetzung aller Partei-

»Von den Sowjetmenschen lernen heißt siegen lernen - Kriegspakt mit Washington bringt Elend und Tod - Freundschaft mit der Sowjetunion Frieden und Brot«; Plakat, vgl. Kat. 1/17

DIE
ERGEBNISSE
DER ÜBERPRÜFUNG
DER PARTEIMITGLIEDER
UND KANDIDATEN

Bericht des Genossen
HERMANN MATERN
Mitglied des Politbüros der SED
auf der 7. Tagung des Zentralkomitees
der Sozialistischen Einheitspartei
Deutschlands

Bericht des Vorsitzenden der ›Zentralen Partei-Kontrollkommission‹ über erste »Säuberungen« innerhalb der SED, 1951 (DHM)

funktionen mit ehemaligen Kommunisten und Sozialdemokraten aufgehoben.

Die 1. Parteikonferenz im Januar 1949 zeigte die SED als eine kommunistische Partei stalinistischen Typus: Der »demokratische Zentralismus« – also die strikte Unterordnung aller Organe unter die jeweils übergeordnete Führung sowie unbedingte Parteidisziplin – galten als Organisations- und Leitungsprinzipien der Partei. Da die SED keine »westliche« Partei sein wollte, schrieb sie den Kampf gegen den »Sozialdemokratismus« auf ihre Fahnen. Das Bekenntnis zur KPdSU und zur Person Stalins sowie zur »führenden Rolle« der Sowjetunion wurde für alle SED-Mitglieder verpflichtend. Als eine Art innerparteiliche Polizei überwachten Partei-Kontrollkommissionen das Verhalten der Funktionäre und Mitglieder. Auch die Strukturen der KPdSU wurden kopiert und im Januar 1949 ein Politbüro geschaffen, das mit Sekretariat und einem ZK-Apparat den zentralistischen und hierarchischen Aufbau der Organisation gewährleistete. Die Kompetenzen des hauptamtlichen Apparats wurden erweitert. Nach sowjetischem Vorbild wurde die »Nomenklatur« eingeführt, was bedeutete, daß allein die übergeordnete Instanz für die Besetzung der Funktionen, den Einsatz, den Aufstieg usw. der Kader zuständig war.

Mit der Einschwörung auf Stalin, der Ausschaltung der Sozialdemokraten und der Übernahme der Parteiführung durch Kommunisten sowie den Praktiken des »demokratischen Zentralismus« griff die SED die Traditionen der alten KPD wieder auf. Außerdem hatte sie damit die Voraussetzungen geschaffen, um als herrschende Staatspartei in einem System von sowjetisch-stalinistischen Typus in allen Bereichen des gesellschaftlichen und politischen Lebens diktatorisch kommandieren zu können.

Diese Transformation der SED erfolgte im Rahmen der Strategie Stalins, die zwar auch vom Kalten Krieg, aber keineswegs nur davon bestimmt wurde. Sie war auch nicht die alleinige »Schuld« sowjetischer Kommunisten. An dieser Umformung der SED zur stalinistischen »Partei neuen Typus« waren selbstverständlich die deutschen Kommunisten unter Ulbricht aktiv beteiligt. Und sie nutzten den Ost-West-Konflikt aus, um in der DDR die Machtpositionen besetzen zu können.

Die DDR im Kalten Krieg 1949-1953

Die Konstituierung der DDR stand ganz im Zeichen des Kalten Krieges. Bei ihrer Proklamierung am 7. Oktober 1949 nannte Wilhelm Pieck als Grund für die Bildung der DDR die Einbeziehung der Bundesrepublik in einen angeblichen »Kriegspakt«. Er sprach vom »großen Kriegsbund gegen den Osten Deutschlands, gegen die Volksdemokratien und gegen die Sowjetunion«. In seiner Antrittsrede erhob Präsident Pieck für die DDR-Führung den gleichen Anspruch, den einige Wochen zuvor in Bonn die aus freien Wahlen hervorgegangene Bundesregierung formuliert hatte: die Interessen des gesamten deutschen Volkes wahrzunehmen, deutscher »Kernstaat« zu sein und »die Legitimation« zu besitzen, »für das ganze deutsche Volk zu sprechen.«

In seiner Regierungserklärung behauptete Ministerpräsident Grotewohl ebenfalls: »Die drohende Gefahr eines imperialistischen Krieges hat uns mit gebieterischer Notwendigkeit die Aufgabe gestellt, für den Kampf zur Wiedervereinigung Deutschlands, für den demokratischen Neuaufbau und für den Frieden eine wirkungsvolle und starke Führung zu schaffen. Dazu haben wir die Deutsche Demokratische Republik konstituiert und unsere provisorische Regierung gebildet.«[7]

Die Konfrontation der beiden deutschen Staaten und ihr Propagandakrieg verschärfte die Lage in Europa. Dies nutzte die SED aus, um ihre eigene Macht auszubauen, die »Blockparteien« zurückzudrängen und die »Massenorganisationen« zu befehligen. Gegner, potentielle »Feinde« und Andersdenkende wurden verfolgt sowie eine umfassende innere Parteisäuberung eingeleitet. Unter dem Einfluß des Kalten Krieges und im Kontext der »Vereinheitlichung« des Ostblocks wurde so zwischen 1949 und 1953 der Stalinismus auf die DDR übertragen. Er ist sowohl durch äußere Bedingungen aufgedrängt als auch von den deutschen Kommunisten selbst forciert worden.

Der Stalinismus im allgemeinen, weiteren Sinne war ein gesellschaftspolitisches System, die Diktatur der allmächtigen Parteiführung, die mit Hilfe ihrer politischen Polizei bestimmte. Kern des Stalinismus war die kommunistische Einparteienherrschaft. Die Kommunistische Partei fungierte als Hegemonialpartei, als Vorherrschafts- und Führungsorgan mit absolutem Machtmonopol. Die kommunistische Parteiführung befehligte unumschränkt und unkontrolliert das politische Regime. Nach der Machterringung galt die Sicherung ihrer Hegemonie – bei stetig wachsendem Absolutheitsanspruch – als das entscheidende Ziel. Sie duldete keine Teilung der Macht oder etwa gar ihre legale Ablösung, unterdrückte pluralistische Tendenzen und ließ auch keinerlei Ansätze innerparteilicher Demokratie zu. Ihre Macht als Führungsorgan praktizierte sie nicht nur in Partei und Staat, sondern im gesamten öffentlichen Leben (ja sie versuchte sogar, die Privatsphäre der Bürger zu dirigieren). Dieses Regime einer allumfassenden, diktatorischen Herrschaft mit dem Absolutheitsanspruch der stalinistischen Partei wurde zwischen 1949 und 1953 in der DDR errichtet und existierte bis zum Ende des SED-Staates 1989.

Gleichzeitig wurde damals der Stalinismus im engeren, speziellen Sinne übertragen, der sich vor allem mit den Säuberungen der dreißiger Jahre in der Sowjetunion herausgebildet hatte. Dies war eine Willkürherrschaft, gekennzeichnet durch völlige Rechtsunsicherheit und despotische Gewalt. Als wesentliche Terrorinstrumente dienten Geheimpolizei und blutige »Säuberungen«. Schließlich gehört zum Absolutismus Stalins ein byzantinischer Kult um seine Person.

Ulbricht als Propagandist und Verhinderer der Wiedervereinigung; Titelkarikatur der ›Tarantel‹ Nr. 70 vom Juli 1956 (DHM)

Erst nach Stalins Tod, insbesondere nach den Enthüllungen über den »Personenkult« auf den XX. Parteitag der KPdSU 1956 und dem XXII. Parteitag 1961, begannen kommunistische Parteien und auch die SED schrittweise und mehr oder weniger intensiv, durch eine »Entstalinisierung« sowohl den Personenkult als auch die Willkürherrschaft, also den speziellen Stalinismus, zurückzudrängen. Allerdings blieben davon Grundlage und Struktur des Terrorregimes, d.h. die Machtkonzentration bei der Partei, weitgehend unberührt.

Repressalien waren diesem Regime immanent, sie sind keineswegs etwa als »Betriebsunfälle« zu verharmlosen.

Zentner, Kurt - Heil Stalin! Eine Fibel für die Bedrohten mit 32 ganzseitigen Karikaturen, Gelsenkirchen 1950; ein Beispiel für die westliche Spielart der Totalitarismus-Doktrin (DHM)

Die Ideologie des Stalinismus brauchte stets ein Feindbild, ständig galt es, »Feinde« aufzuspüren, sie zu »schlagen« und »auszumerzen«. Der so vorhandene Fanatismus fügte sich nahtlos in die allgemeine Psychose des Kalten Krieges ein: der Gegner zählte nicht als Mensch, er war als Feind zu »vernichten«. Schon in einer Erklärung des Parteivorstandes der SED von Juli 1948 war die Sprache der Unmenschlichkeit verräterisch, war doch die Rede von der »Ausmerzung von schädlichen und feindlichen Elementen.«[8] Einschüchterung und Angst dienten zudem (neben mancherlei Privilegien) als elementare Methoden der Disziplinierung von Anhängern und Funktionären. Wegen des Kalten Krieges wurden die Repressalien brutaler, doch war er nicht deren Ursache.

Auch die Propagandaschlachten rührten teils aus der Ideologie des Stalinismus mit seinem »Feindbild«, teils aber auch aus der gegenseitigen »Verteufelung« als Mittel des Kalten Krieges her. Und obwohl die innere Strukturveränderung der DDR zwar vom Ost-West-Konflikt ausgelöst wurde, ist sie dennoch davon nicht bestimmt worden.

Diese Wechselwirkungen zeigten sich in den Jahren 1952/53, in denen die Verfolgungsmaßnahmen in der DDR besonders schlimm waren. Die 2. Parteikonferenz der SED im Juli 1952 hatte den »Aufbau des Sozialismus« beschlossen und zur »grundlegenden Aufgabe in der DDR« erklärt. Die damit umschriebene beschleunigte Übertragung des sowjetischen Modells war mit verstärktem Personenkult um Stalin verbunden, z.B. erklärte Ulbricht auf der 2. Parteikonferenz: »Wir werden siegen, weil uns der große Stalin führt.« Solche Töne waren allgemein üblich, u.a. verkündeten die Losungen des ZK der SED zum 34. (!) Jahrestag der bolschewistischen Oktoberrevolution 1951: »Lang lebe Genosse Stalin, der Führer und weise Lehrer der Werktätigen aller Länder! Lang lebe der große Stalin, der Bannerträger des Friedens in der ganzen Welt, der beste Freund des deutschen Volkes!«

Einschneidender als der Personenkult waren die damaligen Repressalien. Entsprechend den ideologischen Vorgaben Stalins richteten sie sich gegen ganze Bevölkerungsgruppen in der DDR, so wurden Großbürgertum, Kleinbürgertum oder Großbauern als »Feinde« verfolgt. Bekämpft wurde auch die Kirche, 1952/53 vor allem die evangelische »Junge Gemeinde«. Politische Säuberungen trafen in erster Linie die bewußten Gegner des Systems. Für die Entwicklung der SBZ/DDR war hierbei typisch, daß die Verhaftungen bürgerlicher und vor allem sozialdemokratischer Oppositioneller darauf abzielten, das Regime zu festigen, daß darüber hinaus durch die Verfolgung sowohl aktiver als auch potentieller Gegner mittels eines flächendeckenden Spitzelwesens zugleich Unsicherheit und Angst bei den Bürgern geschürt wurde: Der Terror des Staates sollte Mißtrauen wecken und Furcht erzeugen, die ver-

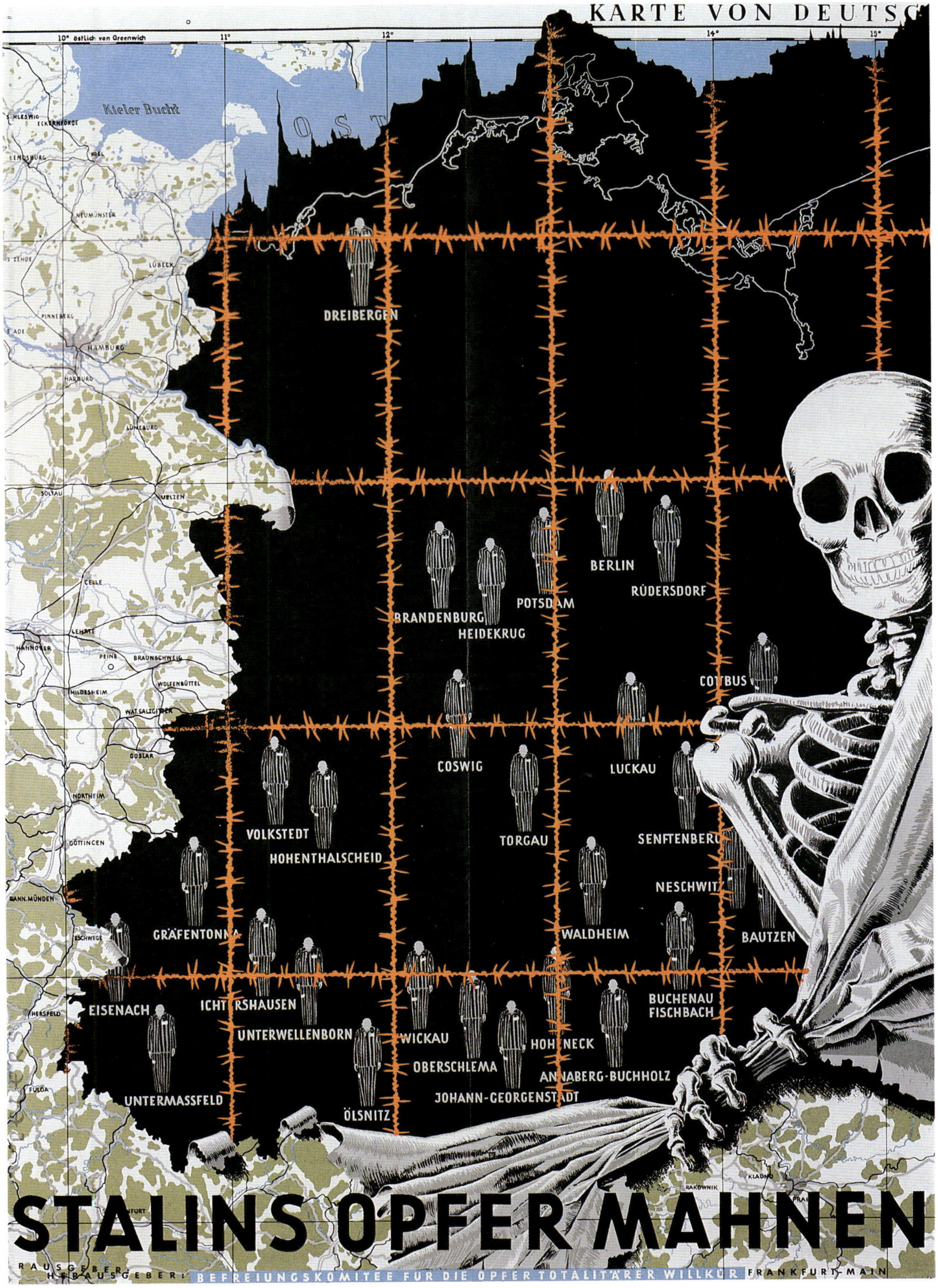

»Stalins Opfer mahnen«; Plakat, um 1952, vgl. Kat. 4/27

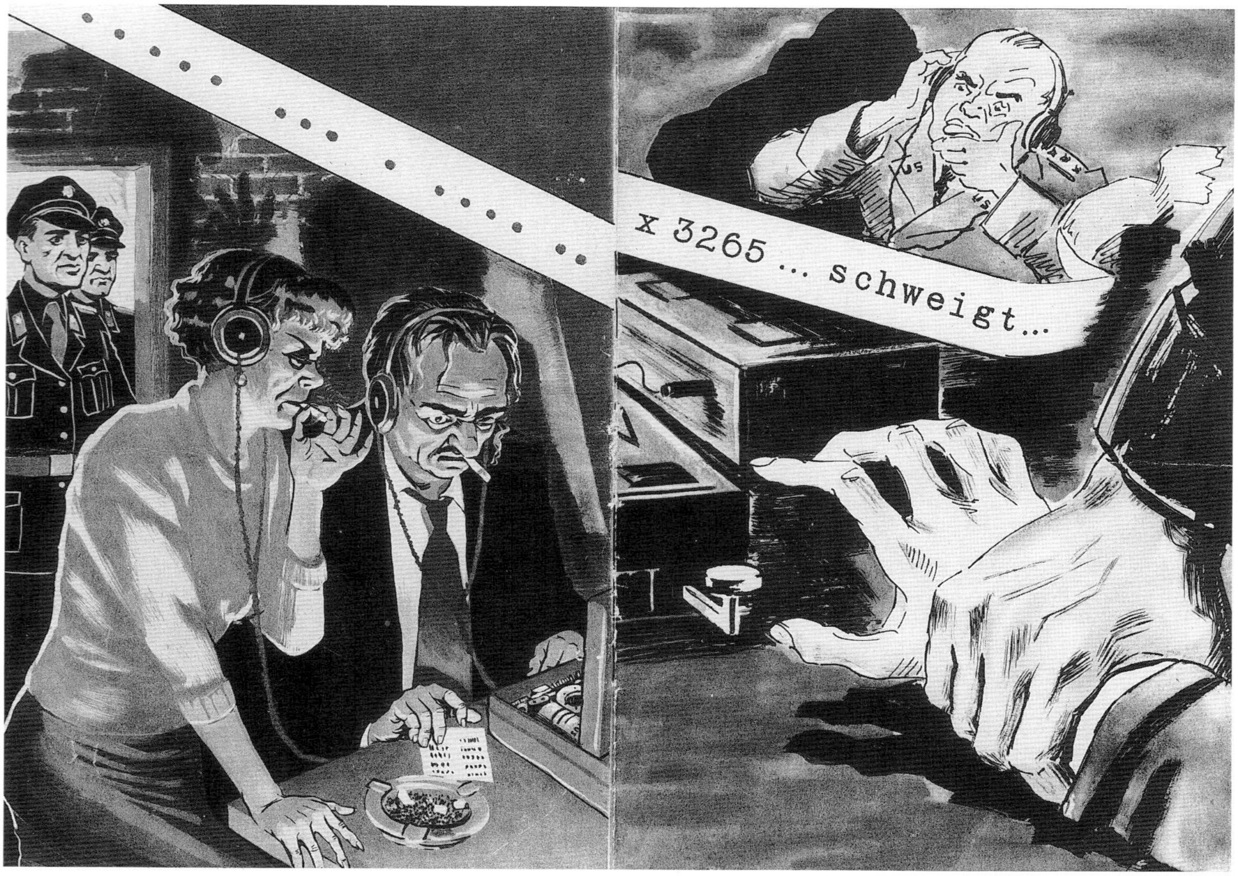

»X 3265 ... schweigt ...«; Propagandaschrift über Spionage gegen die DDR, hg. im Zusammenhang mit dem im Dezember 1953 geführten Prozess gegen Hase u. a. vom Büro des Präsidiums des Nationalrates der Nationalen Front, o. O. (1953) (DHM)

hinderten, daß sich die Opposition im Lande artikulierte oder gar sammelte. Der Kalte Krieg lieferte einerseits Argumente, um die systemimmanenten Maßnahmen zu begründen, andererseits hat er dazu beigetragen, daß die Repressalien verschärft und der Aufbau des Stalinismus beschleunigt wurden.

Zunehmend gerieten auch Funktionäre der kommunistischen Hegemonialpartei und schließlich sogar Parteiführer in die Mühlen der Repressalien. Anfangs solche, die einstmals irgendeiner »abweichenden« Gruppe angehört hatten, dann schon bald »Abweichler« von der gerade gültigen Parteilinie und schließlich mußten auch »Sündenböcke« für Schwächen des Staates und Mängel der Wirtschaft herhalten.

Die Säuberungen innerhalb der SED wurden zwar als unbedingt notwendig interpretiert, um der Gefahr der »Zersetzung« durch den »Gegner« im Kalten Krieg zu begegnen, sie waren indes eine typisch stalinistische Herrschaftsmethode. Schon bei der ersten Partei-«Überprüfung« 1950/51 sind rund 150000 Mitglieder (meist frühere Sozialdemokraten oder »Abweichler«) aus der SED ausgeschlossen worden. Eine häufig erhobene Anschuldigung gegen die als »Parteifeinde« entfernten Funktionäre und Mitglieder war, sie seien »Agenten« des Westens. Diese Vokabel aus dem Arsenal des Kalten Krieges bezeichnete nicht etwa nur die politischen Gegner (z.B. Mitarbeiter oder Sympathisanten des Ostbüros der SPD) oder strikte Feinde des Regimes (etwa die ›Kampfgruppe gegen Unmenschlichkeit‹ oder tatsächliche Agenten westlicher Geheimdienste, mit ihr wurden selbst innerparteiliche Kritiker und Opponenten gebrandmarkt.

Somit hat der Kalte Krieg der DDR-Führung nicht nur Anlässe geboten für einen Propagandafeldzug gegen den Westen, insbesondere die Bundesrepublik Deutschland, oder für Reaktionen auf deren Propagandaaktionen, sondern er diente auch zur Begründung für die Nachahmung stalinistischer Strukturen und Praktiken bis hin zu den innerparteilichen Säuberungen. Sofort nach den Schauprozessen in Ungarn und in Bulgarien 1949 begann die SED-Spitze einen ähnlichen Prozeß gegen führende Kommunisten vorzubereiten. Nach einem Gespräch mit dem sowjetischen Hochkommissar und Botschafter Semjonow im Dezember 1949, notierte sich Wilhelm Pieck: »Ideologische Schwächen – noch schlimmer, kein Kampf gegen Titoismus … ob nicht Agenten im Apparat – bei Eisler – Leute von Westmächten.«[9]

Über eine Besprechung mit sowjetischen Vertretern, darunter wiederum Semjonow, am 3. Juli 1950 hatte Pieck u. a. festgehalten, daß »Untersuchungen über parteifeindliche Elemente« behandelt wurden. Dabei sollten sowohl an »Staatssicherheit Zaisser« als auch an »PKK Matern« »Direktiven« ergehen, waren also das Ministerium für Staatssicherheit und die Partei-Kontrollkommission einzuschalten.[10]

Im März und im August 1950 wurden führende Kommunisten verhaftet (Kurt Müller, Leo Bauer, Willy Kreikemeyer, Bruno Goldhammer). Als »Agenten« angeprangert sollten sie für einen Schauprozeß präpariert werden. Nach dem Slansky-Prozeß in der Tschechoslowakei (November 1952) steigerte sich die »Bedrohungs«-Hysterie erheblich. Nun verhaftete das MfS auch Paul Merker, der seit langer Zeit Mitglied des Politbüros war. Die SED diffamierte ihn als angeblichen »Agenten«, als »Subjekt der US-Finanzoligarchie« und »Zionist«. Im Frühjahr 1953 wurde sogar Franz Dahlem, bis 1952 noch der zweite Mann nach Ulbricht, abgesetzt; man warf ihm Zusammenarbeit mit amerikanischen und französischen Geheimdiensten vor.

Zu den Verfolgungspraktiken gehörte sogar die Verschleppung von aus der DDR geflüchteten Opponenten, die Entführung politischer Gegner von Westberlin in die DDR. Dies ist zu Recht als die »extremste Form des Kalten Krieges der Sowjetunion und der DDR gegen die Bundesrepublik« charakterisiert worden.[11]

Auch andere typisch stalinistische Maßnahmen wurden mit dem Hinweis auf die Bedrohung im Kalten Krieg gerechtfertigt. Das galt für den »Kampf gegen

»Kriegswirtschaft in Westdeutschland – Aufbau der Friedenswirtschaft in der DDR«; Kleinplakat, hg. v. Amt für Information der DDR, 1950 (DHM)

den Pazifismus«, zu dem Pieck auf der 2. Parteikonferenz der SED im Jui 1952 mobilisieren wollte. Hiermit folgte er der Weisung Stalins, der bei einem Gespräch mit SED-Führern im April 1952 entschieden hatte, die »Pazifistische Periode ist vorbei«.[12] Vom Ost-West-Konflikt bestimmt war die – in den ersten Jahren allseits vehement abgelehnte – Wiederaufrüstung in bei

»Wenn wir den Krieg gewonnen hätten!«; Titelkarikatur des ›Ulenspiegel‹ 1/Nr. 4, erstes Februarheft 1946

den Teilen Deutschlands. Bereits 1948 entstand in der DDR eine Bereitschaftspolizei die bis 1950 auf 50000 Mann ausgebaut wurde. Ministerpräsident Grotewohl behauptete allerdings noch im August 1951 für die DDR: »Wir brauchen keine Armee, wir brauchen keine Wehrmacht ...«[13]

Doch nachdem Stalin im April 1952 bei einem Gespräch von den SED-Führern gefordert hatte: »Volksarmee schaffen – ohne Geschrei«[14], bildete die DDR im Oktober 1952 die ›Kasernierte Volkspolizei‹, eine militärisch aufgebaute Kadertruppe mit sieben Divisionen. Anfang 1956 wurde dann offiziell die ›Nationale Volksarmee‹ geschaffen.

Die Kulturpolitik war nach 1945 von der Abrechnung mit der Nazi-Vergangenheit geprägt. Im breiten Spektrum der Kunst konnte sich auch die Moderne entfalten. Der 1949 beginnende »Kampf« gegen die angebliche »Kulturbarbarei« der USA, den »Formalismus« oder den »Kosmopolitismus«, schien ein Echo des Kalten Krieges zu sein, aber er diente letztlich der Nachahmung des sowjetischen »sozialistischen Realismus« in der Kunst. Gleiches geschah in der Pädagogik oder den Wissenschaften, dort wurde im Jargon des Kalten Krieges »duldsames Verhalten gegen feindliche Umtriebe« kritisiert, tatsächlich sollte die »sozialistische Umgestaltung« nach sowjetischem Vorbild vorangebracht werden.

Vom Juni Aufstand 1953 zum Bau der Mauer 1961

Wie sehr innere Probleme der DDR auf das »Konto« des Kalten Krieges abgeschoben wurden, beweist die SED-Agitation nach dem Aufstand vom 17. Juni 1953. Die vom Tod Stalins (5. März 1953) schockierte SED-Führung wurde von Stalins Nachfolgern rasch zu einem gemäßigteren »Neuen Kurs« gezwungen. Doch das Kopieren des sowjetischen Systems, der sogenannte Aufbau des Sozialismus, hatte in der DDR bereits eine Krisensituation verursacht. Die Verschlechterung der Lebenslage sowie die politischen Schikanen hatten massiven Unwillen hervorgerufen. Die rigorosen Erhöhungen der Arbeitsnormen wurden trotz des »Neuen Kurses« nicht zurückgenommen. So bildeten der langangestaute Mißmut der Arbeiterschaft, der plötzliche Schwenk der SED zum »Neuen Kurs«, aber auch die Verunsicherung des SED-Funktionärskorps nach Stalins Tod sowie das Problem der Normenerhöhungen Nährboden und Ausgangspunkte für die Streiks und den Aufstand vom 17. Juni 1953. Der Protest sprang von Ost-Berlin aus rasch über zum Arbeiteraufstand in der ganzen DDR. In mehr als 250 Orten kam es zu Streiks und Demonstrationen. Der Aufstand konnte

nur durch Verhängung des Ausnahmezustands und den Einsatz von sowjetischen Armee-Einheiten niedergeschlagen werden.
Die SED-Führung aber behauptete, der spontane Arbeiteraufstand sei ein »faschistischer Putsch« gewesen. Eine Entschließung des ZK der SED vom 26. Juli 1953 wollte – ganz im Stil der Propaganda des Kalten Krieges – weismachen, eine »von den Amerikanern organisierte und unterstützte faschistische Untergrundbewegung« sowie »Agenten des Ostbüros der SPD« hätten von West-Berlin aus den »faschistischen Putsch« in der DDR geleitet. An diesem Beispiel wird deutlich, wie die SED-Demagogie die zugespitzte Lage im Kalten Krieg ausnutzte, um vom eigenen Versagen abzulenken und für die inneren Schwierigkeiten der DDR den »äußeren Feind« verantwortlich zu machen.
Trotz der Krise von 1953 hatten sich die Grundzüge des Herrschaftssystems der DDR verfestigt und blieben unangetastet. Als Machthebel dienten dem Regime: 1. der eigene Parteiapparat (d. h. hauptamtliche Parteifunktionäre und ehrenamtliche Helfer), 2. der Staatsapparat (Regierung, Verwaltung, Kultureinrichtungen, Armee, Medien), 3. die Organe der Justiz und der Staatssicherheit, die Verfolgungsmaßnahmen ausführten sowie 4. die Massenorganisationen und Blockparteien, die als »Transmissionsriemen« die Verbindung zu allen Bevölkerungsschichten herzustellen und diese anzuleiten hatten.
Grundsätzlich benutzte die SED zur Herrschaftssicherung drei Methoden, die sie von der UdSSR Stalins übernommen hatte. Erstens: Gegner wurden mit Terror niedergehalten. Der Staatssicherheitsdienst und die Justiz richteten sich gegen eine Minderheit, die aktiv eine Änderung des Systems anstrebte. Die Überwachung schuf zudem eine Atmosphäre der Angst, die auch der Disziplinierung der SED diente. Zweitens:

»Die bestimmte Richtung in der amerikanischen Kunst«; sowjetische Karikatur auf die aus den USA in die Bundesrepublik importierte »Kulturbarbarei«, publiziert in einem Leporello der ›Gesellschaft für Deutsch Sowjetische Freundschaft‹, [1952] (DHM)

Anzeige der Aufhebung des Ausnahmezustands im Sowjetischen Sektor Berlins, in: ›Tägliche Rundschau‹ 9/1953, Nr. 158 vom 12. Juli 1953

Berlin, 11. Juli 1953 (ADN).

Generalmajor Dibrowa, der Militärkommandant des Sowjetischen Sektors von Berlin, hat am 11. Juli folgenden Befehl erlassen:

BEFEHL

des Militärkommandanten des Sowjetischen Sektors der Stadt Berlin

11. Juli 1953 Berlin

Inhalt: Ueber die Aufhebung des Ausnahmezustandes im Sowjetischen Sektor der Stadt Berlin.

Der am 17. Juni 1953 im Sowjetischen Sektor der Stadt Berlin erklärte Ausnahmezustand wird mit dem 11. Juli 1953, 24 Uhr, aufgehoben.

Der Militärkommandant des Sowjetischen Sektors der Stadt Berlin

Generalmajor Dibrowa

Die Methode der »Neutralisierung«. Sie sollte »unpolitische« Menschen, die weder Gegner noch Anhänger des Systems waren, bei wachsendem Wohlstand sowie einem Mindestmaß an persönlichem Freiraum passiv halten. Drittens: Die Ideologie des »Marxismus-Leninismus«. Sie fungierte als Bindeglied der herrschenden Eliten und sollte durch Indoktrination zugleich neue Anhänger gewinnen helfen.

Diese Verhältnisse zeigen, daß der Kalte Krieg für die DDR mehr war als nur eine Propagandaauseinandersetzung mit dem Westen oder der Versuch – etwa mit Hilfe der KPD – auch in der Bundesrepublik zu agieren. Nicht zuletzt gelang es unter Hinweis auf den »drohenden Atomkrieg«, innere Probleme zu verdecken und den Stalinismus in der noch jungen DDR zu etablieren.

Der Kalte Krieg hat außerdem wesentlich beigetragen zum Zusammenrücken der Führungseliten gegenüber dem »Feind«. Während die SED-Diktatur in der DDR einerseits von der Bundesrepublik als abschreckendes Beispiel herausgestellt wurde, um die Politik in ausgefahrenen Bahnen zu halten, haben restaurative Tendenzen in der Bundesrepublik andererseits den Machthabern der DDR eine ideologische Propagandawaffe an die Hand gegeben, mit der diese versuchten, ihre eigene Elite zusammenzuhalten.

So wie der Ost-West-Konflikt bewirkte, daß Westdeutschland trotz der NS-Vergangenheit rasch in das westliche Bündnis einbezogen wurde, so förderte er, daß die DDR früh in die östliche Gemeinschaft unter Führung der UdSSR integriert und »gleichberechtigt« wurde. Schon in der ›Prager Erklärung‹ vom 22. Oktober 1950 solidarisierten sich die kommunistisch regierten Staaten Osteuropas mit der DDR. Diese Einbindung in den Ostblock wurde in den folgenden Jahren zunehmend intensiviert. Schließlich hatte die DDR ihrerseits schon im Juni 1950 die Oder-Neiße-Grenze in einem Vertrag mit Polen anerkannt, der den Weg zur Beendigung der Kriegsfolgen ebnete.

Die Ansätze der Sowjetführer nach Stalins Tod 1953, den Kalten Krieg abzumildern, blieben nicht ohne Auswirkungen auf die DDR. Vor allem aber ergaben sich aus der sowjetischen »Entstalinisierung« Modifizierungen der Politik und ihrer Methoden. Abgeschwächt wurden die schlimmsten Verfolgungsmaßnahmen der frühen fünfziger Jahre. Nach dem XX. Parteitag der KPdSU 1956 und der Anti-Stalin-Rede Chruschtschows kam auch die SED nicht länger umhin darauf zu reagieren. Sie unterstützte nun ebenfalls die Politik der Koexistenz unterschiedlicher Systeme, freilich ohne ihren Propagandakrieg wesentlich einzuschränken. Dem Personenkult um Stalin, dem sie seit 1949 in überschwenglicher, unerträglicher Weise gefrönt hatte, schwor sie offiziell ab, und sie versprach nun eine »Festigung der Gesetzlichkeit«. Die SED gab 1956 zu, daß frühere politische Strafurteile »in ihrem Strafmaß zu hoch« gewesen waren. Doch da die USA versucht hätten, »aus dem Kalten Krieg einen Atomkrieg auf deutschem Boden entstehen zu lassen«, seien die überharten Urteile gegen »Spione, Agenten, Terroristen und Saboteure und auch Hetzer« ... »notwendig und geboten« gewesen.[15]

Die brutalen stalinistischen Methoden zur Durchsetzung der SED-Diktatur wurden so als »verständliche« Maßnahme im Kalten Krieg umgedeutet und gerechtfertigt. Allein dies zeigt schon, daß die Ulbricht-SED nicht bereit war, stalinistische Strukturen oder Mechanismen aufzugeben. Auch die »Rehabilitierung« der früher gemaßregelten SED-Führer war 1956 von solchen Halbheiten geprägt. Beispielhaft für die Aufrechterhaltung stalinistischer Praktiken waren schließlich die Prozesse gegen Harich und Janka noch 1957. Die SED folgte der sowjetischen Politik der Abkehr von Stalin nur sehr zögerlich. Sie nutzte weiterhin den Kalten Krieg, um die Alleinherrschaft zu festigen. Mit ihrer These, die »Partei hat immer recht«, versuchte sie die frühere, vor allem aber die aktuelle Politik zu verteidigen.

Ulbricht kam es vor allem auf die Sicherung der Macht an. Sein Versuch, mit einem »Deutschlandplan« die Probleme nach außen zu verlagern, zeitigte keinen Erfolg. Die wirtschaftliche Misere, die Kollektivierung der Landwirtschaft, ein härterer politischer Kurs der SED, aber auch Berlin-Drohungen Chruschtschows führten 1960/61 zu einer allgemeinen Krise der DDR. Die Flüchtlingszahlen stiegen rapide an; allein im Juli 1961 flüchteten 30 000 meist junge und qualifizierte Menschen in den Westen. Um ein Ausbluten des Landes zu verhindern, entschied sich die DDR-Führung für die völlige Abriegelung ihrer West-Grenze.

»4000 flohen übers Wochenende«; Werbenplakat der ›Berliner Morgenpost‹ vom 18. Juni 1961, vgl. Kat. 4/16

»Am Brandenburger Tor heißt es jetzt: ›Stop für die Kriegsbrand(t)-stifter‹«; Broschüre aus der DDR mit Informationen zum Mauerbau und dem dadurch geänderten Grenzverkehr in Berlin, um 1962 (DHM)

Diesem Plan stimmte am 5. August eine Konferenz der kommunistischen Parteichefs der Warschauer-Pakt-Staaten zu. In der Nacht vom 12. zum 13. August 1961 versperrten Volkspolizei, Betriebskampfgruppen und NVA die quer durch Berlin verlaufende Sektorengrenze mit Stacheldrahtverhauen und Steinwällen, in den folgenden Tagen wurde eine Mauer errichtet. Die Propagandamaschinerie der DDR stellte die Motive für den Mauerbau in gewohnter Weise auf den Kopf: nach ihrer Lesart war die Mauer nicht gebaut worden, um die Massenflucht von DDR-Bürgern zu verhindern, vielmehr sollte der »antifaschistische Schutzwall« die DDR gegen den Westen schützen, war mit dem Mauerbau der »Frieden in Europa gerettet« worden. Um das »Einsperren« der Bevölkerung ideologisch verschleiern und »legitimieren« zu können, mußte der Kalte Krieg und die »drohende Gefahr« des Umschlagens in einen heißen Krieg als Argumentationsmuster herhalten.

An dieser Version hat die SED bis zum Ende der Diktatur festgehalten. Obwohl der Wunsch der Menschen nach Reisefreiheit stets als Faktor der Instabilität der DDR wirkte, wurde noch 1986 zum 25. Jahrestag des Mauerbaus im Jargon des Kalten Krieges behauptet, 1961 sei der »Weltfrieden aufs äußerste bedroht« gewesen und den »gefährlichen Machenschaften« der Imperialisten sei am 13. August »ein Riegel vorgeschoben« worden.[16]

Zwischen Kaltem Krieg und Entspannung

Die sechziger Jahre brachten mit den Ansätzen einer Entspannung auch in der DDR die Modifizierung einiger Herrschaftsmethoden; diese verlagerten sich vom Terror auf die umfassendere Überwachung sowie Manipulierung der Massen. Doch die »Liberalisierungs«-Tendenzen waren weniger von der Abschwächung des Kalten Krieges bestimmt, die DDR folgte vielmehr dem von Chruschtschow auf dem XXII. Parteitag der KPdSU 1961 eingeleiteten zweiten Schritt zur »Entstalinisierung«. Zudem mußte die Führung, die bis 1961 vor allem ihre Konzeptionen zur Umgestaltung der DDR-Gesellschaft durchsetzte, nun stärker auf die »Sachzwänge« der komplexen Realitäten Rücksicht nehmen, und, da die Wirtschaft einen immer wichtigeren Stellenwert erhielt, vor allem ökonomischen Erfordernissen Rechnung tragen. Dieses ging nicht ohne Kooperation mit dem Westen, die wiederum die Entspannungspolitik begünstigte.

Hier geriet die Innen- und Außenpolitik der DDR in einen »Teufelskreis«, in dem sie sich sowohl während der sechziger Jahre unter Ulbricht als auch dann in den siebziger und achtziger Jahren unter Honecker bewegte. Beide betrieben eine Zickzackpolitik, die von einem grundsätzlichen Widerspruch hervorgerufen wurde: Die Führung ging mit Recht davon aus, daß politische Stabilität nur mit wirtschaftlichen Erfolgen zu erreichen sei. Das hieß für den Industriestaat DDR, eine enge Verbindung, ja Verflechtung mit der westlichen Industrie, vor allem in der Bundesrepublik, herzustellen. Allerdings setzte das eine wenigstens teilweise Öffnung des »Eisernen Vorhangs« voraus und insofern mußten die Interessen der DDR auf Entspannung gerichtet sein. Doch jede Kooperation brachte neue Ideen in die DDR und weckte dort Hoffnungen auf eine Änderung oder gar ein Ende des ungeliebten Regimes. Darauf reagierte die Spitze wiederum mit harten Maßnahmen, um die Bevölkerung vom Westen zu isolieren, insofern sah sie ihre Interessen durch das Beharren auf dem Kalten Krieg gewahrt. Doch wirtschaftliche Abgrenzung hieß Verzicht auf Wirtschaftserfolge, was aber ganz unerwünscht war. Deshalb pendelte die Führung zwischen »harter« und »liberaler« Politik, schwankte von einem Kurs zum anderen.

Die DDR-Politik wurde auch vom Westen beeinflußt. Es zeigte sich, daß der Kalte Krieg die Scharfmacher in der DDR nicht schwächte, sondern stärkte, und die Entspannung eher von einer flexiblen Haltung vorangebracht werden konnte. Ähnlich war es auch in der Deutschlandpolitik. Bis 1966 hielt die SED an ihrem Plan »gesamtdeutscher Gespräche« und der Forderung nach der »Einheit Deutschlands« fest, obwohl die deutsche Teilung weiter zementiert wurde. Immerhin wurden für die Menschen bedeutende Verbesserungen erreicht. Als nach Verhandlungen im Dezember 1963 erstmals ein Passierscheinabkommen vereinbart wurde, konnten Weihnachten 1963 mehr als 1,2 Millionen Westberliner nach zweieinhalb Jahren wieder ihre Verwandten in Ost-Berlin besuchen. Und ab November 1964 öffneten sich die Grenzen der DDR für Rentner, die zu ihren Angehörigen in die Bundesrepublik reisen durften.

Andere Möglichkeiten der beginnenden Entspannung blieben ungenutzt. Im April 1964 verkündete Ulbricht die Bereitschaft Ost-Berlins, Presseorgane der Bundesrepublik wie ›Die Zeit‹ oder die ›Süddeutsche Zeitung‹ in der DDR zum Verkauf zuzulassen, wenn das SED-Organ ›Neues Deutschland‹ in der Bundesrepublik ebenfalls öffentlich verkauft werden könne. Die Bundesregierung lehnte das Angebot ab, da das KPD-Verbot und die Gesetze über Staatsgefährdung keinen Austausch erlauben würden. Als die Bundesrepublik nach heftigen Diskussionen in der Öffentlichkeit über diese engstirnige Haltung schließlich doch zustimmte, kam der Zeitungsaustausch nicht mehr zustande. Die Versuche eines »Redneraustauschs« zwischen SED und SPD im Frühjahr 1966 schlugen wiederum fehl, weil

Karikatur von General Speidel vor dessen Ernennung zum Befehlshaber der NATO-Landstreitkräfte, in: ›Demokratie in Feldgrau‹, einer Broschüre mit antimilitaristischen Karikaturen und Texten, um 1957 (DHM)

die SED am Ende den Dialog fürchtete und ihm auswich.

Mit der Bildung der Großen Koalition Ende 1966 in Bonn schwenkte die DDR abrupt um. Im Kalten Krieg war sie mit der Parole »Deutsche an einen Tisch« als Vertreterin der Entspannung aufgetreten. Die beweglichere Ostpolitik der Großen Koalition brachten die DDR nun in die Defensive. Nach dem Abschluß der Verträge mit Moskau und Warschau 1970 verloren ihre Argumente vom »Revanchismus« der Bundesrepublik und von der Kriegsdrohung ihre Bedeutung. Jahrelang hatte die DDR-Führung auch kritische Kommunisten sowie nichtkommunistische Antifaschisten mit der These bei der Stange gehalten, die Bundesrepublik wolle sich die DDR und Osteuropa einverleiben, von ihr gehe die Gefahr eines neuen Faschismus aus, doch dieses Argument des Kalten Krieges war nun unglaubwürdig geworden.

Die Ablösung Ulbrichts 1971 erschien so nicht nur als eine tiefe Zäsur der inneren Verhältnisse, sondern wirkte auch nach außen. Mit der Ära Honecker begann die internationale Anerkennung des Staates DDR, ermöglicht durch die deutsch-deutschen Verträge. In der Folgezeit erwies sich als positiv, daß die DDR gerade in Krisenzeiten außenpolitisch ein berechenbarer Partner der Entspannungspolitik blieb. Doch die Instabilität der DDR wuchs und nachdem Gorbatschows Reformpolitik die Existenzgarantie des zweiten deutschen Staates aufkündigte, brach die SED-Diktatur zusammen.

Die Entstehung im Kalten Krieg unter der Herrschaft einer Besatzungsmacht, die sich nur auf eine Minderheit, nämlich die deutschen Kommunisten, stützen konnte, hatte die DDR von Anfang bis Ende mit zwei Grundwidersprüchen belastet: Erstens war sie nur ein Teilstaat, dessen Bevölkerung – aber auch die Führung – immer auf die demokratische, reichere und größere Bundesrepublik fixiert blieb. Zweitens war der DDR das stalinistische System aufgezwungen worden. Der Stalinismus, letztlich aus der russischen Rückständigkeit erwachsen, wurde einem viel weiter entwickelten Teil Deutschlands übergestülpt, was dann zu ständigen Konflikten zwischen modernen Ansätzen und veralteten Herrschaftsmechanismen sowie überholten Strukturen führte. Die Strukturdefekte, die sich aus der Allmacht der SED-Führung ergaben, brachten im Laufe ihrer Entwicklung immer wieder Verwerfungen, die die DDR-Geschichte dauerhaft mit unlösbaren Hypotheken belasteten.

Ein Blick auf einige historische »Hypotheken« zeigt zunächst, daß diese mit dem Kalten Krieg verwoben waren, aber auch den Kalten Krieg in Deutschland anheizten. Es gab Wechselwirkungen, bei denen Motive und Ursachen wie Reaktionen und Folgen nicht immer klar zu trennen sind. Maßgeblich war indes die Übertragung des sowjetischen Modells und die kommunistisch-stalinistische Herrschaft.

Schon am Beginn der »Einheitspartei« stand für die SED und ihre Entwicklung eine erste politische Hypothek: Der Widerspruch zwischen dem angeblich »freiwilligen« Zusammenschluß und dem tatsächlich gegen Sozialdemokraten angewandten Zwang. Die zweite schwerwiegende Hypothek war die Stalinisierung von Partei und Staat. Die SED wurde eine stalinistische Partei und sie übertrug den Stalinismus auf die DDR: Und zwar Stalinismus sowohl im weiteren Sinne, als ein gesellschaftspolitisches System der Machtkonzentration bei der Führung, der straffen allumfassenden Diktatur der SED, als auch im engeren Sinne, mit Repressalien gegen die Bevölkerung, Säuberungen in den Reihen der SED sowie Personenkult um Stalin und die eigenen Führer, insbesondere Walter Ulbricht oder Erich Honecker.

Im stalinistischen System lag die Ursache für den Arbeiteraufstand vom 17. Juni 1953. Seine militärische Niederschlagung und die Verfolgung der Führer des 17. Juni brachten den radikalen Bruch zwischen Partei und Arbeiterschaft. Der 17. Juni 1953 wirkte daher als schwere politische Hypothek der DDR-Geschichte. Mit dem Bau der Berliner Mauer im August 1961, der Absicht, die Bevölkerung »einzusperren«, trat die Partei- und Staatsführung in einen Dauerkonflikt mit den Massen. Aus dieser Abriegelung ergab sich eine weitere Hypothekenlast.

Daß die SED und die DDR sich 1968 aktiv gegen den demokratischen Kommunismus in der CSSR wandten,

»Moskauer Marionettenbühne: geschlossen ... für immer ausgespielt«, Rücktitel der Broschüre ›Edith Ede schreibt an xkx Jan – aus geheimen Akten‹, unter Verwendung beschlagnahmten Materials hg. von Dr. Kurt Zentner, München, vertrieben vom Volksbund für Frieden und Freiheit e. V., Bonn 1956 (DHM)

NVA-Truppen sogar am Einmarsch vom August teilnahmen, verschüttete die letzte Chance, sich zu demokratisieren (wie in der DDR Robert Havemann und die Opposition forderten). Diese Hypothek hatte eine zwanzigjährige Stagnation zur Folge.

In den achtziger Jahren herrschten Bespitzelung und Bevormundung der Bürger sowie Willkür durch Partei und Staat. Engpässe in der Versorgung, aber vor allem das Fehlen von Demokratie und Rechtsstaatlichkeit und die Verweigerung der Menschenrechte verursachten eine völlige Destabilisierung. So wie die DDR einst als Produkt des Kalten Krieges entstanden war, verschwand sie schließlich mit dem Ende des Kalten Krieges von der politischen Landkarte.

Anmerkungen

1. Protokoll des Vereinigungsparteitags von SPD und KPD, Berlin 1946. S. 115
2. ›Einheit‹, 2. Jg., Mai 1947, S. 427
3. Institut für Geschichte der Arbeiterbewegung (IfGA), Zentrales Parteiarchiv, IV/2/1.01/ 32, S. 5
4. IfGA, ebda., IV/2/1/7
5. ›Einheit‹, 2. Jg., November 1947, S. 1089
6. Der deutschen Kommunismus. Dokumente, Hrsg. H. Weber, Köln 1963, S. 483
7. ›Neues Deutschland‹ vom 12. und vom 13. 10. 1949
8. Dokumente der Sozialistischen Einheitspartei Deutschlands, Bd. II. Berlin (Ost) 1952, S. 84
9. IfGA, Zentrales Parteiarchiv, NL 36/736, S. 117
10. IfGA, Zentrales Parteiarchiv, NL 36/736, S. 175
11. So Ernst Nolte in seinem umfassenden Werk: Deutschland und der Kalte Krieg, München 1974, S. 394 f.; dort auch entsprechende Beispiele
12. IfGA, Zentrales Parteiarchiv, NL 36/696, S. 26
13. ›Neues Deutschland‹ vom 12. 10. 1951
14. IfGA, Zentrales Parteiarchiv, NL 36/696, S. 26
15. ›Neues Deutschland‹ vom 21. 6. 1956. Das Dokument ist abgedruckt bei Karl-Wilhelm Fricke - Warten auf Gerechtigkeit, Köln 1971, S. 231 ff. Fricke hat sich in zahlreichen Werken mit den Verfolgungen und dem MfS befaßt.
16. ›Einheit‹, 43. Jg., August 1986, S. 676

Wolfgang Benz

Die Bundesrepublik im Kalten Krieg

Ohne die politischen Absichten und Ziele der Sieger des Zweiten Weltkriegs schon zu kennen – denn darüber wurde zunächst mit den Besiegten nicht diskutiert, und informiert wurden sie nur über das unbedingt Nötige – beurteilten die Deutschen nach dem Zusammenbruch des Hitlerstaats die Alliierten ganz verschieden. Gegenüber der Sowjetunion hatte man andere und viel schwerwiegendere Vorbehalte als gegenüber Briten, Franzosen und Amerikanern. Das Verhältnis zu den Sowjets war durch traditionelle bürgerliche Werturteile und mehr noch durch die Wirkungen der nationalsozialistischen Propaganda vergiftet. Goebbels hatte den Deutschen kulturellen Hochmut gepredigt, sie zu Herrenmenschentum und zum Rassenkrieg gegen Russen, Ukrainer und andere als minderwertig diffamierte slawische Völker angehalten und Haß gegen die kommunistische Ideologie geschürt.

Der Schrecken, den die nach Deutschland vorrückende Rote Armee verbreitete, schien der NS-Propaganda noch recht zu geben, als ihr Apparat schon zerschlagen war. Mit der Niederlage 1945 war die Lebenslüge vieler Deutscher nicht entkräftet, Hitler habe zu Recht einen Kreuzzug gegen den in der Sowjetunion staatlich manifestierten Bolschewismus geführt, um einer vermuteten kriegerischen Aggression der Kommunisten zuvorzukommen. Diese Version der Rechtfertigung des deutschen Überfalls auf die UdSSR wurde (und wird) von den daran Interessierten genauso aufrechterhalten wie die Schuldzuweisung an die Westalliierten, die im Moment ihres Sieges über Hitler den Fehler begangen hätten, sich nicht mit den Deutschen zu verbünden, um gemeinsam mit diesen den Kampf gegen die Bolschewisten fortzuführen. Das war so grotesk wie naiv, aber als Rechtfertigung für den trotzigen Hochmut unentwegter Hitlergläubiger und unbelehrter Deutschnationaler nach dem Zusammenbruch des NS-Staates brauchbar und beliebt. Sicherlich war die Vorstellung, an einem notwendigen Krieg mitgewirkt zu haben, auch wichtig für viele Soldaten der deutschen Wehrmacht, die einer Rechtfertigung für ihre jahrelange Loyalität bedurften, weil sie sich nicht einfach als Mitwirkende an einem Raub- und Vernichtungskrieg mit unendlichen Leiden nur schuldig fühlen wollten.

Für alle möglichen Vorbehalte gegenüber der Sowjetunion und ihren Repräsentanten im besetzten Deutschland gab es jedenfalls reichlich Gründe. In den Westzonen durfte man sie, erst insgeheim, im fortschreitenden Kalten Krieg dann auch allgemein artikulieren. Das unterschied die Einwohner der Ostzone gründlich und je länger desto mehr von denen der Westzonen.

Aber im Westen wie im Osten zeigte man sich anpassungsfähig an die jeweilige Realität und damit auch bereit zur Abgrenzung, wenn das nötig schien. Belege dafür, daß der sowjetisch besetzte Teil Deutschlands abgeschrieben wurde, finden sich bereits ganz früh. Mitte Mai 1945 vertraute Paul Moldenhauer, ehemals bürgerlich-liberaler Abgeordneter und Reichsminister der Weimarer Republik, seinem Tagebuch die Vermutung an, Deutschland werde unter alliierter Aufsicht wohl eine Regierung bekommen, die aus Emigranten bestehen würde, aber es stelle sich die Frage: »Wird sich Rußland für den von ihm besetzten Teil diesem Regime anschließen oder werden wir ein Regime westlich und eins östlich der Elbe haben?«[1] Konrad Adenauer bedachte im Herbst 1945 die Möglichkeit künftiger Existenz in Deutschland und ging dabei von folgender Prämisse aus: »Das von Rußland besetzte Gebiet scheint für eine nicht zu schätzende Zeit aus den Betrachtungen ausscheiden zu müssen. Die von Rußland entgegen den Potsdamer Beschlüssen vorgenommene Einsetzung einer Schattenregierung für eine Zone beweist klar, daß Rußland entschlossen ist, seine eigenen Wege zu gehen.«[2]

Im März 1946 reiste ein jüngerer Historiker, Privatdozent für mittlere und neuere Geschichte an der Universität Leipzig, nach München, um sich an der dortigen Universität, die ihm ein Angebot gemacht hatte, umzusehen. Der Gelehrte aus der Ostzone hielt sich zwei Wochen lang in München auf, er sah sich nicht nur in

Goebbels, Joseph - Kommunismus ohne Maske, München 1935/ «... ohne mich - Frau komm ...«; Plakat des VFF (1952), vgl. Kat 4/32

den Hörsälen gründlich um, er traf sich auch mit Politikern – Amerikanern und Deutschen – und verglich die Verhältnisse in München und Leipzig. Nach seiner Rückkehr verfaßte er einen ausführlichen Reisebericht, dessen Adressaten man freilich nur vermuten kann. Wahrscheinlich war die Ausarbeitung für Jakob Kaiser bestimmt, den Vorsitzenden der CDU in Berlin und der Sowjetischen Besatzungszone. Die Denkschrift ist aber auch in den Akten der amerikanischen

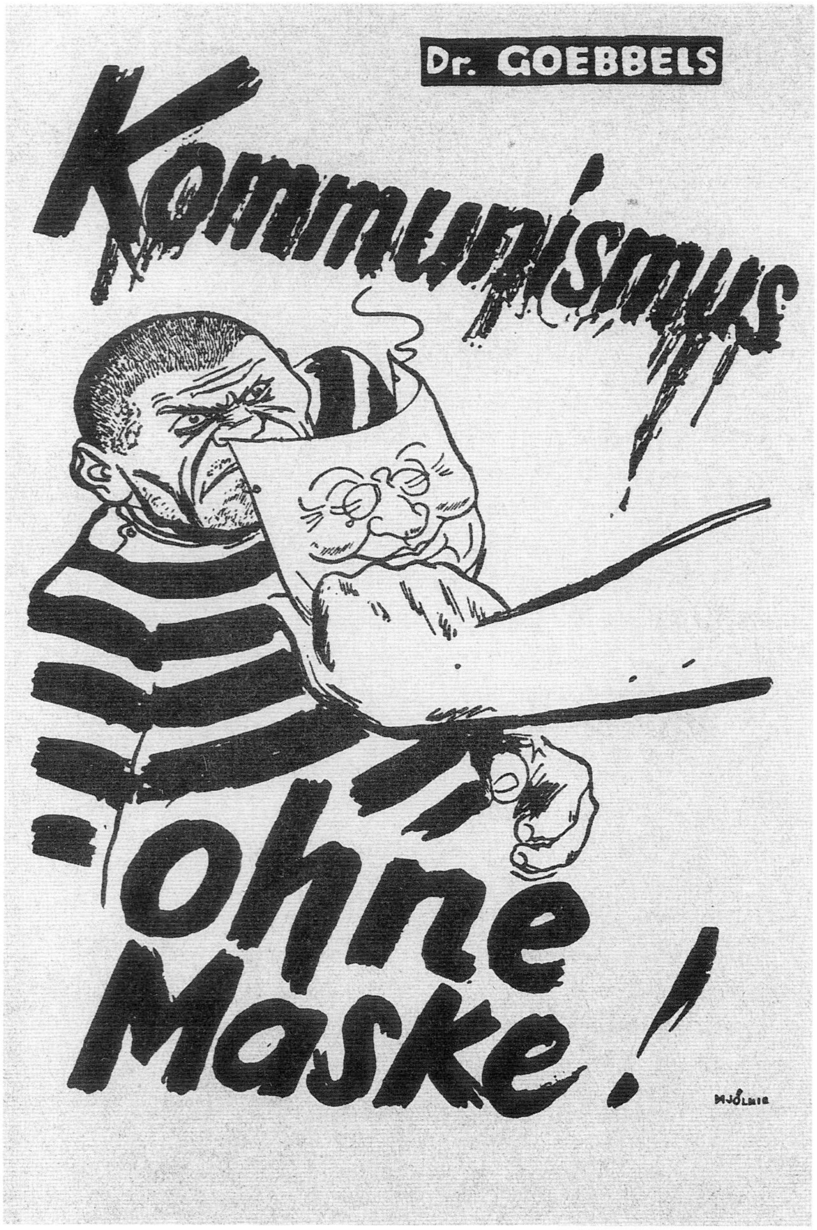

Militärregierung für Deutschland in den National Archives in Washington zu finden. Der Verfasser gehörte seit ihrer Gründung der CDU in Leipzig an, baute dann die dortige Hochschulgruppe der Partei auf und übernahm etwas später das Hochschulreferat in der Ostzonen-CDU. Er war also keineswegs Kommunist, er kam aus einer bürgerlichen Theologen- und Juristenfamilie, war in der Jugendbewegung engagiert gewesen und hatte dem Nationalsozialismus sehr ablehnend gegenübergestanden.

Der Verfasser des Reiseberichts war über die politische Rückständigkeit, mit der er sich in München konfrontiert sah, recht bestürzt. Der CDU-Mann aus Leipzig fand das politische Klima in München charakterisiert durch ein »fragwürdiges bürgerliches Selbstbewußtsein«, durch die »Neigung zur Illusion«, durch das Nichterkennen der wesentlichen politischen Fragestellungen der deutschen »Gesamtsituation«. Da sich die

»Das darf nicht geschehen!«; Politwerbung mit Bedrohungsängsten, Plakat (BAK) / »Deutschland ist unteilbar« - und die ›Uta von Naumburg‹ ist schutzlos; Plakat (BAK)

Münchner Verhältnisse keineswegs von der politischen Stimmungslage in anderen Teilen der US-Zone unterschieden, lohnt es sich durchaus, bei der Quintessenz der Erfahrungen des Interzonenreisenden vom März 1946 noch einen Augenblick zu verweilen: »Die erregendste Erfahrung meiner Reise deutete ich anfangs schon einmal an: die Zonen entwickeln sich mit gefährlicher Schnelligkeit auseinander. Es wird offensichtlich immer schwieriger, sich von den westlichen Zonen aus ein klares Bild von der Entwicklung der östlichen zu machen. Und umgekehrt gilt dasselbe. Die Vorstellungen von der russischen Zone, auf die man jenseits der Zonengrenze trifft, sind oftmals grotesk. Hier macht sich geltend, daß das Bild weithin bestimmt wird durch die Berichte derer, die als enteignete Grundbesitzer, von Verhaftung bedrohte Stabsoffiziere oder als sonstige Leidtragende der sozialen Umwälzung, die sich hier auf kaltem Wege abspielt, emigriert sind und nun in dem Bestreben, ihre Emigration vor sich und anderen zu rechtfertigen, ihrem sehr verständlichen Ressentiment freien Lauf lassen. Andererseits macht sich bei vielen, die mit der Entwicklung der Dinge in der amerikanischen Zone unzufrieden sind, die Neigung bemerkbar, den Weg der russischen Zone in verklärtem Licht zu sehen. Es wird nicht mehr lange dauern, bis sich da so eine Art Mythos von der russischen Zone gebildet hat. Dieser Neigung liegt einmal die in allen Zonen verbreitete und psychologisch so verständliche Meinung zugrunde, daß die Misere des eigenen Lebens eine Angelegenheit der Zone sei, in der man lebt, und daß man nur in die andere überwechseln müsse, um sich von ihr zu befreien – wobei man stillschweigend die jeweilige Besatzungsmacht für Verhältnisse verantwortlich macht, für die zunächst nicht diese, sondern der unglückliche Kriegsausgang verantwortlich ist. Zum anderen spielt wohl bei der relativ optimistischen Beurteilung unserer Zone, wie ich sie gerade bei einsichtigen und politisch modern denkenden Leuten öfters gefunden habe, das Mißvergnügen an der politischen Rückständigkeit der Amerikaner mit und das Unbehagen über soviel Illusionismus und Verschrobenheit, wie sie sich im Schatten dieser Rückständigkeit breitmachen könne. Man spürt ganz einfach, was sich auch mir während meiner Reise immer wieder bestätigt hat, daß man in der russischen Zone der Realität unendlich viel näher ist als in Bayern (wo man ihr allerdings ferner sein mag als in irgendeinem anderen Teil Deutschlands).«[3]

»CDU schützt vor Enteignung«; CDU-Wahlplakat zur Bundestagswahl 1953, vgl. Kat. 2/12 b

Die Münchner Eindrücke bestärkten den Reisenden in der Gewißheit, in der Sowjetischen Besatzungszone in dem Teil Deutschlands zu leben, der den anderen Zonen in der demokratischen Entwicklung um einige Schritte voraus war. Er sah die heimischen Zustände als Fegefeuer, das den anderen noch bevorstehe; an eine dauerhafte Trennung der Zonen glaubte er noch nicht: »Es ist mir auf meiner Reise seltsam ergangen: ich fuhr ab, mißmutig, pessimistisch hinsichtlich meiner Existenzmöglichkeiten in dieser Zone, verärgert über soviel deprimierende Erfahrungen im Täglichen und voller Hoffnung, in der anderen Zone andere Perspektiven zu finden. Was ich fand, war in mancher Hinsicht lockend: ein Leben, das soviel bunter, entspannter und bürgerlicher ist, als wir es hier in Leipzig haben, wo das Leben allerdings schon immer sehr viel grauer war als anderwärts; eine öffentliche Meinung, die von Menschen meiner Art zu denken und zu sprechen bestimmt wird, und ein öffentliches Leben, in dem sich die Minderwertigkeit nicht so aufdringlich bemerkbar macht wie hierzulande. Und doch schien mir, im Vergleich zu meinem ersten Besuch vor fünf Monaten, über vieles, was mir damals als hoffnungserweckende Triebe zu einem neuen Leben erschien, der Frost gekommen und die allgemeine Stimmung sehr viel gedrückter.«[4]

Der Verfasser des Berichts, er hieß Hermann Mau, hatte sich damals entschlossen, in der Ostzone zu bleiben.[5] Er hoffte auf eine Synthese östlicher und westlicher Ordnungsvorstellungen, auf die Verbindung der bürgerlichen Errungenschaften des Rechts- und Verfassungsstaates mit einer notwendigen Sozialreform, einer partiellen Sozialisierung, wie sie gleichzeitig ja auch in der rheinischen CDU im Zeichen des christlichen Sozialismus vertreten wurde. Hermann Maus Biographie zeigte bald, daß die Illusion einer solchen Synthese, daß der Mittelweg zwischen einer Diktatur des Proletariats und einem klassen- und privilegienlosen demokratischen Rechtsstaat den Realitäten nicht standhielt. Mau, der im Frühjahr 1946 noch bewußt auf eine Option für das in den Westzonen sich etablierende

Acht Jahre nach Kriegsende

haben sie drüben den „Sozialismus auf dem Dorfe", die Maschinen-Traktoren-Stationen, die „3000 kg-Milch-" und die „20-er-Abferkel-Bewegung"...

... und immer noch Lebensmittelkarten!

... den Fünfjahrplan und die Volkswirtschaftspläne, die Aktivistenbewegung und die volkseigenen Betriebe ...

... und immer noch Lebensmittelkarten!

... die „großmütige Hilfe der Sowjetunion" und den Handel mit den Ostblockstaaten ...

... und immer noch Lebensmittelkarten!

... die Preissenkungen der staatlichen HO-Geschäfte, die „Bewegung der hervorragenden Verkaufskultur", den „neuen Kurs"...

... und immer noch Lebensmittelkarten!

Seit 1948 haben die Funktionäre Pankows mehrfach die Abschaffung der Lebensmittelkarte versprochen. Aber solche Versprechungen wiegen nicht viel.

Die Mehrzahl der Deutschen in der Sowjetzone erhält Normalverbraucherkarten mit folgenden Rationen:

im Monat	am Tag
1.380 g Fleisch 915 g Fett 1.240 g Zucker	44,5 g Fleisch 29,5 g Fett 40 g Zucker

Und wer davon nicht satt wird, ist auf den - trotz der Preissenkungen - noch immer überteuerten Einkauf in den staatlichen HO-Läden angewiesen (500 g Butter 10.— DM-O; 125 g Kaffee 10.— DM-O).

Wo aber können die 18 Millionen Deutschen in der Sowjetzone ihren geistigen Hunger stillen, ihren Hunger nach Recht, nach Freiheit?

Dafür gibt es in der Sowjetzone keine Karten!

Dein Gruß, Dein Päckchen, Dein Brief bauen Brücken!

„Freiheit"-Aktion der Jugend, Bundesstelle Bonn (Postfach) · Druck: Otto Dahmann & Co., Wuppertal

Vorder- und Rückseite der Nachbildung einer Lebensmittel-Grundkarte der DDR von Dezember 1953 mit der rückseitigen Aufforderung, Briefe und Päckchen dorthin zu schicken; Flugblatt von »Freiheit« – Aktion der Jugend‹, Bundesstelle Bonn, 1953 (DHM)

Demokratiesystem verzichtet hatte, wurde im Herbst 1947 vom NKWD verhaftet. Am Jahresende wurde er wieder freigelassen, freilich unter der Bedingung, künftig Spitzeldienste für den sowjetischen Apparat zu leisten. Daraufhin übersiedelte er im Januar 1948 nach München.

Betrachten wir noch eine andere Momentaufnahme aus der gleichen Zeit, einen »Staatsbesuch«, der im Mai 1946 in umgekehrter Richtung, von der britischen Zone aus nach Thüringen unternommen wurde. Um ein Tauschgeschäft zustande zu bringen – 5000 Pferde aus der britischen Zone gegen Saatgut aus der Ostzone – reiste Hans Schlange-Schöningen, der Leiter des Zentralamts für Ernährung und Landwirtschaft der britischen Besatzungszone, auf Einladung der Thüringischen Landesregierung nach Weimar. Schlange-Schöningen war ein prominenter Vertreter der CDU der frühen Stunden. Vor Hitler war er im Kabinett Brüning Minister und Reichskommissar für die Osthilfe gewesen, bis 1930 hatte er der Deutschnationalen Volkspartei angehört; er war freilich in jeder Beziehung ein unorthodoxer Politiker. So hatte er sich im Frühjahr 1946 vorbehaltlos zur gelenkten Planwirtschaft auf dem Agrarsektor bekannt, denn zur Bewältigung der Ernährungsprobleme hielt er das freie Spiel kapitalistischer Kräfte für vollkommen untauglich, politisch für sinnlos und überholt.

Schlange-Schöningen, der auch eine Bodenreform im Westen befürwortete, erschien den Vertretern der sowjetischen Besatzungsmacht als geeigneter Vertreter des deutschen Bürgertums, mit dem direkt über eine Wiederherstellung der nationalen Einheit sich zu reden lohnen könnte. Die Herkunft des ehemaligen Rittergutsbesitzers aus Pommern, der die Rapallo-Politik der Weimarer Republik mit getragen hatte, war ebenso ein Indiz wie das damalige Amt Schlange-

Schöningens, denn in der Ernährungspolitik zeigten sich die Auswirkungen der Aufteilung Deutschlands in Zonen am spürbarsten. Der Hintergrund des Staatsbesuchs in Weimar war tatsächlich auch eher politischer als wirtschaftlicher Natur.

Nach seiner Rückkehr verfaßte er am 17. Mai 1946 einen Bericht in »strengstem Vertrauen« für die Britische Militärregierung, der ein erstaunlich frühes und eindeutiges Plädoyer für einen deutschen Weststaat darstellt. Die Quintessenz lautete, er habe die Überzeugung gewonnen, »daß es vielleicht nach einem letzten kurzfristig begrenzten Verhandlungsversuch mit der Sowjetregierung, um die Schuldfrage zu klären, unbedingt notwendig ist, die drei Zonen im Sinne einer zielklaren Westpolitik zu organisieren: Deutsche Zentralregierung mit Exekutivgewalt unter der Kontrolle der Westmächte, Aufhebung der Zonengrenzen, Lösung des Ruhrproblems und, wenn möglich – und gemeinsam mit Amerika dürfte das wohl möglich sein – ein zweijähriges Moratorium für Deutschland, damit endlich ein wirtschaftlicher Aufbau möglich ist und auf diese Weise ein wirtschaftlich und politisch gesundender und fester Block gegen die russischen Bestrebungen geschaffen werden kann, der einen entschlossenen Anschluß an die westeuropäische Politik und Kultur findet. Auf diese Weise wird vielleicht in Kürze ein solches Übergewicht entstehen, daß die Russen daraufhin bis zur Oder nachgeben. Bleibt aber der jetzige Zustand, so fürchte ich, daß bei zu langem Herauszögern einer Entscheidung eine ähnliche Gefahr heraufziehen wird, wie sie für die ganze Welt einst durch Hitler entstand, die man bei rechtzeitiger Erkenntnis leicht hätte stoppen können.«[6]

»Deutsche Industrie Ausstellung, Berlin 1953«, Nachdruck des Ausstellungsplakats auf Postkarte, Berlin 1953 (Slg. Stehle)

Der CDU-Politiker Schlange-Schöningen hatte mit seinen Empfehlungen vorweggenommen, was ein Jahr später Kurt Schumacher vor dem Parteivorstand und anderen Spitzenpolitikern der SPD propagierte: »Die Prosperität der Westzonen ... kann den Westen zum ökonomischen Magneten machen. Es ist realpolitisch vom deutschen Gesichtspunkt aus kein anderer Weg zur Erringung der deutschen Einheit möglich, als diese ökonomische Magnetisierung des Westens, die ihre Anziehungskraft auf den Osten so stark ausüben muß, daß auf die Dauer die bloße Innehabung des Machtapparates dagegen kein sicheres Mittel ist. Es ist gewiß ein schwerer und vermutlich langer Weg...«[7]

Dieses politische Konzept, besser gesagt: Diese Formel, die Pragmatismus und Wunschdenken im Kalten Krieg unter einen Hut bringen sollte, beherrschte als »Magnet-Theorie« lange Jahre die politische Diskussion und half auch, den späteren Alleinvertretungsanspruch der Bundesrepublik zu untermauern.

Noch stärker an den Realitäten orientiert und sehr frühzeitig auf Abgrenzung bedacht, votierte Konrad

Adenauer schon im August 1946 in einem Referat auf einer Tagung des Zonenausschusses der CDU der britischen Zone für einen Zusammenschluß der drei Westzonen: »Für uns bedarf es wohl keiner Erörterung, daß es sehr wünschenswert ist, wenn nun Rußland den eisernen Vorhang nicht hochzieht und wir infolgedessen kein einheitliches Wirtschaftsleben in ganz Deutschland haben können, wir dann als zweitbeste Lösung das einheitliche Wirtschaftsleben in den drei nicht von Rußland besetzten Zonen möglichst bald verlangen müssen und dabei auch der Hoffnung Ausdruck geben dürfen, daß England, Frankreich und Amerika dann nun auch, wenn sie diesen entschiedenen Schritt gegenüber Rußland getan haben, nun auch nicht zögern werden, das Wirtschaftsleben in diesen drei westlichen Zonen wirklich zur Entfaltung kommen zu lassen.«[8]

Solche Einschätzungen und Abgrenzungen waren freilich noch nicht für die Öffentlichkeit bestimmt. Es war der Vorsitzende der SPD in Bayern, Wilhelm Hoegner, der im Juli 1947 eine Erklärung abgab, die an das Publikum gerichtet war und in der er unverblümt

»Die ›Notleidenden‹ holen sich Amipakete ...«; Vorder- und Rückseite eines Flugblattes, vgl. Kat 2/2e

Die „Notleidenden" holen sich die Amipakete

Ein Beispiel hierfür geben die Eheleute

Reinhard Dehnicke und
Gerda Dehnicke, geb. Schöttler,

beide wohnhaft in Wuthenow, Kreis Ruppin, ab.
Die Eheleute empfingen in Westberlin vier Pakete, für sich, ihr Kind und die Mutter der Frau.

Reinhard Dehnicke ist Großbauer mit 44 ha Land. Er besitzt: 1 Traktor, 3 Pferde, 14 Kühe, 15 Stück Jungvieh, 5 Schafe, 50 Schweine, 80 Hühner, 10 Gänse, 13 Enten. Außerdem beschäftigt Dehnicke zwei Arbeitskräfte.

Berliner!

So sehen sie aus, die „verhungerten Gestalten" aus der Deutschen Demokratischen Republik. Ein Großbauer, der sich aus lauter „Hunger" Affenfett holen muß.

Was die Kriegstreiber brauchen, sind Agenten für die Verwirklichung ihrer Ziele:

Die Arbeiter- und Bauernmacht in der Deutschen Demokratischen Republik soll gestürzt werden, um die Herrschaft der Geldsäcke und Junker wieder zu errichten.

Das ist der Wunsch der Adenauer-Clique und ihrer amerikanischen Hintermänner.

Dafür sollen alle diejenigen, die sich die Speckpakete abholen, mißbraucht werden.

Jeder dieser Amifettempfänger muß für diese zutiefst erniedrigende Handlungsweise zur Verantwortung gezogen werden.

Legen wir den Speckjägern das Handwerk.

Schluß mit den Provokationen gegen die Deutsche Demokratische Republik!

Festigt und stärkt die Deutsche Demokratische Republik, das Bollwerk der friedliebenden Kräfte ganz Deutschlands!

140 50 B 616/53

einen Separatfrieden zwischen den Westmächten und den Westzonen propagierte: »Die Einigung der Alliierten erfordert offensichtlich viel zu viel Zeit, als daß Deutschland in seiner heutigen ernährungspolitischen und wirtschaftlichen Lage darauf noch lange warten könnte. Infolgedessen bleibt nichts anderes übrig, als

Die Münchner Konferenz. ›Sozialistische Bildungshefte‹, 2. Jahrg. (Sonderheft), hg. v. Zentralsekretariat der SED, Abt. Parteischulung, Berlin 1947; Broschüre (DHM)

zunächst den Versuch zu einer bizonalen oder allenfalls Drei-Zonen-Regelung zu machen. Das ist der nächste Schritt, auf den die Menschen in den Westzonen mit brennender Ungeduld warten. Die wirtschaftliche Einigung müßte über kurz oder lang notwendig auch eine gewisse politische Organisation nach sich ziehen. Um alle Hemmnisse für die wirtschaftliche Entwicklung der Westzonen zu beseitigen, wäre dann wohl auch der Abschluß eines Sonderfriedens erforderlich, wenn ein allgemeiner Friede in absehbarer Zeit nicht erreicht werden kann. Das soll aber selbstverständlich keine dauernde Trennung der Ostzone nach sich ziehen; vielmehr ist zu hoffen, daß die Konsolidierung der Verhältnisse in den Westzonen zwangsläufig den Anschluß der Ostzone nach sich zieht.«[9]

Wenige Wochen vorher hatte die legendäre Münchner Ministerpräsidenten-Konferenz stattgefunden; sie hatte gezeigt, wie weit Ost- und Westdeutschland schon voneinander entfernt waren und wie sehr sich die deutschen Politiker in die Verhältnisse des Kalten Kriegs bereits eingelebt hatten. Die Tagesordnung des Treffens war das Politikum, um das gestritten wurde, seit der bayerische Ministerpräsident Hans Ehard am 7. Mai 1947 die Länderchefs aus allen vier Besatzungszonen nach München eingeladen hatte. »Gegenstand der Konferenz«, hieß es in Ehards Einladungstelegramm, solle »die Beratung von Maßnahmen sein, die von den verantwortlichen Ministerpräsidenten den alliierten Militärregierungen in Vorlage gebracht werden sollen, um ein weiteres Abgleiten des deutschen Volkes in ein rettungsloses wirtschaftliches und politisches Chaos zu verhindern.[10] Gemeint hatte man damit in der bayerischen Staatskanzlei nicht die Wiederherstellung des deutschen Nationalstaats, die Münchner Ministerpräsidentenkonferenz war vielmehr als erste Veranstaltung eines Gremiums gedacht, das die künftige bundesstaatliche Organisation Deutschlands beraten und garantieren sollte.

Die Amerikaner und Briten hatten keine Einwände gegen den Plan der Münchner Konferenz erhoben, der französische Militärgouverneur hatte die Erlaubnis zur Teilnahme der Regierungschefs der Länder seiner Zone jedoch davon abhängig gemacht, daß keine politischen Themen erörtert würden, daß sich die Debatte vielmehr auf wirtschaftliche Angelegenheiten beschränken würde. Die Ministerpräsidenten der britischen Zone hatten von sich aus in einer Vorbesprechung Ende Mai beschlossen, keine rein politischen Themen auf der Konferenz zu erörtern, sicherlich nicht nur deshalb, weil die Probleme der Ernährung, der Unterbringung der Flüchtlinge, des Wiederaufbaus ihnen auf den Nägeln brannten, sondern auch der Konsens- und Kompromißfähigkeit halber, um die soeben verkündete Reform der Bizonenorganisation nicht zu gefährden. Amerikaner und Briten hatten nämlich durch die

Bildung gemeinsamer politischer Institutionen für die beiden Zonen mit dem Wirtschaftsrat in Frankfurt als Parlament die Weichen bereits in Richtung einer neuen Staatlichkeit gestellt, und auf diese Entwicklung setzte man Hoffnungen. Zu den Hoffnungen gehörte nicht zuletzt der Anschluß der französischen Besatzungszone an das bizonale »Vereinigte Wirtschaftsgebiet«. Es galt also, die Franzosen nicht zu verprellen, damit sie den deutschen Politikern in ihrer Zone ein bißchen Spielraum ließen, und das hieß: keine politische Debatte in München.

Diese Beschränkung und Bescheidung im Konferenzprogramm bedeutete fast zwangsläufig die Ausgrenzung der Vertreter der Ostzone schon im Vorfeld der Veranstaltung. Diese wiederum hatten mit der Antwort auf die Einladung nach München lange auf sich warten lassen, aber schon bei den Sondierungen, die Mitte Mai stattfanden, zu erkennen gegeben, daß man ganz andere Vorstellungen über die geplante Konferenz hatte. Den föderalistischen Bestrebungen standen SED und Sowjetische Militäradministration mißtrauisch gegenüber, umgekehrt stieß ihr Vorschlag, den Teilnehmerkreis durch Vertreter von Parteien und Gewerkschaften zu erweitern, um dem Treffen in München »die breiteste demokratische Grundlage« zu geben, im Westen auf Unverständnis und nicht weniger die Forderung, »in den Mittelpunkt der Tagesordnung die Schaffung der wirtschaftlichen und politischen Einheit Deutschlands zu stellen« und überdies »in Anbetracht des gesamtdeutschen Interesses« den Tagungsort nach Berlin zu verlegen. So hatten es die Ministerpräsidenten der Ostzone am 28. Mai 1947 ihren Kollegen Ehard wissen lassen.[11]

Man sah der Begegnung mit den fünf Länderchefs der Ostzone am Abend des 5. Juni 1947 also wenig optimistisch entgegen. Carlo Schmids Erinnerung daran ist repräsentativ für die Position der Westdeutschen: »Ich hatte keine Illusionen: die Unterhändler der Sowjetzone würden die Annahme ihrer volksdemokratischen Rezepte zur Bedingung einer jeden ›gesamtdeutschen Einigung‹ machen. Und diese Rezepte schienen mir nach den Erfahrungen, die man in der Ostzone gemacht hatte, nicht annehmbar zu sein. Ich war von vornherein entschlossen, mich dagegenzustellen, nicht, weil ich mich durch ein Veto der französischen Militärregierung gebunden gefühlt hätte, sondern weil ich Verhandlungen allein unter den Ministerpräsidenten der Länder über das Thema ›Herstellung der deutschen Einheit‹ zu diesem Zeitpunkt und in Anbetracht der Absichten der Sowjetmacht für Augenauswischerei hielt.«[12]

Warum mußte die Münchener Konferenz scheitern?, hg. v. d. Arbeitsgemeinschaft SED-KPD, Berlin 1947; Broschüre (DHM)

Bei solchen Vorgaben war keine Verständigung zu erwarten, die Vertreter der Westzonen beharrten auf ihrer Marschroute, die Kollegen aus der Ostzone verlangten unbeirrt, wohl wissend, daß dies abgelehnt werde, folgenden Hauptpunkt auf die Tagesordnung zu setzen: »Bildung einer deutschen Zentralverwaltung durch Verständigung der demokratischen Parteien und Gewerkschaften zur Schaffung eines deutschen Einheitsstaates.« Sie stellten schließlich fest, wenn die westlichen Teilnehmer der Meinung seien, daß die

Konferenz ohne den geforderten Punkt ein ersprießliches Ergebnis zum Wohle des deutschen Volkes haben könne, dann sähen sie sich zu ihrem Bedauern an der weiteren Teilnahme gehindert. Nach einem letzten schwachen Versuch Ehards, sie umzustimmen, verließen die fünf Ministerpräsidenten aus der Ostzone den Saal. Dem Gastgeber entfuhr der Ausruf, dies bedeute die »Spaltung Deutschlands«, und eine Legende des Kalten Krieges war geboren.[13]

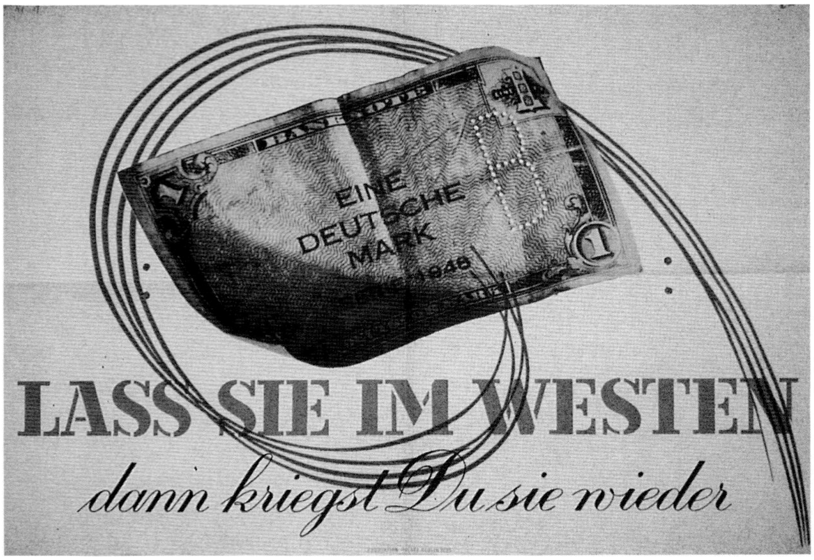

»Laß sie im Westen, dann kriegst Du sie wieder«; Plakat aus der Zeit des Berliner Währungsstreits, vgl. Kat. 2/4a

Ende 1947 waren Illusionen über eine absehbare Lösung der deutschen Frage durch eine Verständigung der Alliierten auf einen Friedensvertrag nicht mehr möglich. Mit dem ergebnislosen Ende der Londoner Außenministerkonferenz schien auch die Schuldfrage hinlänglich geklärt, und den Verheißungen des amerikanischen Marshall-Plans hatte die Sowjetunion kein Äquivalent entgegenzusetzen. Die Bewohner Westdeutschlands waren froh über die Aussicht, wieder zu einer staatlichen Existenz zu kommen, die unter Anlehnung an die Vereinigten Staaten auch Schutz vor der allgemein befürchteten Aggressions- und Expansionslust der Sowjetunion bieten würde.

Die Reaktionen Moskaus auf die Präliminarien zur Gründung des Weststaats schienen die Befürchtungen auch zu bestätigen. Die Blockade Berlins ab Juni 1948 – ein früher Höhepunkt des Kalten Krieges – wurde nicht als Aktion verstanden, mit der Stalin Verhandlungen über die Zukunft eines Vierzonen-Deutschlands erzwingen wollte, sondern als Griff nach Berlin, das dem sowjetischen Machtbereich zur Gänze einverleibt werden sollte. Daß die einseitige Währungsreform in den Westzonen der östlichen Seite durchaus Anlaß zu energischen Maßnahmen bot, wurde kaum bedacht; die Brutalität der sowjetischen Blockade erleichterte es auch ungemein, nur vom »Ringen um die Freiheit« Berlins und Westdeutschlands zu reden.

Nachdem die Westdeutschen längst freudig für den Westen unter Führung der USA votiert hatten, mußte auch jede Abwehrreaktion der Gegenseite als Bestätigung für den einmal eingeschlagenen Kurs gelten. Der Korea-Krieg, der im Sommer 1950 als Folge einer kommunistischen Aggression in einem wie Deutschland zweigeteilten Land im Fernen Osten ausbrach, war das Paradebeispiel schlechthin. Ein halbes Jahr nach der Gründung der Bundesrepublik sahen viele Bundesbürger ihre Ahnungen bestätigt und fühlten sich in ihrer antikommunistischen Grundhaltung bestärkt. Die Angst vor einem durch Stalin angezettelten Dritten Weltkrieg war ganz real, ebenso war der Drang nach Sicherheit und Schutz riesengroß.

Die junge Bundesrepublik errichtete – zu ihrem Schutz, wie es im allgemeinen Verständnis hieß – institutionelle Barrikaden im Kalten Krieg. Das für die »innere Sicherheit« zuständige Ressort sah es als eine seiner dringlichsten Aufgaben an, durch ein Verfassungsschutzgesetz und die 1950 gegründete Behörde ›Bundesamt für Verfassungsschutz‹ den Staatsfeinden Paroli zu bieten. Das richtete sich gegen Rechts- und Linksextremisten, gemeint und gefürchtet waren aber vor allem die Kommunisten, und zwar äußerlich in Gestalt der SED und der Regierung in Ostberlin, im Innern in Gestalt der KPD. Gemeinsames Bestreben des inneren wie des äußeren Feindes war die Zerstörung der freiheitlich-demokratischen Grundordnung des Weststaats – darüber herrschte in der Bundesrepublik weitgehender Konsens. Es war also nur logisch und konsequent, daß das Bundesministerium des Innern 1951 beim gerade ins Leben getretenen Bundesverfassungsgericht das Verbot der KPD beantragte. Un-

»Nein - Darum CDU«; Wahlplakat zur ersten Bundestagswahl 1949, vgl. Kat. 1/5

»Fort mit dem KPD-Verbot«; anonymes Flugblatt, auf dem sieben Jahre nach dem Karsruher Urteil Freiheit für die KPD gefordert wird, 1963 (DHM)

ter der Konzeption der »wehrhaften Demokratie« war gleichzeitig das Verbot der rechtsextremistischen ›Sozialistischen Reichspartei‹ verlangt worden. Die neonazistische Partei wurde im Herbst 1952 verboten, gegen die Kommunisten wurde bis August 1956 verhandelt. Das dann ausgesprochene Verdikt über die KPD war politisch umstritten und gewiß unnötig, denn von den 5,7 % der Wählerstimmen, die sie in den ersten Bundestagswahlen 1949 errungen hatte, waren 1953 ganze 2,2 % übrig geblieben. Man verbot also eine Splittergruppe, freilich mit der Begründung, daß sie umstürzlerische Ziele mit außerparlamentarischen Mitteln und mit Unterstützung des »Pankower Regimes« verfolge. Und der Argwohn gegen die potentiellen Staatsfeinde erlahmte nicht nach dem Karlsruher Urteil, er richtete sich gegen alle, die verdächtig waren, in illegaler Nachfolge prokommunistisches Gedankengut zu hegen oder sich gar propagandistisch zu betätigen. Das traf Neutralisten und Pazifisten, linksintellektuelle Nonkonformisten und bürgerliche Atomwaffengegner, unter Dauerverdacht standen die ›Gesellschaft für deutsch-sowjetische Freundschaft‹ ebenso wie die 1960 gegründete ›Deutsche Friedensunion‹ oder auch die vom CDU-Dissidenten Gustav Heinemann inspirierte ›Gesamtdeutsche Volkspartei‹.[14]

Das traf auch die von SPD und DGB unterstützte Aktion ›Kampf dem Atomtod‹, die ab Frühjahr 1958 Massenkundgebungen gegen die atomare Bewaffnung der Bundeswehr in Großstädten abhielt und eine vom Bundesverfassungsgericht im Juli 1958 untersagte Volksbefragung veranstalten wollte. Das Mißtrauen gegen christliche und linksbürgerliche Pazifisten hielt an und galt auch der Ostermarsch-Bewegung der 60er Jahre, die mit dem Odium leben mußte, eine kommunistische Tarnorganisation zu sein. Allein die Teilnehmerzahlen widerlegten diesen Verdacht, denn von den weit über 100 000 Teilnehmern der Ostermärsche 1964 bis 1968 hatten die Kommunisten nur träumen können.[15]

Stand der Bundesgrenzschutz als Sonderpolizei an der äußeren Grenze zum kommunistischen Machtbereich, so diente seit 1952 die ›Bundeszentrale für Heimatdienst‹ als Bollwerk politischer Bildung und pädagogischer Auseinandersetzung, insbesondere im Zeichen der Totalitarismustheorie. Aufklärung über Ideologie, Programm und Zielsetzung des Kommunismus und kommunistischer Staaten wurde unter obligatem Hinweis auf Ursachen und Wirkungen des Nationalsozialismus betrieben; im 1957 errichteten ›Ostkolleg‹ der Bundeszentrale wurden in Wochentagungen für Lehrer und andere Mittler politischer Bildungsarbeit insbesondere Theorie und Praxis des Sowjetsystems behandelt, mit dem gleichen Ziel, das auch die amtliche Publizistik zur politischen Bildung erstrebte: Vermittlung und Festigung eines Demokratieverständnisses durch Immunisierung gegen jede feindliche Beeinflussung im Kalten Kriege.

Das Bundesjustizministerium nahm mit den Mitteln des Strafrechts präventiv am Kampf mit dem ideologischen Feind teil, indem es die Entscheidungen der Gerichte auf dem Gebiet des Staatsschutzes beobachtete und koordinierte. Gegenstand dieses Bemühens waren vor allem die Einschleusung »sowjetzonaler staatsgefährdender Propagandaschriften«, und die »Infiltrations- und Zersetzungsversuche« von Agenten und Spionen aus der DDR, aber auch die »Wühlarbeit der illegalen KPD« nach deren Verbot 1956.

Als juristische Waffe im Kalten Krieg diente das Strafrechtsänderungsgesetz, das im Herbst 1951 in Kraft trat. Mit diesem Gesetz wurden u. a. die Tatbestände Hochverrat und Landesverrat wieder eingeführt bzw. neu definiert und ein neues Delikt »Staatsgefährdung« zur Verteidigung parlamentarisch-demokratischer Verfassungsgrundsätze unter Strafe gestellt. Bundesjustizminister Dehler hatte zur Begründung des Gesetzentwurfs im Bundestag die Freiheitsbeschränkungen verteidigt: »Ein von außen bedrohtes Volk wie das unsere und ein in sich noch nicht gefestigtes Volk wie die Bundesrepublik Deutschland« könne Angreifern gegen die freiheitliche Grundordnung »keine schrankenlose Freiheit zugestehen«.[16] Das Gesetz sollte insbesondere eine Handhabe »gegen die nur zu bekannte Wühlarbeit aus dem Osten« bieten und zur Begründung des neuen Straftatbestandes »Staatsgefährdung« wurde darauf verwiesen, daß man sich nicht nur mit den klassischen Mitteln von Drohung und Gewalt konfrontiert sehe, sondern gegen die viel subtileren Methoden des Kalten Krieges gewappnet sein müsse.

Der Abgeordnete Wahl von der CDU erklärte als Berichterstatter, die Methoden des Kalten Krieges seien »gerade deshalb so gefährlich, weil sie die Gewaltanwendung zunächst ausschließen und weil ein System von Einzelakten entwickelt wird, von denen jeder einzelne an sich mehr oder weniger harmlos erscheint, die aber durch das Zusammenspiel aller, die von den verschiedensten Ansatzpunkten aus das gemeinsame Ziel fördern, eine Situation schaffen können, die schließlich die Staatsumwälzung unausweichlich macht und sie wie eine reife Frucht gewinnen läßt. Wir erinnern uns alle an die Legalität der von Hitler herbeigeführten Revolution.«[17] Hier war der aktuelle Stand staatsrechtlicher Erkenntnis auf dem Hintergrund der Erfahrung des Scheiterns der Weimarer Republik und im theoretischen Verständnis eines demokratiefeindlichen »Totalitarismus« von ganz rechts bis ganz links reflektiert. Dem widersprachen lediglich die Vertreter der KPD im Bundestag, wie der Abgeordnete Fisch, der das Vorhaben als ein »Ausnahmegesetz« gegen alle diejenigen

»Militarismus ohne Maske« – ein Beispiel für die östliche Spielart der Totalitarismus-Doktrin; Ausstellungsplakat, 1957, vgl. Kat. 3/39

apostrophierte, »die aktiv für den Frieden und die Einheit Deutschlands« einträten und an Stelle der »auf fremdes Geheiß geschaffenen westdeutschen Bundesrepublik« einen Staat nach anderem Demokratieverständnis errichten wollten.[18]

Was im Parlament unter jeweils beträchtlichem Tumult gegenseitiger Schuldzuweisung diente, war in der politischen Praxis für die Betroffenen bitterer Ernst. Die neuen Staatsschutzparagraphen im Strafrecht dienten, rigoros gehandhabt und verfahrensmäßig auf wenige Strafkammern konzentriert, bis Ende der 60er Jahre erfolgreich dem politischen Kampf im Kalten Krieg. Die Prozesse, die unter dem Feindbild der kommuni-

»Von der DAF zum FDGB«, Heft 2 der SPD-Schriftenreihe ›Tatsachen und Berichte aus der Sowjetzone‹, die um 1950 den Totalitarismus-Vorwurf verbreitet (DHM)

stischen Bedrohung der freiheitlich-demokratischen Grundordnung der Bundesrepublik geführt wurden, waren mit der Idee des Rechtsstaats nur schwer in Einklang zu bringen, es ging in zu vielen Fällen nur um die Gesinnung der Angeklagten und nicht um reale Gefährdungen des Staates; so etwa im Verfahren gegen die Pazifistin Faßbinder, die zu Unrecht beschuldigt wurde eine Agentin Moskaus zu sein (1954), oder gegen Wilhelm Elfes (1956), der eine »gesamtdeutsche Erklärung« unterzeichnet hatte und deshalb keinen Reisepaß mehr bekam, oder gegen Viktor Agartz (1957), der Geld aus der DDR zur Finanzierung eines Forschungsinstituts angenommen hatte.[19]

An vorderster Front im Kalten Krieg, wenngleich durch die Definition seiner Hauptaufgabe »Wiederherstellung der Einheit Deutschlands« etwas behindert, kämpfte das Bundesministerium für gesamtdeutsche Fragen. Zur Selbstrechtfertigung mußte die Schuldzuweisung wegen der mit den angewendeten Methoden nicht herstellbaren Einheit immer wieder aufs deutlichste formuliert werden: Die Sowjetunion trachte unnachgiebig und alle westlichen Vorschläge negierend zusammen mit ihren Auftragnehmern SED und »Pankow-Regime« danach, das gewaltsam eingeführte Sowjetsystem gegen den Willen der 17 Millionen Menschen in »Mitteldeutschland« zu erhalten und es auf die Bundesrepublik auszudehnen.

Die Aktivitäten des Ministeriums für gesamtdeutsche Fragen zielten angesichts der geringen Möglichkeiten, den eigentlichen Zweck zu erreichen, auf die Pflege menschlicher Verbindungen über die Demarkationslinie zwischen Ost und West hinweg, um wenigstens einen emotionalen Zusammenhalt der Deutschen zu gewährleisten. Das Bemühen war einseitig, wie aus der Tatsache hervorgeht, daß die Abschaffung des Interzonenpasses 1953 und die Erklärung der Freizügigkeit im Personenverkehr zwischen Ost und West auf die westliche Seite der »Zonengrenze« beschränkt blieb. Bis zum Herbst 1957 konnten immerhin auch noch etliche Millionen Bürger der DDR besuchsweise in die Bundesrepublik reisen.

An der Spitze des gesamtdeutschen Ressorts standen nacheinander Jakob Kaiser (1949–1957) und Ernst Lemmer (1957–1962). Beide waren Gründungsväter der Ostzonen-CDU gewesen und hatten sie in den ersten beiden Nachkriegsjahren geführt, bis sie im Dezember 1947 von der Sowjetischen Militäradministration ihrer Ämter enthoben wurden, weil sie sich geweigert hatten, am ›Deutschen Volkskongreß‹ teilzunehmen, jenem von der SED organisierten Vorparlament, das im Sinne und als Instrument sowjetischer Deutschlandpolitik eine vierzonale deutsche Zentralregierung vorbereiten sollte. In der Bundesrepublik vertrat insbesondere Jakob Kaiser innerhalb der CDU dann einen weniger auf Abgrenzung und mehr das Gemeinsame betonenden Kurs in der deutschen Frage, das brachte ihn in einen latenten Gegensatz zu Adenauer und dessen Konzeption einer »Politik der Stärke«, das prädestinierte ihn aber auch als Ressortchef des Ministeriums, dessen praktische Bedeutung in umgekehrten Verhältnis zu seinem psychologischen Stellenwert stand.

Wenn in diesem Ministerium, das demonstrativ seinen Dienstsitz in Bonn und Berlin hatte, die individuelle und menschliche Seite der deutschen Teilung so betont wurde, so unterlag die Öffentlichkeitsarbeit (zwecks Information über die Entwicklungen in der DDR), die Förderung der »Zonenrandgebiete« und die Propagierung caritativer Aktionen (ab 1955 wurden jährlich etwa 40 Millionen Päckchen und Pakete als Liebesgaben von Privatleuten und Organisationen von West nach Ost geschickt) durchaus handfestem politischen Kalkül. Man war sich der Überlegenheit des westlichen Systems so sicher, daß man die eigenen Errungenschaften gern augenfällig machen und dadurch die Inferiorität des ideologischen Gegners entlarven wollte. So heißt es im Jahresbericht 1959 des Ministeriums: »Die privaten Besuchsreisen wie auch die durch Organisationen durchgeführten gesamtdeutschen Treffen, Begegnungen und Tagungen in der Bundesrepublik, an denen von 1956 bis 1959 rund eine Million Personen aus der Sowjetzone teilnahmen, haben das Bewußtsein der Zusammengehörigkeit unter den deutschen Menschen gefestigt. Die Besucher aus der Sowjetzone konnten sich in der Bundesrepublik von der Lügenhaftigkeit der SED-Propaganda über den ›Militarismus und die Ausbeutung in Westdeutschland‹ überzeugen, während die westdeutschen Besucher in der Sowjetzone eine konkrete Anschauung über die Verhältnisse in Mitteldeutschland erhielten.«[20]

Zum Selbstverständnis bundesdeutscher Politik gehörte die Überzeugung der eigenen besseren Legitimation und die Gewißheit, daß die vier Großmächte die Verpflichtung hatten, eine Wiedervereinigung Deutschlands herbeizuführen. Aus dem einen folgte der politische und moralische Alleinvertretungsanspruch Bonns. In Übereinstimmung mit den Westmächten wurde die Gründung der DDR von Anfang an als rechtswidriger Akt verstanden, als Okkupationsregime von Moskaus Gnaden, das nicht durch den freien, in Wahlen geäußerten Willen der Bevölkerung der Sowjetzone legitimiert war. Die Veranstaltung freier Wahlen war deshalb auch stets die Vorbedingung, die

»Helft diesen Müttern!«; Plakat gegen antikommunistischen Verfolgungswahn, vgl. Kat. 4/40

vom Westen vor allen weiteren Schritten gestellt wurde. Symptomatisch für den Kalten Krieg war dann aber auch die Situation 1952, als Stalin den Westmächten in der berühmten Note die Wiedervereinigung Deutschlands auf der Basis künftiger Neutralität anbot. Als die verlangten freien Wahlen dann auch zugebilligt wur-

Links: »Das ganze Deutschland soll es sein!«; die Standardformel bundesrepublikanischer Wiedervereinigungspolitik auf einem Plakat des BHE (BAK)

Rechts: »Licht über Mauer und Stacheldraht«; Ohnmachtsgesten einer »Politik der Stärke«, Plakat des KUD (BAK)

den, mochten die Westmächte, darin bestärkt von Adenauer, die Ernsthaftigkeit der Offerte gar nicht so genau prüfen. Auch wenn 1952 keine Chance zur Wiedervereinigung auf der Grundlage westlichen Demokratieverständnisses existierte, muß sich der Westen den Vorwurf gefallen lassen, kein Interesse daran gehabt zu haben.

Zu den Dogmen westdeutscher Außenpolitik gehörte auch die Annahme, die Sowjetunion wolle die Westmächte aus Berlin und Deutschland verdrängen, die Viermächte-Verantwortung aushöhlen und schließlich die beiden deutschen Staaten zu Verhandlungen über die Lösung der »deutschen Frage« zwingen. Bonn war mit den drei Westmächten einig, daß solche Gespräche nicht stattfinden durften. Die Alliierte Hohe Kommission, die in den ersten Jahren die Vormundschaft über die Regierung Adenauers ausübte, erklärte am 20. Oktober 1949 – zwei Wochen nach der Gründung des Oststaats –, die Regierung der DDR sei nicht berechtigt, im Namen Ostdeutschlands, geschweige denn im Namen Gesamtdeutschlands zu sprechen. Am folgenden Tag verkündete der Bundeskanzler des Weststaats unter allgemeiner Billigung des Bundestags in einer Regierungserklärung den Anspruch, nur die Bundesrepublik sei befugt, im Namen Deutschlands und des deutschen Volkes zu sprechen. Mindestens zwei Jahrzehnte lang wurde der Anspruch alltäglich in Szene gesetzt durch die Verweigerung, den Oststaat bei seinem Namen zu nennen (er sollte »die Zone« bleiben oder nur in Gänsefüßchen – »DDR« – gesetzt werden), während auch im Sprachgebrauch »Bundesrepublik« synonym für »Deutschland« gebraucht wurde.

Der politische Alleinvertretungsanspruch wurde im Herbst 1950 von den drei Westmächten feierlich bestätigt, und fünf Jahre später, im Dezember 1955, ein halbes Jahr nachdem die Bundesrepublik die Souveränität erlangt hatte, wurde er mit Hilfe der Hallstein-Doktrin auf lange Jahre festgeschrieben. Der nach dem damaligen Staatssekretär im Auswärtigen Amt Walter Hallstein benannte Grundsatz bedrohte alle Staaten, die die DDR anerkennen und diplomatische Beziehungen zu ihr aufnehmen wollten, mit Sanktionen. Das galt bis Ende der 60er Jahre. In der Regel genügte die Drohung, namentlich gegenüber armen Ländern. Im Herbst 1957 wurde es Ernst: Bonn brach die Beziehungen zu Jugoslawien ab; 1963 wurde die Hallstein-Doktrin gegen Kuba angewendet.

Im Kalten Krieg war, wie die Isolation der DDR in den ersten zwei Jahrzehnten ihrer Existenz bewies, der Bonner Alleinvertretungsanspruch eine der schärfsten Waffen. Über die außenpolitischen und diplomatischen Wirkungen hinaus diente er auch der Legitimation einer beanspruchten Vormundschaft über die Bevölkerung der Deutschen Demokratischen Republik, da sie ja an freier Willensäußerung von Anfang an gehindert war. Im Zuge dieser Argumentation wurde »Freiheit« zu einem viel strapazierten Begriff. Er stand für das westliche Demokratiesystem und die damit verbundenen Vorteile. Weil er in der Argumentation der Gegenseite eine so große Rolle spielte, wurde ein anderer nicht minder hehrer Begriff, nämlich »Frieden« abgenutzt. Das ging in der Zeit des Kalten Kriegs so weit, daß man sich als Kommunist oder als Sympathisant verdächtig machte, wenn man zu viel vom Frieden sprach.

Anmerkungen

1. Paul Moldenhauer, Politische Erinnerungen, Manuskript, Bundesarchiv Koblenz NL 19
2. Kriegsende und Neuanfang am Rhein. Konrad Adenauer in den Berichten des Schweizer Generalkonsuls Franz-Rudolph von Weiss, 1944–1945, hg. von Hanns Jürgen Küsters und Hans Peter Mensing, München 1986, S. 206
3. Wortlaut des Berichts bei Hermann Graml – Zur Frage der Demokratiebereitschaft des deutschen Bürgertums nach dem Ende der NS-Herrschaft. Hermann Maus Bericht über eine Reise nach München im März 1946 in: Miscellanea. Festschrift für Helmut Krausnick, hg. von Wolfgang Benz u. a., Stuttgart 1980, S. 162f
4. Ebenda
5. Hermann Mau (1912 1952), Privatdozent für Geschichte in Leipzig, war Hochschulreferent in der CDU-Leitung der sowjetischen Besatzungszone gewesen, ab Januar 1948 Privatdozent in München und vom 1. Februar 1951 bis Oktober 1952 Generalsekretär des ›Instituts für Zeitgeschichte‹ in München.
6. Werner Abelshauser – Zur Entstehung der »Magnet-Theorie« in der Deutschlandpolitik. Ein Bericht von Hans Schlange-Schöningen über einen Staatsbesuch in Thüringen im Mai 1946, in: Vierteljahrshefte für Zeitgeschichte 27 (1979), S. 661–679, Zitat S. 679
7. Kurt Schumacher, 31. 5. 1947; Wortlaut in: Acht Jahre Sozialdemokratischer Kampf um Einheit, Frieden und Freiheit. Ein dokumentarischer Nachweis der gesamtdeutschen Haltung der Sozialdemokratie und ihrer Initiativen, hg. vom Vorstand der SPD, Bonn 1953, S. 26
8. Wortlaut in: Konrad Adenauer und die CDU der britischen Besatzungszone 1946–1949. Dokumente zur Gründungsgeschichte der CDU Deutschlands, bearb. von Helmuth Pütz, Bonn 1975, S. 171
9. Wortlaut im Nachlaß Wilhelm Hoegner, Institut für Zeitgeschichte München, ED 120

Das deutsche Gespräch wurde eröffnet. Dokumentarischer Bericht von der Reise der Volkskammerdelegation nach Bonn am 19. und 20. September 1952, hg. v. Amt für Information der Regierung der DDR, 1952 (DHM)

»Die kommunistische Friedenspropaganda ist sowjetische Kriegsvorbereitung – Für Frieden und Freiheit mit der SPD«; Wandzeitung, die sich eines Argumentationsmusters bedient,das der Gegenseite ebenfalls geläufig ist, Plakat, hg. vom Vorstand der SPD, Bonn (KAS)

10. Einladung zur Münchner Konferenz, 7. 5. 1947, in: Akten zur Vorgeschichte der Bundesrepublik Deutschland, hg. von Bundesarchiv und Institut für Zeitgeschichte, Band 2, München 1979, S. 424 f
11. Ministerpräsidenten der sowjetischen Zone an den bayerischen Ministerpräsidenten Ehard, 28. .5. 1947, ebenda S. 455 f
12. Carlo Schmid – Erinnerungen, Bern, München, Wien 1979, S. 286
13. Vorbesprechung der Ministerpräsidenten über die Tagesordnung der Münchner Ministerpräsidentenkonferenz, 5./6. 6. 1947, in: Akten zur Vorgeschichte (vgl. Anm. 10), S. 485 ff
14. Vgl. Wolfgang Benz – Opposition gegen Adenauers Deutschlandpolitik, in: Jürgen Weber (Hrsg.) – Die Republik der fünfziger Jahre. Adenauers Deutschlandpolitik auf dem Prüfstand, München 1989, S. 68 f
15. Vgl. Dieter Rucht – Protestbewegungen, in: Die Geschichte der Bundesrepublik Deutschland, hg. von Wolfgang Benz, Frankfurt 1989, Band 2, S. 312 f
16. Deutscher Bundestag, Sitzung 12. 9. 1950, Sten. Bericht, S. 3105
17. Deutscher Bundestag, Sitzung 9. 7. 1951, Sten. Bericht, S. 6304 ff
18. Ebenda, S. 6299
19. Vgl. Diether Posser – Anwalt im Kalten Krieg. Ein Stück deutscher Geschichte in politischen Prozessen 1951-1968, München 1991
20. Deutschland im Wiederaufbau 1949–1959 und Tätigkeitsbericht der Bundesregierung für das Jahr 1959, hg. vom Presse- und Informationsamt der Bundesregierung, Bonn o. J., S. 95

Wilfried Rogasch

Ätherkrieg über Berlin
Der Rundfunk als Instrument politischer Propaganda im Kalten Krieg 1945-1961

Parallel zur politischen Entwicklung der West-Ost-Beziehungen lassen sich in der Rundfunkgeschichte im Nachkriegsdeutschland mehrere Phasen beobachten: Von Mai 1945 bis etwa Mitte 1947 ist das Geschehen geprägt von einer theoretischen, grundsätzlichen Kooperationsbereitschaft aller vier Alliierten bei gleichzeitig immer stärker werdender politischer, wirtschaftlicher und ideologischer Konkurrenz. Diese Konkurrenz schlägt spätestens in der ersten Jahreshälfte 1947 in die offene Konfrontation des Kalten Krieges um, der seinen ersten Höhepunkt in der Berlin-Blockade 1948 findet. Dabei kommt dem Rundfunk gerade in der deutschen Hauptstadt, in der der Kalte Krieg kulminiert, eine seismographische Bedeutung zu: Nie ist es im Berliner Rundfunkwesen zu einer echten Zusammenarbeit der Alliierten gekommen; schon Ende 1945 sind die unterschiedlichen Auffassungen über die Aufgaben des Radios so groß, daß sich die US-Militärregierung zur Installierung eines eigenen Senders entschließt. Bereits Mitte 1946 – also zwei Jahre vor der endgültigen Spaltung der Stadt – ist mit dem Betrieb des sowjetisch gelenkten ›Berliner Rundfunks‹ auf der östlichen, des amerikanischen RIAS und des Berliner Studios des von den Briten kontrollierten ›Nordwestdeutschen Rundfunk‹ (NWDR) auf der westlichen Seite im rundfunkpolitischen Bereich die Teilung vollzogen.

Auch in den folgenden Jahren spielen die Berliner Sender bei der Verbreitung der eigenen Meinung unter der Hörerschaft der Gegenseite eine besondere Rolle: Der RIAS, weil er aus politisch und sendetechnisch exponierter Position im Westteil der Stadt die großen Erschütterungen des Kalten Krieges von der Blockade 1948 bis zum Mauerbau 1961 zu kommentieren und – wie man ihm besonders im Falle des Juniaufstandes 1953 vorgeworfen hat – zu beeinflussen suchte, der ›Berliner Rundfunk‹ und sein auf die Zielgruppe der westdeutschen Hörer gerichteten Ableger, der ›Deutschlandsender‹, weil sie, den Direktiven des ZK der SED folgend, die wichtigsten Rundfunksender der östlichen »Agitation und Propaganda« bildeten.

Nach dem Bau der Berliner Mauer im August 1961 nimmt die Radiopropaganda auf beiden Seiten einen anderen Charakter an: Im Westen muß man die Hoffnung auf ein baldiges Ende der DDR durch Auszehrung nun endgültig begraben und da die Ost-West-Kontakte in den nächsten Jahren so erheblich beschränkt sind, muß der Gedanke an eine Wiedervereinigung auf eine unbestimmte Zukunft verschoben werden; im Osten besteht seit der Abschottung zwar gegenüber der eigenen Bevölkerung kein akuter Druck mehr, vor den Übeln des Kapitalismus zu warnen und zum Verbleiben im Lande aufzufordern, aber bei der Hörerschaft im Westen haben die DDR-Organe nun endgültig jede Kreditwürdigkeit verloren.

Die zunehmende Dominanz des neuen Mediums Fernsehen, die den Rundfunk in den sechziger Jahren in eine Krise stürzt, veranlaßt die Programmgestalter in beiden Teilen Deutschlands, in größerem Umgang von politischen Sendungen auf Musik und Unterhaltung umzusatteln. In die ostdeutschen Programme findet nun die vorher als Ausdruck eines dekadenten westlichen Lebensstils verunglimpfte amerikanische Jazzmusik Eingang. Zwar werden politische Propagandasendungen fortgeführt, aber verglichen mit dem missionarischen Eifer, der idealistischen Überzeugung oder dem blinden Haß der 50er Jahre wirkt die östliche Radiopropaganda in den 60er Jahren schon ritualisiert, unbeseelt, hölzern und epigonenhaft, die westliche salbungsvoll, aber kraftlos, und ihre Inhalte werden von einer jungen Generation immer mehr als unglaubwürdige »Sonntagsreden« verspottet.

Als Ende der 60er Jahre die Ära der Entspannung unter dem Motto »Wandel durch Annäherung« beginnt, bedeutet das auch für den Ätherkrieg eine Feuerpause. Mitte der 70er Jahre baut die DDR-Regierung schließlich die letzten Störsender an der innerdeutschen Grenze und um Westberlin ab, die heulend und pfeifend fast 30 Jahre Klassenfeindliches aus dem Westen übertönen sollten. Auch scheint seit dieser Zeit die Praxis eingeschränkt worden zu sein, Kindern und Jugendlichen in den Schulen und DDR-Jugendorganisationen das Hören von Westsendern zu verbieten. Zumindest wurden in den Schulen keine »RIAS-Enten« aus Papier mehr gebastelt, die mit dem Spruch: »Enten haben kurze Beine, RIAS hat besonders kleine«, als deutlicher Hinweis neben dem häuslichen Radioapparat Aufstellung finden sollten.

Eine »Rias-Ente«, mitgeführt im Leipziger Rosenmontagszug 1954 (BAK)

Am 30. April 1945, als ein sowjetischer Soldat auf dem Brandenburger Tor der eroberten Reichshauptstadt als Siegeszeichen die Rote Fahne hißte und sich ein paar hundert Meter weiter Hitler im Bunker seiner Reichskanzlei erschoß, kam auch Goebbels penetranter Propaganda- und Durchhaltefunk, der sich in den letzten Tagen des NS-Regimes noch mit dem martialischen Attribut »Kampfsender Berlin« hatte schmücken dürfen, endlich zum Schweigen. Der gesamte Sendeapparat befand sich in den letzten Kriegsmonaten in einem direkt neben dem ›Haus des Rundfunks‹ errichteten Bunker. Nach dem Abzug der letzten deutschen Soldaten am 1. Mai 1945, die einen Sprengbefehl nicht mehr ausgeführt hatten, blieben etwa 30 bis 40 Rundfunkangehörige zurück. Ohne Verbindung zu irgendwelchen Vorgesetzten zu haben, beendeten sie von sich aus den Sendebetrieb am 1. Mai kurz nach 23 Uhr.

Im Kampf um Berlin war das von Bomben verschont gebliebene ›Haus des Rundfunks‹ an der Charlottenburger Masurenallee absichtlich nicht unter sowjetischen Artilleriebeschuß gelegt worden, da die östliche Siegermacht dem Rundfunk beim Neuaufbau und der Beeinflussung der deutschen Bevölkerung in ihrem Sinne einen hohen Stellenwert beimaß und ihn deshalb so schnell wie möglich unter eigener Regie wieder in Betrieb nehmen wollte. Das vordringlichste Ziel der Besatzungsbehörden in den ersten Nachkriegswochen war die lückenlose Kontrolle aller Lebensbereiche im besetzten Feindesland. Da diese nur ausgeübt werden konnte, wenn möglichst schnell alle Kreise der Bevölkerung von den Anordnungen der Kommandanturen erreicht würden, legten die Sowjets größten Wert auf die zügige Instandsetzung des Berliner Senders.

Eine Rote-Armee-Einheit unter dem Kommando von Major Popov, eines Fachmannes für Hochfrequenztechnik, die am 2. Mai morgens den expressionistischen Klinkerbau von Hans Poelzig stürmte, fand das Gebäude völlig verlassen. Popov kannte sich in dem weiträumigen Gebäudekomplex jedoch hervorragend aus: Von 1931 bis 1933 war er Volontär beim Reichsrundfunk gewesen. Unter seiner Führung wurde das Funkhaus zügig wieder in Betrieb genommen und die Sendemasten in Tegel instandgesetzt, so daß am 13. Mai der – noch improvisierte – Sendebetrieb wiederaufgenommen werden konnte.

Auch in ihren personalpolitischen Entscheidungen dokumentierte die Sowjetische Militäradministration (SMAD), welche Bedeutung sie dem Rundfunk beimaß: alle Schlüsselpositionen im Berliner Funkhaus besetzte sie von Anfang an mit moskautreuen KPD-Funktionären. Zum ersten Intendanten des neuen ›Berliner Rundfunks‹ ernannte die SMAD den damals 33jährigen Hamburger Kommunisten Hans Mahle, der sich während des sowjetischen Exils seine Sporen beim Moskauer Rundfunk und als stellvertretender Chefredakteur des ›Senders Freies Deutschland‹ verdient hatte und der als Leiter der Arbeitsgruppe Jugend zum ZK der KPD gehörte. Über die Neuanfänge im Mai

»Vorsicht RIAS-Gift«; Plakat 1952, vgl. Kat. 4/4

1945 und das Verhältnis der deutschen Mitarbeiter zur Besatzungsmacht schreibt Mahle im Duktus offiziöser DDR-Memoiren, »daß der Berliner Rundfunk seine Sendungen auf der Grundlage der Konzeption des Zentralkomitees der KPD zum Aufbau einer antifaschistisch-demokratischen Ordnung ausstrahlte. Im freundschaftlichen Gespräch sagten uns die sowjetischen Genossen bei diesen Bemühungen ihre volle Unterstützung zu und teilten uns mit, daß aufgrund alliierter Vereinbarungen sowjetische Kontrolloffiziere ins Funkhaus kommen würden. Sie betonten zugleich, daß es sich hier weniger um eine Kontrolle als vielmehr um eine praktische politische, wirtschaftliche und kulturelle Hilfe für unsere Rundfunkarbeit handeln würde. Tatsächlich wurden die sowjetischen Genossen, die – ausgestattet mit hervorragendem politischen und fachlichen Wissen – Anfang Juni in die verschiedenen Hauptabteilungen des Funkhauses kamen, zu großartigen Helfern beim weiteren Ausbau unseres deutschen demokratischen Rundfunks.«

Zu Sendebeginn am 13. Mai 1945 – am selben Tage stellte mit dem Sender Flensburg der abgesetzten Regierung Dönitz der letzte NS-Sender seine Tätigkeit ein – hatte sich das Programm des ›Berliner Rundfunks‹ noch auf eine einstündige Ausstrahlung beschränkt. Ursache dafür war nicht zuletzt die durch Kriegseinwirkungen beschädigte Technik. Der saarländische KP-Funktionär Artur Mannbar, der – wie sein Landsmann Erich Honecker – Anfang Mai von der Roten Armee aus dem Zuchthaus Brandenburg befreit und sofort zum Leiter der Nachrichtenredaktion beim ›Berliner Rundfunk‹ ernannt worden war, erinnert sich: »Die Kabelleitung zum Tegeler Sender war zerstört. Die Sendungen mußten im Funkhaus auf Band genommen werden. Ein Auto transportierte dann die Bänder bis zur zerstörten Charlottenburger Schloßbrücke. Von dort ging es mit einem Kahn über die Spree. Am anderen Ufer wartete ein Radfahrer, der mit den Bändern nach Tegel strampelte ... Ich wundere mich noch heute, daß die Sendungen pünktlich begannen!«

Doch schon wenige Tage später hatten sowjetische Pioniere eine provisorische Feldtelefonleitung verlegt, die sich über die Trümmer hinweg vom Funkhaus Masurenallee zum Sender Tegel spannte, so daß am 18. Mai in Anwesenheit hoher sowjetischer Offiziere das erste Konzert mit Werken deutscher und ausländischer Klassiker, darunter Beethovens Neunter Sinfonie, aus dem großen Sendesaal übertragen werden konnte. Eine Woche nach Wiederaufnahme des Sendebetriebs hatte sich die tägliche Sendezeit von anfänglich einer auf neunzehn Stunden erhöht.

Die erste Sendung am 13. Mai war mit den Nationalhymnen aller vier Siegermächte eingeleitet worden, anschließend wurde der Wortlaut der Urkunde über die bedingungslose Kapitulation der deutschen Wehrmacht verlesen, dann die Botschaft Stalins an das sowjetische Volk, schließlich wandte sich in deutscher Sprache der Stadtkommandant von Berlin, Generaloberst Nikolaj Bersarin, in moderatem Ton ohne Siegerpathos an die Berliner Bevölkerung.

Diese Sendung und die der darauffolgenden Tage gaben auch skeptischen Beobachtern im Westen noch wenig Anlaß zu der Befürchtung, der Berliner Sender würde sich als Sprachrohr kommunistischer Propaganda betätigen: Vor allem strahlte er aktuelle Sendungen aus über die praktische Bewältigung des Nachkriegsalltags in der zerstörten Stadt, Hinweise über Lebensmittel- und Brennstoffausgaben, Erlasse der SMAD und Rot-Kreuz-Suchmeldungen. Die wenigen politischen Sendungen unterstrichen den antifaschistischen Konsens der vier Siegermächte und die gemeinsame Verantwortung der Alliierten beim Aufbau eines demokratischen Deutschlands. Worte wie »Kommunismus« und »Sozialismus« waren aus dem Sprachschatz der ›Berliner Rundfunk‹-Redaktion verbannt, so daß die Londoner BBC nach wenigen Tagen positiv vermelden konnte, der neue Berliner Sender verzichte auf einseitige Stellungnahmen oder kommunistische Propaganda. Als die Sowjets sich zum Erstaunen westlicher Beobachter zudem anschickten, in ihrer Besatzungszone ein dezentralisiertes Rundfunksystem aufzubauen – der Sender Leipzig nahm zum 1. September 1945 seinen Betrieb auf, wenig später folgten die Landessender Dresden, Schwerin, Potsdam, Weimar und Halle –, konnte auch dies als Indiz gegen einen zentralistisch gesteuerten Staatsrundfunk gedeutet werden.

Werbeplakat für Rundfunksender der DDR, 1950 (DHM)

Zu einer Kooperation zwischen den Sowjets und den Westmächten im Rundfunkbereich ist es indes nie gekommen. Alliierte Verhandlungen über ein gemeinsames Rundfunkkonzept für das Nachkriegsdeutschland waren schon vor Kriegsende praktisch gescheitert, und tatsächlich hatten die einzelnen Siegermächte innerhalb ihrer späteren Besatzungszonen schon vor der deutschen Kapitulation mit dem Aufbau eigener Rundfunkstationen begonnen und somit Weichen für eine jeweils eigene Rundfunkpolitik gestellt. Der Alliierte Kontrollrat, der sich am 7. Juli 1945 in Berlin konstituierte, bestätigte dann nur noch, was de facto ohnehin schon praktiziert wurde: Die Funkhoheit lag in den einzelnen Besatzungszonen in den Händen der Zonenbefehlshaber.

An einem gemeinsam ausgestrahlten Rundfunkprogramm zeigten die Westalliierten wenig Interesse. Die Franzosen hielten sich an ihre allgemeine deutschlandpolitische Linie, gesamtdeutsche Institutionen nach Möglichkeit zu verhindern. Auch bei den Amerikanern und Briten scheint 1945 kein Interesse vorhanden gewesen zu sein, sich an einem zentralen Programm über den ehemaligen ›Deutschlandsender‹ in Königswusterhausen – der immerhin in der Ostzone lag – zu beteiligen. Obwohl es während der Potsdamer Konferenz und unmittelbar danach nicht an Lippenbekenntnissen zur alliierten Verantwortung für Deutschland als Ganzes fehlte, ging jede Siegermacht in ihrer Zone doch unmittelbar nach der Eroberung daran, das Leben der Deutschen nach ihren eigenen Vorstellungen zu organisieren.

Am 4. Mai 1945 hatte als erster Sender unter alliierter Regie ›Radio Hamburg‹, wenig später der nach dem Vorbild der BBC organisierte ›Nordwestdeutsche Rundfunk‹ (NWDR) seine Sendungen für die britische Zone, zunächst noch in englischer Sprache, aufgenommen. In der US-Zone setzten US-Spezialeinheiten innerhalb weniger Wochen nach der Besetzung der Städte vorhandene oder provisorisch eingerichtete Sender in Stuttgart, Frankfurt und München in Gang. Den amerikanischen Besatzungsoffizieren, die mit dem Wiederaufbau eines Rundfunksystems in ihrer Zone beauftragt worden waren, schwebte ein privatrechtlicher Rundfunk vor, wie sie ihn aus ihrer Heimat kannten, da ihrer Meinung nach nur so ein erneuter Mißbrauch des Äthers als Medium staatlicher Propaganda verhindert werden konnte. Bei der Formulierung der Rundfunkgesetze setzten sie sich langfristig jedoch nicht gegen die Vorstellungen der neuen Länderregierungen durch, was schließlich zum Kompromiß der öffentlich-rechtlichen Rundfunkanstalten führte. Mit zeitlicher Verzögerung folgte als letzter in der französischen Zone der ›Südwestfunk‹ in Baden-Baden (30. März 1946).

Die rundfunkpolitischen Aktivitäten der Westalliierten in deren Zonen dienten den Sowjets als Argument, den Westmächten nach ihrem Einzug in Berlin im Juli 1945 jegliche Präsenz oder Mitspracherechte in »ihrem« Sender zu verweigern. Die russische Position war nur insoweit schwierig, als das Funkhaus im britischen und die Sendeanlagen im französischen Sektor der Stadt lagen, eine Situation, die sich mit Verschärfung des Kalten Krieges zunehmend als prekär erweisen sollte. Daß man zunächst aber noch auf beiden Seiten auf Konsens zwischen West und Ost bedacht war, zeigt die Tatsche, daß es niemand bis zum Herbst 1945 auf eine Kraftprobe ankommen lassen wollte: Die Westmächte drängten zu diesem Zeitpunkt nur sehr halbherzig auf eine Beteiligung am ›Berliner Rundfunk‹. Bei mehreren im Juli 1945 im ›Haus des Rundfunks‹ geführten Gesprächen vertraten sie die Meinung, daß der Viermächtestatus der Stadt sie berechtige, an der Kontrolle des Senders teilzunehmen. Sie schlugen vor, daß jede Besatzungsmacht einen Teil des Tagesprogrammes zu erstellen und zu überwachen habe, doch konnte man darüber keine Einigung mit den Sowjets erzielen. Übereinstimmung herrschte nur in dem Willen, ein »antifaschistisches Programm« zu gestalten. Ende Juli verliefen die Gespräche ergebnislos im Sande. Die Westalliierten dachten aber noch nicht daran, in Berlin ihre eigenen Sender einzurichten, sondern akzeptierten stillschweigend das sowjetisch gelenkte Meinungsmonopol im Rundfunkbereich. Ebensowenig dachte man zu diesem Zeitpunkt im Funkhaus an der Masurenallee daran, sich gegebenenfalls in den sicheren Ostsektor der Stadt zurückzuziehen.

Am 15. Juni 1945, wenige Tage nachdem die SMAD die Bildung demokratischer Parteien befohlen hatte, schuf der ›Berliner Rundfunk‹ die neue Sendereihe »Tribüne der Demokratie«, die nach Angaben von Intendant Mahle ein »Forum zur Auseinandersetzung über die brennenden Lebensfragen der Bevölkerung« werden sollte. Offiziell sollten hier führende Vertreter aller Parteien zu Wort kommen, doch schon bald zeigte sich, daß die kommunistischen Parteiführer, was Sendezeiten und Rededauer betraf, bevorzugt wurden. Als ab dem Spätherbst 1945 die SMAD auf die baldige Vereinigung von KPD und SPD drang, und die Kommunisten daraufhin in einer großangelegten Kampagne zur Schaffung einer einheitlichen Arbeiterpartei aufriefen, wurden Sozialdemokraten, die im Ruf standen, Gegner einer Einheitspartei zu sein, nicht mehr vor das Mikrofon gelassen. Auch die Vertreter der anderen Parteien bekamen nun die mit den Sowjets abgestimmte Politik des Senders zu spüren. Im Herbst 1945 reichte der den Sowjets unliebsame CDU-Politiker Andreas Hermes, Mitglied des Parteipräsidiums, ein Vortragsmanuskript beim ›Berliner Rundfunk‹ ein. Erst am Mikrofontisch erhielt er es zensiert zurück. Aus Protest verließ er das Aufnahmestudio. Ähnlich erging es dem FDP-Politiker und späteren ersten Bundespräsidenten Theodor Heuß, als er am 18. März 1946 im Haus des Rundfunks einen Vortrag »Um Deutschlands Zukunft« hielt. Ihm war zunächst die Rundfunkübertragung seiner Rede zugesichert worden; kurzfristig untersagten dann jedoch die sowjetischen Behörden die Sendung.

Aus der Perspektive des damaligen Abteilungsleiters der Redaktionen für ›Tagesfragen‹ und für ›Partei und Gesellschaft‹, des KPD-Funktionärs Alfred Duchrow, liest sich das Verfahren, mit dem mißliebige Politiker

»Rundfunk im Ami-Sold«; Propagandaplakat der SED gegen den RIAS, das den Westberliner Oberbürgermeister Reuter als Schlangenbeschwörer von Amerikas Gnaden zeigt, 1952 (DHM)

vom Mikrofon und später aus ihren Parteiämtern verdrängt wurden, wie folgt: »Nach der KPD und SPD waren die anderen antifaschistischen, demokratischen Parteien entstanden. Ihre führenden Vertreter erhielten das Wort am runden Tisch der ›Tribüne der Demokratie‹. ... Da sonderte sich erst allmählich die Spreu vom Weizen, und bis dahin lernten wir sie genau kennen: Kaiser, Lemmer, Friedensburg, Dovifat und einige andere, die nur deshalb sich nicht gleich nach dem Westen abgesetzt hatten, weil sie erst versuchen wollten, die Sowjetische Besatzungszone freundlich lächelnd für den deutschen Imperialismus zurückzuerobern: politisch-ideologisch – auf dem Wege über willfährige Parteien, die in Wahrheit Agentennester geworden wären. Aber die Mitgliedschaft der betroffenen Parteien entledigte sich sehr entschieden und rechtzeitig dieser Gentlemen.«

Vor dem Hintergrund dieser politischen Klimaverschlechterung nimmt es nicht Wunder, daß der Befehl von Colonel James Westerfield vom US-Headquarter zur Errichtung eines amerikanischen Rundfunksenders in Berlin am 21. November 1945 von den nichtkommunistischen politischen Kräften der Stadt begrüßt wurde. Zu diesem Zeitpunkt wog die psychologische Signalwirkung vielleicht noch schwerer als die Tatsache, daß damit das Meinungsmonopol im Äther gebrochen würde. Wenn nämlich die Amerikaner in ihrem Sektor mit dem mühseligen Aufbau einer eigenen Radiostation begannen – im Unterschied zu den Sowjets an der Masurenallee fanden sie keine ausbaufähige Technik vor –, so war das ein Indiz gegen die (von den Kommunisten immer wieder ausgestreuten) Gerüchte, die Amerikaner würden Berlin in Kürze wieder verlassen, so daß es von Vorteil sei, sich mit den Sowjets, deren dauerhaftes Verbleiben niemand bezweifelte, gut zu stellen. Doch muß die KPD bereits gefürchtet haben, der amerikanische Sender könnte ein politisches Kontrastprogramm zum ›Berliner Rundfunk‹ bieten: Die KPD-Mitglieder des Berliner Magistrats äußerten am 3. Dezember 1945 »Bedenken« gegen die amerikanischen Pläne – eine offene Kritik an den Besatzungsmächten war zu diesem Zeitpunkt noch nicht möglich –, da Berlin doch bereits über einen Sender verfüge. Als Argument wurden die hohen Kosten geltend gemacht, die unter die Besatzungsleistungen fielen: Der Magistrat mußte die notwendigen Räume, deren Einrichtung sowie einen monatlichen Geldbetrag von 250000 bis 300000 RM zur Verfügung stellen.

Am 7. Februar 1946 nahm der neue Sender als ›Drahtfunk im amerikanischen Sektor‹ (DIAS) im Fernmeldeamt Berlin-Schöneberg in der Winterfeldtstraße, einem technisch nur notdürftig für diesen Zweck hergerichteten Gebäude, seinen Sendebetrieb mit einem siebenstündigen Tagesprogramm auf. Der Drahtfunk war für die Berliner eine Erinnerung an die Bombennächte des Zweiten Weltkrieges: »Luftlagemeldungen« wurden während der Endphase des Krieges über Drahtfunk verbreitet, weil auf diesem Wege keine vom Feind über den Äther verbreiteten Falschmeldungen empfangen werden konnten. Technisch konnte der DIAS aber keine Konkurrenz für den ›Berliner Rundfunk‹ bedeuten. Während letzterer bereits am 1. Oktober 1945 wieder 483000 angemeldete Rundfunkteilnehmer verzeichnen konnte, gab es nach Auskunft des Fernmeldeamtes im amerikanischen Sektor Anfang 1946 nur etwa 500 intakte Drahtfunk- und 1000 Telefonanschlüsse, so daß der DIAS zunächt nur auf maximal 1500 Empfängern zu hören war. Wie die amerikanischen Programmacher aus Umfragen erfuhren, fanden in den Geburtsstunden des DIAS tatsächlich nur ganz wenige Hörer unter rasselnden und pfeifenden Geräuschen das DIAS-Programm.

Als im August 1946 in der Alliierten Kommandantur ein weiterer Antrag der Amerikaner scheiterte, den ›Berliner Rundfunk‹ in Vier-Mächte-Kontrolle zu überführen, wurde das Programm ab 9. September 1946 auch über Funk gesendet. Unter der neuen Bezeichnung ›Rundfunk im amerikanischen Sektor‹ (RIAS) meldete sich die Station jetzt zusätzlich über einen schwachen ehemaligen Militärsender unter dem Motto »Eine freie Stimme der freien Welt«. Die Rundfunkanstalt, so hieß es in der Satzung, sei eine »Einrichtung des United States Information Service (USIS), bei dem auch die Sendeaufsicht und die Programmaufsicht liegt. Der deutsche Intendant leitet die Anstalt und verantwortet das Programm. Sendegebiet ist Berlin und Deutschland.«

Im April 1946 zog die britische Militärregierung nach. Auch der neue britische Sender (Studio Berlin des NWDR, im ehemaligen ›Haus der Zahnärzte‹ am Heidelberger Platz, Bezirk Wilmersdorf) entwickelte sich über die Vorstufe des Drahtfunks (seit dem 8. Juni 1946) und nahm seit dem 17. August 1946 über einen eigenen Mittelwellensender den drahtlosen Sendebetrieb auf. Beide westalliierten Sender konnten so noch als Wahlkampfplattform für die am 20. Oktober stattfindenden Groß-Berliner Magistratswahlen dienen.

Das Ergebnis dieser Wahl – die SPD erhielt 48,7 %, die SED nur 19,8 % der Stimmen – ermunterte die Wahlsieger zu heftiger Polemik gegen die Parteilichkeit des ›Berliner Rundfunks‹, der während des Wahlkampfes und unvermindert auch danach die SED favorisierte. Der Berliner SPD-Vorsitzende Franz Neumann kommentierte die ungewollte Schützenhilfe, die der Sender seiner Partei im Wahlkampf gegeben hatte, nach der Wahl mit den Worten: »Der Berliner Rundfunk hat sich nach Kräften bemüht, die Entwicklung der Demokratie in Berlin durch plumpe und geschmacklose Sendungen aufzuhalten. Die Sozialdemokraten sind diesem Rundfunk für die außerordentliche indirekte Hilfe zu Dank verpflichtet, die er ihnen geleistet hat. ... Die Sozialdemokraten werden aber in Zukunft eine Übertragung ihrer Veranstaltungen ablehnen, solange der Rundfunk diese Sendungen in der bisherigen, entstellenden Weise beschneidet.«

Wenige Tage später forderte die SPD vergeblich, den Sender in der Masurenallee »unter die Aufsicht des gewählten Parlaments zu stellen«. Im Februar 1947 wurde dann der Schlußstrich unter die Auseinandersetzungen zwischen dem ›Berliner Rundfunk‹ und der Berliner SPD gezogen. Mit den Worten ihres Vorsitzenden: »Solange diese Leute ihre Hetze weiter betreiben, wird kein Sozialdemokrat mehr in diesem Sender sprechen«, verabschiedete sich die Partei aus der »Ätherkaserne« an der Masurenallee.

Als sich die politische Großwetterlage zwischen den USA und der Sowjetunion im Laufe des Jahres 1947 weiter verschlechterte, begann man auch in westdeutschen Rundfunkanstalten alles andere als zimperlich mit mißliebigen Mitarbeitern umzugehen. Die spektakulärste Aktion ereignete sich im Frühjahr im Funkhaus Köln: Hier wurden vier kommunistische Mitarbeiter des NWDR, die seit der Befreiung 1945 hohe Positionen innegehabt hatten, mit fadenscheinigen Begründungen kurzerhand entlassen: der Intendant Max Burghardt, der Leiter der Abteilung Politik, Karl-Eduard von Schnitzler, und die politischen Kommentatoren Günter Cwojdrak und Karl-Georg Egel. Max Burghardt etwa, der später sehr erfolgreich die Leipziger Bühnen leitete, wurde unter dem Vorwand »mangelnder Kompetenz« vor die Tür gesetzt. Alle vier fanden neue Wirkungsstätten in Ostberlin bzw. in der Sowjetischen Besatzungszone.

Auch in der inhaltlichen Gestaltung der Programme richteten sich die westlichen Sender nun auf die Ost-West-Konfrontation aus. Spätestens mit der Ordre des amerikanischen Militärgouverneurs, General Lucius D. Clay, für eine antikommunistische Medienkampagne im Oktober 1947, intern als »take the gloves off« bezeichnet, wurde der Rundfunk auf den neuen Kurs gebracht. Am 28. Oktober stellte General Clay auf einer Pressekonferenz sein Konzept einer »Operation Talk Back« vor, deren erklärtes Ziel es war, die Widersprüche zwischen Propaganda und Wirklichkeit im Kommunismus aufzudecken. Schon im November lief über alle Sender der US-Zone und über RIAS Berlin eine Radioserie mit dem Titel »Freiheit gegen Totalitarismus«. Im RIAS lief in der ersten Jahreshälfte 1948 eine Sendereihe, die besonders die Mängel einer Planwirtschaft gegenüber einer von den USA favorisierten Marktwirtschaft aufzeigen und die westdeutsche Bevölkerung psychologisch auf die bevorstehende, von der US-Regierung initiierte Währungsreform vorbereiten sollte. Vorzugsweise wurde darin mit einer fast schon makabren Schadenfreude über Pannen beim Wiederaufbau in der Ostzone berichtet, ein Argumentationsmuster, welches demoralisierende Wirkung auf die Ostzonenbewohner haben sollte und Vorbild für ungezählte andere Sendungen zum wirtschaftlichen Systemvergleich in den 50er und 60er Jahren wurde. Seit Anfang 1948 sendete der RIAS nicht nur Reportagen aus

»Die Wahrheit über Amerika«; Werbeplakat des Deutschlandsenders, vgl. Kat. 4/2

der Ostzone, sondern wandte sich in einzelnen Beiträgen auch explizit an ihre Bewohner.

Als Antwort konzipierte auch der ›Berliner Rundfunk‹ Sendungen, die sich speziell an die Deutschen in den Westzonen richteten. Während der Londoner Außenministerkonferenz im Dezember 1947 berief die SED einen ›Deutschen Volkskongreß für Einheit und gerechten Frieden‹ in Berlin ein, mit dem sie bekundete, daß der »Kampf für ein einheitliches Deutschland« nur unter ihrer maßgeblichen Beteiligung möglich sei. Der Volkskongreß erhielt eine eigene Sendereihe im ›Berliner Rundfunk‹ mit dem Titel »Hier spricht Deutschland«. Diese Serie wurde nach der doppelten Staatsgründung unter dem Titel »Sendung für Westdeutschland« weitergeführt.

Während der Berlin-Krise 1948 entwickelte sich der RIAS zum wichtigsten Kommunikationsmittel der blockierten Stadt. Die Übertragungen wichtiger Reden Ernst Reuters, etwa der ebenso pathetischen wie politisch instinktsicheren Ansprache »Ihr Völker der Welt, ... schaut auf diese Stadt«, die enthusiastischen Reportagen des RIAS-Reporters Jürgen Graf u.a. von den pausenlos einfliegenden »Rosinenbombern« der Luftbrücke und die Kommentare und Analysen, stärkten das Zusammengehörigkeitsgefühl und den Durchhaltewillen der Westberliner. Amerikanische Medienforscher, die auch hier die junge Wissenschaft der Demoskopie zum Einsatz brachten, ermittelten, daß zu Beginn der Blockade noch mehr als 50% der West-Berliner gewöhnlich den ›Berliner Rundfunk‹ hörten. Zum Ende der Blockade gaben 93% der Befragten den RIAS als den Sender an, den sie normalerweise hörten. Der ›Berliner Rundfunk‹ hatte den Großteil seiner Hörerschaft eingebüßt, weil er die zynische SED-Lesart verbreitete, es gäbe eigentlich gar keine Blockade, wie man an der bestens funktionierenden Versorgung im Ostteil Berlins sähe. Darüberhinaus war er aber auch durch einen militärischen Handstreich vorübergehend ganz zum Schweigen gebracht worden: Stadtkommandant General Jean Ganevals Blitzaktion am Morgen des 16. Dezember 1948. Innerhalb von zwei Stunden installierte französische Militärpolizei Sprengsätze an den Tegeler Sendetürmen und sprengte sie in die Luft. Als Begründung gab die französische Militärregierung lakonisch die »Gewährleistung der Luftsicherheit« angesichts des stark erhöhten Flugverkehrs an. Der scharfe Protest des russichen Stadtkommandanten General Kotikow bei Ganeval kam zu spät. Der französische Handstreich hatte den ›Berliner Rundfunk‹ empfindlich getroffen: Zwar nahm dieser schon am Abend des gleichen Tages den Sendebetrieb über einen sehr schwachen Sender in Potsdam und bald darauf über den Sender Leipzig wieder auf, doch war er den ganzen Blockadewinter über in Berlin nur sehr schwach zu empfangen.

Nach der französischen Aktion in Tegel rechneten die sowjetischen Stellen mit einem britischen Überfall auf das Funkhaus und verstärkten die Bewachung in der Masurenallee erheblich. Einen solchen Schritt riskierte die britische Militärregierung aus Furcht vor einer Eskalation der Gewalt jedoch nicht. Zwar hatte sie den stellvertretenden sowjetischen Oberbefehlshaber Generalleutnant Dratwin noch kurz vor der Blockade, am 7. Juni 1948, aufgefordert, »sich nach einem neuen, außerhalb des britischen Sektors gelegenen Standort für den ›Berliner Rundfunk‹ umzusehen«, doch weitere Schritte unternahmen die Briten unter Stadtkommandant Herbert nicht. Die Sowjets hielten das ›Haus des Rundfunks‹ über die ersten Hochphasen des Kalten Krieges hinweg bis 1956 – gewissermaßen als Insel auf der Insel –, bewacht von sowjetischen Soldaten, die sich wiederum von britischen Soldaten bewachen ließen. Gründe für diese Beharrlichkeit mögen die hervorragend ausgestatteten Tonstudios, das modernste technische Equipment und das riesige Tonarchiv gewesen sein. Die Briten hatten vor dem Funkhaus Warnschilder mit dem Text aufstellen lassen: »Achtung! Dies ist kein West-Berliner Sender!«, und besonders eifrige West-Berliner malten mit Kreide die Warnung »Achtung, Menschenfalle« auf den Asphalt, denn immer wieder gab es Gerüchte, daß arglose Besucher des Funkhauses gewaltsam festgehalten oder gar in den Ostsektor verschleppt worden seien. Tatsächlich wurden Anfang 1952 vier Mitarbeiter des ›Berliner Rundfunks‹ des Menschenraubes angeklagt und mußten sich vor einem Westberliner Gericht verantworten. Der Verteidiger der Angeklagten, der Ostberliner Anwalt Kaul, erwirkte allerdings einen Freispruch: Selbst Westberliner Zeitungen mußten eingestehen, daß die »Menschenfalle« an der Masurenallee ein Produkt der übersteigerten Ängste des Kalten Krieges war.

Auch nachdem im Sommer 1950 die Regierung der DDR den Ausbau eines Funkhauses im Ostteil Berlins, in Adlershof, beschlossen hatte, und am 9. September 1952 die letzten Angestellten das um sein bewegliches Inventar beraubte Haus verließen, blieben sowjetische Wachposten im ›Haus des Rundfunks‹ zurück. Die Sowjets wollten noch einen Fuß in der Westberliner Tür haben. Erst am 5. Juli 1956 erfolgte die Übergabe an den Westberliner Senat. Am 8. Oktober 1957 nahm der neugegründete ›Sender Freies Berlin‹ (SFB) den Sendebetrieb in dem Gebäude auf.

Die Wirksamkeit des RIAS in und um Berlin brachte Genral Clay auf die Idee, einen privaten RIAS in noch größerem Maßstab aufzuziehen, zusätzlich zur seit den Tagen des Zweiten Weltkrieges sendenden ›Voice of Amerika‹ einen Rundfunk zu schaffen, der sich an jedes Land hinter dem Eisernen Vorhang in dessen eigenen Sprache richten würde. Unter dem Deckmantel privater Interessen wurde im Dezember 1949 mit maßgeblicher Beteiligung der US-Regierung und antikommunistischer Exilantengruppen das Großunternehmen ›Radio Free Europe‹ (RFE) gegründet. Ähnliches war schon mit den kommunistischen Freiheitssendern im Spanischen Bürgerkrieg vorweggenommen worden. RFE begann mit zwei Kleinstrahlern in Biblis bei Frankfurt zu senden. Die Zentrale befand sich in New York, die Aufnahmestudios seit Ende 1952 in München. Neun neue Großsender und sechs weitere Relaisstationen – vornehmlich in Bayern – sendeten Programme für sechs Ostblockländer. In Übereinstim-

Warntafel der britischen Besatzungsbehörden vor dem von den Sowjets kontrollierten ›Haus des Rundfunks‹ in Westberlin, um 1952

Das ›Haus des Rundfunks‹ nach der Übernahme durch den Westberliner Senat, 1957

mung mit der Zielsetzung der US-Außenpolitik, von Außenminister Dulles als »peaceful liberation« bezeichnet, entfesselte RFE einen gewaltigen Ätherkrieg. Die Gegenseite antwortete mit dem Aufbau von Störsendern sowie von eigenen, gegen den Westen gerichteten Sendern und heftiger Polemik. Ähnlich wie in der Rüstung zeigten sich aber auch hier sehr bald die technische Überlegenheit und die unerschöpflich scheinenden finanziellen Möglichkeiten der USA.

Am 27. Mai 1952 kappten die Ostberliner Behörden sämtliche Fernsprechleitungen zwischen Westberlin und Ostberlin bzw. der DDR mit der offiziellen Begründung, damit die »Kriegshetze« des weiterhin auch über Drahtfunk sendenden RIAS zu unterbinden. Tatsächlich spielte der Drahtfunk zu diesem Zeitpunkt praktisch keine Rolle mehr. Ost-Berlin wollte vielmehr die schwer zu überwachende telefonische Kommunikation zwischen West und Ost lahmlegen. Man kann die Aktion auch als symbolische »Strafaktion« werten, denn am selben Tag wurde der im Osten gefürchtete EVG-Vertrag unterzeichnet, durch den die Bundesrepublik – eingebunden in eine europäische Armee – wiederbewaffnet werden sollte.

Parallel zur technischen Aufrüstung von RFE war mit dem Ausbau der Sendeanlagen des RIAS begonnen worden. Am 15. Januar 1953 fand in Berlin-Steglitz die feierliche Einweihung des neuen RIAS-Senders, des stärksten Mittelwellensenders in Europa, durch Ernst Reuter statt. Die Ost-Berliner Bevölkerung war im Vorfeld der Einweihung mit aufwendig gestalteten Plakaten und Bilderbögen eindringlich vor dem »RIAS-Gift« gewarnt worden, es ist aber zu vermuten, daß diese Aktion wie die übrigen Hetztiraden gegen den Sender eher kontraproduktiv wirkten.

In jedem Falle war der RIAS der Sender, den die Ost-Berliner und die Bevölkerung der DDR während des Juni-Aufstandes 1953 hörten. Der Aufstand wurde durch Proteste der Bauarbeiter in der Ostberliner Stalinallee gegen die von der DDR-Regierung verordnete zehnprozentige Normenerhöhung ausgelöst. Mitte Januar 1953 hatte die SED eine Propagandaaktion gestartet, durch die sie eine freiwillige Erhöhung der Normen zu erreichen suchte. In der Zeit vom 1. Januar bis zum 31. März 1953 beschäftigte sich der RIAS in der Sendereihe »Werktag der Zone« in zwanzig Beiträgen mit der Normenfrage in der DDR. Die RIAS-Kommentatoren vertraten dort die Ansicht, daß durch die Normenerhöhung die Planungsfehler im Fünf-Jahr-Plan vertuscht und zugleich die hohen Rüstungskosten der paramilitärischen DDR-Organisationen bestritten werden sollten. Sie riefen die Arbeiter in der DDR offen dazu auf, sich der Normenerhöhung zu widersetzen. Als dann der Ministerrat der DDR am 28. Mai auf dem Verordnungswege die Normenerhöhung durchsetzte, die sich freiwillig nicht erzielen ließ, empfahl der RIAS den DDR-Werktätigen, die Rücknahme der Verordnung zu erzwingen. Durch ausführliche RIAS-Berichte in den ersten beiden Juniwochen, die einzelne Protestaktionen und Streiks in verschiedenen Städten zum Inhalt hatten, wurden unzufriedene Arbeiter in der Hoffnung bestärkt, mit ihrer Kritik an der SED nicht allein zu stehen.

Am 15. Juni um 19.30 Uhr brachte der RIAS dann als einziger westlicher Radiosender eine Meldung, die der Nachrichtenredaktion telephonisch zugegangen war: Es sei auf drei Baustellen im Ostsektor Berlins zu Proteststreiks gekommen. Die westlichen Nachrichtenagenturen übernahmen die Meldung nicht, da sie ihre Richtigkeit bezweifelten. Erst als am nächsten Morgen erneut Berichte über Arbeitsniederlegungen der Bauarbeiter an der Stalinallee nach Westberlin drangen, wurden auch die übrigen Medien hellhörig. Wieder war es der RIAS, der zuerst und am ausführlichsten über den Protestzug der Demonstranten von der Stalinallee durch das Stadtzentrum zum »Haus der Ministerien« an der Leipziger Straße berichtete. In der von Begeisterung und großer Sympathie für die Demonstranten getragenen Reportage, gesendet um 16.30 Uhr, wurde unterstrichen, daß sich die Forderungen der Demonstranten nicht mehr auf die Rücknahme der Normenerhöhung beschränkten, sondern in dem Ruf nach Rücktritt der SED-Regierung und freien Wahlen gipfelten. Außerdem berichtete der Sender, daß am Nachmittag eine dreiköpfige Delegation, zwei Arbeiter und eine Angestellte, mit der Bitte im Sender erschienen sei, die Forderungen der Demonstranten publik zu ma-

»*Du willst kein Ami-Söldner sein, drum schalte nicht den RIAS ein!*«; *Plakat der SED von 1952, vgl. Kat. 4/3*

chen. Dieser Umstand und die Tatsache, daß der RIAS seit dem Nachmittag des 16. Juni sein ganzes Programm auf die Ereignisse in Ost-Berlin konzentrierte, boten der SED nach der Niederschlagung des Aufstandes die Angriffsfläche für ihre Behauptung, der RIAS sei die Schaltzentrale einer »faschistischen Provokation« gewesen.

Der am Abend des 16. Juni mehrfach gesendete Aufruf von RIAS-Programmdirektor Eberhard Schütz an die DDR-Bevölkerung enthielt die Formulierung: «Macht Euch die Ungewißheit, die Unsicherheit der Funktionäre zunutze. Verlangt das Mögliche – wer von uns in Westberlin wäre bereit, heute zu sagen, daß das, was vor acht Tagen noch unmöglich schien, heute nicht möglich wäre.« Aber Schütz gab auch den vorsichtigen Rat: »Jeder einzelne, jeder unserer Hörer muß für sich selbst wissen, ob die Umstände seiner persönlichen Situation in seinem Betrieb es ihm erlauben, den Widerstandswillen der Bevölkerung der Zone auszudrücken, jeder einzelne muß wissen, wie weit er gehen kann.« In der stündlichen Nachrichtensendung formulierte RIAS: »Arbeiter aller Industriezweige forderten in den Abendstunden besonders nachdrücklich, daß die Ostberliner sich am Mittwoch früh um 7 Uhr am Strausberger Platz zu einer gemeinsamen Demonstration versammeln sollen.« Außerdem publizierte der Sender zahlreiche Solidaritätserklärungen aus der Bundesrepublik und aus Westberlin, darunter die militanter Gruppen wie der ›Kampfgruppe gegen Unmenschlichkeit‹ und des ›Untersuchungsausschusses freiheitlicher Ju-

»RIAS-Agent als Brandstifter gefaßt!«; Werbeflugblatt für Wachsamkeit und Einhaltung von Brandschutzbestimmungen in Betrieben der DDR, vgl. Kat. 4/21d

risten‹ sowie Mitteilungen von Ostberliner Betriebsgruppen, die die Bevölkerung aufriefen, sich den Aktionen anzuschließen. Dadurch konnte bei den Ostberliner Hörern der Eindruck entstehen, daß die Protestkundgebungen auch auf aktive Unterstützung aus dem Westen rechnen könnten.

Die Demonstrationen am 17. Juni in Ostberlin wurden seit dem frühen Morgen von den RIAS-Reportern journalistisch begleitet, die von einer Stimmung wie auf einem Volksfest berichteten. Die Reportagen und Interviews mit Demonstranten wurden um 13.44 Uhr jäh durch die Meldung unterbrochen, daß der Sowjetische Militärkommandant den Ausnahmezustand über Ostberlin verhängt habe. Von jetzt an wiederholte der RIAS den »dringenden Hinweis, sich jeder Handlung gegen die sowjetische Besatzungsmacht zu enthalten.« Die weiteren Sendungen am 17. Juni und in den folgenden Tagen spiegelten nur die Ohnmacht, mit der man in Westberlin die gewaltsame Niederschlagung der Demonstrationen durch sowjetische Panzer verfolgen mußte.

Die Frage, wie weit der RIAS die Ereignisse, die zum 17. Juni geführt haben, beeinflußt hatte, war selbst im Westen umstritten. Der Kommentar von Erich Loest steht für die Meinung vieler Zeitgenossen in Ost und West: »Auch das in allen Debatten: Wenn der RIAS nicht vom Nachmittag des 16. Juni an stündlich von den Ereignissen im Ostteil Berlins berichtet hätte, wenn nicht vom bevorstehenden Generalstreik die Rede gewesen wäre und von einem Aufruf, den Arbeiter aller Industriezweige angeblich an die Ostberliner gerichtet haben sollten, sich am 17. Juni um 7 Uhr auf dem Straußberger Platz zu versammeln, wäre die Kunde nicht über die DDR hinausgeflogen. Ohne den RIAS, das war keine Frage, wäre es in Magdeburg und Leipzig, Halle und Görlitz still geblieben.« Einen ähnlichen Standpunkt vertrat auch der Berliner Korrespondent der New York Times, der aber zugleich betonte, daß in dem komplizierten Wechselspiel zwischen Verlauf des Aufstandes und Berichterstattung des RIAS Ursachen und Wirkungen nicht sauber zu trennen seien.

Mit derselben Vehemenz, mit der das SED-Regime den Juni-Aufstand zu einer »Provokation der RIAS-Agenten« umzudeuten versuchte, haben führende RIAS-Mitarbeiter allerdings immer wieder geleugnet, durch Inhalt oder Stil ihrer Berichterstattung den Gang der Ereignisse am 16./17. Juni in irgendeiner Form beeinflußt zu haben – eine für Journalisten, die an die Wirksamkeit politischer Berichterstattung glauben, eigentlich merkwürdige Bescheidenheit. Wäre dem 17. Juni in irgendeiner Weise politischer Erfolg beschieden gewesen, so hätte der RIAS wahrscheinlich jedoch geistige Urheberrechte am Zustandekommen der Demonstrationen angemahnt.

»Die Freiheit der Presse ist uns heilig – wenn sie nicht zur Freiheit der Meinung entartet!«; Karikatur von Kurt Poltiniak in: ›Neue Berliner Illustrierte‹, 2. Juniheft 1948, S. 11

Den ›Berliner Rundfunk‹ mobilisierte die SED in den Tagen nach dem Aufstand, um wieder Herr der Lage zu werden. In einer der wenigen zeitgenössischen Reportagen, die als Tonbandmitschnitt erhalten sind, hat eine Reporterin, der der Schreck der Ereignisse vom Vortag noch im Nacken saß, am 18. Juni einen Bauarbeiter der Stalinallee aufgetrieben, der aussagt, sich nicht an der Demonstration beteiligt zu haben und der nun – stellvertretend für seine »fehlgeleiteten« Kollegen – Selbstkritik übt. Die Journalistin legt ihm in den Mund, daß die »Vorkommnisse« des gestrigen Tages sich nicht wiederholen würden. In einem umfangreichen Kommentar vom 19. Juni, der gleichlautend auch im SED-Organ »Neues Deutschland« erschien, wurde dann die Lesart verkündet, die bis zum Untergang der DDR 37 Jahre später Staatsdoktrin bleiben sollte: Daß die »faschistische Provokation« von langer Hand in Westberlin, Bonn und Washington vorbereitet wurde, aber scheitern mußte, da die Bevölkerung der DDR ihr bis auf wenige Ausnahmen die Unterstützung versagte. An dieser Stelle wurde auch angekündigt, daß die Staatsgewalt den wenigen »Fehlgeleiteten« eine Chance zur Rehabilitierung geben würde, daß man die Rädelsführer jedoch mit aller Härte bestrafen würde.

Eine ähnlich zentrale und umstrittene Rolle wie im Zusammenhang mit dem Juni-Aufstand 1953 hat der Rundfunk im Kalten Krieg in Berlin und Deutschland nie wieder gespielt. Verglichen mit der direkten Kontaktaufnahme zwischen ›Radio Free Europe‹ und den Aufständischen in Ungarn 1956 übten die Westberliner und westdeutschen Rundfunkanstalten Zurückhaltung in direkten Handlungsanweisungen an die ostdeutsche Bevölkerung. Auch die verschiedenen DDR-Sender, die besonders nach dem KPD-Verbot in der Bundesrepublik 1956 von DDR-Territorium aus sendeten, zum Teil aber vorgaben, westdeutsche Geheimsender zu sein, sind nur als kuriose Fußnoten der Geschichte zu bezeichnen. Die Bedeutung der Rundfunkpropaganda im Kalten Krieg allgemein für die historische Entwicklung zu gewichten, bleibt eine Ermessensfrage. Wenn man sie lediglich unter dem Gesichtspunkt ihrer Wirksamkeit betrachtet, so ist sie eher eine Marginalie. Als mentalitätsgeschichtliches Zeugnis für die Bedrohungsängste der beiden Kontrahenten und für alle nur erdenklichen Arten, dem Gegner die eigene Weltanschauung aufzuzwingen, bleibt sie jedoch von Bedeutung.

Klaus Körner

Politische Broschüren im Kalten Krieg 1947-1963

Auftakt zum Kalten Krieg 1947-1950

Die deutsche Öffentlichkeit blickte im Frühjahr 1947 erwartungsvoll nach Moskau. Dort begann am 10. März eine Konferenz der Außenminister der vier Siegermächte über die deutsche Frage. Unmittelbar vor Konferenzbeginn strahlte der Nordwestdeutsche Rundfunk in Hamburg das Hörspiel aus ›Was wäre, wenn …‹. Hörspielautor Axel Eggebrecht entwarf darin ein utopisches Szenario: Deutschland wird 1947 UNO-Mandatsgebiet, mit den umliegenden Staaten wird dieses Gebiet zu »C. E. (Central Europe)« vereinigt, und nach vier Jahren können dann Volksentscheide über eine etwaige Rückkehr zu den alten Nationalstaaten bestimmen. Die Hörer waren von der Sendung so angetan, daß sie massenhaft die Zusendung des Textes erbaten. Der Verleger der Rundfunkzeitschrift ›Nordwestdeutsche Hefte‹, Axel Springer, brachte das Hörspiel als Sonderheft in Großauflage heraus. Im Gegensatz zu diesem schönen Zukunftsbild stand die tatsächliche Entwicklung nach der Moskauer Konferenz: Beginn des Kalten Krieges und Vertiefung der Spaltung Europas und Deutschlands.

Gleichzeitig mit der Eggebrecht-Schrift erschienen im Hamburger ›Morawe & Scheffelt Verlag‹ zwei damals wenig beachtete Broschüren, deren Umschläge bereits das außenpolitische Weltbild der Westdeutschen zeichneten, wie es sich die Westmächte wünschten: Bereitschaft zur Westintegration und Abgrenzung gegenüber der Sowjetunion. Die erste Broschüre hat einen Umschlag in Grün, der Farbe der Europa-Bewegung, und den Titel ›Die letzte Chance. Deutschland und die Vereinigten Staaten von Europa‹. Die zweite Schrift hat einen Umschlag in Rot und der Titel lautet ›Sibirien. Wie leben die deutschen Kriegsgefangenen in Sowjet-Rußland‹. Der Heimkehrer Adolf Woderich berichtet über die triste Lage der Kriegsgefangenen und weist zum Schluß darauf hin, wieviel besser es doch die Deutschen hätten, die in westliche Gefangenschaft geraten seien. Wahrscheinlich stammen die Ideen zu diesem Schluß und dem roten Sibirien-Umschlag vom Autor der Europa-Schrift, Dr. Eberhard Taubert, der sich jetzt Dr. Erwin Kohl nannte. Taubert mußte 1947 noch unter einem Decknamen leben, weil er bis 1945 als Leiter der Ostabteilung des Propagandaministeriums in Berlin gearbeitet hatte und jetzt den britischen Geheimdienst in Fragen des Kalten Krieges beriet. Von britischer Seite wurde jedoch kein Geld für politische Schriften ausgegeben, das überließen sie den Amerikanern.

Die US-Militärregierung hatte schon frühzeitig zu Umerziehungszwecken ein Overt-Book-Programm aufgelegt, Aufklärungsliteratur über die Vorzüge der amerikanischen Demokratie und Lebensweise. Dieses Programm wurde nach 1947 um antikommunistische Titel erweitert, so Victor Kravchenko – ›Ich wählte die Freiheit‹, Arthur Koestler – ›Sowjet-Mythos und Wirklichkeit‹, Robert Ingrim – ›Von Talleyrand zu Molotow‹ oder David J. Dallin – ›Das wirkliche Sowjet-Rußland‹. Die Wirkung dieser Bücher mußte aber schon wegen des Vertriebswegs beschränkt bleiben. Anders als in den USA wurden in Deutschland Bücher traditionell nur in Buchhandlungen verkauft, aber nicht über Tankstellen, Drugstores, Warenhäuser oder Kioske vertrieben. Außerdem wollten die Westdeutschen nach der Währungsreform vom Juni 1948 kein Geld mehr für politisch belehrende Schriften ausgeben.

Aus der Sowjetzone kamen dagegen seit September 1947 massenhaft Broschüren in die Westzonen, in denen die amerikanische Deutschlandpolitik und der Marshall-Plan für den europäischen Wiederaufbau heftig angegriffen wurden. In Schriften wie M. Marinin – ›Die »Truman-Doktrin« und der »Marshall-Plan«‹, R. Willer – ›Hinter dem seidenen Vorhang‹, W. Pomeranzew – ›Recht und Scheinrecht‹ wurde außerdem das amerikanische politische System als Regime der Ausbeutung und Unterdrückung gebrandmarkt. Die Broschüren erschienen im Verlag der Sowjetischen Militäradministration, im Verlag der sowjetamtlichen Tageszeitung ›Tägliche Rundschau‹ oder im Express-Verlag. Den Westvertrieb besorgte die westdeutsche KPD. Die Verbreitung von Broschüren wurde seit 1948 zu einem schwierigen Unternehmen, weil die Sowjetische Militäradministration im Herbst 1947 ein Importverbot für westliche Presseerzeugnisse verfügt hatte und daraufhin auch die Westmächte 1948 die Einfuhr von Schriften, die in der Sowjetzone gedruckt waren, verboten.

Adolf Woderich - Sibirien. Wie leben die deutschen Kriegsgefangenen in Sowjet-Rußland. Bericht eines Heimkehrers, Hamburg 1947; Broschüre (Slg. Körner)

Reconciler (d. i. Eberhard Taubert alias Erwin Kohl) - Die letzte Chance. Deutschland und die Vereinigten Staaten von Europa, Hamburg 1947; Broschüre (Slg. Körner)

Die Amerikaner gingen Ende 1947 zum Gegenangriff über. Im November 1947 eröffnete die amerikanische ›Neue Zeitung‹ in München und Berlin eine neue Kleinschriftenreihe mit dem Sonderdruck ›Marshall stellt klar. Am Vorabend der Londoner Konferenz‹. Es folgten Titel wie ›Hinter dem Eisernen Vorhang‹, ›Mit vereinten Kräften. Europa plant, Amerika hilft‹ oder ›Arbeiter oder Ausgebeutete? Das System der Arbeitslager in Sowjetrußland‹. Diese Schriften wurden für 50 Pfennig an Kiosken verkauft. Da Presseerzeugnisse bis zum Mai 1949 in West-Berlin noch mit Ostmark bezahlt werden konnten, gelangten die Schriften über die offene Grenze auch in die Ostzone. Das ›Komitee für Freie Gewerkschaften‹ der amerikanischen Gewerkschaftsbewegung AFL versandte von Berlin aus 1949 kleinformatige Druckschriften mit der Post in die Ostzone, so den Titel ›Rechte der Arbeiter in Amerika und in Rußland. Demokratie und totalitäres System‹.

Die SPD machte den Arbeitern in der Ostzone ebenfalls klar, daß sie von der Sowjetunion und der SED nichts Gutes zu erwarten hatten. Unter dem Titel ›Ostdemontage‹ verteilte die SPD in Berlin im April 1948 eine Broschüre, in der sämtliche von den Sowjets demontierten, zur Demontage vorgesehenen oder in Sowjetische Aktiengesellschaften umgewandelten Betriebe aufgelistet sind. Auf dem schwarz-weiß-roten Umschlag sind zwei deprimierte Arbeiter zu sehen, die vor einer leeren Fabrikhalle auf einer schlichten Holzbank sitzen und einer ungewissen Zukunft entgegense-

Links: Koestler, Arthur – Sowjet-Mythos und Wirklichkeit, aus ›Der Yogi und der Kommissar‹ (engl. Erstausg. 1944), Hamburg 1947; Broschüre (Slg. Körner)

Rechts: Was will Truman in Griechenland? Die Hintergründe des imperialistischen Krieges gegen das freie demokratische Griechenland, hg. v. SED-Landesvorstand Sachsen, Dresden [1947]; Broschüre (DHM)

hen. Ihre Wirkung erlangte die westliche Broschürenagitation durch die Großereignisse des Jahres 1948, den Beginn des Marshall-Plans, die Währungsreform und den Erfolg der »Luftbrücke« nach Berlin. Das Ende der Berliner Blockade im Mai 1949 leitete ein Jahr trügerischer Ruhe im Kalten Krieg ein.

»Berlin ist die Front«

Gleich einer Wasserscheide trennt das Jahr 1950 die unmittelbare Nachkriegszeit von der Welt der 50er Jahre. Alle richtungsweisenden Entscheidungen fielen in diesem Jahr: die Bereitschaft zur Wiederbewaffnung, die Zustimmung zur Europa-Integration und eine entschiedene Parteinahme im Kalten Krieg. Der Ausbruch des Korea-Krieges im Juni 1950 löste eine geistig-moralische Wende in Westdeutschland aus. Das Gefühl, wieder als Partner gegen den Osten gebraucht zu werden, begünstigte die Ausbreitung einer kämpferisch-reaktionären Grundstimmung. Die Zeit der Einkehr und Besinnung nach 1945, für die der Journalist Axel Eggebrecht ein Symbol war, ging zu Ende.
Das große Medienereignis, das eine neue Phase des Kalten Krieges in Deutschland einleitete, war das Deutschlandtreffen der ›Freien Deutschen Jugend‹ (FDJ) zu Pfingsten in Berlin. Schon das Motto »Freie Deutsche Jugend stürmt Berlin« ließ in West-Berlin die Befürchtung entstehen, ein kommunistischer Putschversuch stehe bevor. Tatsächlich beschränkte sich der Massenaufmarsch auf Ost-Berlin. Er sollte die Einheit, Geschlossenheit, Stärke und Jugendlichkeit der kommunistischen Bewegung in Deutschland demonstrieren. Auf dem 3. Parteitag der SED im Juli 1950 und einen Monat später auf dem Nationalkongreß der Nationalen Front wurden die Westdeutschen zum nationalen Widerstand gegen die anglo-amerikanischen »Imperialisten« aufgerufen. Kurzfassungen der pathetischen

Reden wurden als Broschüren mit der Post nach Westdeutschland geschickt. Um eine Beschlagnahme durch die westdeutsche Postkontrolle zu vermeiden, wurde allen Briefen, die an westdeutsche Gerichte, Gemeinden oder Verwaltungsstellen gerichtet waren, Broschüren beigelegt. Eine andere Taktik bestand darin, schulklassenweise Briefe nach Vorlagen schreiben zu lassen, die dann an Westdeutsche geschickt wurden, deren Anschriften man aus Telefonbüchern herausgezogen hatte. »Diese Verängstigungs- und Einschüchterungspropaganda blieb bei vielen Deutschen nicht ohne Wirkung«, heißt es in einem Bericht der US-Hochkommission. Gegen diesen neuen Feldzug der Kommunisten gegen das freie Deutschland müsse offensiv vorgegangen werden.

Verballhorntes FDJ-Emblem aus einer Sonderausgabe der ›Tarantel‹ zum Deutschlandtreffen der FDJ im Juni 1954 (DHM)

Bundeskanzler Adenauer hatte zwar in einem Brief an Innenminister Heinemann beanstandet, daß der Bürgermeister von Leipzig »in Beuel an der Brückenrampe Flugschriften verteilt hätte«, seinem Gesamtdeutschen Minister Kaiser verbot er jedoch, Gegenschriften in die DDR zu expedieren, um die Sowjets nicht zu provozieren. Die Forderung des Berliner SPD-Publizisten Arno Scholz und seines CDU-Kollegen Ernst Lemmer nach einer politischen Offensive in die DDR von Westberlin aus (»Berlin ist die Front«), wurde vom Kanzler zurückgewiesen. So blieb die Aufgabe, den Kalten Krieg gegen die DDR von Berlin aus zu führen, zunächst Sache der Amerikaner. Sie finanzierten auch zu Pfingsten 1950 die Sonderausgabe der Berliner Jugendzeitschrift ›Freundschaft‹, die vom Landesjugendring Berlin herausgegeben und an alle Teilnehmer des FDJ-Treffens verteilt wurde, die nach Westberlin kamen. Den Umschlag ziert ein Berliner Bär, der von einer europa-grünen Mauer ein Plakat abreißt, auf dem ein FDJ-Emblem abgebildet ist. In seiner linken Pranke hält der Bär ein Schild mit dem Buchstaben »F«, womit die Forderung nach Freiheit ausgedrückt werden sollte. »Freiheit«, so hatte schon der Kampfgruß des ›Reichsbanners‹ in der Weimarer Republik gelautet.

In der zweiten Jahreshälfte von 1950 schossen in Westberlin Gruppierungen, Agenturen und Organisationen wie Pilze aus dem Boden, die sich die Bekämpfung des Kommunismus in der DDR zur Aufgabe gesetzt hatten. Etwa 50 dieser Vereine gab es bis Ende der fünfziger Jahre. Die Organisationen erfüllten dreierlei Funktionen: konkrete Hilfeleistungen für DDR-Bürger, Schriftenversand in die DDR und Nachrichtenbeschaffung aus der DDR. Das Geld kam vom US-Geheimdienst. Nach dem Wert der Nachrichten richtete sich die Höhe der Zuwendungen. »Das war ein hartes Geschäft nach der Devise ›Ware gegen Geld‹«, erinnert sich ein BND-Veteran. »Vergessen Sie nicht den ›Leuchtturm-Effekt‹ unserer Arbeit«, gibt ein früherer Mitarbeiter einer Berliner Organisation zu bedenken, »es mußte doch gezeigt werden, daß von Berlin aus Widerstandsarbeit in der Zone gemacht wurde«.

Die bekanntesten Organisationen waren die ›Kampfgruppe gegen Unmenschlichkeit‹, der ›Untersuchungsausschuß freiheitlicher Juristen‹, das ›Informationsbüro West‹, der ›Heinrich Bär Verlag‹, in dem die Satirezeitung ›Tarantel‹ erschien, sowie die Ostbüros der Parteien und Gewerkschaften. Im weiteren Sinne ge-

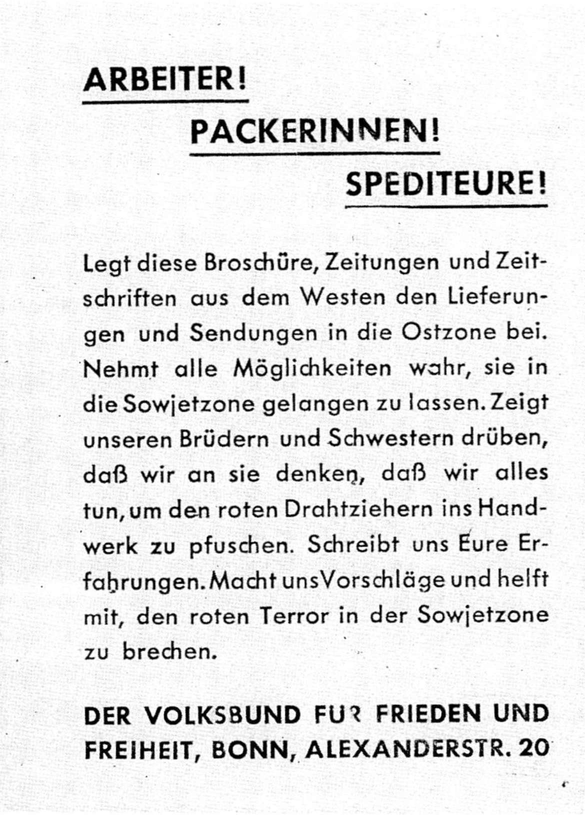
ARBEITER!
PACKERINNEN!
SPEDITEURE!

Legt diese Broschüre, Zeitungen und Zeitschriften aus dem Westen den Lieferungen und Sendungen in die Ostzone bei. Nehmt alle Möglichkeiten wahr, sie in die Sowjetzone gelangen zu lassen. Zeigt unseren Brüdern und Schwestern drüben, daß wir an sie denken, daß wir alles tun, um den roten Drahtziehern ins Handwerk zu pfuschen. Schreibt uns Eure Erfahrungen. Macht uns Vorschläge und helft mit, den roten Terror in der Sowjetzone zu brechen.

DER VOLKSBUND FUR FRIEDEN UND FREIHEIT, BONN, ALEXANDERSTR. 20

Links: Tarnschrift: Wolfgang Leonhard – Die Revolution entläßt ihre Kinder, Köln/Berlin [nach 1955], verborgen hinter einem Umschlagtitel für: Karl Marx – Der achtzehnte Brumaire des Louis Bonaparte, Berlin; Dünndruck-Edition mit eingeklebtem Vermerk: »Verteilt durch das Ostbüro der SPD« (Slg. Körner)

Rechts: Handzettel des VFF mit der Bitte an Arbeiter, Packerinnen und Spediteure, beim Vertrieb von Schriften in die »Ostzone« behilflich zu sein (Slg. Körner)

hörten dazu der ›Kongreß für kulturelle Freiheit‹, der die Kulturzeitschrift ›Der Monat‹ herausgab, der Michael-Verlag, dessen Geschäftsführer im Hauptberuf militärische Aufklärung für die Amerikaner betrieb und das Verlagshaus der SPD-Zeitung ›Telegraph‹. Der amerikanische Rundfunksender RIAS unterhielt einen umfangreichen Nachrichtenapparat in der DDR und arbeitete intensiv mit den Berliner Organisationen zusammen. So wurden regelmäßig Listen mit angeblichen Stasi-Spitzeln verlesen, die der Untersuchungsausschuß zusammengestellt hatte und auch in der Form gelber Flugzettel verbreitete. Mitarbeiter der Kampfgruppe gaben im RIAS Ratschläge für den Kampf gegen den Abschluß von Betriebs-Kollektivverträgen. Artikel der amerikanischen ›Neuen Zeitung‹ zum selben Thema wurden als Sonderdrucke in die DDR geschickt.

Die wirksamsten Schriften kamen wahrscheinlich vom Ostbüro der SPD. Zielgruppe des Ostbüros waren nicht nur Regimegegner, sondern auch schwankende oder oppositionelle SED-Mitglieder. Für sie wurden als Tarnausgaben die Zeitschriften ›Einheit‹ und ›Sozialdemokrat‹ hergestellt. In besonderen Ausgabestellen für Ostbewohner wurde etwa Wolfgang Leonhards ›Die Revolution entläßt ihre Kinder‹ verteilt. Um den Transport über die Sektorengrenze zu erleichtern, hatte man das Buch verkleinert, auf Bibeldruckpapier gedruckt und mit dem Tarnumschlag ›Karl Marx: Der 18. Brumaire des Louis Bonaparte‹ versehen. Die Tarnung war nötig, weil die Verbreitung und auch schon der Besitz von westlichen »Hetzschriften« in der DDR hart bestraft wurden. Die Berliner Organisationen mußten besondere Vertriebsapparate aufbauen, um ihr Schriftgut zunächst über die Grenze zu schaffen. Dort wurde es dann, so die Zeitschrift ›Tarantel‹, in Briefumschlägen mit falschen Absendern von Ministerien durch die Post versandt. Für den Postversand stellte die ›Tarantel‹ besondere »schwarze« Briefmarken her, auf denen »Undeutsche undemokratische Diktatur« zu lesen stand. Die Verfolgung der Westschriften durch die

DDR-Organe erzeugte den Reiz des Verbotenen und steigerte die Neugier darauf. So konnten die Restauflagen von Landser-Kriegsromanheften mühelos über Grenzkioske in Westberlin an DDR-Bürger verkauft werden, weil sie als besonders gefährliches Seelengift galten.

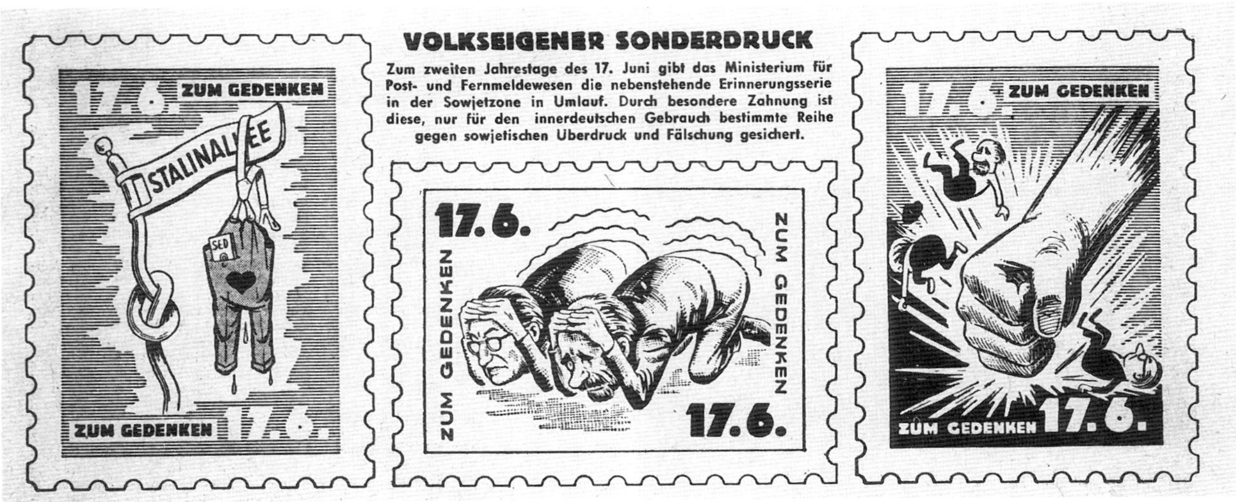

Drei satirische Entwürfe für DDR-Briefmarken zum Gedenken an den 17. Juni 1953; publiziert in einer Sonderausgabe der ›Tarantel‹ zum zweiten Jahrestag des Aufstandes in der DDR (DHM)

Quantativ erreichten die von Westberlin aus vertriebenen Schriften nur einen Bruchteil der Auflagenhöhe, in der die für den Westversand bestimmten Schriften der DDR produziert wurden. Doch die DDR konnte in dem im Prinzip offenen Meinungsmarkt der Bundesrepublik nicht Fuß fassen, weil die Mehrzahl der Westdeutschen das »Produkt DDR« für schlecht hielt. In den mit Nachrichten unterversorgten, geschlossenen Meinungsmarkt der DDR einzudringen war zunächst ein technisches Problem. Die Aufnahmebereitschaft der Leser war sehr groß, weil sie das »Produkt Westdeutschland« für besser hielten als ihren Staat. Die DDR-Propagandisten versuchten stets, eine zentrale Lenkung und Ausrichtung des von Westberlin aus gegen sie gerichteten Kalten Krieges zu entdecken. Diese zentrale Lenkung gab es nicht, denn die Amerikaner befürworteten den Wettbewerb sehr verschiedener Schriftenproduzenten und Nachrichtenbeschaffer. Dennoch läßt sich feststellen, daß der von West-Berlin aus geführte Kalte Krieg politisch stärker links ausgerichtet war als der Bonner.

›Die Wahrheit‹ 1/1953; Umschlag der ersten Ausgabe einer auf periodisches Erscheinen angelegten Schriftenreihe des VFF (DHM)

›Augen auf! Kommunismus durch die Hintertür‹

Die Entscheidung des US-Hochkommissars McCloy, offensiv gegen die Kommunisten vorzugehen, war das Startsignal für eine Gruppe Hamburger Journalisten. Am 29. August 1950 gründeten sie den ›Volksbund für Frieden und Freiheit‹ (VFF). Die Bezeichnung Volksbund war insofern irreführend, als die Satzung vorsah, daß dem Verein nicht mehr als acht Personen angehören durften. Damit wollte man eine Unterwanderung durch Kommunisten ausschließen. Seele des Volksbunds war der zweite Vorsitzende und Generalsekretär Dr. Eberhard Taubert. Er sah sich durch die politische Entwicklung in seinen Prognosen, die er dem britischen und US-Geheimdienst seit 1947 in Hamburg geliefert hatte, voll bestätigt. Alle Gründe, die vor der Wende von 1950 gegen seine Wiederverwendung gesprochen haben mochten, sprachen jetzt für ihn. Mit Taubert kehrte ein Profi in Sachen Antikommunismus auf die politische Bühne der Bundesrepublik zurück. In einer Denkschrift aus dem Jahre 1948 hatte er die antikommunistische Arbeit des Propagandaministeriums als Vorbild für jede zukünftige Arbeit auf diesem Gebiet bezeichnet. Und dafür hatten die Amerikaner jetzt grünes Licht gegeben. Als Jahresetat hatten sie einen Betrag von etwa sieben Millionen Mark in Aussicht gestellt. Da traf es sich gut, daß in Hamburg im »Büro Woischnik« noch weitere ehemalige Berliner NS-Propagandamacher und Pressezeichner auf eine Wiederverwendung warteten.

Der Bildjournalist Bernhard Woischnik hatte in Berlin einen Verlag für politische Werbung und eine Bildagentur betrieben und war im Krieg in die Bildstelle der Presseabteilung des Auswärtigen Amtes verpflichtet worden. Als Manager für sein neues Pressebüro in Hamburg konnte Woischnik seinen früheren Berliner Nachbarn Erich Fischer gewinnen, den letzten Pressesprecher der Reichsregierung. Wichtiger noch war die Ausstellung des Graphikers Rudolf Fust, der für die Gestaltung der vorgesehenen politischen Broschüren zuständig sein sollte. Im Herbst 1950 erschien die erste Plakatserie des Volksbundes. Arbeiter und Ingenieure sollten damit vor kommunistischen Saboteuren gewarnt werden. Im amerikanisch gesponsorten Ruhr-Verlag in Gelsenkirchen eröffnete Taubert eine antikommunistische Broschürenreihe ›Schriften zum Zeitgeschehen‹ mit dem Titel ›Die trojanische Taube. Kommunistische Friedenspropaganda ohne Maske‹. Anfang 1951 siedelten Volksbund und auch Woischnik nach Bonn über. Ihr wichtigster Ansprechpartner wurde das Gesamtdeutsche Ministerium. Das Ministerium stellte dem Volksbund seinen Behördenverteiler zur Verfügung und erteilte Broschürenaufträge. Der Volksbund vertrieb dafür über sein Netz von Landes- und Ortsbeauftragten die Schriften des Ministeriums. Eine der ersten Broschüren, ›Die rote Flut. Tatsachen und Zahlen über die Bolschewisierung der Sowjetzone‹, erregte den Unmut der SPD, weil Rot auch ihre Parteifarbe war. Gegen den illegalen Interzonenhandel wandte sich die Schrift ›Dunkle Geschäfte über die Grenze‹. Auf der Rückseite wird die damals noch grüne Grenze der DDR als rote Backsteinmauer abge-

»Alle Türen durch den Eisernen Vorhang führen in die Sklaverei«; Werbeantwort-Karte des VFF, womit dieser Stellungnahmen zu illegalen Interzonengeschäften sammeln wollte (Slg. Körner) - vgl. Abb. S. 154

bildet. Durch die geöffneten Fluttore werden in östliche Richtung Maschinenteile verschoben, und nach Westen eilen rote Ratten, womit die Reisekader der DDR gemeint waren.

Mit der Broschüre ›Augen auf! Kommunismus durch die Hintertür‹ kam Taubert zu seinem Hauptthema, den angeblichen Taktiken der kommunistischen Infiltration. Im Innern ist ein Organigramm eingeklebt, das den Weg der kommunistischen Propaganda von Stalin und der KPdSU über Ostberlin und die Tarnorganisationen in der Bundesrepublik bis zu den westdeutschen Zielgruppen anschaulich machen sollte. Diese Schrift wurde zum Prototyp antikommunistischer Abwehrbroschüren, wie sie bis 1956 in der Bundesrepublik üblich waren. Die starke Ähnlichkeit mit den Schriften des ›Antikomintern‹ der 30er Jahre störte damals

Propagandistische Instrumentalisierung von Ungeziefer - Die DDR beschuldigt die USA, die sozialistische Kartoffelernte vernichten zu wollen: Halt! Amikäfer. Dokumentation zum Kartoffelkäferabwurf, hg. v. Amt für Information der Regierung der DDR, Berlin/DDR [1950] (DHM); die westdeutsche KPD nutzt die »realexistierende« Kartoffelkäfer-Plage, um die amerikanische Besatzungsmacht als den wahren Schädling zu identifizieren. (BAK)

kaum jemand. Die Kultivierung eines unbestimmten Gefühls des Grauens gegenüber der Sowjetunion entsprach durchaus dem Zeitgeist der 50er Jahre. Im Rückblick bemerkt der langjährige Staatssekretär im Gesamtdeutschen Ministerium, Franz Thedieck, dazu: »Mir gefallen diese Schriften heute auch nicht. Bedenken Sie aber, daß damals andere Zeiten waren, Kalter Krieg. Und verglichen mit dem, was von der anderen Seite zu uns herüberkam, haben wir uns doch große Zurückhaltung auferlegt.«

›SBZ von A-Z‹ – Ein Bundesministerium für gesamtdeutsche Broschüren?

Im Juli 1950 brachte der Propagandachef der DDR, Gerhart Eisler, eine Broschüre heraus, in der behauptet wurde, die Amerikaner hätten Kartoffelkäfer über der DDR abgeworfen, um die Kartoffelversorgung der DDR zu stören. Auf dem Umschlag kriechen blau-weiß-rote Kartoffelkäfer auf grünen Bahnen nach Osten, wo sie auf eine Schranke stoßen: ›Halt, Amikäfer!‹ lautet die Beschriftung. Die Vorwürfe waren frei erfunden. Aber in der NS-Zeit hatte es auch schon Gerüchte über den angeblichen Abwurf von »Ami-Käfern« gegeben, woran sich viele noch erinnerten. Amerikanische Stellen verlangten von Bonn Gegenmaßnahmen. In der Bonner Ermekeilkaserne trafen sich Anfang August Mitarbeiter einer schwarzen Abteilung des Pressereferats des Gesamtdeutschen Ministeriums mit amerikanischen Geheimdienstleuten. Man kam überein, als Scherzartikel Kartoffelkäfernachbildungen aus Pappe mit aufklärerischen Politsprüchen und dem »F« für »Freiheit« auf der Rückseite zu versenden. Etwa 50 Kartoffelkäfer ließen sich auf einen postkartengroßen Pappbogen drucken und stanzen. Ein Teil der Bogen wurde mit der Post an sämtliche Räte der Gemeinden der DDR geschickt. Der Rest wurde ausgestanzt und dann mit Ballons über der DDR abgeworfen. »Die Schulkinder sollten beim Kartoffelkäfersammeln ja auch etwas geistige Nahrung finden«, erläutert ein Teilnehmer das Unternehmen. Später konstituierte sich das Kartoffelkäfer-Team zur F-Aktion, ›»Freiheit«, Aktion der Jugend‹. Bekannteste Schrift dieser Außenstelle des Gesamtdeutschen Ministeriums ist das Taschenlexikon ›Argumente und Zitate aus sowjetischen und sowjetdeutschen Quellen. Zusammengestellt als Material für die Auseinandersetzung mit dem Stalinismus‹.

Die Entstehungsgeschichte des Volksbundes und der F-Aktion ist typisch für das Jahr 1950. Als sich das Gesamtdeutsche Ministerium nach Anfangsschwierigkeiten im Herbst 1950 daranmachte, eigene Veröffentlichungen herauszubringen, fand es bereits zahlreiche Organisationen vor, die Kampfliteratur jeder Art zu gesamtdeutschen Fragen produzierten. Staatssekretär Thedieck war nun bemüht, sich einerseits des Sachverstands und der Organisationskraft dieser Stellen zu bedienen und sie gleichzeitig unter die Kontrolle des Ministeriums zu stellen. So gab das Ministerium die vom ›Untersuchungsausschuß freiheitlicher Juristen‹ zusammengestellten Weißbücher ›Unrecht als System‹ heraus. Die Redaktion der Zeitschrift ›Tarantel‹ durfte zwei für den Versand in die DDR bestimmte Anekdotensammlungen, ›Die Sowjetzone flüstert ... Die Sowjetzone lacht!‹ und ›Ex oriente Sowjet-Luchs‹, herstellen. Das Ministerium erschien auch als Herausgeber der Taubert-Schrift ›Augen auf‹. Der Pressesprecher der ›Kampfgruppe gegen Unmenschlichkeit‹, Hasso Graf, schrieb eine Broschüre über ›Die Kasernierte Volkspolizei in der sowjetischen Besatzungszone‹.

Der Verlag Kiepenheuer & Witsch entwickelte sich zu einer Art Hausverlag des Ministeriums. »Was von der Sache und auch vom Geschäft her nützlich, aber für das Etikett K&W nicht anspruchsvoll genug aussah«, so Verlagslektorin Carola Stern, sei im Nebenverlag der ›Roten Weißbücher‹ und später im ›Verlag für Politik und Wirtschaft‹ erschienen: Agitationsschriften über das sowjetische Herrschaftssystem, insbesondere in der »Zone«, Lagerberichte entlassener Stalinopfer, Erlebnis- und Erfahrungsberichte enttäuschter und verbitterter Exkommunisten, sehr unterschiedlich in der Qualität. Das Ministerium gab auch eine Reihe bewußt seriös gestalteter Weißbücher heraus, etwa über Wahlfälschungen und Wahlbehinderungen in der DDR, die Bemühungen der Bundesrepublik um gesamtdeutsche freie Wahlen oder die Enteignungen in der DDR. Als Verlag wurde dann der ›Deutsche Bundes-Verlag‹ in Köln angegeben. Longseller des Ministeriums war das Taschenlexikon ›SBZ von A-Z‹, das in elf Auflagen fast in einer Million Exemplaren verbreitet wurde. Das Ministerium ließ zudem von zahlreichen Büchern kartonierte Sonderausgaben herstellen. Obwohl es sich im Laufe der Zeit um größere Se-

Steckbrief Erich Honeckers aus ›Tarantel‹ Nr. 66 vom März 1956 (DHM)

»Der Dollarimperialismus - Der Todfeind des deutschen Volkes«; Titelseite einer antiamerikanischen Broschüre aus einer vom Sekretariat der Deutschen Volkskongreßbewegung herausgegebenen Schriftenreihe, Berlin/DDR o. J. (DHM)

riosität seiner Schriften bemühte, hing ihm der Ruf an, eine Art Broschürenministerium oder »Propagandaministerium gegen Pankow« (Walter Dirks) zu sein. Staatssekretär Thedieck will das jedoch so nicht gelten lassen: »Aber nein, 80 oder 90 Prozent der Dinge, die wir gefördert haben, hatten nichts mit bedrucktem Papier zu tun.«

»Europa ruft«!

Das Gegenstück zur Abwehragitation gegen die Sowjetunion und die DDR war die Werbung für die westeuropäische Integration. Eines der Ziele der amerikanischen Eindämmungspolitik war die Eingliederung Westdeutschlands durch die Marshall-Plan-Hilfe. Das Auslandshilfegesetz der USA für 1949 sah vor, daß die Erfolge des Marshall-Plans angemessen zu bewerben seien. Im allgemeinen betrug der Anteil des Aufwands für Verwaltung und Werbung fünf Prozent der Kreditsumme, in Westdeutschland jedoch wegen der Grenzlage zur kommunistischen Welt 30 Prozent. Die ersten Werbebroschüren für den europäischen Wiederaufbau hatten noch die Militärregierungen herausgegeben. Nach der Gründung der Bundesrepublik kam es den USA aber gerade darauf an, daß die Westdeutschen im Kalten Krieg Stellung bezögen. In ihrem ersten völkerrechtlichen Vertrag über den Beitritt zur Marshall-Plan-Organisation verpflichtete sich die Bundesrepublik 1949 ausdrücklich zu Werbemaßnahmen. In Hamburg hatte sich auf Anregung des US-Geheimdienstes unter dem Dach des ›Deutschen Buch-Verlages‹ ein Kreis ehemaliger Propagandamacher aus der Berliner Wilhelmstraße zusammengefunden, die sich gerade im Nürnberger »Wilhelmstraßenprozeß« wiederbegegnet waren. Zu dem schon erwähnten Bernhard Woischnik stießen der frühere Leiter der Presseabteilung Dr. Paul Karl Schmidt und sein früherer Mitarbeiter Hans-Georg von Studnitz. Sie erhielten den Auftrag, wirksame Europa-Broschüren zu schreiben. Diese sollten, anders als die ideologisch argumentierenden Schriften der ersten Nachkriegszeit, die mit Marshall-Plan-Mitteln ermöglichten konkreten Aufbauerfolge herausstreichen und mit der Perspektive des Zusammenwachsens Westeuropas verbinden. Die Schriften sollten auch regional unterschiedlich und für verschiedene Zielgruppen in besonderer Weise gestaltet sein. So gab es besondere Schüler-Broschüren und Arbeiter-Broschüren.

Die Schriften sahen wie Klein-Illustrierte aus, kurze Texte wurden durch Bilder, Zeichnungen und Graphiken ergänzt. Neben einer Vorliebe für Europa-Karten, auf denen die Staatsgrenzen verschwunden sind, wurden eindrucksvolle Produktionsstatistiken aufgeführt und Organigramme der verschiedenen europäischen Institutionen. Dem Leser wurde das Gefühl vermittelt, als sei der Zeitgeist oder die unwiderstehliche Macht der Geschichte am Werk. Genau genommen gab es nicht einen Auftraggeber, sondern drei, den US-Geheimdienst, die Marshall-Plan-Verwaltung in Frankfurt und das Marshall-Plan-Ministerium in Bad Godesberg. Neben der Hamburger Woischnik-Gruppe gab es in der Bundesrepublik noch etwa acht bis zehn weitere Werbeverlage dieser Art. Da war es schon eine Auszeichnung, daß der Auftrag, eine Festschrift zur Demonstration der europäischen Jugend an der deutsch-französischen Grenze am 8. August 1950 nach Hamburg ging. Diese vom Bundeskanzleramt initiierte Veranstaltung war als Gegenstück zu dem Pfingsttreffen der FDJ in Berlin gedacht. Dazu erschien eine Schrift mit dem Titel: ›Die Grenzen nieder! Europa ist unsere Rettung‹; als Verfasser war Dr. P. C. Holm angegeben – so nannte sich Dr. Paul Karl Schmidt damals.

Die Europa-Werbung erhielt 1950 eine neue Richtung, als der französische Außenminister Robert Schuman die Zusammenlegung der westeuropäischen Kohle- und Stahlindustrie unter der Verwaltung einer supranationalen Behörde vorschlug. Die Bildung der Montanunion sollte dann den ersten Schritt zur Überwindung der Nationalstaaten und zur Schaffung eines supranationalen europäischen Bundesstaates sein. Was 1947 noch Utopie war, schien 1950 in greifbare Nähe gerückt zu sein. Und die Westdeutschen kostete die Zustimmung praktisch nichts. Einen Nationalstaat, auf den sie hätten verzichten müssen, den besaßen sie nicht. Dafür wurden sie mit einem Schlag die Produktionsbeschränkungen und Kontrollen los, die die Alliierten im ›Ruhrstatut‹ verfügt hatten. Unmittelbar nach der Unterzeichnung des Vertrags über die ›Montanunion‹ im April 1951 setzte die zweite Phase der Europawerbung ein.

Werbung für die Westintegration war die zentrale Aufgabe des neuen Staatssekretärs im Bundeskanzleramt, Otto Lenz. »Nachmittags war ich bei de Neufville und verlangte eine halbe Million für die Schumanplanpropaganda«, schrieb Lenz am 25. April 1951 in sein Tagebuch. »Neufville« war der Deckname eines deutschen Emigranten, der als amerikanischer Geheimdienstoffizier zurückgekehrt war und Lenz in den nächsten beiden Jahren mit Millionenbeträgen förderte. Lenz hatte ein Netz von Agenturen und Vereinen aufgebaut. Diese führten Veranstaltungen durch, klebten Plakate und verteilten Broschüren, mit denen für Europa geworben wurde. Verbindungsstelle zwischen den Vereinen und dem Bundeskanzleramt war das Büro Neumann in Bonn. Erich Peter Neumann kannte Lenz schon aus Berlin, wo er als PR-Mann des Landes Sachsen und als Redakteur des ›Berliner Tagesblattes‹ bzw. von ›Das Reich‹ das Handwerk der politischen Propaganda erlernt hatte.

Zwei Jahre später konnte Staatssekretär Lenz stolz vorweisen, daß noch nie in Deutschland eine solch konsequente Propaganda betrieben worden sei. Von den amerikanischen Fördergeldern profitierte auch die

Tarnschrift: »Das goldene Pulver – Erfolgsrezepte der Firma Dr. August Oetker GmbH., Bielefeld«; der Text ist eine antikapitalistisch-antifaschistische Satire auf den Oetker-Konzern und wirbt außerdem für eine atomwaffenfreie Zone in Europa; Broschüre (DHM)

Gerhart Eisler - Juchhe nach Amerika!; der Text des vom Parteivorstand der KPD in Frankfurt a. M. herausgegebenen Faltblatts vergleicht den um 1780 erfolgten Verkauf hessischer Bauernsöhne an die in Amerika kriegführenden Engländer mit Plänen der USA, die Bundesrepublik in ein internationales Verteidigungsbündnis einzubeziehen; um 1950 (Slg. Körner)

›Europa-Union‹ in Frankfurt, die mit Ausstellungen und Broschüren unter dem Motto »Europa ruft!« warb. Auch die Gewerkschaften waren in das Förderprogramm einbezogen. Der Gewerkschaftliche Beratungsausschuß der ERP in Paris, dem der DGB-Vorsitzende Hans Böckler angehörte, warb für Europa mit der Flugschrift ›Deine Arbeit und Deine Zukunft‹. In der Europa-Stadt Luxemburg tagte ein Unterausschuß des Internationalen Bundes Freier Gewerkschaften für den Schuman-Plan. Kurz darauf erschien im gewerkschaftlichen Bund-Verlag in Köln die Broschüre ›Das steht im Schumanplan‹. Binnen zwei Jahren stieg die Zustimmung zu Adenauers Westintegrationspolitik von 20 auf über 50 Prozent an.

Die Bundestagswahl 1953 konnte schon im Frühjahr als von Adenauer gewonnen gelten. Doch dann wurden die Politik-Werber in Bonn zu Opfern ihrer Erfolge. Der US-Geheimdienst schaltete seine westdeutschen Partner im April kurzfristig ab. Prominenteste Opfer waren: der Vorsitzende der ›Europa-Union‹, Eugen Kogon, der zurücktreten mußte, weil seine Organisation in einem Finanzdebakel gelandet war; Otto Lenz wurde vom Kanzler fallengelassen, als er versuchte, aus seinen Organisationen ein Informationsministerium zu bilden; Eberhard Taubert wurde zum schlichten Zuwendungsempfänger des Gesamtdeutschen Ministeriums, das sich vorbehielt, jede seiner Schriften vorher zu begutachten.

›Armee ohne Pathos‹

Das zweite große außenpolitische Thema der 50er Jahre war die Frage der Wiederbewaffnung. Die Schaffung einer neuen deutschen Wehrmacht war das Letzte, was sich die Westdeutschen 1950 wünschten. Als Bundeskanzler Adenauer nach Ausbruch des Korea-Krieges die Bereitschaft der Bundesrepublik bekundete, einen militärischen Beitrag zur Verteidigung Westeuropas zu leisten, erhob sich ein Sturm der Entrüstung. »Ohne mich!«, lautete die Reaktion. Doch Adenauer verließ sich auf die alte Erfahrung, daß man die Deutschen an vieles gewöhnen könne, wenn man ihnen nur Zeit lasse. Wichtigstes Medium der Werbung für neue Streitkräfte waren Soldatentreffen, auf denen für eine Rehabilitierung der alten Wehrmacht geworben wurde. ›Armee ohne Pathos. Die deutsche Wiederbewaffnung im Urteil ehemaliger Soldaten‹, so lautetet der Titel einer Werbeschrift, die Adalbert Weinstein im Auftrag der Bundesregierung zusammengestellt hatte. Für die Wehrwerbung gründete Staatssekretär Lenz die ›Arbeitsgemeinschaft Demokratischer Kreise‹, die ehemalige Soldaten zu Diskussionsveranstaltungen einlud. Die Oppositionspartei SPD reagierte unentschieden. In ihrem »Rotbuch« von 1951: ›Unter sowjetischem Befehl. Remilitarisierung und Aufrüstung in der Sowjetzone‹, prangerte sie die Aufstellung einer »kommunistischen Satellitenarmee« an, wollte aber die Schlußfolgerung daraus nicht ziehen, dagegen eine Westarmee aufzubauen. Die Beschwörung der »roten Gefahr« war dann auch ein wichtiges Argument der Regierungswerbung. In einer

Plakatserie wurde ein Rotarmist vor dem Kölner Dom, dem Hamburger Michel oder der Münchner Liebfrauenkirche gezeigt; der Plakattext dazu stellte die Frage: »Er ist bewaffnet, wollt Ihr ihn hier haben?«.
Die Mehrzahl der Broschüren gegen die Remilitarisierung stammt aus der DDR. Schon 1949 hatte Gerhart Eisler in einer Tarnschrift ›Juchhe, nach Amerika!‹ gefordert, die deutsche Jugend vor den »amerikanischen Schlachthausplänen« mit allen Mitteln zu verteidigen. Der General- oder Deutschlandvertrag von 1952 hieß für die deutschen Kommuniten nur »Generalkriegsvertrag«. Die Bemühungen der DDR-Agitation konzentrierten sich auf Veranstaltungen und Schriften von Tarnorganisationen, die mit nationaler, pazifistischer oder neutralistischer Rhetorik argumentierten. Doch auch sie scheiterten teils an der politischen Lethargie der Westdeutschen, teils an der »Aufklärungsarbeit« des Volksbundes und der SPD. Der Juni-Aufstand von 1953 tat ein übriges, um die DDR vollständig zu diskreditieren. Adenauer wertete seinen Wahlsieg 1953 auch als Votum für den Wehrbeitrag. Als die Westverträge 1955 in Kraft traten, führte das nicht zum Krieg, sondern zu einer neuen Phase der Entspannungspolitik (»Geist von Genf«). Jetzt setzte aus Mitteln des Bundeshaushaltes eine massive Verteidigungswerbung mit Plakaten, Broschüren und Anzeigen ein. 1956 war der Widerstand gegen die Wiederbewaffnung gebrochen.
Die blutige Niederwerfung des Ungarn-Aufstandes im Herbst 1956 durch die Rote Armee galt als weiterer Nachweis für die Notwendigkeit des Aufbaus der Bundeswehr. Der Volksbund brachte die Taubert-Schrift ›Kommunismus ohne Maske‹ aus dem Jahr 1955 in einer aktualisierten Fassung mit einem Ungarn-Bild und dem Titel ›Sie haben sich demaskiert!‹ heraus. Die CDU klebte zur Bundestagswahl 1957 eins ihrer wirkungsvollsten Plakate: Ein Sowjet-Panzer rollt durch das brennende Budapest. Dazu der Text: »Denkt an Ungarn – seid wachsam!«.

Tarnschrift: Luise Rinser – Die Wahrheit über Konnersreuth. Ein Bericht; unter dem Umschlag eines Taschenbuches der ›Fischer-Bücherei‹ befindet sich ein Text über den Ungarn-Aufstand 1956; Broschüre (DHM)

»Deutsche an einen Tisch!«

Synchron zu den Fortschritten bei den Verhandlungen über die Westintegration und den Wehrbeitrag der Bundesrepublik startete die DDR Kampagnen zur deutschen Einheit. »Deutsche an einen Tisch«, lautete die Forderung des Jahres 1951. Gefordert wurden »gesamtdeutsche Beratungen« zwischen den Regierungen, Parlamenten und Gewerkschaften in Ost und West auf paritätischer Basis. Die Bundesrepublik wurde geradezu überwschwemmt mit DDR-Broschüren zu diesem Thema. Etwa 40 Tonnen Propagandamaterial müßten von den Zolldienststellen täglich abgerfertigt werden, teilte die Bundespost Ende 1951 mit. Im Bereich der Oberpostdirektion Dortmund seien von einem Absender an einem Tag 30 000 Briefe mit einer Grotewohl-Rede zur Post gegeben worden. Die Bundesregierung ließ daher in einem sogenannten »objektiven Verfahren« feststellen, daß die Kommuniten den gewaltsamen Umsturz in der Bundesrepublik planten. Aufgrund des »Fünf-Broschüren-Urteils« des Bundesgerichtshofs vom 8. April 1952 wurden fünf eher belanglose Schriften eingezogen: ›Wo stehen wir im Kampf um die friedliche Wiedervereinigung Deutschlands?‹, ›Den Lügenfritzen eins aufs Maul‹, ›Das Gebot der Stunde‹, ›Die deutsche Arbeiterklasse muß sich entscheiden!‹, ›Achtung! Akute Gefahr für die ganze Nation!‹. Wichtig war der Regierung dabei nur die Begründung, die lange Jahre als Vorlage für zahlreiche Urteile unserer Gerichte benutzt wurde. Im Prozeß vor dem Bundesverfassungsgericht gegen die KPD, die 1956 verboten wurde, spielte ebenfalls eine Broschüre eine zentrale Rolle als Beweismaterial, das ›Programm der Nationalen Wiedervereinigung Deutschlands‹.

Die Bundesregierung, der Bundestag und die großen Parteien lehnten Gespräche mit den demokratisch nicht legitimierten Vertretern aus Ost-Berlin ab und forderten stattdessen freie gesamtdeutsche Wahlen. Die Forderung war auch in der DDR sehr populär. Tatsächlich diente sie Bonn zur Blockierung von Vier-Mächte-Verhandlungen vor Abschluß der Westintegration. Nach 1955 verschwand das Thema Wiedervereinigung durch freie Wahlen von der Tagesordnung der internationalen Politik. Die Sowjetunion war zur Zwei-Staaten-These übergegangen.

›800 Nazi-Blutrichter – Stützen des Adenauer-Regimes‹

Anfang 1954 wurde in Ost-Berlin der ›Ausschuß für Deutsche Einheit‹ gegründet. Haupttätigkeitsgebiet dieses Gremiums war die politische Diffamierung der Bundesrepublik durch Weißbücher bzw. Braunbücher. Albert Norden, der Propagandachef der DDR, machte sich den Bewußtseinswandel in der Bundesrepublik im Hinblick auf die NS-Zeit zu Nutze. In den Gründerjahren der Bundesrepublik hatte eine Tätigkeit im Dritten Reich oder eine Zugehörigkeit zur NSDAP nicht als Makel gegolten. Das änderte sich seit dem »Ulmer Einsatzgruppenprozeß« 1958. Entsprechend legte man das Schwergewicht der Weißbücher auf die NS-Belastung von Prominenten des Bonner Staates. Es begann 1959 mit einem Weißbuch, auf dessen braunem Umschlag stand: ›Wir klagen an. 800 Nazi-Blutrichter – Stützen des Adenauerregimes‹. Fotokopien mit Urteilen dieser Richter konnte man in einer dazu arrangierten Ausstellung durchlesen. Ein Teil des Materials wurde dann in der Bundesrepublik als Wanderausstellung des ›Sozialistischen Deutschen Studentenbundes‹ unter dem Titel »Ungesühnte Nazi-Justiz« gezeigt.

In schneller Folge erschienen dann Schriften über General Heusinger, Bundesminister Oberländer, Staatssekretär Globke und Generalbundesanwalt Fränkel. Bei diesen Folgedokumenten hatte Norden dafür gesorgt, daß echte Dokumente mit nachträglichen Fälschungen »angespitzt« wurden. Das Material lieferte eine Fälscherwerkstatt in Potsdam. Die »Beweisführung« war in der Regel so angelegt, daß immer noch genügend Belastungsmaterial übrig blieb, falls sich in einem langwierigen Prozeß beweisen ließe, daß einige Dokumente nicht echt waren. Die Dokumentationen wurden meist auf internationalen Pressekonferenzen vorgestellt und auch in mehreren Sprachen verbreitet. In Ergänzung dazu wurden dann Dokumentarfilme des DDR-Fernsehens ausgestrahlt, so ›Unternehmen Teutonenschwert‹ über General Speidel, ›Mord in Lwow‹ über Minister Oberländer und ›Aktion J‹ über Staatssekretär Globke. Die Wirkung dieser im Medienverbund betriebenen Kampagne war ungleich größer als der wahllose Massenversand von langweiligen Broschüren, wie er in den frühen 50er Jahren betrieben wurde. Der Prozeß gegen Eichmann in Jerusalem verschaffte der Auseinandersetzung mit dem Erbe des Dritten Reiches zusätzlich internationale Publizität, die die Bundesregierung lieber vermieden hätte.

›Die trojanische Herde‹

Neue Zielgruppe der DDR-Agitation wurde ab 1957 die Bundeswehr. Für die jungen Wehrpflichtigen produzierte die DDR eigens die Zeitschriften ›Kaserne‹, ›Soldatenfreund‹ und ›tabu‹. Diese Magazine enthielten eine bunte Mischung von Antimilitarismus, Polit-Satire und Soft-Porno. Die Generäle der Bundeswehr wurden darin durchweg als Kriegsverbrecher und NS-Schergen dargestellt. Derartige Angriffe wie auch die

Anfangserfolge der Protestbewegung ›Kampf dem Atomtod‹ überzeugten Verteidigungsminister Franz Josef Strauß von der Notwendigkeit einer »Psychologischen Verteidigung« der Bundesrepublik in der geistigen Auseinandersetzung mit dem »Weltkommunismus«. Bundeskanzler Adenauer wurde ein lebhafter Befürworter einer entsprechenden Propagandaorganisation auf NATO-Ebene, also einer Art demokratischem ›Antikomintern‹. Die Zustimmung der Westmächte blieb jedoch aus. So schuf das Verteidigungsministerium im August 1958 im Führungsstab der Bundeswehr ein Referat ›Psychologische Kampfführung‹ (PSK). Durch dieses wurden neben der internen Arbeit innerhalb der Bundeswehr zahlreiche Broschüren und Bücher gefördert, die in den Hausverlagen des Ministeriums erschienen. Typisch für diese Broschürenart ist die Schrift ›Papageien‹ aus dem Severus Verlag, einer Filiale des Harald Boldt Verlages. Ein Mitarbeiter des Volksbundes beschreibt darin die Arbeit der in Westdeutschland vertriebenen Tarnzeitschriften der DDR. Den Umschlag zieren zwei Papageien, die nachsprechen, was ein dritter Vogel, der von Walter Ulbricht gelenkt wird, ihnen vorspricht. Propagandistische Unterstützung lieferten die Rotbücher des ›Komitees »Rettet die Freiheit«‹, die von der Bundeszentrale für Heimatdienst verbreitete Verfassungsschutzschrift ›Die trojanische Herde‹ und das Auftreten des austro-amerikanischen Publizisten William S. Schlamm.

Eine neue Aufgabe wuchs der PSK nach dem Bau der Berliner Mauer zu. Flugblätter gaben den Soldaten der Nationalen Volksarmee der DDR an der Grenze Ratschläge, wie sie auf Flüchtlinge schießen könnten, ohne zu treffen. Bunte Bälle trieben an die DDR-Ferienstrände der Ostsee mit der Parole »Freiheit kennt keine Mauer«. Daneben wurden mit Ballons – auch in der Tradition des Ostbüros der SPD – kom-

›Kleine Nachrichten Revue‹ 2/59; Titelseite und Rückseite einer monatlich erscheinenden Propaganda-Zeitschrift für Bürger und Soldaten in der BRD, die von der DDR hergestellt und vertrieben wurde (DHM)

plette Sachbücher in die DDR expediert. Diese Ballonschriften hatten das Format von Taschenkalendern mit Plastikeinband, waren auf Bibeldruckpapier gedruckt und hatten keine Aufschrift. Anstelle eines Impressums war eine Tarnadresse des Militärischen Abschirmdienstes der Bundeswehr eingedruckt. Versandt wurden z.B. Carola Sterns Ulbricht-Biographie, Arthur Londons Bericht über den Slansky-Prozeß in Prag, und die Erinnerungen von Ginsburg: ›Marschroute eines Lebens‹. 1969 kam es im Rowohlt Verlag zu einer Debatte darüber, ob man sich an solchen Ballonaktionen beteiligen solle. Mit dem Abschluß des Grundlagenvertrages wurde diese Art von Broschürenkrieg 1972 eingestellt.

Berlin bleibt frei

Die große Zeit des innerdeutschen Broschürenkriegs war allerdings schon 1959 zu Ende. Im November 1958 hatte die Sowjetunion mit einer Frist von sechs Monaten die bestehenden Berlin-Abkommen aufgekündigt und die Umwandlung West-Berlins in eine sogenannte

»Was ist Westberlin, und was kann daraus werden?«; Umschlag einer DDR-Broschüre über die kapitalistische »Frontstadt« Westberlin und deren Umwandlung in eine Freie Stadt (DHM)

»entmilitarisierte Freie Stadt« verlangt. Mit einem Schlage mußten die westdeutschen Politiker erkennen, daß kurzfristig an eine Wiedervereinigung überhaupt nicht zu denken war, sondern die Bewahrung des Status quo sich als das einzig erreichbare Ziel anbot. Nach 1950 hatte man zunächst mit großen Entscheidungen im Kalten Krieg binnen Monaten gerechnet. Doch welchen Sinn hatten jetzt noch Maßnahmen, die darauf abzielten, die DDR zu destabilisieren? In ihrer Berlin-Note hatten die Sowjets die von West-Berlin ausgehende »Wühltätigkeit« beanstandet. Der Berliner Senat ließ dazu einen zweiteiligen Bericht anfertigen. Teil 1: ›Östliche Untergrundarbeit gegen West-Berlin‹, wurde im Juni 1959 als Broschüre auf einer Pressekonferenz des Innensenators verteilt; Teil 2: ›Tätigkeit von angeblichen Spionage- und Diversionsgruppen in West-Berlin‹ wird dagegen bis heute als Verschlußsache behandelt. Willy Brandt, der als Bundestagsabgeordneter 1950 diese Organisationen gerechtfertigt hatte, sprach als Berliner Bürgermeister jetzt von den »Mistvereinen, die wir hier haben«. Der amerikanische Geheimdienst zog aus den veränderten Verhältnissen die Konsequenz, seine Organisationen kurzfristig abzuschalten. Die Landesorganisation des Volksbundes wurde auf Rat des Gesamtdeutschen Ministeriums ebenfalls aufgelöst. Stattdessen begann 1959 unter der Regie des Bundespresseamts eine umfangreiche Werbeaktion für die Freiheit West-Berlins. Den Verteiler für den Versand von Berlin-Broschüren und Einladungen an Journalisten arbeitete das Institut für Publizistik an der Freien Universität aus. Er wurde als ›Handbuch der Auslandspresse‹ 1960 in Buchform veröffentlicht. Die Freiheit Westberlins konnte in der Tat gesichert werden, jedoch nicht durch die westdetuschen Broschüren, sondern durch die amerikanische Militärpräsenz.

Nach dem Bau der Berliner Mauer 1961 wuchs erst langsam auf beiden Seiten die Erkenntnis, daß man die 1945 geschaffene Grenze zwischen Ost und West mit den Mitteln des Kalten Krieges nicht überwinden könne.

Rainer Rother

Feindliche Brüder – Der Kalte Krieg und der deutsche Film

Grenzgänger

Ein erstes Ergebnis des Kalten Krieges im Bereich des Films war, daß von einem deutschen Film die Rede nicht mehr sein konnte. Im Unterschied zu dieser Entwicklung gab es in der frühen Nachkriegszeit durchaus »Grenzgänger«, die mal im Westen, mal im Osten arbeiteten. Der Regisseur Wolfgang Staudte ist der vielleicht bekannteste Fall, aber auch Falk Harnack arbeitete bei ›Das Beil von Wandsbeck‹ in der DDR. Erich Engel inszenierte zwei der frühesten DEFA-Filme, ›Affäre Blum‹ und ›Der Biberpelz‹, arbeitete dann bei zehn Filmen in der BRD und realisierte 1958 seinen letzten Film, ›Geschwader Fledermaus‹, wieder in der DDR. Kameramänner waren ebenso wie Schauspieler und Autoren beiderseits der Grenze tätig, schon weil es so viele Produktionsstätten und Beschäftigungsmöglichkeiten anfangs gar nicht gab.
Zunehmend wurde dies jedoch mit offiziellem Argwohn betrachtet oder als Element der Propaganda benutzt. So auch im Fall Henny Portens, die während des Nationalsozialismus kaum Filmengagements erhielt, weil sie sich nicht von ihrem jüdischen Ehemann, Dr. von Kauffmann, trennen wollte. Sie konnte in Westdeutschland nur in einem Film mitwirken und als sie danach wieder drehte, geschah dies bei der DEFA. Ihre beiden letzten Rollen gaben den Filmen ihre Titel: ›Carola Lamberti – eine vom Zirkus‹ (1954) und das ›Fräulein von Scuderi‹ (1954/55). »Ihr Entschluß, mitten im heißesten Kalten Krieg ›rüber‹ zu gehen (eine erste Drehbuchbesprechung fiel zudem in die Tage des Aufstands vom 17. Juni), brachte ihr im Westen Vorwürfe ein, aber es erschienen auch einige wenige abwägende Artikel. Sie blieb unbeirrt: Sie wollte spielen, und daß es keine Propagandafilme sein dürften, hatte sie sich ausbedungen. Für die DDR waren es trotzdem zwei Prestigeprojekte. Der ›Werbehelfer‹ empfahl Carola Lamberti: ›Ein DEFA-Film gedreht von einem westdeutschen Regisseur nach dem Drehbuch eines westdeutschen Autors – in der Hauptrolle Henny Porten‹; beide Filme begleitete ein viersprachiger Prospekt vom VEB-DEFA-Außenhandel.«[1] Regie führte Hans Müller, das Buch schrieb Arthur Kuhnert.
Immerhin erlebten beide Filme ihre Uraufführung in der BRD mit nur geringer Verzögerung gegenüber der DDR-Premiere. Im Falle Staudtes war das nicht so einfach; ›Rotation‹, noch vor der Gründung der DDR in Ostberlin am 16. September 1949 uraufgeführt, erlebte

Trümmerwelt, fast dokumentarisch präsentiert in ›The Big Lift‹ (SDK)

seine bundesdeutsche Premiere erst im August 1957; und ›Der Untertan‹, am 31. August 1951 in der DDR gestartet, kam erst am 8. März 1957 offiziell in bundesdeutsche Kinos, in einer um zwölf Minuten gekürzten Fassung. Die heute absurd anmutenden politischen Bedenken gegen diesen Film, die ihm den Weg in den Westen lange Zeit versperrten, paßten offenbar ganz in die damalige Frontstellung. So schrieb ›Der Spiegel‹ am 12. Dezember 1951: »›Der Untertan‹ ist ein Paradebeispiel ostzonaler Filmpolitik: Man läßt einen politischen Kindskopf wie den verwirrten Pazifisten Staudte

einen scheinbar unpolitischen Film drehen, der aber geeignet ist, in der westlichen Welt Stimmung gegen Deutschland und damit gegen die Aufrüstung der Bundesrepublik zu machen. Der Film läßt vollständig außer acht, daß es in der ganzen preußischen Geschichte keinen Untertan gegeben hat, der so unfrei gewesen wäre wie die volkseigenen Menschen unter Stalins Gesinnungspolizei es samt und sonders sind.«[2]
Umgekehrt hatten es die Filme, die Staudte im Westen realisierte, nicht einfacher. »Auf eine traurige Weise logisch ist es, daß bei Staudtes westdeutschem Film ostdeutsche Kritiker – ähnlich wie westdeutsche Kritiker bei den DEFA-Filmen es getan haben –, nach den bösen Auswirkungen des anderen Gesellschaftssystems suchen, anstatt hinzusehen. Klaus-Norbert Scheffler zum Beispiel polemisiert erst gegen westdeutsche Klassiker-Modernisierungen im Allgemeinen (sein Schimpfwort-Reservoir: ›Europäertum‹, ›Kosmopolitismus‹, ›amerikanischer Lebensstil‹, ›politische Demagogie‹) und dann speziell gegen die ›Verflachungen‹ und die ›in der Gesamtkonzeption nicht zu übersehende Propaganda gegen den Osten‹ in ›Staudtes peinlicher Fehlleistung‹.«[3] Diese Urteile galten ›Rose Bernd‹, der in der DDR nicht verliehen wurde. Die Grenzgänger konnten, für eine kurze Zeit, hier und dort arbeiten, aber es war eine Illusion, daß sie »deutsche Filme« machen konnten, wie es sich z. B. Staudte gewünschte hatte – sie stellten, gegen ihren Willen, west- oder ostdeutsche Filme her, die oft nur in dem jeweiligen Teilstaat zu sehen waren.

Grenzposten

Den Verkehr über die Grenze kontrollierten staatliche Institutionen in Ost und West. So kam kaum einer der Filme, die sich thematisch mit dem Kalten Krieg befassen, im jeweils anderen Staat zur Aufführung. War die Filmproduktion der DEFA wie das Verleihangebot in der DDR ohnehin stark abhängig von den Entscheidungen der Partei und dementsprechend auch überwacht, so trat in der BRD der ›Interministerielle Prüfungsausschuß für Ost/West-Filmfragen‹ in diese Funktion ein. Es finden sich in der Literatur auch Hinweise auf die Tätigkeit eines ›Interministeriellen Bürgschaftsausschusses‹, der ebenfalls im Sinne politischer Zensur tätig geworden sei. Er sollte auch kleineren und mittleren Produzenten die Herstellung von Filmen über die Gewährung von Bundesbürgschaften ermöglichen. Doch ließ dies auch die Kontrolle über mißliebige Stoffe etc. zu: »Die Produzenten, die sich um eine Bundesbürgschaft bemühen, werden angehalten, das Drehbuch, den Kostenvoranschlag sowie sämtliche Verträge zur Begutachtung vorzulegen und während der Dreharbeiten ihre Ateliers den Inspekteuren der Revisions- und Treuhand AG zu öffnen.«[4] In Kreimeiers Sicht offenbart sich hier der »Einfluß der Monopolbourgeoisie«, allerdings sind seine Beispiele mitunter nicht unproblematisch. Als besonders skurrilen Fall führt er an: »So wird Harald Brauns Film ›Das Herz der Welt‹ (1952), einer Biographie der Friedensnobelpreisträgerin Bertha von Suttner, die Ausfallbürgschaft verweigert, weil sogar sein verschwommener, stark religiös bestimmter Pazifismus als der herrschenden militaristischen Ideologie abträglich erscheint; der Hamburger Real-Film, die auf legalem Wege den Geschäftsverkehr mit der DEFA aufgenommen hat, werden die Kredite mit dem Hinweis gesperrt, es bedürfe ›keiner näheren Begründung, daß und warum die Bundesregierung Bürgschaften für solche Unternehmer nicht übernehmen kann, die nicht in der Lage sind, schlüssig nachzuweisen, daß sowohl sie selbst wie auch ihre leitenden Angestellten auf dem Boden der demokratischen Grundordnung der Bundesrepublik stehen...‹; ein Filmprojekt der Hamburger Kamera-Gesellschaft, für dessen Realisierung Wolfgang Staudte verpflichtet wurde, wird durch ein Telegramm des Bundesinnenministeriums mit dem Wortlaut ›Zustimmung nur, wenn Staudte unbefristet erklärt, nicht wieder bei der DEFA zu drehen‹ zunichte gemacht.«[5]
Im Fall von ›Herz der Welt‹ scheint eine Legende vorzuliegen: »Der Film ›Herz der Welt‹ wurde auch in der DDR gezeigt. Er wurde dort mit einem Prolog versehen, der von dem bedeutenden Schauspieler Eduard von Winterstein gesprochen wurde. Darin hieß es, daß der Bonner Regierung dieser humanistische Film uner-

wünscht sei, denn sie unternehme alles, der Öffentlichkeit diesen Film vorzuenthalten. (...) Harald Braun teilte übrigens von Winterstein in einem freundlich gehaltenen Brief vom 1. Juli 1954 mit, daß sein Film mit Hilfe staatlicher Bürgschaften hergestellt worden und auf der Berlinale 1953 mit dem offiziellen Regierungspreis für gesinnungsbildene Filme ausgezeichnet worden sei. Winterstein möge dies bitte den ›betreffenden Stellen‹ in der DDR mitteilen. Dieser Vorgang führte dazu, daß der Interministerielle Prüfungsausschuß für Ost/West-Filmfragen anregte, in alle Verträge mit der DDR solle der Passus aufgenommen werden, ein Film dürfe nur ohne sinnverändernde und sinnentstellende Zusätze dort aufgeführt werden.«[6] Summarisch beurteilt Euchner die Tätigkeit des Bürgschaftsausschusses als in der Regel nicht von politischen Gesichtspunkten motiviert – »schlugen sie aber durch, so zeigten sich freilich die alten ideologischen Orientierungsmuster«.[7] Anders sah die Arbeit des Interministeriellen Prüfungsauschusses aus; seine Arbeit als westlicher Grenzposten war politisch motiviert und kann nur als willkürlich bezeichnet werden. 1950 verfügte der damalige Bundesinnenminister Lehr, Filme der DEFA dürften nur mit seiner Zustimmung vorgeführt werden; an die Stelle dieses Ukas trat 1954 besagter Ausschuß, von dessen Entscheid es abhing, ob ein Film aus der DDR oder anderen sozialistischen Ländern, den »Ländern hinter dem eisernen Vorhang«, in der Bundesrepublik zur Aufführung gelangen durfte oder nicht. Die Tätigkeit dieses Ausschusses, und ebenso die der 1949 gegründeten ›Freiwilligen Selbstkontrolle der Filmwirtschaft‹ (FSK), kann aus heutiger Sicht nur überaus skeptisch beurteilt werden. 1963 wies Reinold E. Thiel in ›Die Zeit‹, ein Jahr später erneut in ›Die Filmkritik‹, darauf hin, daß die Arbeit des Ausschusses verfassungswidrig sei. »Das Gesetz zur Überwachung strafrechtlicher und anderer Verbringungsverbote vom 24. Mai 1961 in Verbindung mit der Durchführungsverodnung vom 12. Oktober 1961 schreibt vor, daß jeder aus den sogenannten Ostblockstaaten einzuführende Film dem Bundesamt für gewerbliche Wirtschaft vorgelegt wird. Dieses Amt verweigert die Einfuhrerlaubnis, wenn der Film geeignet ist, ›als Propagandamittel gegen die freiheitlich-demokratische Grundordnung oder gegen den Gedanken der Völkerverständigung zu wirken‹. Der Interministerielle Ausschuß wird im Gesetz nicht erwähnt, der Wirtschaftsminister hat vielmehr ›das Bundesamt angewiesen‹, den Ausschuß hinzuzuziehen, wie er auf eine Kleine Anfrage der SPD erklärte. In der Praxis ist das Bundesamt nur Vollstreckungsgehilfe, die eigentlichen Entscheidungen trifft der Ausschuß: ein anonymes Gremium ohne Verfahrensordnung, das seine Entscheidungen nicht begründet und nicht veröffentlicht. Dieses Verfahren erfüllt den Tatbestand der Zensur, weil eine Instanz der Exekutive über die Zulässigkeit der ›Verbreitung eines Geisteswerkes‹ befindet.«[8] Tatsächlich wurde 1966 einer Klage vor dem Verfassungsgericht stattgegeben und der Interministerielle Ausschuß stellte seine Wachpostenarbeit ein.

Einreisevisa

Nicht nur gegen die Produkte von drüben mußten jedoch die Grenzen möglichst undurchlässig gemacht werden, auch was hüben, auf Freundesseite also, hergestellt wurde, fand während des Kalten Krieges nicht immer, oder wenigsten nicht immer vollständig, den Weg ins Kino. Die mit dem Kriegsende einsetzende Synchronisation, gängige Praxis der Präsentation ausländischer, vor allem amerikanischer Filme, ihrerseits durch geschäftliche Interessen der Filmindustrie insbesondere der USA mitveranlaßt, gab die Möglichkeit an die Hand, aus den Stories neue Bedeutungen zu gewinnen. Besonders bekannt wurden die Eingriffe, die Michael Curtiz' Film ›Casablanca‹ und Hitchcocks ›Notorius‹ widerfuhren. In beiden Fällen wurden offenbar als störend empfundene Hinweise auf die Machenschaften einerseits der Gestapo in ›Casablanca‹, andererseits der nach dem Krieg in Südamerika untergetauchten Nazis getilgt, und beide Male entstanden »Krimis«, denen jede politische Implikation ausgetrieben worden war. Noch eingreifender ging der deutsche Verleih mit einem Film um, der von seinem Thema eigentlich hätte erwarten lassen, daß er auch ohne Veränderungen der politischen Situation angepaßt gewesen wäre. Doch

Eine Flasche, in der Uran versteckt ist - oder doch nur Heroin?; ›Notorius‹ oder ›Weißes Gift‹ (SDK)

George Setons ›The Big Lift‹ erzählt nicht nur von der »Luftbrücke«, mit der die Blockade Berlins überwunden wurde. Er verfügt über einen Subtext, der für das amerikanische Publikum entscheidend war und der dem deutschen offenbar nicht zugemutet werden konnte. ›The Big Lift‹ organisiert, in der Form eines Unterhaltungsfilmes, mit spannenden, vor allem aber auch mit sehr komischen Elementen, die Umorientierung des Feindbildes. Die Deutschen, nun Bündnispartner, die Russen, nun die Feinde – um das darzustellen bemüht der Film den Gegensatz zwischen einem jungen, arglosen Luftwaffenfunker (gespielt von Montgomery Clift) und seinem erfahreneren Freund, der in Tempelhof an der Radaranlage arbeitet und die einfliegenden »Rosinenbomber« sicher hinuntergeleitet (ihn spielt Paul Douglas). Während Clift sich in eine deutsche Frau aufrichtig verliebt (von der sich im Film herausstellt, daß sie ihn nur benutzen will, um in die USA zu kommen, wo ihr deutscher Geliebter schon auf sie wartet), behandelt Douglas alle Deutschen, einschließlich seines »Fräuleins«, mit Verachtung und rüder Aggressivität. Seine Erfahrungen mit Deutschen sind die schlechtesten, er wurde in einem Gefangenenlager gepeinigt, sein Mißtrauen bleibt. Allmählich beginnt er jedoch, noch vor Clift, einen Lernprozeß, in dessen Verlauf er die Unterschiedlichkeit der Deutschen wahrnimmt, sie nicht länger pauschal als ein Volk von Verbrechern ansieht. Clift seinerseits, der den Betrug seiner Freundin am Ende noch rechtzeitig durchschaut, gewinnt ein weniger naives, und damit ein »realistischeres« Bild von den Deutschen. Für die amerikanische Öffentlichkeit arbeitet der Subtext des Films mit Verweisen, die auf einen anderen besiegten Gegner zielen: der Überraschungsangriff der Japaner auf Pearl Harbour, die japanische Kriegsgefangenschaft sind die Menetekel, die vor einem neuen Feind, dem ebenfalls alles zuzutrauen sei, warnen sollen. Damit wird das Bild des ehemaligen Feindes differenziert, doch zugleich exponiert die Handlung, wenn auch nicht in vollem Ernst (denn ›The Big Lift‹ bleibt ein Unterhaltungsfilm), den neuen Feind.

Diese Bezüge blieben dem deutschen Publikum verborgen. Allenfalls die Korrespondenten-Berichte von Aufführungen aus den USA oder England – hier finden vor allem die deutschen Darsteller Cornell Borchers, Bruni Löbel, O. E. Hasse Interesse – lassen von der diffizilen Ausrichtung des Films noch etwas ahnen. Die deutsche Version eliminiert den schnöden Verrat an dem naiven Amerikaner, die Frau ist hier nicht mit jener taktischen Raffinesse ausgestattet, stattdessen gibt es ein happy end. Diese Veränderung des ursprünglichen Filmes wurde in der Presse nicht einmal erwähnt – vergleichbar den Fällen ›Casablanca‹ oder ›Notorius‹, deren »Umdeutung« ebenfalls nicht moniert wurde.

Filme zum Thema

»Der Film sieht weg, wo es um das heute Wichtigste geht. Er rührt das Grundthema der deutschen Gegenwart nicht an. Es ist, als läge ein Tabu über diesem ganzen Bereich. Seit der Spaltung sind, sage und schreibe, drei ganze Filme gemacht worden, in die dies Thema hineinspielt: ›Postlagernd Turteltaube‹, ›Weg ohne Umkehr‹, ›Himmel ohne Sterne‹. Und der letzte von ihnen ist auch schon wieder fünf Jahre alt«, schrieb Friedrich Luft 1960.[9] Das ist vielleicht nicht ganz zutreffend in der Anzahl den Filme – es hätten auch noch ›Die Spur führt nach Berlin‹ (1952, Regie Franz Cap), ›Vom Himmel gefallen‹ (1955, Regie John Bram) und ›Menschen im Netz‹ (1959, Regie Franz Peter Wirth) erwähnt werden können –, wohl aber in der Tendenz, die sich auch später nicht änderte. Alles zusammengenommen gab es bis in die späten sechziger Jahre vielleicht ein gutes Dutzend Filme, »in die dies Thema hineinspielt«. Nicht grundsätzlich anders sah es in der DDR aus, wo es allerdings einige Produktionen mehr sind, die sich thematisch auf den Kalten Krieg beziehen; von Kurt Maetzigs ›Roman einer jungen Ehe‹ (1951) bis Roland Gräfs ›Die Flucht‹ kann man ein halbes Dutzend Produktionen mehr als im Westen veranschlagen. Dabei handelt es sich um Spielfilme, die Ausprägungen, die der Kalte Krieg in Dokumentarfilmen und Wochenschauen gefunden hat, sind unberücksichtigt; ebenso die Filme, die den kalten Krieg nicht thematisieren, wohl aber, in ihren ganz anders gelagerten Handlungen, die Strukturen, die Feindbilder übernehmen. So ist ›Der Arzt von Stalingrad‹ oberflächlich betrachtet ein Film, der von deutschen Kriegsgefangenen in russischen Lagern handelt, doch sind die Mittel, mit denen hier ein Gegensatz von zivilisierten Deutschen und unterjochten bzw. unterjochenden Russen (so werden sie im Film immer genannt, wenn auch die Wachmannschaften beim casting offenbar nach ihren »asiatischen« Gesichtern ausgesucht wurden) aufgebaut wird, ganz vom Geist des kalten Krieges.[10] Daß das Kind des Lagerkommandanten nur durch den deutschen Chirurgen gerettet werden kann, das hat etwas vom neu gewonnenen Glauben an die eigene Stärke, dem Vertrauen in das know how der Wirtschaftswunderjahre – und es entscheidet den Ost-West-Gegensatz so, wie es der Position der Offensive entspricht, die auch in den thematisch eindeutigen Filmen feststellbar ist. Dagegen steht in den Filmen der DEFA ein defensiver Grundton – von Beginn an setzt sich dieser Ton gegen den üblichen positiven Schluß als das Entscheidende durch.

Berlin Tiergarten

Ein Auto jagt die Straße entlang, in ihm ein Mörder auf der Flucht vor der Polizei. Die Straße führt durch eine Ödnis – noch heißt sie nicht »Straße des 17. Juni«, nicht mehr »Siegesallee«, denn der Film ›Die Spur führt nach Berlin‹ ist von 1952. Im Tiergarten spielt auch eine Szene aus ›The Big Lift‹. Dort gehen Cornell Borchers und Montgomery Clift spazieren. Sie bemerkt traurig, daß hier einmal Bäume standen und daß die Berliner an den Wochenenden gern hierher kamen. Dann wird Clift auf die Skulpturen aufmerksam, die früher die Siegesallee schmückten. Er weiß mit ihnen nichts anzufangen, fragt deshalb bei seiner Freundin nach: Die erzählt ihm, wozu sie dort einmal aufgestellt wurden – aber als Clift etwas spöttisch sagt, nach »Sieg« sehe das alles nicht mehr aus, können die Zuschauer eine zornige, allerdings sofort unterdrückte Reaktion der Frau bemerken, die sie fortan von deren guten Absichten nicht mehr ganz überzeugt sein läßt.

Der Tiergarten, ja, das ganze Berlin wirken in diesem Film nicht als Kulisse, denn dieser ist bemüht, die sichtbare Zerstörung für die Glaubwürdigkeit seiner Story zu mobilisieren – er behandelt sie fast dokumentarisch. Anders in ›Die Spur führt nach Berlin‹: hier wirkt der Tiergarten durchaus kulissenhaft, so gut paßt er als Umgebung für diese Verfolgungsjagd und von der Siegessäule aus gesehen macht sie großen Effekt. Am Ende findet der Show-down im Reichstag statt, dessen Ruine wiederum wie ein Film-Ort wirkt, mit

Paul Douglas und die Schwierigkeiten beim Erklären demokratischer Spielregeln – ›The Big Lift‹ (SDK)

den Graffitti an den Wänden, den Schuttbergen im Innern und den Einschußlöchern auf dem Dach.
Im deutschen Film wirken die Schauplätze fast wie gefälscht, denn hier steht die Spannung der Story im Vor-

Links: Dekorative Nutzung einer Kulisse: Der Reichstag als Ort des Showdowns in ›Die Spur führt nach Berlin‹ (SDK)

Rechts: Auf der Flucht, aber ertappt – ›Tunnel 28‹ (SDK)

dergrund und legt sich wie ein Schleier über die Trümmer. Wo denn könnte die Geldfälscher-Bande ihr Unwesen treiben, wenn nicht in einem fast zerstörten Haus, dessen Keller zur geheimen Zentrale ausgebaut wurde? Das Genre triumphiert. Produktionen aus der Bundesrepublik zeigen oft diese Nähe zum Genre, sie versuchen, das Thema in Action aufzulösen, um der vermuteten Unverkäuflichkeit des ungeliebten Sujets zu entgehen. Sie befolgen damit eine Strategie, die auch Hollywood in seinen Storys zum Kalten Krieg häufig anwandte.
Die Auflösung in Action ist den Filmen seinerzeit oft vorgehalten worden, da sie sich dem Ernst des Themas damit entzogen hätten. Doch sind diese Filme durch die unterschwelligen Voraussetzungen für ihre Action durchaus politisch, insbesondere die Fluchtgeschichten, die sich um Begründungen nicht scheren mußten: daß jeder aus der DDR fliehen wollte, davon gingen die Filme schlicht aus. »Wäre es nicht ohnehin in einige Dialoge eingearbeitet (man müsse raus aus ›diesem Gefängnis‹, es sei kein Leben möglich ›in einem Käfig‹), so gäben es allein die erzählten Storys preis: Westdeutschland produzierte Gefängnisfilme, Genrekino mit weltpolitischer Bedeutung. So wie jeder Gefangene das Verlangen hat, frei zu sein, unterstellt der Westen den DDR-Bürgern selbstverständlich Gleiches. Der Übertritt nach Westen, weil legal nicht möglich, muß so zur Flucht werden. Aus ihr, die aus Bewegung besteht, wird Kino-Aktion.«[11]
Schon der vielleicht erste bundesdeutsche Film mit einer Fluchtgeschichte handelt von einer Massenflucht. ›Postlagernd Turteltaube‹, 1952 von Gerhard T. Buchholz inszeniert, läßt die Bewohner eines Mietshauses im Osten alle nach dem Westen fliehen. Sie bekommen einen Warnbrief zugeschoben, fühlen sich nun in Gefahr, überwacht; es bleibt nur eines, die Flucht. Dabei handelt es sich um eine gefälschte Warnung, der Hauswart hat sie verschickt, weil er von seiner Schwester aus

dem Westen, die zu Besuch ist, zu hören bekommt, daß jeder, der einen solchen Brief bekommt, fliehen werde – und es nicht glauben will. Der Film ist ein Machwerk, aber Buchholz, der auch zu ›Weg ohne Umkehr‹ (1953, Regie Victor Vicas) das Drehbuch schrieb, formuliert eine Figur, die weiterverwendet wird. Auch in den späteren, nach dem Mauerbau entstandenen Filmen ›Tunnel 28‹ (1962, Regie Robert Siodmak) und ›Durchbruch Lok 234‹ (1963, Regie Frank Wisbar) genügt der Entschluß von einem, damit viele folgen – in den Westen.

Stalin-Allee

Dagegen sind die Filme über das Thema »Republikflucht« redselig, sie müssen argumentieren, um das Dableiben zu propagieren, so daß ihnen Actionmomente ganz fehlen. Im Redeschwall und Begründungszwang dieser Filme zeigt sich die Defensive besonders deutlich. ›Roman einer jungen Ehe‹ (1951, Regie Kurt Maetzig) ist hier der erste Film, auch er findet eine später variierte Formel. Ein junges Schauspielerehepaar macht nach dem Krieg harte Jahre durch in Berlin. Die Teilung, die näher rückt und dann vollzogen wird, sie trennt auch die Liebenden. Denn er will spielen, Kar-

Der »Osten«, aufgebaut im Westen, »nah am Originalschauplatz«: der Agitator und die Bauern in ›Flucht nach Berlin‹ (SDK)

riere machen, wofür er seine Ideale zu opfern bereit ist. Sie wirft ihm das vor, und so scheinen sich die Wege in Richtung Westen und Osten zu trennen. Doch während sie, im FDJ-Hemd, bei der Einweihung eines der Häuser in der Stalin-Allee ein Gedicht auf den Namenspatron der Straße vorträgt, erfährt er im Westen die Schlechtigkeit dieses Systems, daß doch nur auf Militarisierung aus ist. So zerstieben seine falschen Illusionen, während sich ihre Ideen bewähren. Wichtig an diesem, ebenfalls schlechten, Film ist die Koppelung einer Liebesgeschichte mit der Alternative Weggehen oder Dableiben. Wer nämlich »rüber macht«, der läßt eine große Liebe zurück. Meist allerdings kommt es nicht dazu, kann das Schlimmste, nämlich die Trennung, noch einmal abgewendet werden. So geschicht es in Heiner Carows ›Das Leben beginnt‹ (1959), in Maetzigs ›Septemberliebe‹ (1962), in Vogels ›... Und deine Liebe auch‹, in Thiels ›Der Kinnhaken‹ (1962). Der Mauerbau, auch schon die Jahre vorher, bringen eine Häufung dieser Filme, in Ost wie West. Zwischen 1959 und 1964 enstehen mindestens acht Filme mit expliziter Kalter-Kriegs-Thematik in der DDR, sieben in der BRD. Offenbar wurden die Spannungen so stark, daß auch der Film sich nicht länger in dem von Friedrich Luft beklagten Abseits halten mochte.

Brecht

Kaum war er tot, wurde er für den »Staat der Arbeiter und Bauern« vereinnahmt, auch im Film. Daß Hans einen im Grunde guten Charakter hat, trotz zweifelhafter Westkontakte und des Anwerbungsversuches als Spion, signalisiert in Maetzigs ›Septemberliebe‹ (DDR 1960) die schöne Erstausgabe eines Buches von Brecht, das er besitzt und das die geliebte Franka bestaunt. Mag Hans auch etwas dekadent solche Kostbarkeiten sammeln wie Öllampen, daß er Brecht schätzt, erweist: Er steht auf der richtigen Seite. Deswegen kann Franka, die keinerlei Verständnis aufbringen kann für die Ängste, die Hans nun hat, weil er sich ertappt glaubt, ihm auch helfen, indem sie ihn an die Stasi verrät. Sie nämlich, voller Vertrauen zu Hans wie zum Staat, wendet sich an einen Offizier, der wie der nette Stasi-Onkel von nebenan wirkt, um den Geliebten zu retten. Eine ganz unverhohlene Propagierung staatstreuen Verhaltens.

Die Warenwelt des Westens in ›Postlagernd Turteltaube‹ (SDK)

Wer Brecht nicht mag, dem ist dagegen zu mißtrauen. In Carows ›Das Leben beginnt‹ (1969) gilt das für den Westler, den Cousin aus reichem Haus, mit dem die nach Westberlin geflohene Erika nun geht – er steht auf der falschen Seite. Das zeigt sich unter anderem nach einer Aufführung des ›Berliner Ensembles‹. Es gab ›Mutter Courage und ihre Kinder‹, Helene Weigel spielte die Hauptrolle. Er lobt recht blasiert das Können der Schauspieler, geht aber aufs »Inhaltliche« gar nicht ein; das diskreditiert ihn. »Brecht« als Nagelprobe: eine rhetorische Figur aus DDR-Filmen. Eine andere aktiviert Carow auch (und mit ihm tun das fast alle Regisseure, die Teile des »Westens« zeigen): Der Cousin nämlich ist zynisch, reich und verantwortungslos. Immer wieder gibt es diesen Zynismus, gegen den die Moral gestellt wird, den Reichtum, der gegen die Heimeligkeit der kargen Küchen nicht bestehen kann, die Verantwortungslosigkeit, über die Prinzipienfestigkeit triumphiert.

Ku-Damm

Hitchcock war ein Freund ökonomischer Lösungen und so zeigte er von der Schweiz die Alpen, von Holland Windmühlen. Was er wohl im Nachkriegsberlin als Signal für den Schauplatz der Geschichte ausgesucht hätte? Für andere Filmemacher jedenfalls war der Ku-Damm ein solcher Ort; er signalisiert »West-Berlin«. Eine naheliegende Entscheidung, weil die meisten der repräsentativen Bauten ohnehin im Osten lagen und der Rest in Trümmern. Ku-Damm, das heißt die Ruine der Kaiser-Wilhelm-Gedächtniskirche, der Stern über der Stadt und vor allem: Läden. Das Ensemble, mit dem Westberlin in den Filmen annonciert wird, besticht nicht architektonisch, auch nicht durch seine Geschichte; diese »Straße ohne Erinnerung« ist die geschichtsloseste, hatte Siegfried Kracauer schon Anfang der 30er Jahre geschrieben. Es besticht durch die Auslagen, durch die Fülle in den Schaufenstern, nachts durch den Prunk der werbenden Neonlichter. Die Konsum-Meile als Ausweis einer Metropole, nichts könnte besser charakterisieren, wie fragil das Selbstbildnis der Teilstadt sein mußte; anderswo gab es Wahrzeichen, hier Waren-Zeichen.

Auf dem Ku-Damm treffen sich die entgegengesetzten Welten. In ›Der Weg ohne Umkehr‹ von Victor Vicas (1953) schlendert ein russischer Ingenieur über diese Straße. In einer Bar sieht er zu, wie Wolfgang Neuss Kalauer über Russen produziert. Ivan Desny spielt den Ingenieur, und wie er hier mit offenen, staunenden, manchmal auch skeptischen Augen über diesen Boulevard des Westens geht, das bereitet schon seine Umkehr, die Flucht nämlich, vor. Die wird ihm erleichtert, weil man ihm unverblümt zu verstehen gibt, daß der Spaziergang auf dem Ku-Damm überwacht wurde und daß solche Ausflüge nicht gerne gesehen sind. Außerdem stellt er fest, wie ein Arbeitskollege, der ihn anfangs aus einem Mißverständnis für einen Spitzel hielt und sogar töten wollte, unter den unsinnigen Forderungen leidet, die der Ingenieur nicht erfüllen kann, weil das Material nicht taugt. Dessen Sohn ist »von der Dialektik verblendet«, so daß die Eltern fliehen wollen, doch wird der Mann ermordet. Und der ihn am meisten triezte, der war früher bei der Gestapo und ist deswegen für seine neue Rolle prädestiniert – es ist die gleiche geblieben. (Dies ist überhaupt ein verbindender Zug: die Nazis bevölkern in westlichen Filmen die DDR, während in den östlichen Filmen die positiven Protagonisten schon immer Antifaschisten waren, und die Nazis im Westen wirken). Nun ist es Desny ganz klar, ihm bleibt nur die Flucht. Die Freundin geht mit ihm, aber als er sie kurz allein läßt in der Pension, wo sie im Westen untergeschlüpft sind, da holt sie der russische Komissar und entführt sie in den Osten. Die Fahrt zurück (und in den Tod) geht durch das Brandenburger Tor, das vor dem Mauerbau oft als eindringlichstes Symbol der Teilung gezeigt wird.

Anders sieht der Ku-Damm von der DDR her aus. Noch einmal trifft sich das Paar nach der Flucht des Mannes; sie folgt ihm nach West-Berlin, es ist nicht ganz klar, ob es einen Besuch oder ein Bleiben meint. Im Café Kranzler sitzen sie ganz allein im großen Raum, der von Licht überstrahlt wird und so unwirtlich aussieht, daß des Bleibens für sie nicht sein kann: ›Der geteilte Himmel‹ von Konrad Wolf (DDR 1964). Hier heißt es, »man ist auf schreckliche Weise allein«, und die Bilder belegen es.

Die Zeichen, die in den westlichen Filmen die Fülle und den Reichtum bedeuten sollen, werden in den DDR-Filmen umgekehrt. Möglich ist das nur durch die Abstraktion, die aus »wirklichen« Orten unwirtliche macht. Oder durch eine plakative Montage, wie sie Heiner Carow in ›Das Leben beginnt‹ einsetzt, wo er Erikas Verwirrung durch die sinnleeren Reize der westlichen Kultur verdeutlichen will. Im Jazz-Keller tanzen die Jugendlichen wie hypnotisiert und seelenlos, drohende Wirbel bilden sich aus den sonst so verführerischen Neon-Reklamen. Manchmal geht dieser »abstrakte Westen« nicht auf, weil die Fülle der Warenwelt bloß angedeutet werden darf. Und in ›Alaskafüchse‹ (Regie Werner Wallroth, DDR 1964)taucht im vorgeblichen US-Stützpunkt nicht nur Meißner Porzellan auf; selbst die Bewegungen der Schauspieler, die bemüht sind, amerikanische Lässigkeit nachzuahmen, fallen so deutsch-bieder aus wie zu befürchten war.

Avantgarde

In John Brahms ›Vom Himmel gefallen‹ (BRD/USA 1955) gibt es einen running gag über die modernen Gemälde, die an den Wänden der US-Botschaft in einem osteuropäischen Land hängen. Der neu eingetroffene Soldat sieht sie mit Schaudern, kann aber gegenüber Besuchern schon bald die Erläuterungen repetieren. Der Botschaft wird manches in den Garten geworfen, was hinter dem Eisernen Vorhang keinen Platz hat: Manuskripte, auch Partituren – einmal sogar ein Baby. Um die Frage, ob dieser Erdenwurm für die Zivilisation gerettet werden kann oder ausgeliefert werden muß, kreist die Story, die ein frühes (und nicht besonders gelungenes) Beispiel für eine Komödie über den Kalten Krieg ist. Der Feind des Säuglings und des Westens heißt Kovacs; er kommt in die Botschaft, um das Baby zu fordern. Joseph Cotten, der den Botschafter spielt, zeigt ihm eine Partitur, die ein unterdrücktes Genie des Landes in den Garten der Botschaft warf. Kovacs spielt das Stück am Klavier, unwillig, bis er die

Oben: Auf schreckliche Weise allein – die Entfernung zwischen den Liebenden im Westberliner Café Kranzler; ›Der geteilte Himmel‹ (SDK) Unten: Die Dachwohnung, in der die Liebe leben konnte; ›Der geteilte Himmel‹ (SDK)

»Westliche« Interieurs der 50er Jahre, aufgebaut für den DEFA-Film ›Spielbankaffäre‹ (beide SDK)

Abneigung der Amerikaner gegen die modernen Töne bemerkt – dann legt er sich ins Zeug.

Was Brahm hier für einen komischen Effekt nutzt, demaskiert einen aufschlußreichen Schwachpunkt in den Ideologien. Der Westen garantiert die Freiheit der Kunst – bloß mag dort niemand die Moderne. Und die Rechtdenkenden, ob Botschafter oder einfacher Soldat, fühlten sich wohler, würden sie mit ihr nicht behelligt. Ihnen schiene ein Verbot, wie es im unfreien Osten praktiziert wird, nicht besonders bedauerlich. Wie rigide aber die antimodernistische Vorstellung des guten Geschmacks, des gesunden Menschenverstandes ist, zeigt die Unverfrorenheit, mit der einige DEFA-Filme diese Vorurteile bedienen, um ihre Message abzusichern. Maetzigs ›Roman einer jungen Ehe‹ (DDR 1952), ohnehin ein elender Film, zeigt die junge Schauspielerin Agnes, die ein Engagement sucht. Ihr wird eine Rolle in einem Stück Sartres vorgeschlagen; ihr Abscheu – »grünen Gallert« nennt sie das Drama – qualifiziert sie in diesem Film zur Heldin.

Auch Carow weiß die Abwehrhaltung gegen die Moderne zu mobilisieren; in ›Das Leben beginnt‹ findet Erika in ihrem neuen Zimmer in der Dahlemer Villa moderne Gemälde vor, die sie frösteln machen – dem gleichfalls unangenehm berührtem Publikum wird hier bedeutet, für Erika sei nicht jede Hoffnung vergebens. Und in Arthur Pohls ›Spielbankaffäre‹ (1956/57), wo ein vollständiges Inventar in westlichem Design der 50er mit Neon-Bar-Beleuchtung, Mannequins auf Tour an der Adria, Spielbanken und Presse-Intrigen einen wahrlich bunt leuchtenden Westen vorführt, werden die modernen Gemälde an den Wänden der größten Schurken wie selbstverständlich präsentiert, um das Bild der Dekadenz zu vervollständigen.

Blick von außen

Robert Siodmak, Frank Wisbar, John Brahm waren Emigranten, die zurückkehrten in ein geteiltes Land. Ihre Filme haben an der Frontstellung teil, ihr Blick von außen ist keiner, der souverän wirkt. Allenfalls bestimmte Partien in ›Vom Himmel gefallen‹ lassen so etwas ahnen. Sicherlich auch eine Folge seiner komödiantischen Anlage, denn der »Blick von außen«, dem am überzeugendsten eine Überwindung der Frontstellungen gelang, ist eine Komödie: Billy Wilders ›One, two, three‹. Dieser Emigrant scheute die Klischees nicht, im Gegenteil, er ließ fast keines aus. Gerade darin bewährte sich aber sein Witz, daß er keine Figur in der Demolierung der Klischees unbehelligt ließ. Es gab in den beiden deutschen Staaten den Kalten Krieg der Unterhaltung. ›One, two, three‹ ist ein unterhaltsamer Film über den Kalten Krieg.

Anmerkungen

1. Helga Belach - Henny Porten. Der erste deutsche Filmstar, Berlin 1986, S. 146
2. zitiert nach Egon Netenjakob - Ein Leben gegen die Zeit, in: Eva Orbanz, Hans Helmut Prinzler (Hg) - Staudte, Berlin 1991, S. 43. In diesem Aufsatz finden sich noch weitere Pressereaktionen, die 1957 (in ›Christ und Welt‹ wie in der ›Deutsche Zeitung‹), aber auch noch, aus der Feder des Herrn Will Tremper, 1981 böse Ressentiments transportieren.
3. Netenjakob, a. a. O., S. 57f
4. Klaus Kreimeier - Kino und Filmindustrie in der BRD, Kronberg 1973, S. 189
5. ebda, S. 189f
6. Walter Euchner - Unterdrückte Vergangenheitsbewältigung: Motive der Filmpolitik in der Ära Adenauer, in: Gegen Barbarei. Essays Robert M. W. Kempner zu Ehren. Herausgegeben von R. Eisfeld und J. Müller, Frankfurt/Main 1989, S. 350
7. a. a. O., S. 349
8. Reinold E. Thiel - Obrigkeitszensur und Gruppenzensur, in: Filmkritik Nr. 2, 1964, S. 68
9. zitiert nach Rolf Aurich - Geteilter Himmel ohne Sterne, in: Kalter Krieg. 60 Filme aus Ost und West. Herausgegeben von der Stiftung Deutsche Kinemathek, Berlin 1991, S. 31
10. vgl. Dazu Irmgard Wilharm - Die verdeckten Spuren des Kalten Krieges im deutschen Unterhaltungsfilm, in: Magazin 5, Deutsches Historisches Museum, Berlin 1992
11. Rolf Aurich, a. a. O., S. 32
12. Diese Beobachtung machen sowohl Claudia Lenssen wie Oksana Bulgakowa in ihren Aufsätzen in: Kalter Krieg, a. a. O, vgl. S. 135f und 144

Gesamtverzeichnis der Ausstellungsstücke

* Alle Maßangaben Höhe x Breite in cm

Kat. E/1a

Achtet auf den rechten Weg!
Reaktion
Jn's neue Deutschland
Bolschewismus und Untergang
Deutsche demokratische Partei
KW-PROPAGANDA BERLIN-FRIEDENAU.
FÜRSTENWALDER BUCH-u. STEINDRUCKEREI.

Eingang

Vom »rechten« Weg und vom »bösen« Feind

Propaganda, gleich wo und von wem sie betrieben wird, hat immer zwei Adressaten und somit auch unterschiedliche Zwecke und Aufgaben. Zum einen wendet sie sich nach außen, an ein fremdes, der eigenen Gruppe nicht zugehöriges Gegenüber, das sie als Gegner, Konkurrent oder Feind begreift; zum anderen richtet sie sich mindestens ebenso häufig an die zur Gruppe gerechneten Mitbürger, Genossen, Wähler, Steuerzahler und Leute. In beiden Richtungen möchte sie imponieren. So ist sie bemüht, durch Selbstbewußtsein, Entschlossenheit und Stärke zu beeindrucken, um auch da, wo sie auf Zustimmung nicht rechnen kann, zumindest noch Respekt zu fordern oder vielleicht Sympathien zu wecken. Zugleich soll sie aber Verunsicherung erzeugen und Unzufriedenheit schüren, soll Zweifler in ihrer Skepsis bestärken, Unentschiedene auf die eigene Seite ziehen, Miesmacher und Querulanten bloßstellen oder gemeingefährliche Störenfriede entlarven und anprangern.

Propaganda darf sich also nicht damit begnügen, »den Teufel an die Wand zu malen«, sie muß zugleich auch immer »den rechten Weg« weisen und sich dazu viele Gründe ausdenken, warum das verabscheuenswert Falsche gemieden, das verheißungsvoll Richtige aber ausdauernd gesucht werden soll. Dazu bedient sie sich all der Einschüchterungen und Verheißungen, die den Menschen eines Kulturkreises immer schon eingefallen sind, wenn sie Freund und Feind, Gläubige und Ungläubige, Menschen und Untermenschen säuberlich voneinander scheiden wollten. Deshalb kann es nicht verwundern, daß Propaganda stets neuen Wein in alte Schläuche gießt, daß sie sich herkömmlicher Bilder und Metaphern bedient, um je aktuelle Hoffnungen und Befürchtungen mit uralten Glückserwartungen und archaischen Ängsten zu verknüpfen. Da sie wirken will, muß sie so verfahren, denn erst wenn gegenwärtig Erfahrenes und in baldiger Zukunft Erwartetes von unterbewußten Einstellungen erfaßt und überformt wird, gewinnt es jene Qualität von Bedrohlichkeit oder Verlockung, durch die sich menschliches Verhalten beeinflussen läßt.

Die Entscheidung für den »rechten« Weg, ob man nun nach rechts oder nach links die Richtung ändern soll, ist immer noch jener Entschluß, der schon Herkules am Scheidewege zögern ließ. (E/1a, b) Das fratzenhafte Gesicht, das bedrohlich lauernd hinter dem Horizont auftaucht – und das in manchen Versionen gefräßig das Maul aufreißt –, soll sowohl an die Schrecken des Gorgonenhaupts erinnern wie an die des endzeitlichen Höllenschlunds. (E/2a, b) Im Vereinigungsgestus des Handschlags erwachsen dem zur »Partei der Arbeiterklasse« zusammengeschlossenen Proletariat die Kräfte sagenhafter Riesen, so daß es seine zu Winzlingen geschrumpften Widersacher zwischen den Fingern zerdrücken kann. (E/3a, b) Bilder, von denen man sich vor 1933 wie nach 1945 die gleiche Wirkungsmächtigkeit versprach.

»Folgen der Diktatur und Kommandowirtschaft / Marksteine auf dem Wege unserer Wirtschaftspolitik seit 1947«; Wahlplakat der CDU, das die altbekannte Figur des Wegweisers am Scheideweg wieder aufnimmt, um 1953 (BAK)

E/1a (Abb. S. 114)
»Achtet auf den rechten Weg – Deutsche Demokratische Partei«
Plakat der DDP zu den Reichstagswahlen vom 6. Juni 1920
Hg.: KW-Propaganda, Berlin-Friedenau
Gest.: WL (Marke l. u.)
Druck: Fürstenwalder Buch- u. Steindruckerei
Lithographie, 95,5 x 65,3
DHM, Plakatslg.: P 57/93

E/1b (Abb.)
»Wählt Kommunisten!«
Plakat der KPD (Spartakusbund) zur Reichstagswahl vom 6. Juni 1920
Hg.: Kommunistische Partei Deutschlands
Druck: Kommissionsdruck der KPD
Lithographie, 74,7 x 99
DHM, Plakatslg.: P 62/597

E/2a (Abb.)
**»Locarno? –
Wählt deutschnational!«**
Wahlplakat der DNVP zu den Reichstagswahlen vom 20. Mai 1928
Hg.: Deutschnationale Schriftenvertriebsstelle; Berlin SW 11
Gest.: bez. u. r. »Reusch«
Druck: Institut Moser, Berlin W 35
Lithographie, 69,7 x 94
DHM, Plakatslg.: P 59/346

E/2b (Abb.)
**»Alle Wege des Marxismus
führen nach Moskau!
Darum CDU«**
Wahlplakat der CDU zu den Bundestagswahlen 1953
Hg.: Bundesgeschäftsstelle der CDU, Bonn
Druck: Reprodruck, Stuttgart
Offset, 84 x 60
Lg.: Münchner Stadtmuseum, Plakatslg., Nr. A (D) 14.4/28

»Das Sachverständigengutachten und die Eisenbahner«; KPD-Plakat gegen die im Zusammenhang mit dem Dawes-Plan vorgeschlagene Privatisierung der Deutschen Reichsbahn, Juli 1924; ein Beispiel für den ikonographischen Typus des gierig hinter dem Horizont lauernden Gegners (DHM) - vgl. Kat. E/2a+b

E/3a (Abb. S. 118)
»Unser Handschlag – ihr Tod!«
Plakat der KPD mit der Aufforderung zur internationalen Gewerkschaftseinheit, 1925
Hg.: KPD, Sektion der kommunistischen Internationale
Gest.: Griffel (d. i. László Dállos, vermutl. 1896-1943)
Druck: Offsetdruck S. Malz GmbH, Berlin SW 11
Lithographie, 66,7 x 46
DHM, Plakatslg.: P 63/224

E/3b (Abb. S. 119)
**»Unser Handschlag –
Ende der Kriegstreiber.
Fordert gesamtdeutsche Wahlen
für Frieden und Einheit«**
SED-Plakat gegen die Westintegration, Dezember 1951
Hg.: Amt für Information beim Ministerrat der DDR
Gest.: bez. o. r. »Hammann«
Druck: VEB Ratsdruckerei Dresden
Offset, 85,4 x 60,9
DHM, Plakatslg.: P 90/341

Kat. E/3a

Unser Handschlag
ihr Tod!
Einheitlicher Kampf gegen Steuern, Zölle, imperialistische Kriege, durch die internationale Gewerkschaftseinheit!
KOMMUNISTISCHE PARTEI DEUTSCHLANDS
(SEKTION DER KOMMUNISTISCHEN INTERNATIONALE)

Kat. E/3b

UNSER HANDSCHLAG –
ENDE DER KRIEGSTREIBER
US
Fordert
gesamtdeutsche Wahlen
für Frieden und Einheit!
III/9/3 Rotsdruckerei Dresden VEB 4790 1251 800
Afi DDR (21.000)

Kat. 1/6

cette fois jusqu'à
BERLIN

Kat. 1/7

12
Tarantel
SATIRISCHE MONATSSCHRIFT DER DDR
PREIS
unbezahlbar
SEPTEMBER 1951

Raum 1

Zwei Teilstaaten – ein Volk – zwei Führungsmächte

Die Anti-Hitler-Koalition war ein Zweckbündnis zur Niederwerfung der nationalsozialistischen Schreckensherrschaft. Solange der gemeinsame Feind noch nicht bezwungen war, erfüllte es seinen Zweck, doch dann gewannen alte Zweifel und neu bestätigtes Mißtrauen schnell die Oberhand. Während die Kämpfe noch andauerten, hegte Stalin den Verdacht, die Eröffnung einer zweiten Front im Westen sei von seinen Alliierten verzögert worden, um die Sowjetunion zu schwächen. Churchill hätte gern mit den Amerikanern Berlin eingenommen, weil er in jeder Eroberung der Roten Armee einen Machtzuwachs für den expansiven Weltkommunismus sah. Als sich die Einheit der Allianz im gemeinsamen Regiment über die besiegten Deutschen bewähren sollte, war ihre Zerrüttung längst im Gange. Das ›Potsdamer Abkommen‹ geriet trotz rhetorischen Einvernehmens zur Deklaration unterschiedlicher Auffassungen – wurde jedenfalls in der Folgezeit so ausgelegt. Aus Ost wie West wehte bald ein scharfer Wind – dem jeweils anderen ins Gesicht. (1/6-8)

Die mit dem Überleben und Davonkommen beschäftigten Deutschen hatten es zunächst immer nur mit einer der vier Besatzungsmächte zu tun. Die forderten anfangs strikten Gehorsam, doch bald wurden auch wieder Loyalitäten erwartet. Zwar sollten die Unterworfenen in allen Zonen für ihre Verfehlungen büßen, dem Faschismus und Militarismus abschwören sowie künftig alle Revanchegelüste unterdrücken, aber die Lehrbücher, nach denen ihnen Demokratie, freiheitliches Bewußtsein, antifaschistische Wachsamkeit, Friedensliebe und Völkerfreundschaft beigebracht werden sollten, waren nicht aufeinander abgestimmt. So führte die Unvereinbarkeit von Zielen und Methoden schnell zu Abgrenzungen, Bedrohungsängsten und neuen Sicherheitsbedürfnissen.

Die Unterschiede in den Erwartungen und Befürchtungen konkretisierten sich an dem, was man bald schon wieder zu verlieren hatte. Hüben die Freiheit, die vornehmlich eine des Marktes und Konsums, des Unternehmertums, der Aufstiegschancen und des Reisens war; drüben die Gleichheit, die ihre Glücksverheißungen und Sicherheitsgarantien mit Schlagworten wie »Volkseigentum«, »Arbeiter- und Bauern-Fakultät«, »Nationale Front« und »internationale Solidarität« beglaubigte. Aber die Parole »Stalin, das ist der Frieden!« (1/13, 1/15) klang wie Hohn für diejenigen, denen die Berlin-Blokade das Überleben schwer machte. Ihnen war viel einleuchtender, daß General Clay mit den »Rosinenbombern« der US- Airforce die Freiheit verteidigte. (1/2)

Was Vorbild sein sollte, verzerrte sich jenseits von Demarkationslinien zur abstoßenden Vorstellung von Despotie, Profitgier und gewaltätigem Unrecht. Sowjetisches Beharren auf Kriegsentschädigung durch Reparationen wurde auf die Kurzformel gebracht: »Moskau will das Ruhrgebiet für die sowjetische Rüstung«! (1/4) Als der Koreakrieg beiden Seiten den propagandistischen Vorwand lieferte, Angst in Verteidigungsbereitschaft umzumünzen, wurde vor einer »Verschwörung gegen Deutschland« gewarnt. »Stop! Kein deutsches Blut für imperialistische Kriege!« oder »Ein eisernes Kreuz und für die USA-Millionäre sterben« mahnten DDR-Parolen. (1/9, 1/12) Einer – asiatisch schlitzäugigen – Gefahr aus dem Osten hatten die westdeutschen C-Parteien schon zur ersten Bundestagswahl ein entschlossenes »Nein« entgegengesetzt. (1/5)

Das bedrohliche Feindbild mußte mit Hinweisen auf ein lebenswertes Hier und Jetzt umstellt werden. Dabei hatte man es im Westen leichter, weil man auf Erreichtes und Erreichbares verweisen konnte: Coca-Cola und Swing-Musik, Kaugummi und Kofferradio leisteten einen nicht zu unterschätzenden Beitrag zur Westintegration. (1/1, 1/3) Im Osten fand Propaganda kaum Unterstützung im Konsumangebot. Dort blieben ihr nur siegessichere Versprechungen, Verweise auf eine – wer weiß wie ferne – Zukunft: »Von der Sowjetunion lernen heißt siegen lernen«, das verhieß für das Hier und Jetzt zunächst nur Schulung und Autoritätsbindung. (1/14, 1/16, 1/17)

»Ami go home! - Warum die Amis gehen sollen«; Umschlagseite einer DDR-Broschüre aus der Serie ›Die Wahrheit dem Volke‹, Nr. 7, Berlin/DDR (1950)

1/1 (Abb.)
»Mach mal Pause ...«
Werbeplakat für Coca-Cola, 1959
Offset, 179,5 x 84
Lg: Münchner Stadtmuseum, Plakatslg., Nr. D (D) 13.1/11

1/2 **TABLEAU**

1/2a
Archivkopie der Ehrenbürgerurkunde des Landes und der Stadt Berlin für General Lucius D. Clay vom 5. Mai 1962
Buchdruck, ca A3
Lg.: Land Berlin, Protokollabteilung der Senatskanzlei

1/2b
»... um den Krieg zu verhindern – Aufklärer Clay«
SPIEGEL-Titel vom 31. Juli 1948 – aus der Zeit von Berlin-Blockade und »Luftbrücke« – mit einem Photo von General Lucius D. Clay (Farbkopie)
Der Spiegel 2/1948, Nr. 31 vom 31. Juli, Titelseite

1/2c (Abb.)
»Not our boys ... Wir wollen nicht das Kanonenfutter für die amerikanischen Millionäre sein. Wir Deutsche sagen: Nicht unsere Jungens!«
Kleinplakat gegen Wiederbewaffnung und Wehrpflicht, ohne nähere Angaben
Offset, 21 x 29,7
DHM, Plakatslg.: P 86/387

1/2d
Verschiedene antiamerikanische Broschüren zur Europa- und Deutschlandpolitik der USA und zum »aggressiven« Verhalten der amerikanischen Besatzungsmacht in Deutschland
DHM, Bibliothek und Dokumentenslg. sowie Slg. Körner, Hamburg

1/3
»Die Glenn Miller Story«
Filmplakat für den Universal-Film mit James Stewart und June Allyson in den Hauptrollen, 1954
Gest.: Bruno Rehak (bez. M. l. »Rehak«)
Druck: Winterdruck, Heidelberg
Offset, 85,5 x 59,5
Lg.: Münchner Stadtmuseum, Plakatslg., Nr. A (D) 8.8/19

1/4 (Abb. S. 31)
»Moskau will das Ruhrgebiet für die sowjetische Rüstung«
Plakat, um 1952
Hg.: ›Stoßtrupp gegen bolschewistische Zersetzung‹, Fürth in Bayern
Druck: Carl Gerber, München
Lithographie, 84 x 59,5
Lg.: Münchner Stadtmuseum, Plakatslg., Nr. A (D) 14.11/7

1/5 (Abb. S. 61)
»Nein – Darum CDU«
Wahlplakat zur ersten Bundestags-wahl, 1949
Hg.: CDU, verantwortl. Bruno Dörpinghaus
Gest.: bez. o. l. »Drasdo«
Druck: A. Bagel, Düsseldorf
Offset, 59 x 42
DHM, Plakatslg.: 1987/52

1/6 (Abb. S. 120)
»cette fois jusqu' à Berlin«
[Diesmal bis nach Berlin]
Amerikanisches Plakat, Sommer 1944
Hg.: vermutl. United States Poster France
Lithographie, 76 x 102
DHM, Plakatslg.: 1988/998.39

1/7 (Abb. S. 120)
›Tarantel‹ – Satirische Monatsschrift der DDR, Nr.12 vom September 1951
Die Titelkarikatur des im Westen für den illegalen Vertrieb in der DDR produzierten »Satireblattes« zeigt, wie aus Anlaß der Tagung der drei westlichen Außenminister in Washington die Fahnen der vier Siegermächte in verschiedene Richtungen wehen.
24,1 x 17,2
DHM, Dokumentenslg.: 1990/1616.40

1/8
»Mit unsern Fahnen ist der Sieg«
Plakat der NSDAP, um 1949
Hg.: Reichspropagandaleitung der NSDAP
Gest.: bez o. l. »Mjölnir« (d. i. Hans Schweitzer)
Druck: Waldheim-Eberle, Nachf., M. Müller & Sohn, Wien
Lithographie und Offset, 119 x 84,5
DHM, Plakatslg.: 1987/270

1/9 (Abb. S. 17)
»Stop! Kein deutsches Blut für imperialistische Kriege!«
Plakat zur Ächtung der Atombombe, 1950
Gest.: bez. u. r. »Schwartz«
Lithographie und Offset, 82 x 57,5
DHM, Plakatslg.: P 70/484

1/10 (Abb.)
»Erzwingt den Frieden«
Plakat der SED, 1950
Hg.: Amt für Information, Berlin 1950
Gest.: bez. u. r. »René Graetz«
Druck: Ratsdruckerei Dresden
Offset, 82,8 x 57,5
DHM, Plakatslg.: P 60/312

1/11 (Abb.)
»Der amerikanische Hohe Kommissar McCloy am 4. Juli 1950:
›Ich fühle mich in Deutschland wie zu Hause!‹ Deutschland antwortet: ›Ami, go home!‹«
Plakat der SED, August 1950
Hg.: Amt für Information der DDR, Berlin
Gest.: bez. u. r. »Elizabeth Shaw / René Graetz«
Druck: Ratsdruckerei Dresden
Offset, 83 x 58,4
DHM, Plakatslg.: P 61/655

1/12 (Abb. S. 33)
»Verschwörung gegen Deutschland – Ein eisernes Kreuz – und für die USA-Millionäre sterben.«
SED-Plakat, September 1951
Hg: Amt für Information, Dresden
Gest.: bez. o. r. »Hammann«
Druck: VEB Ratsdruckerei Dresden
Lithographie, 85,6 x 61,1
DHM, Plakatslg.: P 61/639

1/13 (Abb.)
»Stalin, das ist der Frieden«
Plakat der SED, 1952
Hg.: Amt für Information der DDR
Gest.: bez. u. r. »Hellmich/Weber, Leipzig«
Druck: VEB Graphische Werkstätten Leipzig
Offset, 83,3 x 58,5
DHM, Plakatslg.: P 71/1474

1/14 (Abb. S. 18)
»Studiert im 2. Schuljahr der FDJ die unschätzbaren Erfahrungen der Sowjetmenschen beim Aufbau des Kommunismus«
Plakat der FDJ, Oktober 1952
Gest.: bez. u. r. »Harald Hellmich«
Druck: VEB Ratsdruckerei Dresden
Offset, 85,2 x 60
DHM, Plakatslg.: 1988/1208.16

Rechts: Sowjetische Propaganda-Postkarte für die Anti-Hitler-Koalition aus der Zeit des Zweiten Weltkriegs (Slg. Stehle)

Seite 124: »Reddition sans conditions«; französische Postkarte zur Erinnerung an die Konferenz von Casablanca, gedruckt in Marokko, datiert 1944 (Slg. Stehle)

1/15 **TABLEAU**

1/15 a
»Das Herz des größten Menschen unserer Epoche, des Genossen J. W. Stalin, hat aufgehört zu schlagen«
Schlagzeile auf der Titelseite von ›Neues Deutschland – Organ des Zentralkomitees der Sozialistischen Einheitspartei Deutschlands‹, 8/Nr. 56, Berlin, Sonnabend, 7. März 1953, Titelseite mit Trauerrand aus Anlaß des Todes von J. W. Stalin,
59 x 42,2 cm
DHM, Dokumentenslg.: Rep. VII F. 175 (13)

1/15 b
Verschiedene Bücher und Broschüren, die zum Ruhme Stalins in der DDR herausgegeben wurden.
DHM, Bibliothek und Dokumentenslg.

1/15 c (Abb., s. a. Abb S. 26)
Acht Ausgaben des im Westen produzierten »Satireblattes« ›Tarantel‹ aus den Jahren 1951 bis 1957 mit Stalin-Karikaturen auf den Titelseiten
Impressum Mai 1951: ›Tarantel – Satirische Monatsschrift der DDR‹ – Preis: unbezahlbar; Freiheitsverlag: Leipzig (Sowjetzone); Chefredakteur

Heinrich Bär. Nachdruck der sowjetisch lizensierten Presse gestattet. Ausweichadresse: Berlin-Charlottenburg 2, Postlagerkarte 076. Ohne Lizenz der sowjetischen Kontrollkommission unter schärfster Verfolgung der NKWD und des SSD.
DHM, Dokumentenslg.

1/16 (Abb.)
»Von den Sowjetmenschen lernen heißt siegen lernen – Bauern! Steigert die Hektarerträge durch Anwendung der sowjetischen Agrarwissenschaft«
Hg.: Amt für Information der DDR unter Verwendung sowjetischer Originalplakate,
Druck: VEB Graphische Werkstätten Leipzig
Offset, 84 x 59
DHM, Plakatslg.: P 61/647

1/17 (Abb. S. 35)
»Von den Sowjetmenschen lernen heißt siegen lernen – Kriegspakt mit Washington bringt Elend und Tod – Freundschaft mit der Sowjetunion Frieden und Brot«
Hg.: Amt für Information der DDR unter Verwendung eines Plakates der SED nach sowjetischer Vorlage (1951)

Druck: Sachsenverlag, Werk Leipzig
Offset, 81,2 x 58,5
DHM, Plakatslg.: P 61/648

1/18 (Abb.)
»Fliegt in die Länder des Friedens«
Plakat der Deutschen Lufthansa (Ost), 1960
Gest.: bez. o. l. »Schultzens«
Offset, 83,7 x 59
DHM, Plakatslg.: P 65/1094

1/19
»Deutschland USA – Deutsche Lufthansa«
Werbeplakat der Deutschen Lufthansa, 1955
Gest.: T. Abeking
Druck: Strittdruck, Frankfurt a. M.
Offset, 101 x 63
Lg: Münchner Stadtmuseum, Plakatslg., Nr. B (D) 17.49/3

1/V1
Tischvitrine mit verschiedenen Kleinschriften und Flugblättern über die Beziehungen der Deutschen zu den Besatzungsmächten und den durch sie vertretenen Weltanschauungen und Wirtschaftsauffassungen
DHM, Bibliothek und Dokumentenslg.

Kat. 2/22

BAUTEN DES FÜNFJAHRPLANES
EISENHÜTTENKOMBINAT OST (EKO)
Aus sowjetischem Erz und polnischer Kohle
wird deutscher Friedensstahl
(Z 502) ZK DER SED 48 13 54 / 52 / D.D.R.
(58) R BARNICK G.M.B.H. BERLIN O 17 (TREUHAND)

Raum 2

Planwirtschaft und Wirtschaftswunder
Volkseigentum konkurriert gegen ›Volkswagen‹

Trümmerräumen, Steineklopfen, Schutt wegschaffen – die mühsame Arbeit der frühen Nachkriegszeit war für die Menschen überall gleich hart. Doch wo die einen vor allem das Dach überm Kopf sichern und die schlimmste Wohnungsnot beseitigen wollten, da sollten die anderen schon etwas darüber hinaus leisten – ihren Beitrag zum »sozialistischen Neuaufbau«. In den vier Besatzungszonen Deutschlands geriet auch das Wirtschaften bald in die Zwänge einer schärfer werdenden Systemkonkurrenz. Die Vertreter der Besatzungsmächte sahen die drängende Notwendigkeit von Wirtschaftseinheit und Währungsreform durchaus, doch hinsichtlich der Ziele und Vorgehensweisen konnten sie den im Alliierten Kontrollrat geforderten Konsens nicht erreichen. Wo die Sowjetunion auf einer Linderung der unermeßlichen Kriegsschäden durch deutsche Reparationen bestand, wollten die USA so schnell wie möglich ein Europa, das seine Rechnungen selbst bezahlen konnte.

Um Druck auszuüben, stoppten die Amerikaner im Mai 1946 Reparationslieferungen aus ihrer Besatzungszone an die UdSSR. Dort hatte man bei Kriegsende vergeblich auf Wiederaufbauhilfe für das zerstörte Land gerechnet; nun wurde auch noch die Wirtschaftshilfe durch Demontagegüter verringert. Dem aus wirtschaftlichen Gründen betriebenen Zusammenschluß von Amerikanischer und Britischer Besatzungszone zur »Bizone« wollte man – trotz wiederholter Einladung – nicht mehr beitreten. Ebenso entschied Stalin gegen eine Teilnahme der Ostblock-Staaten am ERP-Programm. Aufgrund unterschiedlicher Interessen und gegensätzlicher ökonomischer Strategien wurden Hilfsangebote und Fördermaßnahmen der einen Seite auf der anderen als bedrohlich aggressives Expansionsstreben gedeutet und bekämpft. Erfolgversprechend konnten nur Hilfsprogramme sein, die man selbst auflegte und kontrollierte. (2/9-11, 2/19-23)

Im Westen wurde dank Marshall-Plan und ERP, Währungsreform und Marktwirtschaft bald ein Aufschwung erreicht, der mehr ermöglichte als alte Rechnungen zu bezahlen. Die Bindung ökonomischer Kapazitäten durch Indochina- und Korea-Krieg öffnete der westdeutschen Industrie schnell Zugang zu den Weltmärkten. Die Produktion boomte, die ›Deutsche Mark‹ wurde eine sichere, frei konvertierbare Währung, die Löhne stiegen und jeder bekam ein mehr oder weniger großes Stück vom neuen Wohlstand ab. Auch wer noch nicht viel besaß, glaubte fest an das Privateigentum und stimmte mit plakatierten Aufrufen überein, daß die neuen Werte zu schützen seien: die Währung und die Arbeitsplätze ebenso wie Grundbesitz, Eigenheim und der ›Volkswagen‹. (2/4-7, 2/12, 2/16)

Bis Mitte der 50er Jahre hatten die westlichen Volkswirtschaften eine Dynamik gewonnen, mit der sozialistische Planwirtschaft nicht mehr schritthalten konnte. Dennoch versuchte man, vorgeplantes Wirtschaften im Kollektiv als zukunftsträchtig und letztlich überlegen auszugeben. (2/3, 2/11, 2/13, 2/20) Mißerfolge wurden gern mit »feindlicher Subversion« begründet (2/14, 2/17), durch die jedoch der endgültige »Sieg des Sozialismus« allenfalls zu verzögern, nicht aber aufzuhalten sei. Über soviel propagandistisches Selbstvertrauen ließ sich im Westen leicht spotten. (2/15a, b)

Dort wußte man, was man hatte: Konsumangebote triumphierten über Propagandafiktionen. »Drüben« aber, so erfuhr man es aus den Zeitungen wie aus den Aufklärungsbroschüren des Bundesministeriums für Gesamtdeutsche Fragen oder der Bundeszentrale für Heimatdienst, konnten Volkseigene Betriebe, eine kollektive Landwirtschaft und staatlich vorgegebene Produktionsnormen die Versorgungsmängel und Lebensmittelrationierungen nicht beheben. Die »Brüder und Schwestern« brauchten Lebensmittel – und außerdem Nähgarn, Schrauben, Sicherheitsnadeln und dergleichen mehr. So wurde auch Hilfsbereitschaft schließlich noch zum Ausdruck von Überlegenheit: »Dein Päckchen nach drüben!« (2/1, 2/2)

»Die Stullen werden täglich dünner«; Titel einer »Reportage aus Westdeutschland«, die im April 1959 in der FDGB-Zeitung ›Tribüne‹ erschien

2/1
»Lebensmittelhilfe für die Bewohner des sowjetischen Sektors von Berlin und der sowjetischen Besatzungszone ... vom 27. August bis zum 3. Oktober 1953«
Bekanntmachung des Senats von Westberlin, 1953
Schriftplakat, 59 x 83
Lg.: Landesarchiv Berlin, Rep. 240, Acc. 1428 Nr.22

2/2 **TABLEAU**

2/2 a
»Briefe, Päckchen, Pakete nach drüben«
Plakat des ›Büros für gesamtdeutsche Hilfe‹, um 1955
Hg.: ›Büro für gesamtdeutsche Hilfe‹, Bonn
Gest.: bez. u. r. »Westerdorf«
Druck: Waschulewski & Lammerich, Bonn
42 x 30
Lg.: Landesarchiv Berlin, Rep. 240, Acc. 1922, Nr.16

2/2 b (Abb.)
»Helft uns helfen – Deutsches Rotes Kreuz – Sammeltage 1954«
Plakat des DRK Berlin, 1954
Gest.: Hans Lohrer
Druck: Alfa-Druck, Berlin W 35
29,4 x 21,5
Lg.: Landesarchiv Berlin, Rep. 260, Nr. 345 (1)

2/2 c (Abb.)
»Lebensmittel in der Zone knapp. Helft – Helft – Helft durch Päckchen und Pakete«
Plakat, um 1953/54
Gest.: bez. o. l. »Westerdorf«
42 x 29,5
Lg.: Landesarchiv Berlin, Rep. 260, Nr. 740 (1)

2/2 d
»Warnung! Ostbewohner! Man will Euch durch SED-Spitzel über Euren Namen, Heimatort und Reiseweg aushorchen. Schweigt! Gebt außerhalb der Abfertigungsstelle keinerlei Auskünfte.«
Westberliner Plakat, das wahrscheinlich im Zusammenhang mit der Lebensmittelspendenaktion von 1953 gedruckt wurde.
Vertrieb: Berliner Ausstellungen, Abt. Berek, Charlottenburg
Schriftplakat, 30 x 41
Lg.: Landesarchiv Berlin, Rep. 240, Acc. 1596, Nr. 42

2/2 e (Abb. S. 57)
»Die ›Notleidenden‹ holen sich Amipakete ... Schluß mit den Provokationen gegen die Deutsche Demokratische Republik«
Vorder- und Rückseite eines Flugblattes aus Ostberlin, das gegen die westliche Lebensmittelspendenaktion für Bewohner Ostberlins und der DDR polemisiert, 1953
20,8 x 13,8
DHM, Dokumentenslg.: Rep. VIII F. 69 (77)

2/3 (Abb.)
»Zwei Kurse! Das Leben in unserem demokratischen Sektor wird immer mehr das Beispiel für ganz Berlin.«
Plakat der SED, 1953
Gest.: bez. u. r. »WM«
Hg.: Bezirksleitung der SED Groß-Berlin
Druck: Gerhard Picker (Treuhand), Berlin
Lithographie, 58,5 x 83
DHM, Plakatslg.: P 71/676

2/4 **TABLEAU**

2/4 a (Abb. S. 60)
»Laß sie im Westen, dann kriegst Du sie wieder«
Plakat aus Westberlin, 1950
Gest.: bez. u. l. »-C-«
Hg.: Produktion Holste, Berlin W35
42 x 59,2
Lg.: Landesarchiv Berlin, Rep. 240, Acc. 2054, Nr.20

2/4 b
»Westgeld nur für Westware, sonst Arbeitslosigkeit und Wirtschaftskrise«
Handzettel aus Westberlin, um 1950
Gest.: bez. r. o. »WAW«
14,2 x 11,2
Lg.: Landesarchiv Berlin, Rep. 240, Acc. 2054, Nr. 10

2/4 c
»Arbeit – Freiheit – Brot und Lohn nur durch Westberliner Produktion«
Kleinplakat aus Westberlin, 1950
Hg.: Bezirksamt Neukölln
Entw.: bez. u. l. »ALM«
Druck: Max Weser, Neukölln
29,6 x 20,2
Lg.: Landesarchiv Berlin, Rep. 240, Acc. 2054, Nr.13

2/4 d
»Käufer – ich führe keine unerlaubte Ostware! Kaufe Du auch nicht im Osten!«
Schaufenster-Aufkleber in der Form eines Verkehrsschilds aus Westberlin, 1950
21,5 x 21,5
Lg.: Landesarchiv Berlin, Rep. 240, Acc. 2054, Nr. 11

2/4 e
»Wenn Du Deine Freiheit verkaufen willst, dann mußt Du im Ostsektor kaufen!«
Schaufenster-Aufkleber aus Westberlin, 1950
15 x 42
Lg.: Landesarchiv Berlin, Rep. 240, Acc. 2054, Nr.19

2/4 f
»Gefahr für Deine Westmark – Kaufe nur in West-Berlin«
Handzettel mit rückseitigen Erläuterungen der »Anordnung zur Durchführung des Abkommens über den Interzonenhandel 1949/1950 (Frankfurter Abkommen vom 30. Dezember 1949)«, Berlin 1950
Herst.: bez. u. l. »WAW«
Druck: Methne & Bürger, Berlin NW 87
21 x 14,6
Lg.: Landesarchiv Berlin, Rep. 240, Acc. 2054, Nr. 3

2/5
»Einer von 1 Million glücklicher Volkswagenfahrer«
Werbeplakat der Automobilindustrie aus Anlaß der Fertigstellung von 1000000 ›Volkswagen‹, 1955
Gest.: bez. M. l. »Looser«
Siebdruck, 120 x 80
Lg: Münchner Stadtmuseum, Plakatslg., Nr. B (D) 22.1/3

2/6
»Am Scheideweg der Wirtschaft. Unsere Stimme führt zu Arbeit und Aufbau. Wir wählen CSU«
Wahlplakat der CSU, 1946
84 x 59
Lg.: Münchener Stadtarchiv, Plakatslg., F 61/43 (Inv. Nr. 25 874)

2/7 (Abb.)
»Dein Leben in Frieden und Wohlstand – Darum wieder CSU, Liste 1«
Wahlplakat der CSU, 1961
84 x 59
Lg.: Münchener Stadtarchiv, Plakatslg., F 63/62 (Inv. Nr. 25 794)

EUROPE
REYN DIRKSEN
·ALL OUR COLOURS TO THE MAST·

2/8 (Abb.)
»Europe – All our Colours to the Mast«
Plakat aus dem 1950 veranstalteten Plakatwettbewerb des ›European Recovery Program‹, um 1950
Gest.: bez. u. l. »Reyn Dirksen«
Druck: Kühn en Zoon, Rotterdam
Offset, 74,7 x 54,2
DHM, Plakatslg.: 1988/1442.3

2/9 (Abb. S. 20)
»Intereuropäische Zusammenarbeit für bessere Lebensbedingungen«
Plakat aus dem 1950 veranstalteten Plakatwettbewerb des ›European Recovery Program‹, um 1950
Gest.: bez. u. l. »Alfred Lutz«
Druck: Kühn en Zoon, Rotterdam
Lithographie, 74,8 x 54,6
DHM, Plakatslg.: 1988/1442.6

2/10
»Cooperation means Prosperity«
Holländisches Plakat aus dem 1950 veranstalteten Plakatwettbewerb des ›European Recovery Program‹, um 1950
Gest.: bez. u. r. »Louis Emmerick Hollande 5th prize«
Lithographie, 75 x 54,8
DHM, Plakatslg.: 1988/1442.4

2/11 (Abb.)
»Dem Sozialismus gehört die Zukunft – Werktätige Einzelbauern werdet Mitglieder der LPG«
Hg.: Kommission für Agitation und Propaganda bei der Bezirksleitung Halle der SED, 1958
Gest.: bez. M. r. »DEWAG Halle, Dostal«
Lithographie, 83,9 x 59
DHM, Plakatslg.: P 71/768

2/12 **TABLEAU**

2/12a (Abb.)
»Am 17.10. erfährt es Herr von Zitzewitz, das Schloß bleibt auch in Zukunft Volksbesitz«
Wahlplakat der Nationalen Front des demokratischen Deutschland zu den Wahlen zur II. Volkskammer, 1954

»Die Rote Armee kommt als Helfer. Ihre Autos rollen und bringen uns Lebensmittel«; Postkarten-Nachdruck eines 1945 hergestellten Plakats des Antifaschistischen Ausschusses von Chemnitz, hg. v. ›Museum für Deutsche Geschichte‹, Berlin/DDR o. J. (Slg. Stehle)

Hg.: Volkswahlausschuß der Nationalen Front des demokratischen Deutschland
Druck: Druckerei »Thomas Müntzer«, Langensalza
Offset, 55,5 x 41,5
DHM, Plakatslg.: 1989/2694

2/12b (Abb. S. 54)
»CDU schützt vor Enteignung«
CDU-Wahlplakat zur Bundestagswahl 1953
ca 40,5 x 28,5 (Kopie)
Lg.: St. Augustin, Archiv für Christlich-Demokratische Politik, Konrad-Adenauer-Stiftung e. V., X – 001-409

2/13
»LPG Marktproduktion. Golßener Planerfüllung, lieber Bauer, bändigt Strauß und Adenauer!«
Plakat der SED, 1960
Lithographie, 83 x 58
DHM, Plakatslg.: P 64/851

2/14
»Der Feind lauert darauf Arbeiter, daß Du Zeit und Material verschwendest«
Plakat zum ersten Fünfjahrplan der DDR 1951-1955, um 1952
Gest.: bez. M. r. »AL«
Druck: Greif Graphischer Grossbetrieb, Berlin N 54
Offset, 85,4 x 59,1
DHM, Plakatslg.: 1988/1208.6

Proletarier aller Länder, vereinigt euch!

NEUES DEUTSCHLAND

ORGAN DES ZENTRALKOMITEES DER SOZIALISTISCHEN EINHEITSPARTEI DEUTSCHLANDS

DAS PRÄSIDIUM DES PARTEITAGES

Programmatische Rede Walter Ulbrichts auf dem V. Parteitag

Großer Plan des sozialistischen Sieges

Sicherung des Friedens ist Hauptinhalt der Deutschlandpolitik geworden

Ökonomische Hauptaufgabe: DDR muß bis 1961 im Pro-Kopf-Verbrauch an wichtigsten Lebensmitteln und Konsumgütern Westdeutschland erreichen und übertreffen

2/15 **TABLEAU**

2/15 a (Abb.)
**»Programmatische Rede Walter Ulbrichts auf dem V. Parteitag: Großer Plan des sozialistischen Sieges ...
Ökonomische Hauptaufgabe: DDR muß bis 1961 im Pro-Kopf-Verbrauch an wichtigsten Lebensmitteln und Konsumgütern Westdeutschland erreichen und übertreffen.«**
Flugblatt mit Imitation einer Titelseite von ›Neues Deutschland‹ zum V. Parteitag der SED vom 11. Juli 1958; auf der Rückseite ein rot eingerahmtes Photoporträt des lachenden Walter Ulbricht mit dem Text: »1966 – ›Und das haben viele Genossen wirklich geglaubt! Ha – ha – ha!‹«
Anonymes Spottflugblatt von 1966
zweifarbiger Zeitungsdruck, 29,7 x 42
DHM, Dokumentenslg.: Rep. VIII F. 228 (3)

2/15 b (Abb.)
Photographie der Rückseite des Flugblattes (2/15 a)

2/16 (Abb.)
»Arbeiter! Sabotagetrupps bedrohen Dein Werk!
Schütze Deinen Arbeitsplatz. Du bewahrst Deine Familie vor Hunger und Not!!«
Plakat des VFF, um 1950
61 x 43
Lg.: Münchener Stadtarchiv, Plakatslg., F 75/45 (Inv. Nr. 22 161)

2/17
»Packt die Schieber und Schwarzhändler!«
Plakat gegen den Schwarzhandel, um 1948
Hg.: Kriminalamt Dresden
Gest.: bez. o. r. »Kowar«
Offset, 84 x 61
DHM, Plakatslg.: P 60/285

2/18
»Weihnachten 1951 – Reichhaltiges Angebot im Konsum – Das Ergebnis der Arbeit unserer Aktivisten und Werktätigen in Stadt und Land«
Werbeplakat des Konsum der DDR, 1951
Gest.: bez. u. r. »b«
Druck: Konsum-Papierwarenfabrik
Lithographie, 84 x 59
DHM, Plakatslg.: P 59/219

2/19
»Schön wie nie wird unser Berlin! Helft alle mit am Neubau der deutschen Hauptstadt«
Hg.: Amt für Information der DDR, 1952
Druck: VEB Ratsdruckerei Dresden
Offset, 85 x 60
DHM, Plakatslg.: P 71/1460

2/20
»Herrlich liegt die Zukunft vor uns – entfaltet den sozialistischen Wettbewerb«
Hg.: Amt für Information der DDR, November 1952
Gest.: bez. M. l. »Hellmich/Weber«
Druck: Greif Graphischer Grossbetrieb, Berlin
Offset, 83,7 x 59,4
DHM, Plakatslg.: 1989/2703

2/21
»Nationales Aufbauprogramm Berlin: Der Abschluß eines Friedensvertrages bedeutet Nationales Aufbauprogramm in ganz Deutschland«
SED-Plakat zum Wiederaufbau im Rahmen des ersten Fünfjahrplans der DDR 1951-1955
Hg.: ZK der SED, 1952
Gest.: bez. u. r. »ES«
Druck: R. Barnick GmbH (Treuhand), Berlin
Offset, 83,5 x 59
DHM, Plakatslg.: P 71/1457

2/22 (Abb. S. 126)
»Bauten des Fünfjahrplanes – Eisenhüttenkombinat Ost(EKO): Aus sowjetischem Erz und polnischer Kohle wird deutscher Friedensstahl«
Plakat zum ersten Fünfjahrplan der DDR 1951-1955
Hg.: ZK der SED, 1952
Gest.: bez. u. l. »ES«
Druck: R. Barnick GmbH (Treuhand), Berlin
Offset, 84,1 x 59,5
DHM, Plakatslg.: P 72/562

2/23
»Bauten des Fünfjahrplanes – Die Staatsoper in Berlin«
Plakat zum ersten Fünfjahrplan der DDR 1951-1955
Hg.: ZK der SED, Abt. Agiation, 1954
Gest.: bez. u. l. »Werner Maack 1953«
Druck: ›Neues Deutschland‹, Berlin
Offset, 83,6 x 58,8
DHM, Plakatslg.: P 90/342

2/V1
Tischvitrine mit verschiedenen Kleinschriften und Flugblättern über die Landwirtschaft und die Versorgungslage in der DDR sowie zum Systemvergleich DDR/BRD
DHM, Bibliothek und Dokumentenslg.

Kat. 3/21 a
Kat. 3/21 b

Raum 3

Wiederbewaffnung zur »Verteidigung des Friedens«

Das sollte so bald nicht wieder sein, daß Deutsche erneut zur Waffe griffen, um auf irgendwelchen Schlachtfeldern ihr Leben zu lassen. So war – in der unmittelbaren Nachkriegszeit – die allgemeine Stimmung in den vier Besatzungszonen. Einige lehnten Krieg und Kriegsdienst ab, weil sie die Raub- und Mordzüge der Nazis verabscheuten und sich schämten; anderen waren die Schrecken der Niederlage so in die Glieder gefahren, daß sie an künftigen Gemetzeln nicht mehr teilhaben wollten; wieder andere – darunter viele Wehrmachtsangehörige – waren bloß enttäuscht und wollten die Schmach nicht hinnehmen, daß die tapferen Befehlsempfänger der Deutschen Wehrmacht nun als verbrecherische Unmenschen angesehen wurden. »Deutscher Pazifismus« gründete in sehr unterschiedlichen Motivationen, aber es gab ihn, und die meisten, die damals »ohne mich!« sagten, hatten mit Krieg und Militärdienst wohl wirklich nichts mehr im Sinn. Fast schien es, als hätten die Deutschen in der »Schule der Nation« viel gelernt.

Als jedoch, seit Gründung der »Bizone« 1947, die Weichen in Richtung auf zwei deutsche Separatstaaten gestellt wurden, begann man bald darüber nachzudenken, ob denn ein Staat ohne Armee überhaupt ein solcher sein könne. Die Ausbildung von Staatlichkeit war damals für Sieger und Besiegte ein gewichtiges Problem, weil damit Souveränität und Bündnisfähigkeit verknüpft war. Deshalb mußte es nicht immer mit »Kriegstreiberei« und »Revanchismus« zu tun haben, wenn man über einen deutschen Wehr- und Verteidigungsbeitrag nachdachte.

Wenn es um Staatlichkeit ging, achteten deutsche Politiker genau darauf, was sich westlich wie östlich der Elbe in Sachen Militär beobachten ließ. Die im Rahmen der Volkspolizei schon Ende 1946 von der SMAD unter Geheimhaltung begonnene Aufstellung von Grenzpolizei-Einheiten und vor allem die Bildung der ›Kasernierten Volkspolizei‹ im Juli 1948 wurden aufmerksam registriert. Genausowenig wurde übersehen, daß im November 1948 im ›Rheinischen Merkur‹ von (west-)deutschen »Abwehrverbänden« die Rede war und wenig später in der ›Zeit‹ gefragt wurde: »Soll Westdeutschland aufrüsten?«

Die genannten Vorgänge genügten, um in ganz Deutschland eine ausdauernde, vielfältig öffentliche Debatte über Militarismus, Wiederbewaffnung, Abwehrbereitschaft, Verteidigungsbeitrag, Soldatenehre, Friedenspflicht und unbewaffnete Neutralität in Gang zu setzen. Propaganda hatte an diesen Auseinandersetzungen ihren wesentlichen Anteil. Ja, im pro und contra der Remilitarisierungsdiskussionen fand sie für lange Zeit ihr Hauptwirkungsfeld, galt es doch nicht nur, die verbreitete »Ohne mich!«-Haltung zu unterstützen und »Kämpfer für den Frieden« anzuwerben (3/34-36), sondern auch die jeweils selbst betriebene Aufrüstung als notwendig und gerecht hinzustellen, Bündnisverpflichtungen zu begründen und »Wehrwilligkeit« in den rekrutierungsfähigen Jahrgängen zu erzeugen. (3/1-8 und 3/26-31)

Der Korea-Krieg wie die sowjetischen Panzereinsätze zum 17. Juni 1953 und im Ungarn-Aufstand 1956 schürten angstvolle Erinnerungen an den Krieg. Propaganda nutzte die Beunruhigung, um mit Drohgebärden und Sicherheitsversprechen die Aggressivität des Gegners anzuprangern und die Dringlichkeit des Selbstschutzes zu betonen. Als dann seit 1957 über die Ausrüstung der Bundeswehr mit Atomwaffen diskutiert wurde, nahm – insbesondere in der BRD – die Intensität der Auseinandersetzungen noch zu. Dabei präsentierte sich die DDR in zentral gelenkten Kampagnen als kämpferisches Mitglied einer weltweiten Friedensbewegung. In der pluralistischen Bundesrepublik verliefen die Auseinandersetzungen hingegen anders: Dort kam es zu ständigen Konfrontationen zwischen regierungskonformem »staatstragenden« Positionen und einer parlamentarischen wie außerparlamentarischen Opposition. (3/14-16) Die DDR unterstützte solche Gegnerschaften und versuchte sie über kommunistische Verbände und Tarnorganisationen zu beeinflussen. (3/34-36, 3/49)

Seite 137, oben: ›Die Kaserne‹, Magazin für alle gegen den Bonner Barras, erscheint im Verlag ›Ganz offene Worte‹, Bonn – V. Jg./Heft 7; vordere und hintere Umschlagseite einer Zeitschrift, die von der DDR speziell für Angehörige der Bundeswehr produziert wurde (DHM)

3/1
»Ewige Freundschaft – Feste Waffenbrüderschaft«
Plakat für das Militärbündnis des Warschauer Pakts
Gest.: Hanne Hahn
84 x 59
Lg.: Dortmund, Inst. f. Zeitungsforschung, F D1/21

3/2 (Abb.)
»Die Verteidigung der Errungenschaften unserer Republik ist die denkbar gerechteste Sache der Welt – Wilhelm Pieck«
Plakat der SED, August 1952
Hg.: Amt für Information der DDR
Druck: Greif Graphischer Großbetrieb, Werk II, Berlin
Offset, 83,6 x 55,3
DHM, Plakatslg.: P 58/1028

3/3
»1. März – Tag der Nationalen Volksarmee«
Plakat der DDR, 1956
Hg.: Ministerium für Nationale Verteidigung
Offset, 84 x 59,4
DHM, Plakatslg.: 1988/923.1

3/4
»Zehn Jahre Deutsche Volkspolizei – 1. Juli 1955 – Sicherer Schutz unseres demokratischen Aufbaus«
Hg.: ZK der SED, Abt. Agitation, Presse und Rundfunk
Druck: ›Tägliche Rundschau‹, Berlin
Tiefdruck, 84,2 x 65,3
DHM, Plakatslg.: P 71/7090

3/5
»1918 – 1958, 40 Jahre Sowjetarmee«
Plakat zur Feier der Waffenbrüderschaft zwischen NVA und Roter Armee, 1958
Hg.: Verlag des Ministeriums für Nationale Verteidigung
Offset, 62,1 x 86,6
DHM, Plakatslg.: P 58/1034

3/6
**»Kommt zu uns!
Werdet Panzersoldaten der
Nationalen Volksarmee«**
Werbeplakat der NVA, 1957
Hg.: Verlag des Ministeriums für
Nationale Verteidigung
Offset, 83,7 x 59,1
DHM, Plakatslg.: P 58/1037

3/7
**»Kommt zu unseren
Luftstreitkräften – Jugendliche!
Erfüllt Eure patriotische Pflicht
zur Verteidigung unserer
Arbeiter- und Bauern-Macht«**
Werbeplakat der NVA, 1957
Hg.: Verlag des Ministeriums für
Nationale Verteidigung
Offset, 83,6 x 59,2
DHM, Plakatslg.: P 58/1036

3/8
»Was haben wir zu verteidigen«
Plakat zur Stärkung der Wehrbereitschaft in der DDR, 1952
Hg.: Amt für Information der DDR
Druck: VEB Ratsdruckerei Dresden
Lithographie u. Offset, 60,4 x 84,7
DHM, Plakatslg.: P 58/1033

3/9 (Abb.)
**»Er ist bewaffnet –
Wollt Ihr ihn hier haben?«**
Plakat aus einer Serie mit verschiedenen Hintergrundmotiven, um 1952
Gest.: bez. u. l. »Heinz Schwabe«
Offset, 84 x 59,5
Lg.: Münchner Stadtmuseum,
Plakatslg., Nr. A (D) 14.11/16

3/10 (Abb.)
»Vereinte Abwehr«
Plakat für die Aufnahme der Bundesrepublik in die EVG, um 1952
Hg.: Komitee ›Sichert Heimat
und Freiheit‹
Linol, 86 x 61
Lg.: Münchner Stadtmuseum,
Plakatslg., Nr. A (D) 14.11/13

Der Leutnant führt
wie einst im Mai die deutsche Jugend auf die Schlachtbank – wenn wir es zulassen. Das Denken überläßt er prinzipiell den Pferden, weil die größere Köpfe haben. Er handelt nur auf Befehl, auf Befehl der Obersten und Generale, die Generationen Deutsche auf dem Gewissen haben. Auch Dir würde er gern den Stahlhelm verpassen, unter dem die Persönlichkeit aufhört Persönlichkeit zu sein. Die Wahrheit über die Leutnants und

DIE BUNDESWEHR

sagt Euch stets und gerne – „DIE KASERNE“. Sie will verhindern, daß die Leutnants, Obersten und Generale aus Deutschland einen Friedhof machen. Ob in der Näh', ob in der Ferne – ein jeder lese „DIE KASERNE“!

(Diesen Abschnitt umgehend im Briefumschlag einsenden)
An die
Redaktion
„DIE KASERNE“
Werbeabteilung
Bernfried Horst
BERLIN W 9
Schließfach Nr. 40

Name:
Vorname:
Geburtsdatum:
Beruf:
Ort:
Straße:

(Angehörige der Bundeswehr geben bitte Dienstgrad, Truppenteil, Standort und – soweit vorhanden – Privatadresse mit an.)

3/11
**»Weg mit der Sonnenfinsternis
am Rhein!«**
Plakat gegen Wiederbewaffnung und NATO-Zugehörigkeit der Bundesrepublik Deutschland, 1957
Gest.: bez. o. r. »John Heartfield«
Druck: Sächsische Zeitung
Offset, 80,8 x 56
DHM, Plakatslg.: P 58/895

Nie wieder
3. Februar 1945!
Alle Kraft gegen die Pariser Verträge
und gegen den deutschen Militarismus

3/12 (Abb. S. 137)
»Nein«
Plakat der SED gegen die NATO-Mitgliedschaft der BRD, 1957
Hg.: ZK der SED, Abteilung Agitation und Propaganda
Lithographie, 84 x 57,5
DHM, Plakatslg.: P 72/372

3/13 (Abb.)
»Nie wieder 3. Februar 1945! – Alle Kraft gegen die Pariser Verträge und gegen den deutschen Militarismus«
Plakat zur Erinnerung an die Bombardierung Dresdens, 1955
Offset, 117 x 84
DHM, Plakatslg.: P 90/343

3/14 **TABLEAU**

3/14 a
»Rüstet zum Frieden, nicht zum Krieg! Widersteht der Wiederkehr des Furchtbaren! – Vor zwanzig Jahren ...«
Titelseite eines vierseitigen Flugblattes der ›Vereinigten Arbeitsgemeinschaft der Naziverfolgten e. V., Landesverband Hamburg‹; Hamburg, den 1. September 1949
Hg.: verantwortl. Heinz Dahmen, Hamburg
Druck: Thiele & Haag, Neu-Isenburg
29,8 x 21
DHM, Dokumentenslg.: Rep. VIII F. 83 (47)

3/14 b
»Warum Kriegsdienstverweigerung?«
Veranstaltungsplakat der ›Deutschen Friedensgesellschaft‹ und der ›Internationale der Kriegsdienstgegner‹ in Frankfurt a. M., 1954
Hg.: verantwortl. Dr. W. Folkert, Frankfurt a. M.
Schriftplakat, 42 x 29,7
DHM, Plakatslg.: P 71/874

3/14 c (Abb.)
»Albert Schweitzer warnt! Atomwaffen sind ein tödliches Experiment! Darum keine Atomwaffen!«
Kleinplakat des Arbeitsausschusses ›Kampf dem Atomtod‹, 1958
Druck: Graphische Gesellschaft Grunewald GmbH, Berlin-Grunewald
29,5 x 21
DHM, Dokumentenslg.: Rep. VIII F. 90 (10)

3/14 d
»Moment mal Kollege!«
Doppelseitiges Flugblatt aus der Ostermarschbewegung, 1961
Hg.: verantwortl. Ulli Althüsser, Hamburg
Druck: Lahrssen & Co., Hamburg
16,4 x 23,3
DHM, Dokumentenslg.: Rep. VIII F. 90 (19)

3/14 e
»Zerstörtes Leben«
Einladung zur Filmvorführung eines japanischen Dokumentar-Spielfilms an Mitglieder und Freunde der ›Internationale der Kriegsdienstgegner‹ in München; München, November 1958
Hg.: ›Internationale der Kriegsdienstgegner‹, Kreisverband München
gelbes Papier, 13,5 x 21
DHM, Dokumentenslg.: Rep. VIII F. 83 (47)

3/14 f
»So oder so ... Du hast die Wahl«
Vorder- und Rückseite eines doppelseitigen Flugblatts der Gesamtdeutschen Volkspartei (GVP), die 1953 ein Wahlbündnis mit dem ›Bund der Deutschen‹ eingegangen war.
Hg.: verantwortl. Otto Schönfeldt, ›Bund der Deutschen‹, 1953
Offset, 14,5 x 10,4
DHM, Dokumentenslg.: Rep. VIII F. 90 (3)

3/15 (Abb.)
»EVG – Nur die allerdümmsten Kälber ... «
Plakat der Gesamtdeutschen Volkspartei zur Bundestagswahl 1953
Hg.: verantwortl. Hans Bodensteiner, Bonn; Otto Schönfeldt, Düsseldorf
85 x 59
Lg.: Dortmund, Inst. f. Zeitungsforschung, F 47/8

3/16
»Was tust Du, um die Aufrüstung zu verhindern?«
Plakat der von H. Wessel und G. Heinemann gegründeten ›Notgemeinschaft für den Frieden Europas‹, 1952
Hg.: E. Friedrich, Frankfurt a. M.
Druck: Unions-Druckerei u. Verlagsanstalt, Frankfurt a. M.
Schriftplakat, 86 x 61,5
DHM, Plakatslg.: P 71/877

3/17 (Abb. S. 24)
»Die müssen weg – Her mit dem Frieden«
Plakat der SED gegen die Nato und ihre Bonner Befürworter Strauß und Adenauer, 1959
Hg.: ZK der SED, Abt. Agitation u. Propaganda
Gest.: Herbert Schulz, Berlin
Druck: Aufbau-Druckerei Köthen
Lithographie, 84,5 x 40
DHM, Plakatslg.: P 74/262

3/18 (Abb.)
»An der deutschen Einheit werden sie zerschellen!«
Plakat der SED gegen den Atlantikpakt, 1951
Hg.: Amt für Information der DDR
Gest.: bez. u. r. »H. Lehrer« (?)
Druck: Sachsenverlag, Dresden
Lithographie, 84,5 x 59
DHM, Plakatslg.: P 61/656

3/19
»Um Milliarden reicher wird Berlin, wenn alle Truppen heimwärts ziehn.«
Plakat der SED gegen den Viermächtestatus von Berlin, 1952
Hg.: Amt für Information der DDR
Druck: ›Tägliche Rundschau‹, Berlin
Lithographie, 59 x 42
DHM, Plakatslg.: 90/345

3/20 (Abb.)
»Für eine entmilitarisierte Freie Stadt West-Berlin«
Plakat der SED, 1959
Hg.: Bezirksleitung der SED Groß-Berlin, Abt. Agit.-Prop.
Gest.: Arno Fleischer; bez. u. r. »Fleischer«
Druck: ›Neues Deutschland‹, Berlin
Lithographie, 59 x 42
DHM, Plakatslg.: P 74/54

3/21 **TABLEAU**

3/21 a (Abb. S. 134)
»Friedenskämpfer ...? Deutsche Jungen! Die Funktionäre der Stalin-Jugend (FDJ) forderten an Pfingsten: ›Entwickelt Eure militärischen Fähigkeiten! Werdet Scharfschützen! Beherrscht das Fallschirmspringen!‹ Sind das noch Friedenskämpfer ...? ... F seid wachsam!«
Plakat gegen die Militarisierung der FDJ
Hg.: ›»Freiheit« – Aktion der Jugend‹, Bonn
Druck: Illert & Ewald GmbH, Steinheim a. Main
41,8 x 29,5
Lg.: Landesarchiv Berlin, Rep. 260, Nr. 123

3/21 b (Abb. S. 134)
»Flintenweiber – Deutsches Mädchen! Das ist der Weg, den Euch Stalin bestimmt hat. Auf dem IV. Jugendparlament der FDJ in Leipzig mußten die ersten Mädchen als Flintenweiber zum Ruhme Moskaus marschieren. ... F seid wachsam!«
Plakat gegen die Militarisierung der FDJ
Hg.: ›»Freiheit« – Aktion der Jugend‹, Bonn
Druck: Illert & Ewald GmbH, Steinheim a. Main
41,8 x 29,5
Lg.: Landesarchiv Berlin, Rep. 260, Nr. 122

3/22
»Anfang 1935 – Ende 1945. Soll es wieder so werden? Nein! – Wir wählen GVP«
Wahlaufruf für die Gesamtdeutsche Volkspartei, 1953 (?)
86 x 62
Lg.: Bonn, Archiv der Sozialen Demokratie der Friedrich-Ebert-Stiftung

3/23
»Europäische Verteidigungsgemeinschaft – Deutschlandvertrag«
Plaklat der Kampfgruppe gegen Unmenschlichkeit (KgU), um 1954
Hg.: KgU
Gest.: bez. »HH«
84 x 59
Lg.: Landesarchiv Berlin, Rep. 240, Acc. 1866, Nr. 4

3/24 **TABLEAU**

3/24 a
»Laßt das Licht des Friedens scheinen, daß nie eine Mutter mehr ihren Sohn beweint – Deutscher Friedensrat«
Kleinplakat aus der DDR zum Weihnachtsfest 1955
Hg.: Deutscher Friedensrat
Offset und Lithographie, 20 x 59
DHM, Plakatslg.: P 90/344

3/24 b
»Zum dritten Mal? – Schluß mit der Kriegshetze!«
Plakat aus der DDR gegen Militarismus und Wiederbewaffnung, um 1948
Druck: Kongress-Verlag GmbH, Berlin
Offset, 59 x 42
DHM, Plakatslg.: P 73/23

3/25 (Abb.)
»Die EVG bedroht den Frieden«
Plakat der SED, 1954
Hg.: ZK der SED, Abteilung Agitation
Druck: ›Neues Deutschland‹, Werk III, Berlin
Offset, 58,8 x 41,8
DHM, Plakatslg.: P 59/586

3/26
»Seine Kameraden – unsere Verbündeten«
Plakat für die Verteidigungsgemeinschaft der NATO, um 1956
Hg.: Presse- und Informationsamt der Bundesregierung, Bonn
Gest.: Monogramm u. r. »HO«
Druck: Willy F. P. Fehling GmbH, Hannover
Offset, 119 x 83,6
DHM, Plakatslg.: 1990/276

3/27
»Wer allen dient, verdient Vertrauen – 10 Jahre Bundeswehr«
Werbeplakat für die Bundeswehr, [1965]
Gest.: Faltin
119 x 85
Lg.: Dortmund, Inst. f. Zeitungsforschung, F 35/2

3/28
»Unsere Bundeswehr stellt Freiwillige ein«
Werbeplakat der Bundeswehr, Ende der 50er Jahre
Hg.: Deutsche Bundeswehr
Druck: Fotopress, Heidelberg
Offset, 118,7 x 84
DHM, Plakatslg.: 1989/277

3/29
»Bundestreffen Afrika Korps – Düsseldorf 28. bis 30. September 1956: Rommel ruft alle Veteranen aus der nordafrikanischen Wüste.«
Offset, 84,5 x 59
Lg.: Münchner Stadtmuseum, Plakatslg., A (D) 14.19/2

3/30
»Die deutsche Bundeswehr und die NATO bringen Sicherheit für Alle!«
Werbeplakat für die Bundeswehr, [1957]
Hg.: Presse- und Informationsamt der Bundesregierung, Bonn
Gest.: Schwabe
Druck: Lohse, Frankfurt A. M.
84 x 119
Lg.: Dortmund, Inst. f. Zeitungsforschung, F 34/13

Kat. 3/38

3/31
»Das war unser Rommel«
Filmplakat für den Constantin-Film, 1953
Lithographie, 84 x 61,5
Lg.: Münchner Stadtmuseum, Plakatslg., Nr. A (D) 8.5/5

3/32
»Bonner Verfassung – gegen die Einheit Deutschlands! Atlantikpakt – gegen den Frieden!
Darum Weltfriedenskongress in Paris am 20. Apr. 1949 – Die Kumpels des Kombinats Deuben im Friedenskampf voran!!«
Hg.: Zens. d. SMA Zeitz, E – 06196
Gest.: bez. o. r. »Hi«
Lithographie, 84 x 59,4
DHM, Plakatslg.: P 90/311

3/33
»Spendet für das heldenhaft kämpfende koreanische Volk – Korea den Koreanern! Deutschland den Deutschen!«
Plakat des Korea-Hilfsausschusses beim Nationalrat der Nationalen Front des demokratischen Deutschland, 1950
Hg.: Korea-Hilfsausschuß beim Nationalrat der Nationalen Front
Offset, 59 x 83
DHM, Plakatslg.: 1985/98

3/34
»Vereint Euch im Kampf gegen die Kriegsbrandstifter!«
Plakat der SED, 1950
Hg.: Amt für Information der Regierung der DDR
Gest.: nach B. Prorokow ›Ins Meer mit Trumans Panzern‹
Druck: VEB Berliner Druckhaus
Offset, 59,2 x 42
DHM, Plakatslg.: P 73/25

3/35
»Man kann für den Frieden arbeiten, auch ohne die Hände zu rühren. ...«
Plakat des ›Komitees der Kämpfer für den Frieden in Westdeutschland‹ für einen Entlade-Boykott westdeutscher Hafenarbeiter gegenüber Schiffen mit Waffenladungen, um 1951
Offset, 56,5 x 39,9
DHM, Plakatslg.: P 71/883

3/36
»Rüstet zum Treffen der 100 000 jungen Friedenskämpfer in Dortmund am 30. 9. / 1. 10. 1950«
Hg: Komitee junger Friedenskämpfer in Westdeutschland
ca 59 x 41,5 (Kopie)
Lg.: St. Augustin, Archiv für Christlich-Demokratische Politik, Konrad-Adenauer-Stiftung e. V., X – 028-3023

WARTET
NICHT
LÄNGER
DDR
POLEN
BUNDES-
REPUBLIK
CSR
FORDERT
ATOMWAFFENFREIE ZONE

Kat. 3/42

»Agitation und Propaganda«; Schriftenreihe Innere Führung, Reihe: Psychologische Waffen - Heft 1, hg. v. Führungsstab der Bundeswehr, Bonn (2. Aufl.) 1961 (DHM)

3/37
»Nur kontrollierte Abrüstung in Ost und West schafft die Furcht vor dem Atomtod aus der ganzen Welt – Adenauer, Bundeskanzler«
Plakat der Bundesregierung gegen die Forderung nach einseitiger Abrüstung im Westen, um 1957
Hg.: Presse- und Informationsamt der Bundesregierung, Bonn, um 1957
119 x 84
Lg.: Münchener Stadtarchiv, Plakatslg., F 62/38 (Inv. Nr. 25 916)

3/38 (Abb. S. 142)
»Für atomwaffenfreie Zone in Europa!«
Plakat der SED, 1958
Hg.: ZK der SED, Abteilung Agitation und Propaganda
Gest.: bez. o. r. »C. Sauer«
Druck: ›Neues Deutschland‹, Berlin
Offset, 85 x 58,5
DHM, Plakatslg.: P 58/310

3/39 (Abb. S. 63)
»Militarismus ohne Maske – Ausstellung am BHF. Friedrichstr.«
Ausstellungsplakat, 1957
Gest.: bez. r. o. »Wittkugel«
Druck: Betriebsberufsschule ›Otto Grotewohl‹, Leipzig
Offset, 81,7 x 116,2
DHM, Plakatslg.: P 58/686

3/40 (Abb.)
»Willst Du so alt werden wie Adenauer? Halt's wie er – werde nie Soldat. Weg mit seinem Wehrpflichtgesetz! – KPD«
Plakat gegen die Einführung der Wehrpflicht in der BRD
Hg.: Parteivorstand der KPD
Druck: Düsseldruck, Düsseldorf
Offset, 42,3 x 29,6
DHM, Plakatslg.: P 61/1503

3/41
»Schluss damit – darum SPD«
Plakat der SPD zur Bundestagswahl von 1961
119 x 84
Lg.: Münchener Stadtarchiv, Plakatslg., F 18/32 (Inv. Nr. 25 937)

»Freiheit kennt keine Mauer«; Schriftenreihe Innere Führung, Soldatenheft 2/62, hg. v. Führungsstab der Bundeswehr, Bonn 1963 (DHM)

3/42 (Abb. S. 143)
»Wartet nicht länger, fordert atomwaffenfreie Zone«
Antiatom-Plakat zur internationalen Diskussion über den Rapacki-Plan, 1958
Hg.: SED Bezirksleitung Erfurt, Abt. Agitation u. Propaganda
Gest.: bez u. r. »OD«
Druck: Druckerei Fortschritt, Erfurt
Offset, 86 x 57,8
DHM, Plakatslg.: P 73/4390

3/43
»Wer einseitig abrüstet verliert Freiheit und Leben«
Plakat gegen einseitige Abrüstung angesichts sowjetischer Atomrüstung, [1958]
Hg.: ›Arbeitskreis für wirtschaftliche Stabilität und Sicherheit‹ (AWISTA), Brühl
84 x 59
Lg.: Dortmund, Inst. f. Zeitungsforschung, F 55/16

3/44
»Im Geiste Albert Schweitzers – neutral, atomwaffenfrei«
Wahlplakat der Deutschen Friedensunion zur Bundestagswahl 1961
Hg.: DFU Köln; verantwortl. Helmut Hehl
Druck: Lahrssen, Hamburg
85 x 60
Lg.: Dortmund, Inst. f. Zeitungsforschung, F 42/1

3/45
»Keine Raketen, sondern atomwaffenfreie Zone«
Wahlplakat des BdD zur Bundestagswahl 1957
Hg.: Bund der Deutschen, Partei für Einheit, Frieden und Freiheit
Druck: König, Solingen
Offset, 84,5 x 59
Lg.: Münchner Stadtmuseum, Plakatslg., Nr. A (D) 14.3/6

3/46
»Wiedervereinigung ohne Gewalt – doch bald. 1. Mai – Deutscher Gewerkschaftsbund«
Maiplakat des DGB, um 1950
118 x 84
Lg.: Münchener Stadtarchiv, Plakatslg., F 73/80 (Inv. Nr. 23 856)

3/47
»Er stimmte für die kommunistische Volksbefragung – Die kommunistische Friedenspropaganda ist russische Kriegsvorbereitung – Für Frieden und Freiheit mit der SPD«
Hg.: SPD [1951]
83,5 x 59
Lg.: Bonn, Archiv der Sozialen Demokratie der Friedrich-Ebert-Stiftung, 51 A

3/48
»Herunter mit der Maske! Entlarvt die kommunistischen ›Friedens‹-Agenten!«
Hg.: Volksbund für Frieden und Freiheit e.V., Bonn [1951]
60 x 42
Lg.: Bonn, Archiv der Sozialen Demokratie der Friedrich-Ebert-Stiftung, 51 B – A 800 124

3/49
»1. Mai – Gegen Militarismus, Faschismus und imperialistischen Krieg!«
Plakat des FDGB zum 1. Mai 1957
Hg.: Bundesvorstand des FDGB
Gest.: Zimmermann
59 x 41,5
Lg.: Johannes-Sassenbach-Stiftung, Bibliothek und Archiv der Gewerkschaftsbewegung, Berlin, P 34/2

3/V1
Tischvitrine mit verschiedenen Kleinschriften und Flugblättern gegen Wiederbewaffnung und Militarisierung in der BRD
DHM, Bibliothek und Dokumentenslg.

3/V2
Tischvitrine mit verschiedenen Kleinschriften und Flugblättern gegen die Bedrohung durch atomare Rüstung und die Stationierung von Atomwaffen in der BRD
DHM, Bibliothek und Dokumentenslg.

Kat. 4/25

So darf es nicht kommen!
HEINEMANN KRIEGSDIENST-VERWEIGERUNG
HELENE WESSEL NEUTRALITÄT
DR. SCHUHMACHER WER DEN BONNER VERTRÄGEN ZUSTIMMT IST KEIN GUTER DEUTSCHER MEHR!
NIEMÖLLER WIDERSTAND GEGEN BONN
REMER VERKEHRSPOLIZIST FÜR DIE RUSSEN
FRIEDEN UND FREIHEIT
FÜR GANZ DEUTSCHLAND DURCH
DEN BUND FREIER VÖLKER
DAFÜR KÄMPFT DIE
FDP
Verantwortlich: August Martin Euler, Frankfurt/Main, Neue Mainzerstr. 24
Druck: Jllert & Ewald G.m.b.H., Steinheim/Main

Raum 4

»RIAS-Gift«, »Ami-Söldner« und der schreckliche »Iwan« – Mittel und Methoden der Kalten Krieger

Hier geht es um Feindbilder, um die Ängste, die durch sie mobilisiert wurden, wie um die Strategien, mit denen man sie zu entschärfen oder zu überblenden suchte. Da war zunächst die »Frontstadt Berlin«, der »Pfahl im Fleische der DDR«, jenes westliche Glitzerding, mit dem der Beweis für die schon 1946 in Ansätzen entwickelte »Magnettheorie« erbracht werden sollte. Eine in wirtschaftlicher Überlegenheit und freizügigem Warenverkehr gegründete Attraktivität des Westens war für alle sozialistischen Ideologen und Machthaber ein stetes Ärgernis. Insbesondere die DDR mit ihrer – in Berlin sehr durchlässigen – »Westgrenze« mußte deshalb versuchen, die magnetische Anziehungskraft der »kapitalistischen Scheindemokratien« abzuschwächen.
Jahrelang setzten DDR-Propagandisten auf »Geisterbahneffekte«, denen man offenbar zutraute, sie könnten ein mürrisches Staatsvolk auf Dauer mit Gespensterfurcht imprägnieren. In Westberlin drehte sich unermüdlich »Reuters Rummel«; dort tummelten sich die »Ami-Söldner« der Geheimdienste, Spione und Saboteure, die – mit »RIAS-Gift« vollgesogen – skrupellos darauf aus waren, den Aufbau des Sozialismus in der DDR zu stören. (4/1-4) Um ihre »verbrecherischen Ziele« zu erreichen, war denen jedes Mittel der »Diversion und Sabotage« recht. (4/11-15, 4/21-23)
Selbstverständlich gab es in Westberlin und Westdeutschland Organisationen, die mit solchen Mitteln arbeiten, und ebenso selbstverständlich versuchte die DDR durch Dokumentationen und Strafprozesse auf tatsächlich betriebene Infiltration und Subversion hinzuweisen. Es blieb aber für sie immer schwierig, den glaubwürdigen Nachweis für feindliche Einmischung zu erbringen. War es nicht viel wahrscheinlicher, daß schlechte Erfahrungen im sozialistischen Alltag die Menschen veranlaßte, den RIAS zu hören, lustlos zu arbeiten und dem »sozialistischen Vaterland« bei jeder sich bietenden Gelegenheit den Rücken zu kehren? Doch wer aus Gründen des Machterhalts solche Fragen nicht zulassen konnte, der mußte um so heftiger Propaganda betreiben, um – in stupider Wiederholung – die Mängel im eigenen System als Folge von Provokationen und Aggressionen des »Klassenfeindes« auszugeben. (4/11, 4/21, 4/23, 4/13-15, 4/17)
Den Propagandisten im Westen fiel es leichter, ihre Behauptungen und Schreckbilder mit Glaubwürdigkeit zu unterfüttern. Erzählungen von Kriegsheimkehrern und Flüchtlingen über Verschleppungen, Vergewaltigungen, unrechtmäßige Willkürakte sowie miserable Haft- und Lagerbedingungen verlängerten nicht nur das unterbewußte Fortwirken antibolschewistischer NS-Propaganda (4/31, 4/34, 4/35), sie lieferten auch – da der Flüchtlingsstrom nicht abriß – immer wieder neue Bestätigungen für tatsächlich vorhandene Brutalität und Rechtlosigkeit im »kommunistischen Paradies« und »Zuchthaus Russsland«. (4/16, 4/27-30, 4/37) Das Feindbild vom schrecklichen »Iwan« und seinen willfährigen Marionetten verfestigte sich dann noch mehr, als Unterdrückung sich auf militärische Gewalt stützen mußte: im Juni 1953 in der DDR und Ostberlin, 1956 bei den Bergarbeiterstreiks in Polen und beim Ungarnaufstand, 1961 während der Abriegelung Ostberlins durch den Bau eines »antifaschistischen Schutzwalls«. (4/16-21, 5/14-17)
Der propagandistische Einsatz von »Folterknechten« (4/30, 4/37), »Knochenmännern« (4/5, 4/6, 4/10, 4/27), »Schlangen des Bösen« (5/9), »asiatischen Barbaren« (4/31-36), »Rattenfängern« (4/12, 4/39) und »Monsterinsekten« (4/7) war vermutlich dann am wirkungsvollsten, wenn solche Schreckgestalten zu symbolischen Personifikationen von erlebten Schrecknissen und wirklich vorhandenen Ängsten werden konnten. Die aus der DDR gegen die Bundesrepublik gerichtete Propaganda hatte jedoch trotz der dort anzutreffenden Unzufriedenheiten und Oppositionen einen schweren Stand. Der antikommunistische Konsens erwies sich als so stabil, daß sich dagegen auch mit größtem Aufwand kaum etwas bewirken ließ.

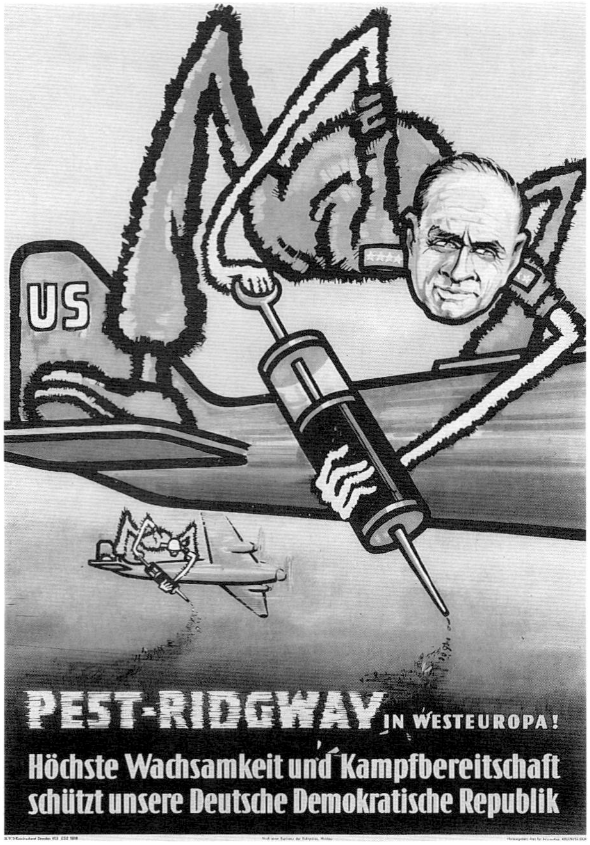

4/1
»Berliner! Vereinigt euch in der Aktionseinheit der Arbeiterklasse zum Kampf gegen Reuters Rummel in Westberlin, gegen Not, Elend und Remilitarisierung!«
Plakat der SED gegen »Frontstadt« und »raumennest« Westberlin
Hg.: ZK der SED, Abteilung Agitation und Amt für Information der DDR, 1950
Gest.: bez. u. r. » Hinze«
Lithographie, 83 x 59
DHM, Plakatslg.: P 59/583

4/2 (Abb. S. 78)
»Die Wahrheit über Amerika«
Werbeplakat für eine Sendereihe des Deutschlandsenders (1949)
Gest.: bez. u. r. »B.«
Lithographie, 58,2 x 84
DHM, Plakatslg.: P 90/346

4/3 (Abb. S. 81)
»Du willst kein Ami-Söldner sein, drum schalte nicht den RIAS ein!«
Plakat der SED gegen das Abhören von westlichen Rundfunksendungen in der DDR, 1952
Hg.: ZK der SED
Gest.: Alfred Beier-Red;
bez. o. r. »Red«
Druck: VEB Ratsdruckerei Dresden
Offset, 60 x 85
DHM, Plakatslg.: P 86/611

4/4 (Abb. S. 71)
»Vorsicht RIAS-Gift«
Hg.: Amt für Information der DDR, August 1952
Gest.: bez. u. r. »Goralczyk«
Druck: Greif Graphischer Großbetrieb, Werk 3, Berlin
Offset, 88,8 x 58,8
DHM, Plakatslg.: P 90/347

4/5
»Erst dann wird Frieden sein!«
Plakat der SED gegen NATO und Atomrüstung, 1960
Hg.: SED-Bezirksleitung Groß-Berlin, Abt. Propaganda und Agitation
Gest.: bez. o. l. »DEWAG Berlin 60/Ruwe«
Druck: ›Neues Deutschland‹, Berlin
Offset, 58 x 40,7
DHM, Plakatslg.: P 65/204

4/6
»Fort mit Adenauers Wehrgesetz!«
Plakat der SED gegen die Aufnahme der Bundesrepublik in die EVG, 1954
Hg.: ZK der SED, Abt. Agitation
Gest.: bez. u. r.
»E. Klutschewskaja« (?)
Druck: ›Tägliche Rundschau‹, Berlin
Offset und Lithographie, 83,5 x 59
DHM, Plakatslg.: P 59/587

4/7 (Abb.)
»Pest-Ridgway in Westeuropa! Höchste Wachsamkeit und Kampfbereitschaft schützt unsere Deutsche Demokratische Republik«
Antiamerikanisches Plakat nach einer Karikatur der Kukryniksy, Moskau
Hg.: Amt für Information der DDR, 1952
Druck: VEB Ratsdruckerei Dresden
Offset, 83,7 x 58,9
DHM, Plakatslg.: P 61/659

4/8 (Abb.)
»Wer arbeitet gegen den Völkermord?«
Plakat der SPD von 1924
Gest.: Karl Geiss, bez. u. l.
»C. Geiss 24«
Druck: R. Schumann, München
113 x 82
Lg.: Münchener Stadtarchiv, Plakatslg.: F 13/65 (Inv. Nr.1609)

4/9 (Abb.)
»Fordert: Verbot der Atomwaffen!«
Plakat gegen die Atomrüstung, 1955
Hg.: Deutscher Friedensrat, Berlin
Gest.: bez. u. r. »John Heartfield«
Offset, 82 x 57,5
DHM, Plakatslg.: P 71/534

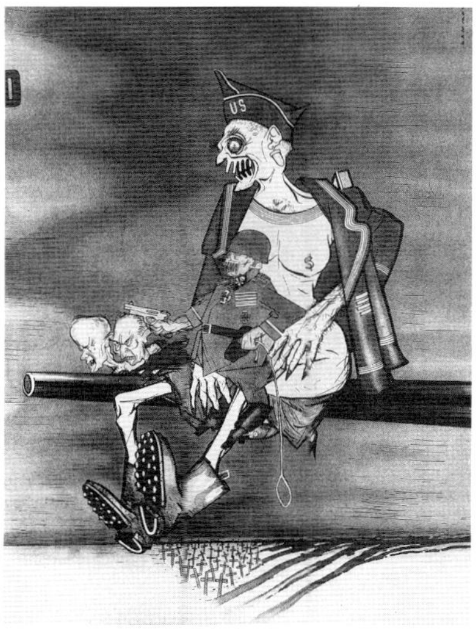

4/10 (Abb.)
»Verschwörung gegen Deutschland – Hinweg mit dem Adenauer-Klüngel! Hinaus mit den USA-Kriegstreibern!«
Plakat gegen die Aufnahme der Bundesrepublik in ein atlantisches Bündnis, September 1951
Hg.: Amt für Information der Regierung der DDR, Berlin
Gest.: bez. o. r. »Hammann«
Druck: Ratsdruckerei Dresden VEB
Doppelbogen-Version, rechte Hälfte: Offset, 85,1 x 60,2
DHM, Plakatslg.: P 61/661,2

4/11 (Abb.)
»Ami-Käfer sollen unsere Ernte vernichten. Sie bedrohen damit auch Deine Lebensgrundlage! – Kampf für den Frieden!«
Antiamerikanisches Plakat gegen die vermeintliche Verbreitung von Pflanzenschädlingen in der DDR während der Zeit des ersten Deutschlandtreffens der FDJ in Berlin, Pfingsten 1950
Hg.: Amt für Information der Landesregierung Thüringen
Druck: Thüringer Volksverlag, Erfurt
Lithographie, 56 x 41,3
DHM, Plakatslg.: P 61/646

4/12
Bundeskanzler Adenauer als Rattenfänger
Plakat der SED gegen die Abwerbung von Fachkräften durch die BRD, um 1956
Gest.: bez. u. r. »Karl Thewalt«
Druck: ›Tägliche Rundschau‹, Berlin
Lithographie, 83 x 58,5
DHM, Plakatslg.: P 85/304

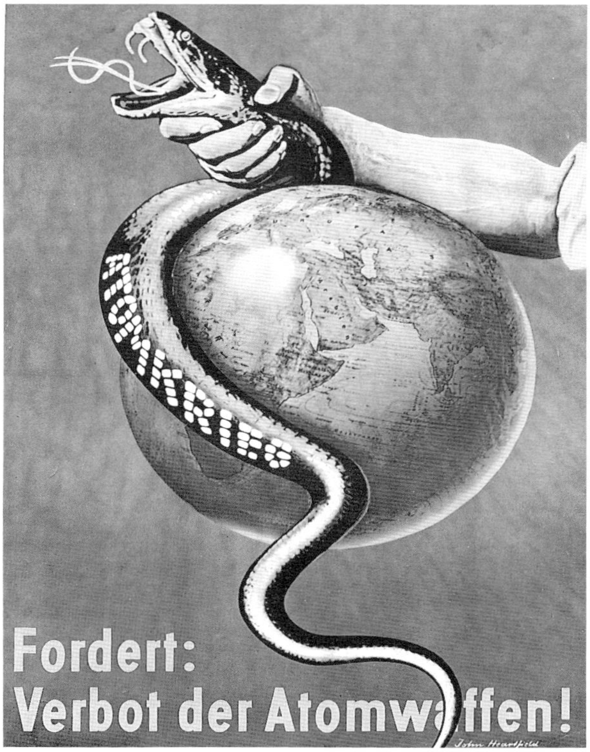

4/13
»Wie ein Dieb in der Nacht – so verläßt er sein Vaterhaus – die Deutsche Demokratische Republik«
Plakat der SED gegen Abwerbung und Republikflucht von Akademikern und Facharbeitern, 1958
Hg.: ZK der SED, Abteilung Agitation und Propaganda
Gest.: bez. o. l. »Kuhn-Raum 57.«, bez. u. r. »dewag-rostock«
Lithographie, 41,8 x 28
DHM, Plakatslg.: P 77/306

Unten: »Das geht jeden an!«; Broschüre gegen die EVG, hg. v. ZK der SED, Abt. Agitation, um 1954 (DHM) - vgl. Kat. 4/6

4/14 (Abb. S. 150)
»Republikflucht«
Plakat der SED, 1958
Hg.: ZK der SED, Abteilung Agitation und Propaganda
Gest.: bez. u. l. »dewag-rostock«
Lithographie, 84 x 55
DHM, Plakatslg.: P 71/2097

Links oben: Kat. 4/14

Links unten: »17. Juni 1953 - Mitteldeutscher Volksaufstand: Schluß mit der kommunistischen Ausbeutung und Unterdrückung«; Postkarte zum ›Tag der deutschen Einheit‹, Stuttgart o. J. (Slg. Stehle)

Rechts unten: Titelkarikatur einer Sondernummer der ›Tarantel‹ zum ›Tag der Deutschen Einheit‹ (DHM)

4/15
»So ging er... und so endete er«
Plakat der SED gegen die Abwerbung von Fachkräften, auf dem das Schicksal eines in den »goldenen Westen« übergewechselten Maurers geschildert wird, 1958
Hg.: ZK der SED, Abteilung Agitation und Propaganda
Tiefdruck, 84 x 59,5
DHM, Plakatslg.: P 90/348

4/16 (Abb. S. 45)
»4000 flohen übers Wochenende«
Werbeplakat der ›Berliner Morgenpost‹ vom 18. Juni 1961
Schriftplakat, 53,5 x 37,5
Lg.: Bonn, Haus der Geschichte

4/17
»Spionage-Lemmer trieb ihn in den Tod!«
Plakat der SED gegen die Abwerbung von Wissenschaftlern durch die BRD, 1958
Hg.: ZK der SED, Abteilung Agitation und Propaganda
Gest.: bez. M. r. »Sauer«
Tiefdruck, 84 x 58,5
DHM, Plakatslg.: P 86/590

4/18
»17. Juni – Unteilbares Deutschland«
Plakat des ›Kuratorium Unteilbares Deutschland‹ zum ›Tag der deutschen Einheit‹
42 x 29,5
Lg.: Landesarchiv Berlin, Rep. 240, Acc. 1922, Nr. 9

4/19
»18 Millionen Deutsche riefen die Welt! Volksaufstand am 17. Juni 1953 für Menschenwürde und Freiheit«
Gest.: Adolf Westerdorf
Druck: Grafa-Krupp, Essen
Offset, 42 x 60
Lg.: Bonn, Archiv der Sozialen Demokratie der Friedrich-Ebert-Stiftung, 53 G

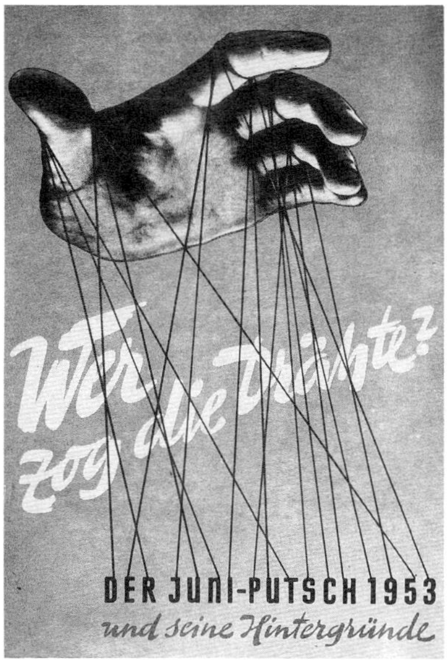

4/20
»Der Volksaufstand vom 17. Juni 1953 in der Sowjetischen Besatzungszone und in Ostberlin.«
Kartographische Darstellung im Maßstab 1:500.000, 1953
Hg.: Bundesministerium für Gesamtdeutsche Fragen, Bonn
116 x 83
Lg.: Landesarchiv Berlin, Rep. 240, Acc. 1307

4/21 **TABLEAU**

4/21 a
»Über die Lage und die unmittelbaren Aufgaben der Partei«
Extraausgabe von ›Neues Deutschland‹ vom 22. Juni 1953 mit der Erklärung des ZK der SED zu den Ereignissen vom 16./17. Juni
59 x 42,2
DHM, Dokumentenslg.: Rep. VIII. F 25a (71) DG 86

4/21 b
**»Der Tag X,
Der Zusammenbruch der faschistischen Kriegsprovokation des 17.Juni 1953«**
Broschüre, hg. v. Nationalrat der Nationalen Front des demokratischen Deutschland, Berlin/DDR 1953
29,6 x 20,6
DHM, Dokumentenslg.: o. Sign.

4/21 c (Abb.)
**»Wer zog die Drähte?
Der Juni-Putsch 1953 und seine Hintergründe«**
Broschüre, hg. v. Ausschuß für Deutsche Einheit, Berlin 1954
20,5 x 14,3 (vergrößerte Farbkopie)
DHM, Dokumentenslg.: o. Sign.

4/21 d (Abb. S. 82)
»RIAS-Agent als Brandstifter gefaßt!«
Doppelseitiges Werbeflugblatt für Wachsamkeit und Einhaltung der Brandschutzbestimmungen in Betrieben der DDR
Hg.: Präsidium der Volkspolizei Berlin, Abteilung Feuerwehr
Offset, 29,7 x 21,2
DHM, Dokumentenslg.: Rep. VIII, F. 82 (65)

4/22
»Unsere Partei und Regierung verteidigen den Frieden«
Wandzeitung der SED zur Bekräftigung der These, daß am 17. Juni 1953 ein faschistischer Putsch in der DDR versucht worden sei, 1953
Hg.: ZK der SED, Abteilung Agitation
Druck: Greif Graphischer Groß-Betrieb, Berlin
Lithographie und Offset, 59,3 x 84,2
DHM, Plakatslg.: P 63/1663

4/23
»Das ist der Arbeiter Adolf Werner, Turmdrehkranführer in der Stalinallee ... und das ist der bezahlte Westberliner Provokateur Werner Kalkowski«
Plakat zur Beweisführung, daß westliche Provokationen die Unruhen am 17. Juni 53 ausgelöst hätten
Hg.: ZK der SED, 1953
Offset, 84 x 59,2
DHM, Plakatslg.: P 63/1662

4/24 (Abb.)
»So hilft uns die Sowjetunion, den neuen Kurs zu verwirklichen«
Plakat zur Bekanntgabe von Wirtschaftshilfen für die DDR, die in Reaktion auf den 17. Juni 1953 von der Sowjetunion gewährt wurden, 1953
Gest.: bez. u. l. »WTK. DEWAG. Halle/j Nr. 176«
Offset, 86,2 x 60,3
DHM, Plakatslg.: P 65/1581

4/25 (Abb. S. 146)
»So darf es nicht kommen! Frieden und Freiheit für ganz Deutschland durch den Bund freier Völker«
Wahlplakat der FDP, um 1952/53
Druck: Iller & Ewert GmbH, Steinheim/Main
84 x 59
Lg.: Bonn, Archiv der Sozialen Demokratie der Friedrich-Ebert-Stiftung

4/26
»Zehn Jahre Deutsche Not«
Wandzeitung aus der Serie ›Das Bild der Zeit – Aktuelles aus der Sowjetzone‹
Hg.: Presse- und Informationsstelle Berlin des Bundesministeriums für Gesamtdeutsche Fragen
41,8 x 58
Lg.: Landesarchiv Berlin, Rep. 240, Acc. 2054, Nr. 96

4/27 (Abb. S. 39)
»Stalins Opfer mahnen«
Plakat mit der Darstellung von Zuchthäusern und Lagern für politische Gefangene auf dem Gebiet der DDR, um 1952
Hg.: ›Befreiungskomitee für die Opfer totalitärer Willkür‹, Frankfurt a. M.
Lithographie, 83,5 x 59,5
DHM, Plakatslg.: 1990/1321

4/28
»Im ›Paradies‹«
Wandzeitung der SPD [1951]
Hg.: Vorstand der SPD
61 x 86
Lg.: Bonn, Archiv der Sozialen Demokratie der Friedrich-Ebert-Stiftung

4/29 (Abb.)
»Mitten in Deutschland ... Mitten im Frieden ... Volkspolizei vertreibt im Grenzbereich der Sowjetzone ungezählte Familien von Haus und Hof.«
Plakat mit Spendenaufruf für die bei Einrichtung einer »Sperrzone« zwangsumgesiedelten DDR-Bürger, um 1952
Hg.: ›»Freiheit« – Aktion der Jugend‹, Bundestelle Bonn
Druck: Reprodruck GmbH, Stuttgart
ca 42 x 27,5 (Kopie)
Lg.: St. Augustin, Archiv für Christlich-Demokratische Politik, Konrad-Adenauer-Stiftung e. V., X – 028-3018

4/30 (Abb. S. 15)
»Zuchthaus Russland!«
Plakat der Kriegsgefangenenhilfe der SPD in Hannover
Hg.: Vorstand der SPD [1948/49]
Druck: Th. Schäfer
60,5 x 82
Lg.: Bonn, Archiv der Sozialen Demokratie der Friedrich-Ebert-Stiftung

4/31 (Abb.)
»Bravo Herr von Papen! Nur weiter so, mit Notverordnungen, Lohn- und Rentenkürzungen und Beseitigung des Tarifrechtes. Sie geben uns Kommunisten die letzte Chance.«
Plakat der NSDAP zu den Reichstagswahlen am 7. November 1932
Hg.: Heinz Franke, München
Gest.: bez. o. r. »Felix Albrecht«
Druck: Franz Lück, Berlin
Offset, 86 x 63
DHM, Plakatslg.: P 64/248

4/32 (Abb. S. 52)
»... ohne mich – Frau komm ... Das ist das Ende vom Liede, wenn man den Pieck, Grotewohl, Dorls, Gereke, Remer und Genossen folgt«
Plakat des VFF [1952]
59 x 40
Lg.: Bonn, Archiv der Sozialen Demokratie der Friedrich-Ebert-Stiftung

4/33 (Abb.)
»Lass' die Finger davon - SPD-Volksbefragung – Keine Unterschrift! Sonst freut sich der Iwan!«
Plakat der CDU gegen die 1958 von der SPD geplante Volksbefragung zur Atomrüstung, 1958
ca 40,5 x 28 (Kopie)
Lg.: St. Augustin, Archiv für Christlich-Demokratische Politik, Konrad-Adenauer-Stiftung e. V., X – 031-742

4/34
»Bolschewismus bringt Krieg, Arbeitslosigkeit und Hungersnot«
Plakat der Vereinigung zur Bekämpfung des Bolschewismus, Berlin W.9, Schellingstr. 2, 1918/19
Gest.: Julius Ussy Engelhard (1883-1964); bez. M. l.: »J. U. Engelhard. 18.«
Druck: Kunstanstalt O. Consée, München
Lithographie in zwei Teilen (zusammenhängend aufgezogen), 123,5 x 90,5
DHM, Plakatslg.: P 62/997

4/35 (Abb.)
»Die große Antibolschewistische Ausstellung 1937«
Ausstellungsplakat der Reichspropagandaleitung der NSDAP, Nürnberg, 5. bis 26. September 1937
Gest.: bez. u. r. »Herbert Agricola, München«
Druck: Buch- u. Verlagsdruckerei H. Heenemann, Berlin
Lithographie, 86 x 60
DHM, Plakatslg.: 1991/2173

4/36 (Abb.)
»Verrat bringt Tod – Wißt ihr, daß westdeutsche Schieber kriegswichtige Güter für Stalins Rüstung liefern? Achtet auf jeden verdächtigen Fall ...«
Plakat des VFF, um 1950
83 x 59
Lg.: Münchener Stadtarchiv, Plakatslg.: F 75/53 (Inv. Nr. 22 169)

4/37 (Abb.)
»Befreiungskomitee für die Opfer totalitärer Willkür«
Antisowjetisches Plakat, um 1952
Gest.: bez. u. l. »Peters«
Druck: Kunst- u. Werbedruck, Frankfurt a. M.
Offset, 84 x 60
Lg.: Münchner Stadtmuseum, Plakatslg., Nr. A (D) 14.11/4

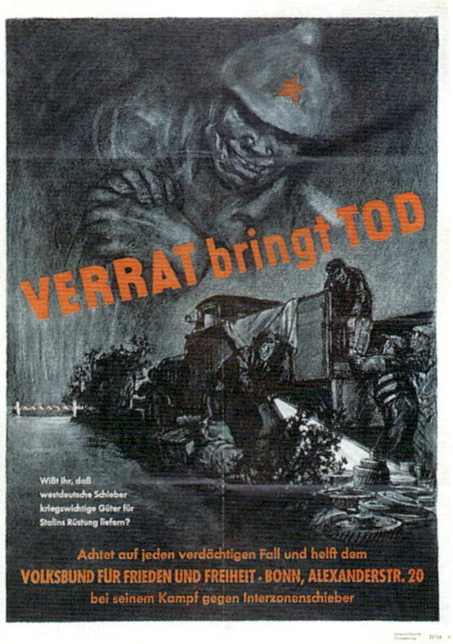

»Dunkle Geschäfte über die Grenze«; Umschlagseite einer Broschüre gegen illegale Geschäfte im Interzonenhandel, hg. v. VFF, um 1951 (Slg. Körner)

4/38
»Die Jugend im Westen ... ins Massengrab«
Teil eines Doppelplakats der DDR, 1950 (s. 4/41)
Hg.: Amt für Information der DDR
Druck: Ratsdruckerei Dresden
Offset, 81,2 x 57,5
DHM, Plakatslg.: P 59/276

4/39 (Abb.)
»›Stalins Aufgebot‹ – Weltjugendfestspiele Sowjetsektor Berlin«
Hg.: »›Freiheit‹ – Aktion der Jugend‹, Bonn, 1951
ca 83,5 x 59 (Kopie)
Lg.: St. Augustin, Archiv für Christlich-Demokratische Politik, Konrad-Adenauer-Stiftung e. V., X – 028-3013

4/40 (Abb. S. 65)
»Helft diesen Müttern! In Westdeutschland eingekerkert, weil sie Kindern frohe Ferien in der DDR ermöglichten«
Plakat ohne Angaben, das vermutlich von Mitgliedern kommunistischer Organisationen in Westdeutschland verbreitet wurde, wahrscheinlich 1963.
Tiefdruck, 85 x 59
DHM, Plakatslg.: P 63/578

4/41
»Die Jugend der Deutschen Demokratischen Republik – Ein Baumeister des neuen Staates«
Teil eines Doppelplakats der DDR, 1950 (s. 4/38)
Hg.: Amt für Information der DDR
Druck: Ratsdruckerei Dresden
Offset, 81,4 x 57,1
DHM, Plakatslg.: P 59/279

BEFREIUNGSKOMITEE FÜR DIE OPFER TOTALITÄRER WILLKÜR

4/42
»Für eine glückliche Zukunft unserer Kinder! – Kämpft für den Friedensvertrag – Wählt am 27. April die Kandidaten der Nationalen Front des demokratischen Deutschland.«
Wahlplakat der Nationalen Front, 1952
Hg.: Amt für Information des Landes Sachsen
Gest.: bez. o. l. »Zi. 52 / Fotos: Höhne-Pohl«
Druck: Ratsdruckerei Dresden
Tiefdruck, 42,5 x 30
DHM, Plakatslg.: 1988/1209.14

4/43
»Schreibe auch Du! Dein Brief nach Westdeutschland – ein Beitrag im Kampf um Verständigung, Einheit und Frieden!«
Werbeplakat für Briefaktionen in der DDR, 1952
Hg.: Nationale Front des demokratischen Deutschland und Amt für Information der DDR
Druck: ›Tägliche Rundschau‹, Berlin
Offset, 84 x 59,5
DHM, Plakatslg.: 1988/1208.9

4/44
»Moskau diktiert – und alle müssen schreiben – das Geheimnis der Briefe aus der Sowjetzone«
Plakat gegen Briefaktionen aus der DDR, um 1952
Hg.: ›»Freiheit« – Aktion der Jugend‹, Bonn
84 x 59
Lg.: Bonn, Archiv der Sozialen Demokratie der Friedrich-Ebert-Stiftung

4/45 (Abb.)
»Niemals werden unsere Kinder Kommunisten!«
Hg.: Volksbund für Frieden und Freiheit e.V., [1951]
60 x 42
Lg.: Bonn, Archiv der Sozialen Demokratie der Friedrich-Ebert-Stiftung, 51 B – F 82 1072

4/46
In der DDR ist der Kriegsgott Mars erwerbslos
Politische Karikatur von Kurt Poltiniak; bez. u. r »Poltiniak« Lithographie, 50,2 x 37,7 (Blatt)
DHM, Graphiksammlg.: o. Sign.

4/47
»Na bitte!«
Politische Karikatur von Kurt Poltiniak, um 1955
Pinsel und Feder; 38,2 x 27,6 (Blatt)
DHM, Graphiksammlg.: Gr 91/89

4/48
Feldherrnhügel – Geldherrnhügel
Politische Karikatur von Kurt Poltiniak; Vorlage für Abbildung in ›Frischer Wind‹ 7/1952, Nr. 9 (4. Februarheft)
Pinsel und Feder; 47,5 x 36 (Blatt)
DHM, Graphiksammlg.: Gr 91/115

4/49
»Wundervoll. Ich glaube ich kann schon Moskau sehen!«
Politische Karikatur von Kurt Poltiniak, um 1956
Pinsel und Feder; 42,4 x 32,5 (Blatt)
DHM, Graphiksammlg.: Gr 91/91

4/50
»Vorwärts – zurück zu Hitler!«
Politische Karikatur von Kurt Poltiniak, um 1955
Pinsel und Feder; 50,7 x 36 (Blatt)
DHM, Graphiksammlg.: Gr 91/122

4/51
»Schnell weg, gleich bricht es zusammen!«
Politische Karikatur von Kurt Poltiniak; Vorlage für Abbildung in ›Eulenspiegel‹ 10/1955, Nr. 44 (1. Novemberheft)
Pinsel und Feder; 45,3 x 36,3 (Blatt)
DHM, Graphiksammlg.: Gr 91/120

4/52
»Die Rechte des Menschen«
Politische Karikatur von Kurt Poltiniak; Vorlage für Abbildung in ›Frischer Wind‹ 7/1952, Nr. 26 (4. Juniheft)
Pinsel und Feder mit eincollagiertem Textstreifen; 44 x 34,7 (Blatt)
DHM, Graphiksammlg.: Gr 91/110

4/53
»Neuer Stil im Kirchenbau«
Politische Karikatur von Kurt Poltiniak, um 1958
Radierung und Aquatinta; 64,1 x 49 (Platte), 74 x 57,5 (Blatt)
DHM, Graphiksammlg.: o. Sign.

»Die Mauer ist stärker«; politische Karikatur von Kurt Poltiniak, Vorlage für Abbildung in ›Frischer Wind‹ 1951, Nr. 149 (DHM)

Seite 158: »Wohin Sie auch reisen ... unser Rat soll Sie stets begleiten«; Umschlagbild einer Tarnschrift aus der DDR mit einem Text gegen eine Bewaffnung der Bunderwehr mit Atomwaffen, um 1958 (DHM)

Seite 159, oben: Geschichte der SED - Geschichte der KPdSU - Aus Lomonossows Erfindermappe; drei satirische Bildergeschichten, die als Sonderdrucke der Zeitschrift ›Tarantel‹ erschienen (DHM)

Seite 159, unten: »Eine Partei zog Bilanz«; Originalausgabe einer Bundeswehrpublikation aus der Reihe ›Informationen für die Truppe‹ und eine Ausgabe der DDR-Imitation »Wahre Information für die Truppe« von 1967 (DHM)

4/V1
Tischvitrine mit verschiedenen Kleinschriften und Flugblättern gegen die Bedrohung durch Imperialismus, Militarismus und Revanchismus
DHM, Bibliothek und Dokumentenslg.

4/V2
Tischvitrine mit verschiedenen Kleinschriften gegen die internationale Bedrohung von Kommunismus und Stalisnismus sowie Zeitschriften, die im Westen für besondere Zielgruppen in der DDR produziert und über Kontaktleute oder durch Ballonversand dorthin gebracht wurden.
DHM, Bibliothek und Dokumentenslg.

4/V3
Tischvitrine mit verschiedenen Tarnschriften, die ihren politisch-polemischen Inhalt unter falschen Deckblättern verbergen.
DHM, Bibliothek und Dokumentenslg.; Slg. Körner, Hamburg

4/V4
Tischvitrine mit verschiedenen Imitationen von Zeitschriften, mit denen »wahre« Informationen ins gegnerische Lager transportiert werden sollten.
DHM, Bibliothek und Dokumentenslg.

4/V5
Tischvitrine mit verschiedenen Kleinschriften und Flugblättern über Spionage und Sabotage
DHM, Bibliothek und Dokumentenslg.

4/V6
Tischvitrine mit verschiedenen Kleinschriften und Flugblättern mit antikommunistischer Thematik und Bildsprache
DHM, Bibliothek und Dokumentenslg.

4/V7
Tischvitrine mit einigen Exemplaren von satirischen Zeitschriften aus DDR und BRD
DHM, Bibliothek und Dokumentenslg.

4/V8
Tischvitirine mit einigen Veröffentlichungen zur politischen Karikatur in der DDR
DHM, Bibliothek und Dokumentenslg.

STUDIERT DIE METHODEN DES DIALEKTISCHEN MATERIALISMUS
GESCHICHTE DER KPdSU(B)
NICHT VON J. W. STALIN
POPULÄRWISSENSCHAFTLICHE AUSGABE
Tarantel SONDERDRUCK
AUS LOMONOSSOWS ERFINDERMAPPE
Tarantel SONDERDRUCK
STUDIERT DIE METHODEN DES DIALEKTISCHEN MATERIALISMUS
SOZIALISTISCHE EINHEITSPARTEI DEUTSCHLANDS
GESCHICHTE DER SED
NICHT VON ALBERT NORDEN
POPULÄRWISSENSCHAFTLICHE AUSGABE
Tarantel SONDERDRUCK

Eine Partei zog Bilanz

Wahre
INFORMATION
für die Truppe
1967 2

Kat. 5/7

Raum 5

Es geht ums Ganze: »Nicht wir zur Sowjetzone, die Sowjetzone zu uns!«

Die Wiederherstellung der 1947 zerbrochenen Einheit Deutschlands galt – zumindest in politischen Grundsatzerklärungen und Sonntagsreden – als die vorrangige Aufgabe von deutscher Politik in DDR und BRD. Entsprechend operierte östliche wie westliche Propaganda bevorzugt mit der Einheitsthematik, obwohl die Vorstellungen von Verfassung und Verwaltungsstruktur eines geeinten Deutschland einander entgegengesetzt waren. Die SED plante von Anfang an einen zentral gelenkten Einheitsstaat, während man sich im Westen seit dem Zusammenschluß zur »Bizone« auf einen föderativen Bundesstaat mit pluralistisch parlamentarischer Regierungsform einrichtete.
Da man sich von der Ansprache nationalistischer Gefühle (und Verlusterfahrungen!) nachhaltige Wirkung versprach, versuchten sich alle Parteien – im Osten wie im Westen – als vertrauenswürdige Sachwalter der deutschen Einheit darzustellen. Und sie ließen kaum eine Gelegenheit aus, die Haltung der jeweils anderen als heuchlerisch und verzichtbereit zu brandmarken. In der Bundesrepublik machte man vor allem während der Wahlkämpfe davon Gebrauch, um politische Konkurrenten in schlechtes Licht zu rücken. (6/7, 6/10)
Besondere Starrsinnigkeit (und Angreifbarkeit) zeigte die in der Bundesrepublik betriebene Einheits-Propaganda in ihrem Festhalten an einem »ganzen Deutschland«. (5/6, 5/10, 5/12, 5/13) Auf die – nach östlicher Auslegung des ›Potsdamer Abkommens‹ – endgültig verlorenen Ostgebiete wollten vor allem jene Parteien und Verbände nicht verzichten, die sich um das beachtliche Wählerpotential der Vetriebenen bemühten. Hier konnte die Gegenpropaganda der DDR mit ihren Revanchismusvorwürfen ansetzen, da man ja die Grenze der Oder-Neisse-Linie schon 1950 im ›Görlitzer Abkommen‹ anerkannt hatte (5/8, 5/9)
Im Zurückweisen westlicher Unterwerfungsansprüche und Gebietsforderungen (5/7) ließ sich vermutlich ohnehin mehr Wirkung erzielen als mit »Deutschlandplänen« und Vorschlägen für »Gesamtdeutsche Beratungen« (5/2125, 5/V1). Zum einen konnten die Machthaber in der DDR seit der Berlin-Blockade, der zunehmend verschärften Grenzüberwachung (4/29, 5/14, 5/19) und den Ereignissen um den 17. Juni 1953 im Westen kaum mehr auf sympathisierende Neugierde und Aufmerksamkeit rechnen, zum anderen mußten auch sie die Ende 1947 im Ostblock zur politischen Doktrin erhobene »Zwei-Lager-Theorie« vertreten, was die Glaubwürdigkeit ostdeutscher Vereinigungsgesten und Verhandlungsangebote grundsätzlich minderte. Dennoch hielt die SED bis 1966 daran fest, »gesamtdeutsche Gespräche« als eine notwendige Station auf dem Weg zur Einheit Deutschlands zu fordern und anzubieten.
In der Bundesrepublik glaubten fast alle Parteien, ihr nationales Gewissen herauskehren zu müssen, indem sie eine Grenzregelung im Osten für offen erklärten und den unverzichtbaren Anspruch auf die »verlorenen Ostgebiete« zumindest plakatierten. (5/6, 5/12, 5/13, 8/15-16) Wie man drüben zur Vorsicht vor dem US-Imperialismus aufrief, so forderte man hüben Wachsamkeit gegenüber einem expansionslüsternen Kommunismus (5/1-2). Falls eine Partei sich verhandlungswillig zeigte oder gar die Vertriebenen über unumkehrbare Folgen des Zweiten Weltkriegs belehren wollte (5/3, 5/5), war man schnell bereit, dies als Machenschaften einer »fünften Kolonne Moskaus« auszugeben. Entsprechende Verdächtigungen richteten sich nicht allein gegen die bis 1956 zugelassene KPD und mit ihr zusammenarbeitende Organisationen, auch die für unbewaffnete Neutralität eintretende GVP und die erst 1960 gegründete DFU wurden der »Moskauhörigkeit« bezichtigt. (5/26, 5/5) Gegenüber allen Anzeichen von »Nachgiebigkeit« verbargen die Anhänger einer »Politik der Stärke« ihre Ohnmacht gern hinter pathetischen, zuweilen auch sentimentalen Forderungen: »Macht das Tor auf!« – »Schickt ihm ein Stückchen Freiheit! Schickt ihm ein Buch!« – »Unteilbares Deutschland – gemeinsame Weihnacht«. (5/15, 5/27, 5/29)

5/1
»Wachsam bleiben – CDU«
Plakat gegen die Bedrohung durch einen kommunistischen Expansionsdrang
Hg.: CDU Bundesgeschäftsstelle Bonn
Gest.: bez. l. o. »Briese«
Druck: W. Crüwell, Dortmund
Lithographie, 84 x 59
DHM, Plakatslg.: 1990/1318

5/2 (Abb.)
»Heute: Deutsche Nationalarmee – Morgen: Deutsche Sowjetrepublik«
Plakat mit Bezug auf die sowjetischen Deutschlandnoten an die Westmächte im Jahre 1952
Hg.: ›Befreiungskomitee für die Opfer totalitärer Willkür‹, Frankfurt a. M., 1952
Gest.: bez. Mitte l. »Peters 52«
Druck: Kunst- und Werbedruck, Frankfurt a. M.
Offset, 59,5 x 42
DHM, Plakatslg.: 1990/1322

5/3
»Deutsche gegen Deutsche? Nein! Darum Verhandeln! SPD«
Hg: SPD-Vorstand, Bonn
Druck: Graphische Gesellschaft Grunewald GmbH, Berlin-Grunewald
42 x 30
Lg.: Bonn, Archiv der Sozialen Demokratie der Friedrich-Ebert-Stiftung, 54 B

5/4
»Deutschland in Blut und Terror oder in Recht und Freiheit«
Hg.: ›Kampfbund zur Sicherung der Demokratie e.V.‹, 1952
Druck: Vereinsdruckerei und Verlag GmbH, Koblenz
60 x 42
Lg.: Bonn, Archiv der Sozialen Demokratie der Friedrich-Ebert-Stiftung, 42 B

5/5
»Ein offenes Wort an die Vertriebenen. DFU – Deutsche Friedens-Union«
Hg.: DFU Köln; verantwortl. Horst Trapp, Köln
Druck: Offset-Marketing-Druck Duisburg
84 x 60
Lg.: Dortmund, Inst. f. Zeitungsforschung, F 42/3

5/6 (Abb.)
»Es geht ums ganze Deutschland – Gesamtdeutscher Block/BHE«
Plakat des Gesamtdeutschen Blocks/Bund Heimatvertriebener und Entrechteter, 1957
Hg.: GB/BHE Bundesverband, Bonn
Druck: Greve-Druck, Berlin
118 x 84
Lg.: Dortmund, Inst. f. Zeitungsforschung, F 45/16

5/7 (Abb. S. 160)
»Unsere Antwort!«
Plakat der SED gegen den von der BRD erhobenen Alleinvertretungsanspruch, 1954
Hg.: ZK der SED, Abt. Agitation
Gest.: Will Schubert-Hellerau; bez. o. r. »Schubert – H«
Druck: ›Neues Deutschland‹, Berlin
Offset, 83,2 x 58,7
DHM, Plakatslg.: P 61/668

Seite 163:
Kat. 5/8

Seite 162, Mitte: »Das ganze Deutschland soll es sein – Die Wartburg«; Postkarte aus einer vom BMG herausgegebenen Serie mit Zeichnungen von Adolf Westerdorf, um 1963

Seite 162, unten: »Soll es so bleiben? Nein! Niemals!«; Postkarte für die deutsche Einheit in den Grenzen von 1937, hg. v. ›Deutsche Einheit e. V.‹, München o. J. (beide Slg. Stehle)

Rechts: »Die Sehnsucht aller Deutschen - Macht das Tor auf! Unteilbares Deutschland«; Plakat aus einer vom KUD 1858/59 herausgegebenen Serie (KAS) - vgl. Kat. 5/15

5/8 (Abb. S. 163)
»22. Juli 1950 – Tag der deutsch-polnischen Freundschaft«
Plakat der Nationalen Front des demokratischen Deutschland der DDR aus Anlaß der Unterzeichnung des Görlitzer Abkommens, 1950
Gest.: bez. u. r. »Jupp Alt, Berlin«
Offset, 84 x 59,5
DHM, Plakatslg.: 90/349

5/9
»Blick nach Polen Nr. 6: Monat der Deutsch-Polnischen Freundschaft«
Wandzeitung zur Bekräftigung der deutsch-polnischen Freundschaft, vermutlich aus Anlaß des 1. Jahrestages der Unterzeichnung des Görlitzer Abkommens
Hg.: Verlag ›Blick nach Polen‹, verantwortl. Redakteur: Karl Wloch, um 1951
Gest.: Fred Keilhaus
Druck: Sachsenverlag GmbH, Leipzig
Tiefdruck, 59 x 83,5
DHM, Plakatslg.: P 58/1017

5/10
»Deutsche Städte jenseits der Oder-Neisse-Linie«
Wandzeitung aus der Serie ›Das Bild der Zeit – Aktuelles aus der Sowjetzone‹, Nr. 10/1958
Hg.: Presse- und Informationsstelle Berlin des Bundesministeriums für Gesamtdeutsche Fragen
41,8 x 58
Lg.: Landesarchiv Berlin, Rep. 240, Acc. 2054, Nr. 89

5/11 (Abb.)
»Der Friedensvertrag schafft die Voraussetzung zur Bildung eines unabhängigen, demokratischen, friedliebenden Deutschlands«
Plakat der Liberal-demokratischen Partei Deutschlands, 1952
Hg.: LDPD
Druck: Gebr. Saupe, Leipzig
Offset, 59 x 40,8
DHM, Plakatslg.: 1988/923.b

5/12
»Das ganze Deutschland soll es sein – Zum ungeteilten Vaterland mit der CDU«
Wahlplakat der CDU zur Bundestagswahl 1949
Hg.: CDU (Verantwortlich: Bruno Dörpinghaus)
Gest.: bez. Mitte l. »Aurich, Dortmund«
Lithographie, 62,6 x 42
DHM, Plakatslg.: 1987/53

5/13 (Abb.)
»Mit der SPD für ein freies, soziales und geeintes Deutschland«
Wahlplakat der SPD, 1949
Druck: H. Tusch, Iserlohn
60 x 42
Lg.: Bonn, Archiv der Sozialen Demokratie der Friedrich-Ebert-Stiftung, 49 B; F 86 0811

5/14
»Seit heute früh: Blockade über Ost-Berlin verhängt! Panzer an allen Grenzen – Stacheldraht um Sowjetsektor – Verbot für alle Grenzgänger – Interzonenverkehr normal.«
Extrablatt der Westberliner ›BZ‹ vom 13. August 1961
37,5 x 27,5
Lg.: Landesarchiv Berlin, Rep. 240, Acc. 929, Nr. 2

5/15 (vgl. Abb.)
»Berlin Hauptstadt Deutschlands – Macht das Tor auf! – Unteilbares Deutschland«
Plakat des ›Kuratorium Unteilbares Deutschland‹, 1958
119,2 x 83,6
Lg.: Landesarchiv Berlin, Rep. 240, Acc. 798, Nr. 1

5/16
»Ullstein Sonderdienst/BZ/ Berliner Morgenpost – Berlin, Dienstag, 17. Dezember 1963 – Ab Donnerstag 13 Uhr: Passierscheine ...«;
auf der Rückseite: Der Wortlaut des ›Protokolls über die Ausgabe von Passierscheinen‹ sowie eine Bekanntmachung des Senats von Berlin mit Angabe der zwölf in Berliner Schulen eingerichteten Ausgabestellen für Passierscheine.
Hg.: Springer Verlag
Druck: Ullstein GmbH
53,5 x 37
Lg.: Landesarchiv Berlin, Rep. 240, Acc. 1231, Nr. 2

5/17
»Mord – Wer kennt den Schützen? – DM 3000«
Anschlag des Polizeipräsidenten in Berlin, eine am 2. Juni 1962 geschehene Erschießung eines Flüchtlings an der Sektorengrenze betreffend.
Schriftplakat, 59 x 42
Lg.: Landesarchiv Berlin, Rep. 240, Acc. 1430, Nr. 30

5/18
»Trefft Deutschland in Berlin«
Plakat zum Berliner Passierscheinabkommen 1963/64
Hg.: Presse- und Informationsamt des Landes Berlin
Gest.: Werner Eggert, Erika Wallraff; Entw. des Zeichens »D« von R. J. Schmitt
58,2 x 83,5
Lg.: Landesarchiv Berlin, Rep. 260, Nr. 428 (2)

5/19 (Abb.)
»›Die Deutschen werden wiedervereinigt sein, und zwar unter dem roten Banner von Marx, Engels und Lenin.‹ – Chruschtschow, 17.1.1963 –
Auf der Flucht aus der Sowjetzone und Ost-Berlin nach West-Berlin wurden in der Zeit vom August 1961 bis Dezember 1962 von Ulbrichts Söldnern 45 deutsche Landsleute in den Tod getrieben – sie suchten die Freiheit und fanden den Tod.«
Plakat der Bundesregierung, 1963
Hg.: Bundesministerium für Gesamtdeutsche Fragen, Bonn/Berlin
Offset, 42 x 58,4
Lg.: Landesarchiv Berlin, Rep. 260, Nr. 215

5/20
»17. Juni – Tag der deutschen Einheit – Unteilbares Deutschland«
Hg.: ›Kuratorium Unteilbares Deutschland‹
Gest.: bez. u. l. »Andrian«
59,4 x 42
Lg.: Landesarchiv Berlin, Rep. 260, Nr. 742 (4)

5/21
»2. Parteitag der SED vom 22.-24. Sept. 1947 in Berlin – Für die einheitliche demokratische deutsche Republik.«
Hg.: Zentral-Sekretariat der SED, Abteilung Werbung, Presse, Rundfunk, 1947
Druck: Erich Thieme, Berlin-Niederschönweide
Offset, 60 x 42
DHM, Plakatslg.: 1988/1310.A

»13. August 1961 – Mauerbau in Berlin – Seit diesem Tag sind 17 Millionen Deutsche eingemauert – Die Mauer muß weg«; Postkarte, Weinheim/Bergstraße o. J. (Slg. Stehle)

»17. Juni - Tag der Deutschen Einheit«; Postkarte der Deutschen Burgschaft. Stuttgart o. J. (Slg. Stehle)

5/22 (Abb.)
»Für das einheitliche, friedliebende, demokratische und unabhängige Deutschland! – II. Nationalkongress Berlin, Werner-Seelenbinder-Halle, 15., 16. Mai 1954«
Plakat der Nationalen Front des demokratischen Deutschland, 1954
Gest.: bez. M. r. »S.«
Druck: Aufbau-Druckerei Köthen
Offset, 84 x 59,7
DHM, Plakatslg.: 1989/2693

5/23 (vgl. Abb. S. 182)
»Nie! Niemals!«
Ostdeutsches Plakat gegen die Teilung Deutschlands, vor 1949
Gest.: bez. M. r. »FCS«
Druck: Ohlenroth, Erfurt
Offset, 57 x 40
DHM, Plakatslg.: P 71/707

5/24
»Fordert gesamtdeutsche Beratung!«
Plakat für die von Ministerpräsident Grotewohl im November 1950 vorgeschlagene Bildung eines ›Gesamtdeutschen Rates‹
Hg.: Amt für Information der DDR, 1951
Gest.: bez. u. r. »Th«
Druck: Sachsenverlag, Werk Leipzig
Offset, 84 x 59,5
DHM, Plakatslg.: 1989/97

5/25 (vgl. Abb. S. 182)
»1848 – 1948: 100 Jahre Kampf um die deutsche Einheit«
Plakat für die seit Herbst 1947 von der SED organisierte ›Volkskongressbewegung‹, 1948
Gest.: bez. o. l. »Blank«
Druck: Abteilung Röderdruck, Leipzig
Lithographie, 81,6 x 55,2
DHM, Plakatslg.: P 58/713

5/26
»Im Geiste der Paulskirche für ein wiedervereinigtes unabhängiges Deutschland mit friedlichen Beziehungen zu allen Nachbarn. Darum mit Dr. Heinemann und der Gesamtdeutschen Volkspartei (GVP): wählt Liste 2 – SPD«
84 x 60
Lg.: Münchener Stadtarchiv, Plakatslg.: F 17/35 (Inv. Nr. 4036)

5/27
»Schickt ihm ein Stückchen Freiheit! Schickt ihm ein Buch!«
Aufruf zu westdeutschen Verbundenheitsgesten gegenüber der Bevölkerung in der DDR
Hg.: ›»Freiheit« Aktion der Jugend‹, Bonn, um 1953
Druck: Grapha, Essen
85 x 60
Lg.: Dortmund, Inst. f. Zeitungsforschung, F 41/42

5/28
Fritz Cremer
Ungarn-Visionen, Zyklus von sieben Blättern, Blatt 1
Gest.: Fritz Cremer, bez. »F. Cremer 56«
Lithographie, 43 x 32,2 (Platte); 52,3 x 41 (Blatt)
DHM, Graphikslg.: Gr 63/1221

5/29
»Unteilbares Deutschland – Gemeinsame Weihnacht«
Plakat des ›Kuratorium Unteilbares Deutschland‹, wahrscheinlich 1959
83,8 x 59,2
Lg.: Landesarchiv Berlin, Rep. 260, Nr. 747 (3)

5/V1
Tischvitrine mit Kleinschriften und Flugblättern zur Frage der deutschen Einheit und zu gesamtdeutschen Gesprächen
Lg.: Johannes-Sassenbach-Stiftung, Bibliothek und Archiv der Gewerkschaftsbewegung, Berlin ; DHM, Bibliothek und Dokumentenslg.

5/V2
Tischvitrine mit Kleinschriften und Flugblättern zur Forderung eines »ganzen Deutschlands« und dessen Grenzen im Osten
DHM, Bibliothek und Dokumentenslg.

Für das einheitliche, friedliebende,
demokratische und unabhängige Deutschland!
II. NATIONALKONGRESS
BERLIN · WERNER-SEELENBINDER-HALLE
15., 16. MAI 1954
NATIONALE FRONT DES DEMOKRATISCHEN DEUTSCHLAND

Kat. 6/3

Fahnenträgerpyramide der FDJ auf einem Lastwagen im Demonstrationszug zum 1. Mai 1950 in Berlin (BPK, Photo H. Hensky)

Raum 6

Parteienstreit und Einheitswahn – Unterschiedliche Formen von politischer Öffentlichkeit

In der Propaganda des Kalten Krieges läßt sich diesseits wie jenseits des »eisernen Vorhangs« manches Gemeinsame ausmachen. Untersucht man jedoch die Art und Weise, in der hüben und drüben politische Meinungen öffentlich artikuliert, Übereinstimmung demonstriert oder Ablehnung signalisiert wurden, so ergeben sich fundamentale Unterschiede.

Da zeigt sich für die DDR ein gleichbleibendes Ritual der stets massenhaften Willensbekundung, von dem alles, was den Eindruck von »machtvoller« und einvernehmlicher Demonstration trüben könnte, ausgeschlossen ist. In der Bundesrepublik steht dem etwas grundlegend anderes entgegen: eine zunächst chaotisch anmutende Meinungsvielfalt und ein unordentliches Getümmel von Kundgebungen und Demonstrationen auf öffentlichen Plätzen. Möchte man das Entgegengesetzte jeweils in Bildern zusammenfassen, so scheint es, als stünden sich ein ausgedehntes Wandbild voller gravitätisch vorwärtsschreitender Gestalten und eine schmuddelige Wand voller Affichen und Graffiti gegenüber.

In den Bildern spiegeln sich die unterschiedlichen Staats- und Gesellschaftsverfassungen von DDR und BRD. Der zentralistische Einheitsstaat DDR, den eine Partei beherrscht, »die immer Recht hat«, sucht ständig nach Legitimation durch quasiplebiszitäre Zustimmung der Massen. Um diese stets in der gewünschten Quantität und Qualität zu erhalten, übt die Staatspartei formierende Gewalt auf die Mitglieder der Gesellschaft aus. Massenorganisationen wirken als »Transmissionsriemen«: Durch sie soll der Herrschaftswille auf die einzelnen gesellschaftlichen Gruppen und die ihr angehörenden Individuen übertragen werden, damit die von den legitimationsbedürftigen Machträgern geforderten Zustimmungsrituale organisiert und gegen Zersetzungserscheinungen abgesichert werden können. Die formierten und kontrollierten Massen erscheinen dann schließlich in der Öffentlichkeit als ein teils begeistertes, teils lustlos lethargisches Agglomerat von »Lobetrottern«. (6/1-3)

Im pluralistisch verfaßten Parteienstaat der Bundesrepublik liegt die Legitimationsproblematik anders: Das Mandat eines Parteifunktionärs oder Regierungsmitglieds bedarf keiner plebiszitären Bestätigung, durch demokratische Wahlverfahren ist es hinreichend beglaubigt, aber auch in seiner Dauer begrenzt. Deswegen wird es für Mandatsträger und Parteien notwendig, immer wieder neu um Wählerstimmen zu werben. Diese Notwendigkeit spielt sich in der politischen Öffentlichkeit als Meinungsstreit und Wahlkampf ab. Statt Einigkeit zu zelebrieren, werden gegensätzliche Positionen bezogen, Konflikte geschürt, Beschuldigungen ausgesprochen und sogar die Regierungsfähigkeit der jeweils Herrschenden bezweifelt. (6/4-13) Zum Repertoire einer solchen »Streitkultur« gehören Möglichkeiten mit Verfassungsgarantie: Versammlungsfreiheit, Streikrecht und sogar – obschon im Umfang umstritten – ein Recht auf Widerstand.

Hier soll nicht behauptet werden, in der Bundesrepublik habe sich »Streitkultur« stets unbehindert entfalten können. Auch dort war und ist die herrschende Meinung oft nur die Meinung der Herrschenden; und gerade in Zeiten des Kalten Krieges regten sich dort militanter Ordnungssinn und unversöhnlicher Konformismus. Dennoch ist es wohl dem öffentlichen Meinungsstreit zu danken, daß sich die Westdeutschen Fraktionsbewußtsein und Konfliktbereitschaft angewöhnten – genug offenbar, um bestimmte Formen der Organisation und Manipulation von Massen mit der Befreiung vom NS-Regime für erledigt zu halten. In der DDR hingegen hielt man es anscheinend für möglich, die von den Nazis begangenen »Entwendungen aus der Kommune« (Bloch) wieder in einen Status »linker Unschuld« zurückzuführen. In diesem Punkt hat »demokratischer Antifaschismus« sicher von Anfang an versagt.

Links: Leistungsnachweis von ›VEB Fliesen u. Ofenbau‹ in Berlin-Lichtenberg zum 1. Mai 1959 (BAK)

Rechts: Demonstrationswagen von ›VEB Werk für Signal- u. Sicherungstechnik‹ in Berlin 1953 in einem Umzug am Berliner Lustgarten (BAK)

6/1 **TABLEAU** (Abb.)
Photographien von öffentlichen Kundgebungen und Demonstrationen in der DDR (Ostberlin)
DHM, Bildarchiv und Bundesarchiv Koblenz

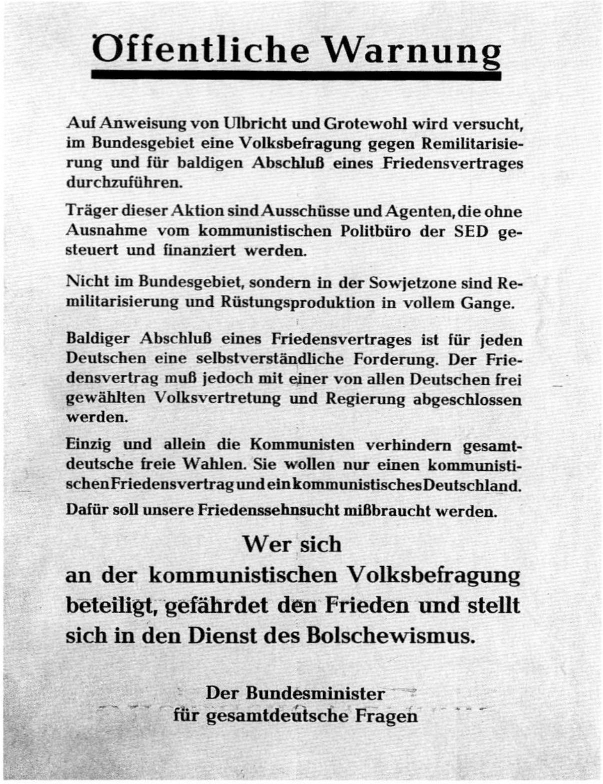

Öffentliche Warnung

Auf Anweisung von Ulbricht und Grotewohl wird versucht, im Bundesgebiet eine Volksbefragung gegen Remilitarisierung und für baldigen Abschluß eines Friedensvertrages durchzuführen.

Träger dieser Aktion sind Ausschüsse und Agenten, die ohne Ausnahme vom kommunistischen Politbüro der SED gesteuert und finanziert werden.

Nicht im Bundesgebiet, sondern in der Sowjetzone sind Remilitarisierung und Rüstungsproduktion in vollem Gange.

Baldiger Abschluß eines Friedensvertrages ist für jeden Deutschen eine selbstverständliche Forderung. Der Friedensvertrag muß jedoch mit einer von allen Deutschen frei gewählten Volksvertretung und Regierung abgeschlossen werden.

Einzig und allein die Kommunisten verhindern gesamtdeutsche freie Wahlen. Sie wollen nur einen kommunistischen Friedensvertrag und ein kommunistisches Deutschland.

Dafür soll unsere Friedenssehnsucht mißbraucht werden.

Wer sich an der kommunistischen Volksbefragung beteiligt, gefährdet den Frieden und stellt sich in den Dienst des Bolschewismus.

Der Bundesminister für gesamtdeutsche Fragen

6/2 **TABLEAU** (Abb.)
Photographien von Massenaufmärschen in der DDR (Ostberlin)
DHM, Bildarchiv (Photos G. Gronefeld)

6/3 **TABLEAU** (Abb. S. 168)
Photographien von Fahnenträgern und militärischen Ritualen bei Kundgebungen und Demonstrationen in der DDR
DHM, Bildarchiv und Bundesarchiv Koblenz

6/4 (Abb.)
»Öffentliche Warnung … Wer sich an der kommunistischen Volksbefragung beteiligt, gefährdet den Frieden und stellt sich in den Dienst des Bolschewismus – Der Bundesminister für gesamtdeutsche Fragen«
Plakat des Bundersministeriums für gesamtdeutsche Fragen gegen die in der Bundesrepublik geplante Volksbefragung, 1951
Druck: Rheinland-Druck, Köln
Schriftplakat, 86 x 60
DHM, Plakatslg.: P 69/289

6/5
»SPD mahnt: Zerrt die Religion nicht in den Wahlkampf«
Plakat der SPD zur Bundestagswahl 1957
Hg.: Parteivorstand der SPD, Bonn
Druck: R. Ullmann, Frankfurt a. M.
84 x 60
Lg.: Münchener Stadtarchiv, Plakatslg., F 18/41 (Inv. Nr. 4032)

6/6
»›Ich nehme deshalb mit dem Ausdruck des Bedauerns meine Behauptung zurück‹ – Dr. Adenauer
Drei Wochen vor der Wahl behauptete Dr. Adenauer, SPD-Mitglieder hätten Wahlgelder vom Osten bekommen. / Jetzt, fünf Monate nach der Wahl, nimmt Dr. Adenauer diese Behauptung vor Gericht mit Bedauern zurück, da sie unwahr ist. / Zwei Wochen vor der Wahl veröffentlichte die CDU/CSU ›Dokumente‹ über angebliche Wahlgelder der SPD. / Jetzt, fünf Monate nach der Wahl, gibt die CDU/CSU zu, daß die Dokumente gefälscht waren und bedauert, sie verbreitet zu haben. / Was halten Sie von Dr. Adenauer und seiner Partei, die solche Mittel benutzen? Schreiben Sie uns bitte

Kat. 6/10

»Bolschewismus ohne Maske«; Veranstaltungsplakat für eine öffentliche Versammlung der CDU in Marienberghausen, 1948 (KAS)

Ihre Meinung! – Sozialdemokratische Partei Deutschlands, Bonn, Friedrich-Ebert-Allee 170«
Schriftplakat der SPD, das zu Vorgängen während der Bundestagswahl 1953 Stellung nimmt.
120 x 84
Lg.: Münchener Stadtarchiv, Plakatslg., F 18/43 (Inv. Nr. 4075)

6/7
»Die Zweite Zivilkammer des Landgerichts Bonn hat den Bundeskanzler Dr. Adenauer bei Meidung der höchstzulässigen Geld- oder Haftstrafe verurteilt, die Behauptung zu unterlassen, der Bundestagskandidat der SPD, Schroth, Solingen, habe 10 000 DM für Wahlkampfzwecke aus der Sowjetzone erhalten – SPD«
Schriftplakat der SPD, 1954
Hg.: Parteivorstand der SPD, Bonn
Druck: Druckhaus Deutz, Köln
86 x 60
Lg.: Dortmund, Inst. f. Zeitungsforschung, F 54/37

6/8
»Der Atombombenkanzler muß weg – Darum SPD«
Plakat der SPD, um 1961
84 x 60
Lg.: Münchener Stadtarchiv, Plakatslg., F 18/37 (Inv. Nr. 4027)

6/9
»SPD-Wähler, die SPD will Verstaatlichung, Sozialisierung. Was kommt heraus? Die Ostzone gibt die Antwort! Wir sind dagegen. Darum wählt die Freien Demokraten.«
Wahlplakat der FDP zur Bundestagswahl von 1953
62 x 43
Lg.: Münchener Stadtarchiv, Plakatslg., F 59/66 (Inv. Nr. 25 770)

6/10 (Abb. S. 171)
»Wo Ollenhauer pflügt, sät Moskau! – darum wählt FDP«
Plakat der FDP zur Bundestagswahl 1953
Hg.: verantwortl. Schwann, Düsseldorf
Druck: Scholz-Druck, Frankfurt a. M.
85 x 59
Lg.: Dortmund, Inst. f. Zeitungsforschung, F 45/8

6/11
»Die SPD hat vier Jahre lang immer und überall nein gesagt: Nein zur europäischen Zusammenarbeit / Nein zum Demontagestop / Nein zum Schumanplan / Nein zum wirtschaftlichen Wiederaufstieg / Nein zum eigenverantwortlichen Wohnungsbau / Nein zum Betriebverfassungsgesetz / Nein schließlich zum Schund- und Schmutzgesetz / und zur Familienrechtstreform / Wähler, denkt daran: ... Darum keine sozialistischen Experimente. Jede Stimme dem Kandidaten und der Landesliste der Christlich-Sozialen Union«
Schriftplakat der CSU, vermutlich zur Bundestagswahl von 1957
61 x 43
Lg.: Münchener Stadtarchiv, Plakatslg., F 64/71 (Inv. Nr. 2011)

6/12 (Abb.)
»Täuscht Euch nicht! Das Atomexperiment der Bundesregierung bedroht uns alle tödlich!«
Schriftplakat der FDP mit schwarz-rot-goldener Randleiste, 1959
Hg.: FDP-Kreisverband Köln
Druck: Franz Greven, Köln
87 x 62
Lg.: Dortmund, Inst. f. Zeitungsforschung, F 44/41

6/13
»Streik! Dieser Lohnkonflikt geht das ganze Land an ... IG Metall für die Bundesrepublik Deutschland«
Schriftplakat der IG Metall, 1954
118 x 84
Lg.: Münchener Stadtarchiv, Plakatslg., F 74/4 (Inv. Nr. 23 852)

Kat. 6/2

Demonstrierende Massen am 1. Mai 1949 Unter den Linden in Ostberlin (DHM, Photo G. Gronefeld)

Kat 7/3

Raum 7

Ein Erbe aus 1000 Jahren: Nationalsozialistischer Terror und Weimarer Klassik

Während einer Feierstunde zur Amtseinführung des ersten Berliner Nachkriegsmagistrats sagte Generaloberst Bersarin, der erste sowjetische Stadtkommandant Berlins, am 19. Mai 1945: »Wer in der Praxis des Faschismus fortfährt und sich für ihn betätigt, muß entfernt werden. Außerdem sind diejenigen Faschisten, die mitschuldig sind am Unglück der Welt, zu beseitigen.« US-General Clay sagte am 26. September 1945 auf einer Pressekonferenz: »Unsere Politik ist es, Deutschland so rasch wie möglich und so rücksichtslos wie nötig zu entnazifizieren.« Was den moralischen Anspruch angeht, so wollten die Amerikaner offenbar strenger mit dem Nationalsozialismus und seinen Anhängern abrechnen als die sowjetische Besatzungsmacht. In der Entnazifizierungspraxis erwies sich jedoch bald, daß ein pragmatischer Ansatz einfacher und schneller zu handhaben war, während hohe moralische Ansprüche sich nicht durchhalten ließen oder in der Praxis gar nicht erst zum Zuge kamen. Zudem verfuhren die Sowjets bei ihren »Säuberungen« nach anderen Grundsätzen als die Westmächte.

Wo die Amerikaner ihr Augenmerk vornehmlich auf individuelle Verantwortung und Schuld richteten, versuchten die Sowjets im Bündnis mit KPD/SED die gesellschaftlichen Ursachen des Faschismus auszurotten. Nach marxistisch-leninistischer Theorie waren diese in den Besitzverhältnissen zu suchen: bei Großgrundbesitz und Monopolbourgeoisie. Deren Repräsentanten galten als Mitglieder einer machtversessenen »Militärkaste« und »Steigbügelhalter des Faschismus«. Folglich waren sie durch Enteignung auf immer zu entmachten. Ein Volksentscheid in Sachsen lieferte dazu Ende Juni 1946 den gewünschten Anlaß.

Nicht zuletzt mit dieser Maßnahme begründete die DDR ihr »antifaschistisch-demokratisches« Selbstbewußtsein und die ständig propagierte Gewißheit, einer faschistisch unterwanderten Bundesrepublik weit voraus zu sein: »Der Volksentscheid war ein revolutionärer Sieg, von dem eine große historische Wirkung ausging.« Demgemäß wurde die Ehrung antifaschistischer Widerstandskämpfer, das Gedenken an den Stätten des nationalsozialistischen Terrors und die Wachsamkeit gegenüber dem Faschismus der anderen zum festen Bestandteil der Selbstdarstellung des »sozialistischen Deutschlands«. (7/1-5, 7/12-13, 7/17-19)

»Das ganze System ist braun!« – solchen, auf umfangreiche Dokumentationen gestützten Anfeindungen aus der DDR hatte man in der BRD nicht viel entgegenzusetzen. (7/5) Versuche, »Nazis in Ulbrichts Diensten« (7/2a) zu entlarven, blieben spärlich und erreichten auch bei weitem nicht den Umfang, den die »Braunbücher« der Gegenseite aufwiesen. Die in den Westzonen erlassenen Gesetze zur »Befreiung von Nationalsozialismus und Militarismus« wurden in den Spruchkammerverfahren nicht mit der möglichen Strenge gehandhabt. Und als die »Westintegration« zur politischen Notwendigkeit erhoben war, kamen die Besatzungsmächte den entmündigten und entehrten Deutschen auch mit Amnestien, Strafmilderungen und Ehrenerklärungen für Wehrmachtsangehörige entgegen. Es breitete sich ein opportunistischer Pragmatismus aus, dem etwa die FDP 1949 mit der Forderung das Wort redete: »Bestraft Verbrechen, aber nicht den politischen Irrtum!« (7/6).

Von den abgründig grauenerregenden Tatsachen jüngster deutscher Geschichte wendete man gern den Blick auf die von einem »Volk der Dichter und Denker« hervorgebrachten »bleibenden Werte«. (7/22-24) »Um die Erneuerung der deutschen Kultur« ging es im Februar 1946 auf der ›Ersten Zentralen Kulturtagung der KPD‹ in Berlin; im Westen erschienen Hirtenbriefe zu »Kollektivschuld«, Alfred Döblin veröffentlichte – unter Pseudonym – eine Schrift ›Der Nürnberger Lehrprozess‹ und der Schweizer Karl Barth schrieb ›Zur Genesung des deutschen Wesens. Ein Freundeswort von draußen‹. Das Interesse an derlei »Besinnungsliteratur« hielt nicht lange an. Zumindest im Westen sorgten Währungsreform und »Wirtschaftswunder« für eine gründliche Interessenverlagerung.

7/1 (Abb.)
»Im Westen nichts Neues«
Plakat aus der DDR, daß auf das Fortleben preußisch-militaristischer Traditionen in Westdeutschland Bezug nimmt, 1957
Gest.: bez. u. l. »Skribelka«
Lithographie, 85,8 x 60
DHM, Plakatslg.: P 58/292

7/2 **TABLEAU**

7/2a
»Nazis in Ulbrichts Diensten«
Vierseitige Sonderausgabe von ›Die Rote Fahne – Zentralorgan der Unabhängigen Sozialistischen Einheitspartei Deutschlands (USED)‹, worin Namen von DDR-Funktionären mit NSDAP-Vergangenheit veröffentlicht sind, 1956
DHM, Dokumentenslg.: Rep. VIII F. 212 (4) (Infozentrum MfS)

7/2b (Abb.)
»Weg mit dem Dreck! Um Deutschlands Einheit zu erreichen, müssen Krupp und Adenauer weichen!«
Plakat gegen Alt-Nazis in westdeutschen Behörden, der Bundeswehr und der Industrie
Hg.: Zk der SED, Abt. Agitation, Presse, Rundfunk, 1957
Gest.: bez. o. r. »grohmann Schumann«
Lithographie, 59,4 x 41
DHM, Plakatslg.: P 58/294

7/3 (Abb. S. 174)
»Soll das verjähren? – Niemals!«
Plakat der Nationalen Front zur Frage der Verjährung von NS-Verbrechen in der Bundesrepublik, 1959
Hg.: Nationale Front des demokratischen Deutschland
Lithographie und Offset, 80,5 x 57
DHM, Plakatslg.: P 65/319

7/4 (Abb. S. 19)
»Befehl des Obersten Chefs der Sowjetischen Militärverwaltung, Oberkommandierenden der sowjetischen Besatzungstruppen in Deutschland, Nr. 201: Richtlinien zur Anwendung der Direktiven Nr. 24 und Nr. 38 des Kontrollrats über die Entnazifizierung – Berlin, den 16. 8. 1947«
Hg.: SED Landesvorstand Sachsen, Abt. Werbung, Presse, Funk
Schriftplakat, 62,5 x 42
DHM, Plakatslg.: P 71/1693

7/5 **TABLEAU**

7/5a
»Das Oberste Gericht der DDR fällte das Urteil über Globke: Lebenslänglich!«;
Schlagzeile auf der Titelseite von ›Neues Deutschland – Organ des Zentralkomitees der Sozialistischen Einheitspartei Deutschlands‹, 18/Nr. 200, Berlin, Mittwoch, 24. Juli 1963
Titelseite, 59 x 42
DHM, Dokumentenslg.: Rep. VII F. 178 (10)

7/5b
»Wie lange kann Oberländer noch Minister sein? – 12 unwiderlegbare Beweise«
Broschüre über den in der DDR verurteilten Bundesminsiter Oberländer, hg. v. Ausschuss für deutsche Einheit, Berlin/DDR 1960
20 x 13,8
DHM, Dokumentenslg.: Rep. VIII F. 61 (37)

7/5c
Der Oberländer-Prozess
Gekürztes Protokoll der Verhandlung vor dem Obersten Gericht der Deutschen Demokratischen Republik vom 20.-27. 4. 1960, hg. v. Ausschuss für deutsche Einheit,
Berlin/DDR 1960, 240 SS.
Außentitel, 24 x 17 cm (Kopie)
DHM, Bibliothek: 60/3354

7/5d
»Steckbrief ... Dr. Hans Josef Maria Globke«
Flugschrift, aufgemacht als fingierter Steckbrief des Generalstaatsanwalts der DDR, gegen den verschiedener NS-Verbrechen bezichtigten Staatssekretär im Bundeskanzleramt, hg. v. Ausschuss für Deutsche Einheit und der Vereinigung Demokratischer Juristen Deutschlands, 1963
19,5 x 13,9
DHM, Dokumentenslg.: 1990/1616.233

7/5e
»Neue Beweise für Globkes Verbrechen gegen die Juden«
Broschüre über die angebliche Verstrickung Globkes in NS-Verbrechen, hg. v. Ausschuss für Deutsche Einheit, Berlin/DDR 1960
19,8 x 14
DHM, Dokumentenslg. 1990/1616.99

7/5f
Norden, Albert – Das ganze System ist braun. Kriegs- und Naziverbrecher in der Bundesrepublik. Rede, gehalten auf der internationalen Pressekonferenz am 2. Juli 1965 in Berlin anläßlich der Übergabe des Braunbuches ›Kriegs- und Naziverbrecher in der Bundesrepublik‹, Berlin/DDR 1965
23,4 x 16,7
DHM, Dokumentenslg.: o. Sign.

7/6 (Abb.)
»Entnazifizierung – Staatsbürger, weg mit dieser Schranke! Bestraft Verbrechen, aber nicht einen politischen Irrtum! – FDP«
Plakat der FDP, 1949
43 x 31
Lg.: Münchener Stadtarchiv, Plakatslg., F 59/60 (Inv. Nr. 25 961)

7/7
»Freiheit für die VVN«
Plakat, mit dem die ›Vereinigung der Verfolgten des Naziregimes‹ gegen das von der Bundesregierung beantragte und im November 1962 verhandelte Verbot ihrer Organisation protestierte.
Gest.: W. Freitag
85 x 60
Lg.: Münchener Stadtarchiv, Plakatslg., F 75/15 (Inv. Nr. 18 942)

7/8
»VVN-Kundgebung: Warum Verbotsantrag gegen die VVN, der größten Organisation der Widerstandskämpfer Deutschlands. Stehen die öffentlichen Angriffe unserer Organisation gegen Bundesminister Oberländer damit im Zusammenhang? – Montag, den 16.11.1959 im großen Saal des Hofbräuhauses«
Veranstaltungsplakat der VVN München, 1959
59 x 84
Lg.: Münchener Stadtarchiv, Plakatslg., F 75/11 (Inv. Nr. 25 750)

7/9 (Abb.)
»Das Braune Haus von Bonn«
Plakat nach Art von Adventskalendern mit Fensterklappen, die geöffnet werden können und den Blick auf »Bonner Altnazis« freigeben, (1956)
Hg.: ZK der SED, Abt. Agitation, Presse, Rundfunk
Druck: VEB Gravo-Druck, Halle/S.
Lithographie, 41 x 59
DHM, Plakatslg.: P 90/350

7/10
»Gemeinsam wollen wir eine Zukunft des Friedens bauen – Ausstellungen in der Schule für Kunst und Handwerk, St. Johannerstrasse: Städteplanung und Architektur – Werke der Schüler, 15. Juli – 15. August«
Ausstellungsplakat der Schule für Kunst und Handwerk in Saarbrücken, 1947
Gest.: bez. u. r. »Villemot«
Druck: Imprimerie Nationale (S)
Lithographie, 115,2 x 79
Lg.: Stadtarchiv Saarbrücken, Best. Plakatslg., Nr. 259

Seite 179, oben: »Ihre Opfer, unsere Schuld. Macht wieder gut!«; Postkarte, hg. v. der KPD, Bezirksleitung Sachsen, um 1945/46

7/11
»Deutsche Kunstausstellung ›Künstler für den Frieden‹, Berlin 1951 ab 1. Dezember, 9 bis 20 Uhr in den Staatl. Museen, Am Kupfergraben ... Verband bildender Künstler im Kulturbund zur demokratischen Erneuerung Deutschlands«
Hg.: Amt für Information der DDR
Gest.: Wittkugel unter Verwendung der Photographie einer Plastik von Rudolf Oelzner;
bez. u. r. »Wittkugel«
Druck: Ratsdruckerei Dresden
Offset, 83,8 x 58,4
Lg.: Landesarchiv Berlin, Rep. 240, Acc. 579, Nr. 99

Seite 179, unten: »Die dagegen waren. Widerstand im Dritten Reich -Ausstellung der Vereinigung der Verfolgten des Naziregimes, Stuttgart, Schloßplatz«; Postkarte, Stuttgart 1947 (beide Slg. Stehle)

7/12 (Abb.)
»Das andere Deutschland. Eine Schau der deutschen Widerstandsbewegung gegen das Naziregime, Berlin, Sept./Okt. 1948«
Ausstellungsplakat mit Aufkleber »Bleibt bis Ende November geöffnet«, 1948
Gest.: bez. o. r. »Gravenhorst«
Druck: Hansa Druck u. Verlag, Berlin SO 36
Offset, 58,7 x 83,5
DHM, Plakatslg.: P 58/724

7/13
»Wie es der Führer befahl – Fotoausstellung im U-Bahnhof Klosterstrasse vom 12. März bis zum 31. März 1946«
Hg.: Deutsche Zentralverwaltung für Volksbildung in der Sowjetischen Besatzungszone
Gest.: bez. o r. »grbl.«
Druck: Stempel-Union Wald-Hamm, Berlin W 30
Schriftplakat, 58,7 x 41,7
DHM Plakatslg.: P 58/709

7/14
»Gericht der Völker – Bilddokumente vom Prozess der größten deutschen Kriegsverbrecher in Nürnberg«
Filmplakat der deutschen Vertretung der Sovexportfilm, 1946
Gest.: bez. u. links »N. Chomow 46.« (in kyrill. Lettern)
Offset, 98 x 68
DHM, Plakatslg.: P 74/425

7/15 (Abb.)
»Müsst ihr am Hydrant euch quälen, Denkt, das kommt vom Hitler-wählen«
Plakat, um 1945
Hg.: Stadt Köln (Text von Oskar Pfeiffer)
Druck: Druckerei Hempel, Köln
60 x 85
Lg.: Historisches Archiv der Stadt Köln

7/16 (Abb.)
»Durch die Strassen Bettlern gleich, Ziehn wir dank dem Nazi-Reich«
Plakat, um 1945
Hg.: Stadt Köln (Text von Oskar Pfeiffer)
Druck: Druckerei Hempel, Köln
60 x 85
Lg.: Historisches Archiv der Stadt Köln

7/17 (Abb.)
»Wir fordern Sühne!«
Plakat zur Erinnerung an nationalsozialistischen KZ-Terror und zur Anmahnung von dessen gerichtlicher Verfolgung, um 1945/46
Gest.: bez. M. r. »Hinterleitner«
Lithographie, 62,5 x 47,5
DHM, Plakatslg.: P 72/995

7/18
»Den Toten zu Ehren – den Lebenden zur Pflicht. Kundgebung zu Ehren der Opfer des Faschismus am 22. September 1946 im Lustgarten«
Veranstaltungsplakat des Berliner Magistrats, 1946
Hg.: ›Hauptausschuss Opfer des Faschismus‹, Magistrat Berlin
Herst.: Hansa Druck u. Verlag, Berlin
Lithographie, 59 x 40
Lg.: Landesarchiv Berlin, Rep. 240, Acc. 579, Nr. 72

7/19
»Nürnberg – Schuldig!«
Plakat zur Aufarbeitung von NS-Vergangenheit vor Abschluß des Nürnberger Hauptkriegsverbrecherprozesses, 1946
Hg.: Zentralverwaltung für Volksbildung in der Sowjetischen Besatzungszone
Gest.: bez. u. M. »Jürgen Freese«
Druck: Julius Süß, Döhlitz-Ehrenberg
Offset, 82 x 55,8
DHM, Plakatsg.: P 60/139

BALTZER
1749
1949
GOETHE
KWU DRESDEN / RATSDRUCKEREI

7/20
»Nie wieder! – darum verhandeln – SPD«
Plakat der SPD, 1946
Hg.: Parteivorstand der SPD, Bonn
Druck: R. Ullmann, Frankfurt a. M.
42 x 30
Lg.: Dortmund, Inst. f. Zeitungsforschung, F 32/9

7/21
»Wählt SPD – Nie wieder Krieg! Nie wieder Diktatur!«
Wahlplakat der SPD, um 1949
Gest.: bez. r. u. »H. Krieg«
Druck: Kunst im Druck, Obpacher AG, München
Lithographie, 59,5 x 41,5
Lg.: Münchner Stadtmuseum, Plakatslg., Nr. A (D) 14.9/5

7/22 (Abb.)
»1749 – 1949 Goethe«
Plakat für die Goethefeiern in der Sowjetischen Besatzungszone, 1949
Hg.: Deutsche Zentralverwaltung für Volksbildung, Bildpropaganda, Berlin
Gest.: bez. M. r. »Baltzer«
Druck: KWU Dresden / Ratsdruckerei
Offset, 83 x 58
DHM, Plakatslg.: P 60/221

7/23
»Geist und Kultur schaffen die Veständigung unter den Völkern – Die Gewerkschaft der geistig und kulturell Schaffenden«
Gest.: bez. M. u. »C. Reiser«
Druck: Vereinigte Kunstanstalten AG, Kaufbeuren
Lithographie, 124 x 87,5
Lg.: Münchner Stadtmuseum, Plakatslg., Nr. C (D) 14.22/1

7/24 (Abb.)
»1955 – Deutsche Schillerehrung 8.-15. Mai, Weimar«
Plakat zum Schiller-Gedenkjahr in der DDR
Gest.: bez. M. r. »Schoner«
Offset, 82 x 59
DHM, Plakatslg.: P 72/841

7/V1
Tischvitrine mit Büchern und Kleinschriften über nationalsozialistische Verbrechen, KZ-Erlebnisse sowie geleisteten Widerstand und den dafür zu fordernden Respekt; außerdem einige Beispiele jener »Besinnungsliteratur«, die in der unmittelbaren Nachkriegszeit geschrieben wurde.
DHM, Bibliothek und Dokumentenslg.

Seite 182: »Helft Ungarn!«; PK zur Unterstützung einer Sammelaktion des ›Ungarischen Hilfsdienstes e. V.‹, München [1956] / »Niemals vergessen! Gedenktag für die Opfer des Faschismus, 15. September 46«; PK hg. v. Landesausschuß Württemberg/Baden der vom Naziregime politisch Verfolgten, datiert 1947 / »Bolschewismus ohne Maske«; PK zur ›Großen antibolschewistischen Ausstellung der Reichspropagandaleitung der NSDAP‹ in Wien, Berlin 1939 / »1848–1948: 100 Jahre Kampf um die deutsche Einheit«; PK nach einem Plakat für die Volkskongreß-Bewegung, datiert 1948 / »Nie! Niemals!«; PK der Volkskongreß-Bewegung zum Volksbegehren vom 23. Mai bis 13. Juni 1948 / »Das ganze Deutschland soll es sein – Magdeburger Reiter«; PK aus einer vom BMG herausgegebenen Serie mit Zeichnungen von Adolf

Raum 8

Das Medium Bildpostkarte im Kalten Krieg: Traditionen und zeitbedingte Ausprägungen von politischer Ikonographie

Das Medium Bildpostkarte meldet sich seit Beginn der 70er Jahre des vorigen Jahrhunderts in Vorläufern an; Anfang der 90er Jahre hat es sich fest etabliert – vornehmlich im Bereich der Firmen- und Produktwerbung. So lag es nahe, daß sich auch patriotisch politische Propaganda bald dieser neuen Vervielfältigungsmöglichkeit bediente, um Sinnbilder, Aufrufe, Heroenbildnisse und Karikaturen zu verbreiten. Während des ersten Weltkriegs wurde in ganz Europa schon eine solche Flut von politischen Motiven und Parolen auf Bildpostkarten publiziert, daß man seitdem in diesem Medium durchaus einen Spiegel sehen kann, der die Ikonographie der politischen Propaganda ziemlich vollständig reflektiert.

Der kenntnisreichen Unterstützung des Münchener Sammlers Karl Stehle verdanken wir die Möglichkeit, hier eine Auswahl von Postkarten zu zeigen, die in thematisch zusammengestellten Tableaus noch einmal die Themenfolge der Ausstellung wiedergibt, und die zudem Karten aus der Zeit vor dem Kalten Krieg präsentiert, an denen sich die vielfältige – politisch oft gegensätzliche – Verwertung bestimmter Zeichen und Motive studieren läßt. Die besonders aufschlußreiche Vielfalt des Mediums Bildpostkarte kommt zustande, weil darin neben gattungsspezifischen Formen und Motiven viele Anregungen sowohl der Plakatgraphik wie der politischen Karikatur verwertet werden. Man findet also neben den »seriöseren« Zeitzeugnissen der offiziellen Politwerbung zugleich die »burlesken«, verzerrenden oder verniedlichenden Belege von Satire und volkstümlichem Spottbild.

Die Bildsprache der Propaganda im Kalten Krieg weist diesseits wie jenseits des Eisernen Vorhangs viele ähnliche Züge auf. So wird auf beiden Seiten gern auf Zeichen und Bildmetaphern zurückgegriffen, die schon in den Reichstagswahlkämpfen vor 1933 und früher gebräuchlich waren. Figuren wie die des anarchistischen Brandstifters, des asiatischen Barbaren, des feisten Kapitalisten im Frack, des militärisch gerüsteten Gerippes oder des riesenhaften Proletariats tauchen ebenso wieder auf, wie die Gesten des begehrlichen Zugriffs, des energischen Auf-die-Finger-Klopfens oder des einigenden, manchmal grenzübergreifenden Handschlags.

Unterschiede in den plakatierten Zeichen und Parolen ergeben sich natürlich aus den jeweils aktuellen politischen Zielsetzungen und Argumentationsmustern. Doch auch auf der Ebene von Bildsprache und Sprachbild sind Differenzen auszumachen, die denen entsprechen, die sich ganz allgemein in der unterschiedlichen Entwicklung künstlerischer Ausdrucksformen in West und Ost erkennen lassen. Während die im westlichen Nachkriegsdeutschland sofort aufgegriffene Tendenz zu Abstraktion und Gegenstandslosigkeit sich auch in der polititischen Werbegraphik immer mehr durchsetzt, hält man im Herrschaftsgebiet des sozialistischen Realismus ausdauernd an naturalistisch ausgemalten Menschen- (und Monster-) Bildern sowie einer erzählenden Bildstruktur fest. Zwar verzichtet man auch im Westen nicht völlig auf idyllische geschönte oder monströs verzerrte Lock- und Schreckbilder, aber häufiger begegnet man den Gestalten von glücklich lachenden, zukunftsfroh vorausblickenden Menschen oder skelettierten Monstern und antropomorphen Bestien in östlicher Politgraphik.

Im Ganzen lassen die Bildpostkarten noch etwas erkennen, was an den Plakaten allein nicht abzulesen ist: Gegenüber dem Zeitraum zwischen 1918 und 1933 erscheint die politische Propaganda des Kalten Krieges allgemein zurückhaltender, in der Diffamierung des Gegners weniger brutal und hemmungslos. Natürlich gibt es auch Häme, aggressiven Spott und niederträchtige Herabsetzung, doch sind Zeugnisse davon weniger auf den Plakatwänden anzutreffen als in den vielfältig zerstreuten Kleinformen von Karikatur und politischem Pamphlet.

Westerdorf, um 1963 (6 Postkarten, Slg. Stehle)

Seite 184: Churchill als Kriegsbrandstifter, PK nach einer Karikatur von B. Jefimov, ČSR, um 1950 / »Das wollen wir – einen gesamtdeutschen konstituierenden Rat«; PK der Nationalen Front der DDR, um 1950 / »Deutsche an einem Tisch!«; PK zur Erinnerung an die Bezirksdelegiertenkonferenz der Nationalen Front des demokratischen Deutschland, Dresden im Februar 1954 / »Il calvario dei prigonieri italiani in Russia«; PK aus einer italienischen Serie, Rom, datiert 1944 / »5. Kolonne«; PK des ›Bund Deutscher Jugend‹, datiert 1951 / »Das ganze Deutschland muß es sein!«; PK aus Westberlin, o. J. (6 Postkarten, Slg. Stehle)

Seite 185: »Mit der Schere löst man keine Agrarfragen…«; PK gegen eine Bodenreform in Bayern

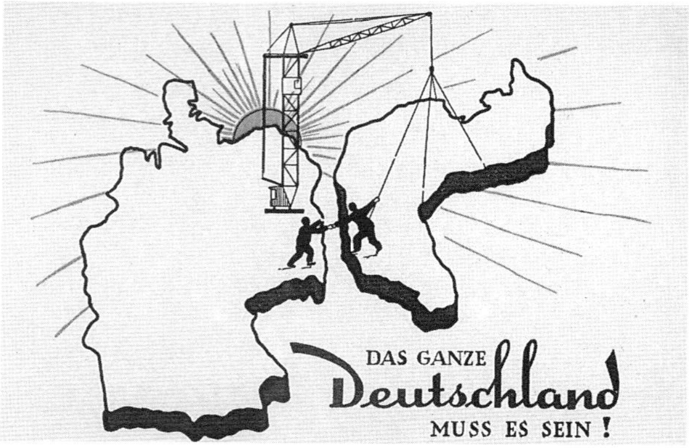

BILDPOSTKARTEN – IKONOGRAPHISCHE ABLEITUNGEN

8/1
Weltumspannende Gesten: Die Weltkugel im Griff imperialistischer, faschistischer und bolschewistischer Machtgier oder aufgehoben in internationaler Solidarität;
12 Postkarten, Slg. K. Stehle, München

8/2
Begehrlicher Zugriff: Eine – oft krallenbewehrte Hand – greift beutegierig über fremde Grenzen hinweg;
10 Postkarten, Slg. K. Stehle, München

8/3
»Brüder in eins nun die Hände ...«: Der Händedruck als Symbol von Einigkeit und gemeinsamer Stärke;
12 Postkarten, Slg. K. Stehle, München

8/4
V wie Victory: Das Victory-Zeichen als Symbol der Achsenmächte und der Anti-Hitler-Koalition;
12 Postkarten, Slg. K. Stehle, München

8/5
Das asiatische Monster: Schreckbilder von slawisch-bolschewistischer Verkommenheit und asiatischer Brutalität;
10 Postkarten, Slg. K. Stehle, München

8/6
Der kapitalistische Schurke und seine internationalen Machenschaften im Bunde mit Stalin (Anti-Hitler-Koalition) und danach;
12 Postkarten, Slg. K. Stehle, München

THEMEN DER AUSSTELLUNG IM MEDIUM BILDPOSTKARTE

8/7
Wirtschaftlicher Aufschwung durch Marshall-Plan und ›European Recovery Programm‹ (ERP);
12 Postkarten, Slg. K. Stehle, München

8/8
Reflexe des wirtschaftlichen Neubeginns in Ost und West;
13 Postkarten, Slg. K. Stehle, München

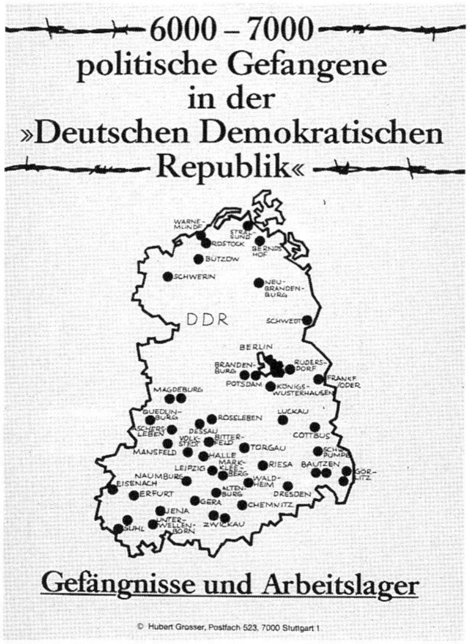

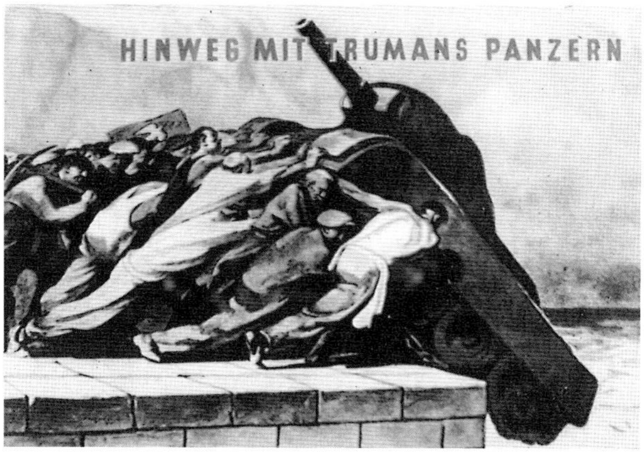

datiert 1948 / »6000-7000 politische Gefangene in der DDR«; PK, Stuttgart o. J. / »Hinweg mit Trumans Panzern«; PK nach einem Gemälde von B. Prorokow, hg. v. Deutschen Komitee der Kämpfer für den Frieden, o. J. / »Niemand hat die Absicht, eine Mauer zu errichten!«; PK gegen die Mauer in Berlin, Westberlin o. J. (4Postkarten, Slg. Stehle)

8/9
Zwei deutsche Armeen in der Blockkonfrontation;
12 Postkarten, Slg. K. Stehle, München

8/10
Nationale und internationale Friedenshoffnungen;
13 Postkarten, Slg. K. Stehle, München

8/11
Pablo Picasso als Propagandist des ›Congrès Mondiaux et Nationaux du Mouvement de la Paix‹ (Weltfriedenskongress);
ein Leporello mit 7 Postkarten, Slg. K. Stehle, München

8/12
Krisen des sozialistischen Lagers: 17. Juni 1953 und Ungarn-Aufstand 1956;
11 Postkarten, Slg. K. Stehle, München

8/13
»Frontstadt« Berlin, ein ständiger Krisenherd;
12 Postkarten, Slg. K. Stehle, München

8/14
Einheit oder Teilung aus östlicher Sicht;
12 Postkarten, Slg. K. Stehle, München

8/15
Einheit oder Teilung aus westlicher Sicht;
13 Postkarten, Slg. K. Stehle, München

8/16
»Das ganze Deutschland soll es sein!« – aus einer Postkartenserie des Bundesministeriums für gesamtdeutsche Fragen;
12 Postkarten, Slg. K. Stehle, München

8/17
»Niemals vergessen« – Erinnerungszeichen der ›Vereinigung der Verfolgten des Naziregimes‹ (VVN);
12 Postkarten, Slg. K. Stehle, München

Zeittafel

Eine neue Weltordnung nach dem Kriege – Pax Americana oder Pax Sovietica?

16.11.33 Sechzehn Jahre nach der Oktoberrevolution wird die UdSSR von den Vereinigten Staaten von Amerika völkerrechtlich anerkannt.

Die politisch strategische Entscheidung von Präsident Roosevelt führt jedoch nicht zu einer schnellen und grundlegenden Veränderung der Beziehungen zwischen den beiden Staaten. William C. Bullitt, der erste US-Botschafter in der Sowjetunion, bezweifelt im Sommer 1935, daß »normale Beziehungen« zur Union der Sowjetrepubliken möglich seien.

1936

1. bis 16.8.36 Während der XI. Olympischen Spiele ist die »Jugend der Welt« zu Gast in Berlin. Die Nationalsozialisten haben ihre Anhänger für die Dauer der Spiele zu zivilen Verhaltensformen vergattert und können sich deshalb einen beachtlichen Propagandaerfolg gutschreiben.

1939

23.8.39 Der Abschluß des Hitler-Stalin-Paktes stört das Verhältnis zwischen den USA und der UdSSR erheblich.

1.9.39 Die deutsche Wehrmacht greift Polen an und löst damit den Zweiten Weltkrieg aus.

1941

11.3.41 In den USA tritt das ›Leih- und Pachtgesetz‹ (›Lend and Lease Act‹) in Kraft.

Das Gesetz gibt dem US-Präsidenten die Vollmacht, Waffen, Kriegsmaterial und Lebensmittel an solche Länder zu liefern, deren Verteidigung gegen den Zugriff der totalitären Achsenmäche als lebensnotwendig (»vital«) angesehen wird. Lieferungen gehen zunächst vorwiegend an England und die Commonwealth-Staaten; insbesondere in den Kriegsjahren 1942/43 wird dann auch die Sowjetunion über Murmansk-Archangelsk, Wladiwostok, den Iran und Indien beliefert.

22.6.41 Um 3.15 Uhr beginnt der Angriff der Deutschen Wehrmacht auf die UdSSR (›Unternehmen Barbarossa‹).

Mit der Bedrohung anglo-amerikanischer Interessen durch die Achsenmächte gewinnt die Sowjetunion im Westen an Stellenwert. Allerdings bleibt die amerikanische Haltung nach dem Bruch des Hitler-Stalin-Paktes zunächst noch abwartend. Dieses Zögern, das von der Regierung der Sowjetunion als Gleichgültigkeit registriert wird, gründet nicht nur in dem für die USA traditionellen Zusammenhang von Isolationismus und Antikommunismus; es ergibt sich auch aus der pragmatischen Überlegung, daß die seit dem Hitler-Stalin-Pakt mögliche doppelte Bedrohung durch die Achsenmächte und die Sowjetunion nun nicht mehr zu befürchten sei.

3.7.41 In seiner ersten Rundfunkrede nach dem deutschen Überfall proklamiert Stalin den »Großen Vaterländischen Krieg« und ruft zu Partisanen-Einsätzen auf.

14.8.41 In der ›Atlantic-Charter‹ – einer gemeinsamen Erklärung von US-Präsident Roosevelt und dem britischen Premierminister Churchill – abgegeben nach einer Konferenz an

Bord des vor Neufundland liegenden US-Schlachtschiffs ›Augusta‹ – wird die Sowjetunion mit den anglo-amerikanischen Kriegszielen konfrontiert: »Politik der offenen Tür« in einer Welt gleichberechtigter, souveräner Staaten, Selbstbestimmungsrecht der Völker sowie freier Welthandel bei ungehindertem Zugang zu allen Rohstoffen.

Obwohl diese Prinzipien sich damals vordringlich gegen die deutschen und japanischen Weltmachtambitionen richten, lassen sie sich auch interpretieren, als seien sie schon gegen kommunistische Expansionsbestrebungen deklariert. Hier wird ein später deutlich hervortretender ordnungs- und machtpolitischer Gegensatz erkennbar.

7. 11. 41 Die UdSSR wird in die Lieferungen der USA nach dem ›Leih- und Pachtgesetz‹ einbezogen.

7. 12. 41 Japanische Kampfflugzeuge überfallen die im Marinestützpunkt Pearl Harbor auf Hawaii liegende US-Pazifik-Flotte.

Der überraschende Großangriff und gleichzeitig damit beginnende japanische Landeoperationen dehnen den Krieg auf den pazifischen Raum aus.
Die USA und Großbritannien erklären Japan den Krieg. Hitler hat Japan erst am 5. Dezember Unterstützung im Kriegsfalle zugesagt; am 11. Dezember erklären Deutschland und Italien daher den USA den Krieg. Am selben Tag schließen die drei Achsenmächte ein Abkommen über die gemeinsame Kriegführung, in dem sie sich verpflichten, ohne gegenseitiges Einvernehmen weder mit den USA noch mit Großbritannien einen Waffenstillstand zu vereinbaren oder einen Separatfrieden zu schließen.

1942

26. 5. 42 In London schließen Großbritannien und die Sowjetunion einen auf 20 Jahre befristeten Beistandsvertrag ab, in dem ein Separatfrieden mit Deutschland ausgeschlossen wird.

Schon im Jahr zuvor – unmittelbar nach dem deutschen Überfall auf die Sowjetunion – hatten die beiden Staaten gegenseitige Hilfe sowie einen Plan zur gemeinsamen Invasion in Persien vereinbart. Als Premierminister Churchill dann im August 1942 nach Moskau reiste, wurde deutlich, daß der Kreml inzwischen zu einem der weltpolitischen Entscheidungszentren geworden war.

11. 6. 42 Die USA und die UdSSR vereinbaren ein Abkommen über die Grundsätze gegenseitiger Hilfeleistungen.

1943

14. bis 25. 1. 43 Konferenz von Casablanca – US-Präsident Roosevelt und Premierminister Churchill sowie die Führungsstäbe der amerikanischen und britischen Streitkräfte verständigen sich über die weiteren Operationen im Mittelmeerraum; die Formel von der »bedingungslosen Kapitula-

JAHRESBILANZ

19. Dezember 1941 — 19. Dezember 1942

Vor einem Jahr hat Adolf Hitler den Oberbefehlshaber des Heeres Generalfeldmarschall von Brauchitsch entlassen und persönlich den Oberbefehl des Heeres übernommen. Was hat der Oberbefehlshaber in diesem Jahr erreicht?

OSTFRONT:

Entgegen dem Rate Brauchitschs bezog Hitler im Winter 1941-42 keine Verteidigungsstellungen, sondern setzte die deutschen Soldaten schutzlos der russischen Offensive und dem russischen Winter aus: Hunderttausende kamen um. Brauchitsch wurde entlassen.

Entgegen dem Rate Halders und Bocks zersplitterte Hitler im Sommer 1942 die deutschen Kräfte in zwei gleichzeitigen Offensivstössen. Beide verfehlten ihr Ziel. Stalingrad wurde nicht genommen, der Kaukasus wurde nicht bezwungen. Halder und Bock wurden entlassen. Hunderttausende wurden nutzlos geopfert. Die Russen sind zur Gegenoffensive übergegangen.

Flugblatt der Alliierten für die deutsche Wehrmacht zur Lage an der Ostfront

Links oben: Reichskanzler Adolf Hitler eröffnet die Olympischen Sommerspiele 1936 in Berlin.

Links unten: Der sowjetische Außenminister Molotow wird am 12. 11. 1940 von Reichsaußenminister Ribbentrop zu Verhandlungen in Berlin empfangen. (BAK)

Resultat des Bombenkrieges 1944/45: Häuserruinen im zerbomten Berlin

tion« der Kriegsgegner wird verkündet.

15.5.43 KOMINTERN – die dritte, 1919 in Moskau gegründete ›Kommunistische Internationale‹ wird im Interesse des gegen NS-Deutschland geschlossenen Bündnisses der UdSSR mit den Westmächten aufgelöst.

19. bis 30.10.43 Eine Außenministerkonferenz in Moskau faßt den Beschluß zur Bildung der ›European Advisory Commission‹ (EAC), die Grundzüge alliierter Politik nach dem Sieg über das nationalsozialistische Deutschland ausarbeiten soll.

28.11. bis 1.12.43 Konferenz von Teheran – die Alliierten erzielen eine vorläufige Einigung über die gemeinsame Besetzung Deutschlands, die Westverschiebung Polens und einen sowjetischen Anspruch auf Teile Ostpreußens.

1944

6.6.44 Beginn der alliierten Landung in der Normandie

Mit der Invasion in Westeuropa wird endlich die von Stalin zur Entlastung der Roten Armee seit 1942 geforderte »Zweite Front« gegen die deutsche Wehrmacht eröffnet. Die dringend erwartete Entlastungsaktion der Alliierten im Westen erschien aus sowjetischer Sicht bewußt verzögert worden zu sein. Der Verdacht ungleicher Lastverteilung förderte das Mißtrauen unter den Partnern der Anti-Hitler-Koalition.

12.9.44 In der EAC in London wird das ›Londoner Protokoll‹ über die Zonen- bzw. Sektorenteilung in Deutschland abgefaßt.

4.10.44 Churchill und Stalin verständigen sich über eine Aufteilung Südosteuropas in Einflußsphären.

16.10.44 Die Rote Armee erreicht deutsches Gebiet.

21.10.44 Die US-Army besetzt Aachen.

1945

3.1.45 Der sowjetische Außenminister Molotow übergibt dem amerikanischen Botschafter ein formelles Gesuch um Kapitalhilfe für den Wiederaufbau in der UdSSR.

In amerikanischen Regierungskreisen wird ausführlich darüber diskutiert, wie sich die finanzpolitische Überlegenheit der USA am wirkungsvollsten gegenüber der Sowjetunion ausspielen ließe. Man reagiert hinhaltend; es kommt schließlich zu keiner Übereinkunft. Für die Notlage in der UdSSR haben die kommerziell denkenden Amerikaner kein Verständnis. In der Sowjetunion hingegen muß die Tatsache, daß von dem kapitalkräftigen »Waffenbruder« keine Kredithilfen für die Beseitigung der immensen Kriegszerstörungen im eigenen Lande zu bekommen sind, die ohnehin von Mißtrauen geprägten Beziehungen zu den USA weiterhin belasten.

4. bis 11.2.45 Auf der Krim-Konferenz in Jalta werden unterschiedliche Auffassungen über eine künftige Weltordnung erkennbar. Dem sowjetischen Interesse an einer Vereinbarung über gegenseitig respektierte Einflußsphären setzt Präsident Roosevelt Vorstellungen von einer »Politik der offenen Tür« in einer geeinten Welt entgegen, die deutlich von Freihandelsinteressen bestimmt sind.

Roosevelt dringt erfolgreich auf die Verabschiedung einer ›Erklärung über das befreite Europa‹, worin auf das in der ›Atlantic-Charter‹ geforderte Selbstbestimmungsrecht der Völker Bezug genommen wird. Sowjetische Politiker sehen hinter der »Open-Door«-Strategie der USA die Absicht einer ökonomi-

schen Aggression und verweisen auf Lateinamerika, das von den Vereinigten Staaten als traditionelle, von fremden Einmischungen freizuhaltende Interessensphäre behandelt wird. Das demonstrative Festhalten der Amerikaner an den Grundsätzen der ›Atlantic Charter‹ steht zudem in Widerspruch zu sowjetischen Sicherheitsinteressen und der daraus abgeleiteten Vorstellung von einem der UdSSR im Westen vorgelagerten Glacis befreundeter Staaten, mit denen eine sowjetische Einflußsphäre abgesichert werden kann. Stalin durchschaut jedoch, daß die Erklärung für seinen Gegenspieler vor allem aus innenpolitischen Gründen wichtig ist; daß daraus ein Hebel zur Durchsetzung der US-Politik in Osteuropa werden könnte, muß er nicht befürchten.

12.4.45 Franklin D. Roosevelt, seit 1933 Präsident der USA, stirbt; Vizepräsident Harry S. Truman übernimmt am selben Tag die Präsidentschaft.

17.4.45 General Lucius D. Clay wird zum stellvertretenden US-Militärgouverneur im besetzten Deutschland ernannt.

25.4.45 Einheiten der Roten Armee und der US-Army begegnen sich in der Nähe von Torgau an der Elbe.

Die Begrüßung ist von Erleichterung und freundschaftlicher Begeisterung geprägt: Die Fronttruppen der Alliierten sind motiviert von den Kriegszielen der Anti-Hitler-Koalition und begegnen sich mit gegenseitigem Respekt vor den Leistungen der Waffenbrüder. Erst als in der praktischen Ausführung der Besatzungspolitik erhebliche Differenzen erkennbar und spürbar werden, gehen die westlichen Alliierten zunehmend auf Distanz zur Sowjetischen Militäradministration und deren Besatzungstruppen. Unter amerikanischen Militärs und Regierungsbeamten regt sich zudem erneut altes Mißtrauen, als die von Soldaten der vorrückenden Roten Armee begangenen Gewalttaten sowie stalinistische Praktiken des Besatzungsregimes bekannt werden. Schon in Berichten aus dem Frühsommer 1945 ist die Rede von einer »Invasion Europas durch Barbaren«, von »asiatischen Horden« und »kürzlich erst zivilisierten mongolischen Banditen«.

1.5.45 Frankreich tritt dem alliierten Abkommen über die Kontrolle Deutschlands bei.

8.5.45 Bedingungslose Kapitulation der Deutschen Wehrmacht

12.5.45 Die Lieferungen der USA nach dem ›Leih- und Pachtgesetz‹ werden abrupt eingestellt. Mit Ladung für die Sowjetunion ausgelaufene Schiffe werden auf See gestoppt und zurückbeordert.

Zwar wurden die gröbsten Härten der Einstellungsverfügung bald wieder modifiziert, doch da die Amerikaner es versäumt hatten, Modalitäten für die Einstellung der Lieferungen nach dem Sieg über den Nationalsozialismus auszuarbeiten, blieben die Gründe für den schnellen Lend-Lease-Stop unklar. Ist er

Wehrmachtsangehörige ergeben sich in Mannheim amerikanischen Soldaten. (BAK)

Zusammentreffen amerikanischer und sowjetischer Soldaten bei Kriegsende (BAK)

auch nicht als vorsätzlich antisowjetischer Akt zu interpretieren, so konnten seine tatsächlichen Auswirkungen doch nur zu einer Belastung der Beziehungen zwischen Sowjetunion und USA führen. Auf sowjetischer Seite wurde die Furcht vor einem aggressiven Wirtschaftsimperialismus der USA dadurch weiter verfestigt.

Bekanntmachung zum Wechsel der Besatzungstruppen in Sachsen-Anhalt und Thüringen im Juni 1945

Die Rote Armee marschiert in Halle ein!

Der Abzug der amerik. Truppen ist in vollem Gange.

Das geräumte Gebiet wird von der Roten Armee besetzt.

Ueber die Frage, sollen wir die Antifaschistische Bevölkerung von **Halle** auffordern, der **Roten Armee** einen würdigen Empfang zu bereiten, ist wohl eine Diskussion überflüssig.

Es genügt, die Gegenfrage zu stellen: Wie würde es auf die **Roten Armee** wirken, wenn jeder Empfang unterbleibt.

Wir begrüßen mit der Roten Armee ihren Marschall Stalin, der im Bunde mit den Führern der Verbündeten Churchill und Truman die Aktionen gegen die Kriegs-

Von den Soldaten der Roten Armee wird und wurde in dieser Hinsicht nicht mehr gefrevelt, wie von den Soldaten anderer Armeen auch. Es gibt keinen einzigen Fall, wo von den führenden Männern der **Roten Armee** oder der **Sowjetunion** derartige Verfehlungen gutgeheißen werden. Ja sogar mit der Todesstrafe wurde gegen die vorgegangen, die das Ehrenkleid der **Roten Armee** durch unsaubere Handlungen beschmutzt haben.

Der Soldat der **Roten Armee** kommt nicht als Feind des deutschen Volkes, er ist der Feind der Naziverbrecher, **er kommt als Freund aller Antifaschisten.** Der Soldat der **Roten Armee** ist es gewöhnt, durch sein Verhalten und Betragen **Freunde für die Sowjetunion zu werben.**

Antifaschisten, wir müssen uns das Vertrauen der Roten Armee erst erworben

Churchill, Truman und Stalin auf der Potsdamer Konferenz im Juli 1945 (BAK)

Als zudem klar wird, daß auch das sowjetische Ersuchen um amerikanische Kredithilfe ergebnislos bleiben würde, gewinnen mögliche Reparationen aus dem besiegten Deutschland an politischem Gewicht. Für die Sowjetunion bieten die Reparationsentnahmen nunmehr die einzige Möglichkeit, erlittene Kriegsverluste und die ungeheuren Zerstörungen im eigenen Land materiell zu kompensieren. An der Reparationsfrage, die dauerhafter Streitpunkt alliierter Besatzungspolitik bleibt, wird schließlich ein Funktionsmechanismus des Kalten Krieges erkennbar: Die Versuche der Amerikaner, ihre Wirtschaftsmacht politisch zu instrumentalisieren, um sowjetische Konzessionsbereitschaft zu erzwingen, wirken sich letzlich konfliktverschärfend aus.

5. 6. 45 Während einer ersten Zusammenkunft in Berlin unterzeichnen die Oberbefehlshaber der alliierten Streitkräfte in Deutschland die ›Berliner Deklaration‹.

Das von der ›European Advisory Commission‹ vorbereitete Dokument ist die »Erklärung über die Niederlage Deutschlands und zur Übernahme der Regierungsgewalt in Deutschland durch die Alliierten«; es trägt die Unterschriften von Armeegeneral Dwight D. Eisenhower, Marschall Georgij K. Schukow, Feldmarschall Viscount Bernhard L. Montgomery und Armeegeneral Jean de Lattre de Tassigny.

10. 6. 45 Der Befehl Nr. 2 der SMAD ermöglicht die Bildung und Tätigkeit antifaschistischer Parteien und freier Gewerkschaften in der Sowjetischen Besatzungszone und Berlin.

26. 6. 45 Gründung der UNO. Vertreter von 51 Staaten unterzeichnen in San Francisco die Charta der Vereinten Nationen.

17. 07. bis 2. 8. 45 Potsdamer Konferenz. Während einer Sitzung in Cecilienhof – am 24. Juli – wird Stalin von Präsident Truman beiläufig über die Auswirkungen der in Amerika getesteten Atombombe unterrichtet.

Noch während der Konferenz tritt der in der ›Berliner Deklaration‹ vorgesehene Alliierte Kontrollrat in Berlin zu seiner ersten Sitzung zusammen.
Dem Rat der Oberbefehlshaber der vier Besatzungsmächte obliegt die oberste Regierungsgewalt in Deutschland; die Ausübung dieser Machtbefugnis wird jedoch dadurch behindert, daß das Gremium an einstimmige Beschlüsse gebunden ist.

6.8.45 Hiroshima wird von einer amerikanischen Atombombe verwüstet; drei Tage später wird eine zweite über Nagasaki abgeworfen.

2.9.45 Unterzeichnung der Kapitulation Japans

10.9. bis 2.10.45 Erste Konferenz des Rates der Außenminister in London

1946

9.2.46 In einer öffentlichen Rede spricht Stalin von dem andauernden Antagonismus zwischen Kapitalismus und Kommunismus, aus dem solange Kriege hervorgehen werden, bis der Kommunismus den Kapitalismus als weltwirtschaftliche Organisationsform abgelöst hat.

Die Rede bezieht sich auf den neuen, noch nicht verabschiedeten Fünfjahrplan der Sowjetunion und auf die damit zu treffende Entscheidung über einen Vorrang der Schwerindustrie vor der Konsumgüterindustrie. Die darin referierten Grundannahmen marxistisch-leninistischer Theorie werden in durchaus moderatem Ton vorgetragen, erhalten aber für westliche Zuhörer vielleicht besondere Brisanz, weil Stalin eine Serie von Fünfjahrplänen und eine Verdreifachung der jährlichen Stahlproduktion ankündigt. Diese im Hinblick auf einen noch nicht besiegten Imperialismus für notwendig erklärte neuerliche Mobilisierung des Landes wird jedenfalls von vielen amerikanischen Beobachtern als Ausdruck »weltrevolutionärer« Eroberungsabsichten verstanden; das Nachrichtenmagazin ›Time‹ charakterisiert sie als die »kriegerischste Äußerung irgendeines führenden Staatsmannes« seit Beendigung des Zweiten Weltkrieges.

22.2.46 George F. Kennan schickt aus Moskau sein »Langes Telegramm« nach Washington, eine Analyse der »Grundzüge sowjetischen Verhaltens seit Kriegsende« von rund 8000 Wörtern, das in amerikanischen Regierungskreisen mit größter Aufmerksamkeit zur Kenntnis genommen wird.

Das »Lange Telegramm« liefert der Truman-Regierung in dem Moment eine Interpretation der sowjetischen Politik, als diese sich darauf einrichtet, gegenüber dem Kongreß einen harten Antikommunismus zur Schau zu stellen, um Mittel für die eigene Politik der Auslandshilfen zu erhalten. Es löst intensive Diskussionen aus und beeinflußt die künftige US-Politik erheblich. »Der Weltkommunismus ist wie ein bösartiger Parasit, der sich nur von erkranktem Gewebe ernährt. Das ist der Punkt, in dem Innen und Außenpolitik sich treffen.« Mit solchen Feststellungen verschafft Kennan der Truman-Administration eine Legitimation für die fortan nach innen wie nach außen demonstrierte antikommunistische Härte.

2.3.46 Iran-Krise – Die Sowjetunion hält den vereinbarten Termin zum Abzug ihrer Truppen aus dem Iran nicht ein.

Schon am 19. Januar des Jahres hat die persische Regierung den Aserbeidschan-Konflikt mit der UdSSR vor den UNO-Sicherheitsrat gebracht. Die schwelende Krise spitzt sich weiter zu, als der zugesicherte Truppenabzug hinausgezögert wird, weil die Regierung der Sowjetunion vorher noch ein Abkommen über eine Beteiligung an der iranischen Ölförderung zum Abschluß bringen will.

5.3.46 Rede Churchills in Fulton/Missouri; darin spricht der britische Politiker erstmals öffentlich von einem Eisernen Vorhang (»iron curtain«), der »von Stettin an der Ostsee bis Triest an der Adria« den europäischen Kontinent teile.

»Kriegstreiber« Churchill: Karikatur von Boris Jefimow

Die Rede ist mit führenden amerikanischen Politikern vorher abgestimmt worden; die starke Hervorhebung einer sowjetischen Bedrohung dient auch dem Zweck, die Abgeordneten des US-Kongresses auf eine Bewilligung von Krediten in Milliardenhöhe für Großbritannien einzustimmen. In einem ›Prawda‹-Interview vom 13. des Monats äußert sich Stalin zur Fulton-Rede Churchills: »Dem Wesen der Sache nach stellten Mr. Churchill und seine Freunde in England und in den Vereinigten Staaten den nicht Englisch sprechenden Nationen eine Art Ultimatum: Erkennt ihr unsere Herrschaft freiwillig an, so wird alles in Ordnung sein, im entgegengesetzten Fall ist der Krieg unvermeidlich.«

28. 3. 46 Der Industrieplan des Alliierten Kontrollrats wird veröffentlicht.

Der Plan ist in langwierigen Verhandlungen des Alliierten Kontrollrats vereinbart worden. Für alle vier Zonen gemeinsam legt er die Grenzen für eine künftig zugelassene Industriekapazität sowie Produktionsbeschränkungen für einzelne Branchen fest; die besonders umstrittene Stahlerzeugung soll durch eine Quote von 39 Prozent der Vorkriegsproduktion kleingehalten werden, der chemischen Industrie werden 40 Prozent, der Leichtmetallproduktion 54 Prozent zugestanden; 1800 Betriebe sind zur Demontage vorgesehen.

Gründungsparteitag der SED in Berlin: Der Vorsitzende Wilhelm Pieck trägt das Banner mit dem Emblem der Einheitspartei.

21. bis 22. 4. 46 Auf dem Vereinigungsparteitag von KPD und SPD in Berlin wird die Gründung der ›Sozialistischen Einheitspartei Deutschlands‹ (SED) beschlossen; anstelle der vorherigen Parteiblätter ›Das Volk‹ (SPD) und ›Deutsche Volkszeitung‹ (KPD) erscheint nun seit dem 23. April ›Neues Deutschland‹ als Zentralorgan der SED.

25. 4. bis 12. 7. 46 Zweite Außenministerkonferenz in Paris

Die Konferenz beschäftigt sich in zwei Sitzungsperioden mit der Situation Deutschlands. US-Außenminister Byrnes fordert am 11. Juli den wirtschaftlichen Zusammenschluß der vier Besatzungszonen und lädt die anderen Besatzungsmächte zur ökonomischen Vereinigung mit der US-Zone ein; nur die Briten zeigen Interesse an diesem Angebot, während Außenminister Molotow auf den sowjetischen Reparationsansprüchen beharrt und die Besatzungspolitik der Westmächte kritisiert. Die Konferenz endet einen Tag später mit der Abreise der sowjetischen Delegation. Die Amerikaner wiederholen ihre Einladung am 20. Juli im Alliierten Kontrollrat, und der britische Militärgouverneur nimmt sie kurz darauf offiziell an; damit wird der Prozeß zur Bildung einer »Bizone« in Gang gesetzt.

25. 5. 46 General Clay verkündet die Einstellung der Reparationslieferungen aus der Amerikanischen Besatzungszone an die UdSSR.

8. bis 10. 6. 46 In Brandenburg (Havel) veranstaltet die ›Freie Deutsche Jugend‹ (FDJ) ihr 1. Parlament.

Die sozialistische Jugendorganisation wird schon am 7. März des Jahres im Sowjetischen Sektor Berlins gegründet, allerdings nur mit Lizenz der Sowjetischen Militärverwaltung. Da sie mit monopolistischem Anspruch auftritt, verweigern die westlichen Besatzungsmächte zunächst ihre Genehmigung. Der bereits im März mit dem Vorsitz betraute Erich Honecker wird vom 1. Parlament bestätigt.

6. 9. 46 Im Stuttgarter Staatstheater erläutert der amerikanische Außenminister Byrnes in einer Rede vor Mitgliedern der US-Militärregierung und den Ministerpräsidenten aus der Amerikanischen Besatzungszone die Grundsätze der amerikanischen Besatzungspolitik in Deutschland.

In der Rede werden bekannte Prinzipien und Forderungen der amerikanischen Politik mit neuer Entschiedenheit vorgetragen. Ihr besonderes Gewicht er-

hält sie aber vor allem durch die Erklärung, daß die USA sich möglicherweise noch lange in Europa engagieren würden: »Wir werden uns unseren Pflichten nicht entziehen. Wir ziehen uns nicht zurück. Wir bleiben hier und werden unseren Anteil an Sicherheitskräften zur Verfügung stellen.«

1.10.46 Der Internationale Gerichtshof in Nürnberg verkündet die Urteile im Hauptkriegsverbrecherprozess.

Von den 22 hohen Funktionären des NS-Regimes, die als »Hauptkriegsverbrecher« angeklagt sind, werden drei freigesprochen, sieben erhalten Freiheitsstrafen, zwölf werden zum Tode durch den Strang verurteilt. Die Todesurteile werden am 16. Oktober 1946 vollstreckt.

20.10.46 In Berlin finden die ersten freien Wahlen seit 1933 statt, für die von der Alliierten Kommandantur eine gleichmäßige Behandlung aller Parteien in allen Sektoren der Stadt angeordnet und kontrolliert wird. Wahlsieger wird die SPD mit 48,7 Prozent der Stimmen; die SED erhält in Berlin 19,8 Prozent, in den gleichzeitig stattfindenden Landtagswahlen in der Sowjetischen Besatzungszone 47,6 Prozent der Stimmen.

2.12.46 Das »Bizonen«-Abkommen wird von den Außenministern der USA, Byrnes, und Großbritanniens, Bevin, unterzeichnet.

4.11. bis 11.12.46 In New York findet die dritte Konferenz der Außenminister der vier Alliierten statt.

1947

1.1.47 In Westdeutschland tritt die Zusammenlegung der Amerikanischen und Britischen Besatzungszonen zum Vereinigten Wirtschaftsgebiet der »Bizone« in Kraft.

Passanten informieren sich auf der Straße über die Urteile im Nürnberger Hauptkriegsverbrecher-Prozeß. (BAK)

21.1.47 Als Nachfolger von James Byrnes übernimmt George Marshall das US-Außenministerium.

21.2.47 Die britische Regierung gibt der amerikanischen offiziell bekannt, sie sehe sich wegen der Wirtschaftskrise im eigenen Land nicht mehr imstande, die Militär- und Wirtschaftshilfe für Griechenland und die Türkei fortzusetzen.

10.3. bis 24.4.47 Die vierte Außenministerkonferenz in Moskau führt wiederum zu keinerlei Fortschritten in der Deutschlandfrage.

12.3.47 Eine Kongreßbotschaft von Präsident Truman hat den unmittelbaren Zweck, die Kongreßabgeordneten zu bewegen, 400 Millionen Dollar Unterstützungsmittel für Griechenland und die Türkei sowie die Entsendung von amerikanischem Militär- und Zivilpersonal in diese Länder zu bewilligen.

Um die Bewilligung zu erhalten, dramatisiert der US-Präsident die Situation in Südosteuropa zu einem globalen Krisenszenario, in dem der Wille einer Minderheit »mit Gewalt der Mehrheit gegenüber geltend gemacht wird«. Da

US-Präsident Harry S. Truman spricht vor dem amerikanischen Kongreß. (BAK)

Holzschuhverkäuferinnen im kriegszerstörten Berlin

die politische Stimmung im Lande inzwischen deutlich antitotalitär und antisowjetisch ist, wird die Erklärung seiner politischen Zielsetzung als programmatische »Truman-Doktrin« aufgefaßt und akzeptiert: »Ich bin der Ansicht, daß wir den freien Völkern beistehen müssen, ihr eigenes Geschick auf ihre Weise zu bestimmen. Ich glaube, daß unser Beistand in erster Linie in Form von wirtschaftlicher und finanzieller Hilfe gewährt werden sollte, eine Hilfe, die wesentlich ist für die wirtschaftliche Stabilität und ordnungsgemäße politische Entwicklung.«

15.3.47 General Clay wird US-Militärgouverneur in Deutschland und übernimmt zugleich das Kommando über die US-Streitkräfte in Europa.

22.3.47 Präsident Truman erläßt den ›Loyalty Act‹, womit die Überprüfung der politischen Ansichten und Zugehörigkeiten aller US-amerikanischen Bundesangestellten ermöglicht wird.

Mit diesem amerikanischen »Radikalenerlaß« versucht sich die Truman-Regierung innenpolitische Glaubwürdigkeit zu sichern; sie leistet damit Tendenzen der Subversionshysterie Vorschub, die sich bald darauf im ›Komittee für unamerikanische Aktivitäten‹ des Abgeordnetenhauses regen.

3.5.47 Gegen den Protest der US-Militärregierung findet in dem im Sowjetischen Sektor Berlins gelegenen Deutschen Theater die deutsche Erstaufführung des antiamerikanischen Tendenzstückes ›Die russische Frage‹ von Konstantin Simonow statt.

5.6.47 In einer Rede an der Harvard University kündigt US-Außenminister Marshall ein Hilfsprogramm für den Wiederaufbau Europas an.

6. bis 7.6.47 Eine Konferenz der Ministerpräsidenten aller deutschen Länder, zu der der bayrische Ministerpräsident Ehard nach München eingeladen hat, scheitert noch vor ihrem offiziellen Beginn, da man sich nicht auf eine Tagesordnung einigen kann. Nach Abreise der Länder-Vertreter aus der Sowjetischen Besatzungszone kommt es lediglich zu Besprechungen der westdeutschen Ministerpräsidenten.

Nach dem Scheitern der Moskauer Außenministerkonferenz plant Ehard eine Konferenz der Ministerpräsidenten aller deutschen Länder als Initiative zur Bewahrung der Einheit der Nation. Während der Vorbereitungen stellt sich heraus, daß den Länderchefs aus der Französischen Besatzungszone eine Teilnahme nur gestattet ist, wenn nicht über politische Fragen zur deutschen Einheit verhandelt wird. Man vereinbart folglich eine Tagesordnung zu den Problemkreisen Ernährungsnot, Wirtschaftsnot und Flüchtlingsnot. Vorbesprechungen der Ministerpräsidenten der fünf Länder in der Sowjetischen Besatzungszone sowie innerhalb der SED-Führung resultieren in einer anderen Verhandlungsstrategie. Als die kaum noch erwarteten Vertreter der Ostzonen-Länder am 5. Juni überraschend in München eintreffen, verlangen sie, als ersten Verhandlungspunkt die »Bildung einer deutschen Zentralverwaltung« anzusetzen. Da die westlichen Ländervertreter sich nicht imstande sehen, gegen den Vorbehalt der französischen Besatzungsmacht zu entscheiden, reisen die Ministerpräsidenten aus der Sowjetischen Besatzungszone noch am selben Tage wieder ab.

In der Macht der Konferenzteilnehmer liegt es damals wahrscheinlich nicht,den Fortgang der deutschen Spaltung aufzuhalten. Immerhin zeigt die Entscheidung, der bedingten Verhandlungsbereitschaft der ostzonalen Konferenzteilnehmer weniger Gewicht beizumessen als der verordneten Beschränkung der Ministerpräsidenten aus der Französi-

schen Zone, daß man auf westlicher Seite für eine Initiative zur Bewahrung der Einheit der Nation nicht sehr viel riskieren will. Jedenfalls ist man sich der Konsequenz bewußt, daß ein Scheitern gemeinsamer Verhandlungen »die Spaltung Deutschlands bedeute« (Ehard).

16. 6. 47 In der ›Prawda‹ erscheint eine erste, ablehnende Stellungnahme zu der Rede von US-Außenminister Marshall vom 5. Juni.

Bezug nehmend auf das kurz zuvor von Präsident Truman verkündete Engagement der USA in Griechenland und der Türkei, sieht der sowjetische Kommentator in Marshalls Vorschlägen »im Grunde genommen denselben Trumanplan der Einmischung in die inneren Angelegenheiten anderer Staaten«. Die Befürchtung, eine Integration der osteuropäischen Staaten in das geplante Wiederaufbauprogramm könnte möglicherweise die Kontrolle der sowjetischen Politik über die eigene Einflußsphäre in Frage stellen, ist angesichts der von den USA bevorzugten Methoden der wirtschaftlichen Zusammenarbeit nicht ganz abwegig.

18. 6. 47 Die Außenminister Frankreichs und Großbritanniens, Bidault und Bevin, laden ihren sowjetischen Kollegen Molotow zu Konsultationen über den Marshall-Plan ein.

Während der bald darauf in Paris beginnenden Gespräche kommt es zu keiner Annäherung der Standpunkte. Am 1. Juli erhält Molotow ein Telegramm aus Moskau, das ihn veranlaßt, die britisch-französischen Vorstellungen zum Wiederaufbau Europas im Rahmen des Marshall-Plans zurückzuweisen. Entsprechend der sowjetischen Besorgnis über die wirtschaftliche Überlegenheit der USA lehnt er ein gemeinsames Wiederaufbauprogramm als »zur Beseitigung der wirtschaftlichen Unabhängigkeit führend« und deshalb »mit der Wahrung der nationalen Souveränität unvereinbar« ab.

4. 7. 47 Von Paris aus werden alle Regierungen europäischer Staaten – mit Ausnahme der sowjetischen und der spanischen – zu einer Konferenz eingeladen, um über ein europäisches Wiederaufbauprogramm auf der Grundlage des Hilfsangebots der USA zu beraten.

Propaganda gegen den Marshall-Plan während einer Herbstmesse in Leipzig, nach 1948 (BPK)

Auch die Regierungen der osteuropäischen Staaten sagen ihre Teilnahme zunächst zu. Sie werden dann jedoch von Moskau unter Druck gesetzt und zur Absage veranlaßt. Jugoslawien, Rumänien, die Tschechoslowakei, Ungarn, Rumänien, Albanien, Polen und selbst Finnland sagen ab. Damit erweist sich, über wieviel Souveränität die unter sowjetischem Einfluß stehenden Regierungen tatsächlich verfügen. Ihr erzwungener Verzicht auf westliche Wirtschaftshilfe und europäische Zusammenarbeit vertieft die Teilung des europäischen Kontinents erheblich.

Juli 1947 George F. Kennan publiziert in der amerikanischen Zeitschrift ›Foreign Affairs‹ seine Analyse der Ursprünge der sowjetischen Politik (»The Sources of Soviet Conduct«); gegenüber den von ihm dargestellten sowjetischen Expansionsbestrebungen hält er eine Strategie der Eindämmung (»containment«) für zwingend geboten. Der viel beachtete und diskutierte Artikel trifft im Westen vorwiegend auf Zustimmung.

In einer Artikelserie des amerikanischen Journalisten Walter Lippmann, die sich mit Kennans Eindämmungs-Konzept kritisch auseinandersetzt, charakterisiert der Autor den Ost-West-Gegensatz als »Cold War«. Die zunächst von der ›New York Herald Tribune‹ veröffentlichten Artikel erschienen noch im selben Jahr als Buch: Walter Lippmann - The Cold War, New York 1947.

Oberst Tulpanow im Gespräch mit Vertretern der deutschen Verwaltung in Berlin, 1947

Das Präsidium des II. Parteitages der SED im September 1947 im Berliner Admiralspalast (BPK)

20. bis 24. 9. 47 II. Parteitag der SED in Berlin. Zur Eröffnung spricht der Vertreter der Sowjetischen Militärverwaltung, Oberst Tulpanow, von zwei Deutschlands, einem »Land aller fortschrittlichen Kräfte« sowie einem »Land jener Leute, die mit Unterstützung des ausländischen und besonders amerikanischen Kapitals das deutsche Volk wieder in das blutige Gemetzel des imperialistischen Krieges jagen wollen, den das Monopolkapital vorbereitet«.

30. 9. 47 In Polen, in einem kleinen Ort in Schlesien, wird die Gründung des KOMINFORM beschlossen, des ›Informationsbüros der Kommunistischen und Arbeiterparteien‹, dessen ständiger Sitz in Belgrad sein wird. Das Büro besteht bis zum 17. April 1956. Während der Gründungskonferenz trägt Andrej A. Shdanow, der Leiter der sowjetischen Delegation, erstmals die »Zwei-Lager-Theorie« vor.

Trotz ihrer Strategie, eine Ausdehnung der US-Wirtschaft auf den europäischen Märkten möglichst zu beschränken, ist die sowjetische Führung lange Zeit unschlüssig, wie sie sich gegenüber der erfolgreich eingeleiteten amerikanischen Offensive verhalten soll. Erst im September erklärt sie sich deutlich. Eine Tagung kommunistischer Parteiführungen in Polen, an der auch Delegationen der französischen und italienischen KP teilnehmen, bietet dem sowjetischen Chefideologen Shdanow Gelegenheit, den Marshall-Plan als einen »Plan zur Versklavung Europas« zu verurteilen. Er sei Ausdruck eines »aggressiven, unverhüllt expansionistischen Kurses«, den die USA, »die Hauptkraft des imperialistischen Lagers«, in Europa verfolge.

Die neue Entschiedenheit, die »Expansionsgelüste« des Kapitals zurückzuweisen, führt auch zu einer Kritik am bisherigen Verhalten der großen kommunistischen Parteien in Frankreich und Italien. Hatten diese in der unmittelbaren Nachkriegszeit eine Volksfrontpolitik des gemeinsamen Wiederaufbaus verfolgt, Sozialisierungsforderungen zurückgewiesen und durch Regierungsbeteiligung zur innenpolitischen Stabilisierung beigetragen, so werden sie nun aufgefordert, sich wieder auf die revolutionären Grundlagen der kommunistischen Bewegung zu besinnen und sich der von den USA gesteuerten Politik ihrer Länder zu widersetzen.

Shdanow nutzt die Gründungskonferenz des KOMINFORM zur weiteren Verdeutlichung der sowjetisch-kommunistischen Position. Wenn Präsident Truman im März von unvereinbaren »Lebensweisen« einer »freien« westlichen und einer »unfreien«, sowjetisch dominierten Welt gesprochen hatte, so sah er nun zwei sich unversöhnlich gegenüberstehende Lager: Das »Friedenslager« der sozialistischen Staatenwelt sei bedroht von dem Lager des »aggressiven amerikanischen Kapitalismus«.

1.10.47 Auf einer Pressekonferenz wendet sich General Clay entschieden gegen die Begrüßungsansprache von Oberst Tulpanow auf dem II. Parteitag der SED.

Clay bezeichnet die Rede als den ersten öffentlich vor deutschen Zuhörern vorgetragenen Angriff eines offiziellen Besatzungsvertreters gegen eine andere Besatzungsmacht; er verlangt eine offizielle Entschuldigung, die jedoch seitens der Sowjetischen Militäradministration nicht in der gewünschten Form erfolgt.

4. bis 8.10.47 Der erste, vom Schutzverband deutscher Autoren zusammen mit dem ›Kulturbund zur demokratischen Erneuerung Deutschlands‹ veranstaltete Deutsche Schriftstellerkongreß tagt in Berlin. Vertreter des internationalen PEN-Clubs sowie Schriftsteller aus der Sowjetunion und den USA nehmen teil. Zum Abschluß verabschiedet der Kongreß ein Friedensmanifest.

Ein Referat des Amerikaners Melvin Lasky über »Kulturelle Freiheit«, worin die UdSSR als totalitäre Diktatur bezeichnet wird, ruft scharfe Erwiderungen der sowjetischen Delegierten hervor. Der Schriftsteller Günther Weisenborn erinnerte später: »Noch ging der Traum vom großen Gespräch um. Ein Kongreß der Gehirne, ein Orchester der Temperamente war geplant. Aber bald wurde die große Sprachverwirrung deutlich. Es gab viel Unruhe, es gab Spiegelfechtereien, es gab Mißtrauen, Zorn, ja Haß.«

28.10.47 Der amerikanische Militärgouverneur in Deutschland, General Clay, gibt bekannt, die US-Militärregierung werde in Anbetracht der unbefriedigenden Auseinandersetzungen um die umstrittene Rede von Oberst Tulpanow vom 20. September nun eine »Operation Talk Back« starten.

Geplant ist eine Informationskampagne zum besseren Verständnis von amerikanischer Politik und Demokratievorstellung sowie zur Bekämpfung der sowjetischen Propaganda in Deutschland. Im Zuge dieser propagandistischen Gegenmaßnahmen räumen die Amerikaner auch der deutschen Presse gößere Freiheiten im Umgang mit dem politischen Gegner ein.

31.10.47 Auf einer Pressekonferenz erklärt der Präsident des ›Kulturbundes zur demokratischen Erneuerung Deutschlands‹, Johannes R. Becher, er erwarte ein Verbot der Organisation im amerikanischen Sektor, da dies ein lange vorbereitetes Ziel der US-Militärregierung sei.

Johannes R. Becher, der Präsident des ›Kulturbundes zur demokratischen Erneuerung Deutschlands‹

Systemkonkurrenz und Blockbildung – Staatsgründung in Deutschland

Jacob Kaiser spricht 1947 im Berliner Friedrichstadtpalast.

Ernst Lemmer auf einer Wahlveranstaltung der CDU in Westberlin, 1956

1.11.47 Das von der US-Militärregierung für den von ihr kontrollierten Sektor Berlins ausgesprochene Verbot des Kulturbundes tritt in Kraft.

8.11.47 Das Deutsche Schauspielhaus in Hamburg bringt das von den amerikanischen Militärbehörden lange zurückgehaltene Drama ›Des Teufels General‹ von Carl Zuckmayer heraus.

Die Aufnahme des Stückes, das Offizieren der Deutschen Wehrmacht wieder einen Bühnenauftritt ermöglicht, ist zunächst umstritten, doch entwickelt es sich dann zum größten Theatererfolg der Nachkriegszeit. Der darin abgehandelte Konflikt zwischen soldatischer Ehre und der Pflicht zum Widerstand fügte sich passend in die bald beginnende Diskussion um die Rehabilitierung der deutschen Soldaten.

13.11.47 Der RIAS beginnt mit einer Sendereihe »Freiheit gegen Totalitarismus«, worin der sowjetisch-kommunistischen Politik die offizielle Propaganda der amerikanischen Militärregierung entgegengesetzt wird.

18.11.47 Beginn einer wochenlangen, teilweise von Sabotageakten, Straßenschlachten und Parlamentstumulten begleiteten Streikbewegung in Frankreich und Italien.

Die von den kommunistischen Parteien und Gewerkschaften unterstützten Streiks sind Bestandteil der neuen KOMINFORM-Strategie, die den Marshall-Plan als Angriff auf das sowjetische Sicherheitssystem in Osteuropa interpretiert und folglich darauf aus ist, das von den USA angebotene Wiederaufbau-Programm auch in Westeuropa innenpolitisch zu diskreditieren.

Wegen des Kulturbundverbots wendet sich dessen Präsident Johannes R. Becher in einem offenen Brief an PEN-International und UNESCO.

25.11. bis 15.12.47 Die fünfte Außenministerkonferenz in London endet ergebnislos und wird ohne Absprache über eine Fortsetzung vertagt, da eine Verständigung über Deutschlandpolitik unmöglich erscheint.

In Erwartung einer zunehmenden Verhärtung der Positionen in der Deutschen Frage haben die Westmächte schon begonnen, eine ihnen genehme Lösung vorzubereiten. So verabreden sich die drei westlichen Außenminister unmittelbar nach Schluß der Konferenz, demnächst ohne die Sowjetunion, aber mit Vertretern der Benelux-Staaten wieder in London zusammenzutreffen. Im Februar des kommenden Jahres tritt die vereinbarte Sechs-Mächte-Konferenz erstmals zusammen.

4.12.47 Ein Vertreter der US-Militärregierung protestiert gegen das im Ostsektor praktizierte Verbot von Verkauf und Verteilung amerikanisch lizensierter Zeitungen und Informationsbroschüren.

6.12.47 In Berlin tritt der von der SED organisierte ›I. Deutsche Volkskongreß für Einheit und gerechten Frieden‹ zusammen. Von den 2215 Delegierten kommen aus der Sowjetischen Besatzungszone und Berlin 1551, aus den westlichen Besatzungszonen 664.

Die von der SED initiierte Volkskongreßbewegung zielt darauf ab, auch bürgerliche Kreise für eine außerparlamentarische Volksvertretung zu gewinnen, um durch sie Einfluß auf das Parteiensystem zu nehmen. Die LDP kann für das Vorhaben gewonnen werden, die

den, die für die Ost-CDU zuständige Parteiführung in Berlin - insbesondere die Vorsitzenden Jakob Kaiser und Ernst Lemmer - lehnt eine Teilnahme jedoch entschieden ab.
Während seiner zweitägigen Verhandlungen verabschiedet der Volkskongreß eine an die Londoner Außenministerkonferenz gerichtete Resolution zur Wiederherstellung der deutschen Einheit. Die Kongreßresolution soll von einer Delegation in London den Außenministern der vier Mächte übergeben werden, die Britische Militärregierung erteilt dieser jedoch keine Einreisegenehmigung. Auch ein am 15. Dezember von Sowjetaußenminister Molotow gestellter Antrag, die Delegation zu empfangen, bleibt erfolglos.

16.12.47 In Berlin bekräftigt der amerikanische Stadtkommandant auf einer Pressekonferenz zum Abbruch der Verhandlungen in London erneut, daß sich die Regierung der USA nicht aus der Viermächte-Verantwortung für Berlin zurückziehen werde.

19.12.47 Die Vorsitzenden der Berliner Führung der Ost-CDU, Jakob Kaiser und Ernst Lemmer, werden wegen ihrer ablehnenden Haltung zur Volkskongreßbewegung von der Sowjetischen Militäradministration abgesetzt.

21.12.47 Im Berliner Admiralspalast findet eine von Angehörigen der vier Besatzungsmächte arrangierte Weihnachtsfeier für britische, russische, amerikanische, französische und deutsche Kinder statt.

1948

7. bis 8.1.48 In Frankfurt a. M. teilen der amerikanische und der britische Militärgouverneur den Ministerpräsidenten der »Bizonen«-Länder ihre Entscheidungen zu einer Reform der »Bizone« mit.

Die von den Militärgouverneuren Clay und Robertson am 5. Februar unterzeichnete ›Frankfurt Charta‹ tritt vier Tage später in Kraft; sie regelt die Erweiterung der Zuständigkeiten von deutschen Verwaltungsgremien in der Bizone. In der von der SMAD herausgegebenen ›Täglichen Rundschau‹ werden die Beschlüsse zur Umbildung der »Bizonen«-Verwaltung heftig kritisiert. Daraufhin sieht sich General Hay, der stellvertretende US-Militärgouverneur, zu der Klarstellung veranlaßt, Berlin sei keine Stadt der Sowjetischen Besatzungszone; die USA würden Berlin immer als Hauptstadt Deutschlands ansehen und bis zur Verwirklichung eines geeinten Deutschlands auf Viermächtebasis in der Stadt bleiben.

15.1.48 Der britische Minister für die besetzten Gebiete in Deutschland, Lord Pakenham, sowie ein hoher Beamter der Französischen Militärregierung erklären öffentlich, ein Abzug von Besatzungstruppen aus Berlin werde seitens ihrer Regierungen nicht erwogen.

24.1.48 Der Nachtzug der britischen Militärverwaltung von Berlin nach Bielefeld wird von den Sowjets elf Stunden festgehalten; Deutsche, die sich mit Genehmigung der Briten im Zug befinden, werden mit der Begründung, ihre Papiere seien nicht in Ordnung, nach Berlin zurückgebracht.

29.1.48 Die Alliierte Kommandantur in Berlin genehmigt die ›Gesellschaft zum Studium der Kultur der Sowjetunion‹.

11.2.48 Auf einer Sitzung des Alliierten Kontrollrats fordert Marschall Sokolowskij die Zulassung des »Deutschen Volkskongresses« in ganz Deutschland und bezeichnet das Verbot des Kulturbundes in den Westsektoren Berlins als undemokratisch.

Eine Tagung des Kulturbundes 1948 in Berlin

Plakat der SPD zum 100. Jahrestag der Märzrevolution 1848

12.2.48 Ein Befehl der SMAD erweitert die Vollmachten der ›Deutschen Wirtschaftskommission‹ in der Sowjetischen Besatzungszone und verringert zugleich die politischen Einflußmöglichkeiten der dortigen Länderverwaltungen.

17.2.48 Beginn der Kabinettskrise in der Tschechoslowakei

Aufgrund einer seit dem Sommer 1947 zunehmenden sozialen Unzufriedenheit muß die KPC, die stärkste Partei in einer Koalitionsregierung, große Einbußen bei den bevorstehenden Wahlen befürchten; sie beginnt daher, ihre Macht durch Besetzung von Schlüsselpositionen, durch polizeistaatliche Maßnahmen und die Unterstützung einer außerparlamentarischen Massenbewegung zu sichern. Als am 20. Februar die bürgerlichen Minister der Regierung Gottwald zurücktreten, um vorzeitige Neuwahlen und den Sturz des Ministerpräsidenten herbeizuführen, reagiert dieser mit der Organisation von Massenversammlungen und Polizeidemonstrationen sowie einem von oben verordneten Generalstreik. Dem Druck der von der Sowjetregierung tolerierten militanten Massenkundgebungen gibt Staatspräsident Benesch nach, indem er die nichtkommunistischen Minister entläßt und eine neue Regierung der Nationalen Front akzeptiert.

18.2.48 Ein Bündnispakt mit der UdSSR verstärkt die politische Abhängigkeit Ungarns.

›Offen gesagt‹, eine Broschüre mit einem Text von dem ehemaligen US-Außenminister James Byrnes, wird im sowjetischen Sektor von der Polizei beschlagnahmt.

23.2.48 In London beginnt – ohne die Sowjetunion, jedoch unter Beteiligung der Benelux-Staaten – die im Dezember 1947 verabredete Sechs-Mächte-Konferenz.

In zwei Sitzungsperioden vom 23. Februar bis 6. März und vom 20. März bis 1. Juni werden Beschlüsse über ein föderatives Regierungssystem in Westdeutschland sowie über dessen Beteiligung am Marshall-Plan und eine Kontrolle über das Ruhrgebiet gefaßt.

25.2.48 In Prag erzwingen die Kommunisten eine Regierungsumbildung, die ihnen zusammen mit dem linken Flügel der Sozialdemokraten alle Schlüsselpositionen sichert.

Die Bildung der neuen Prager Regierung verläuft – dem äußeren Anschein nach – legal. Unter dem Druck der Straße sowie dank einer kommunistisch kontrollierten Polizei und der wohlwollend bereitstehenden Truppen der Roten Armee sichern sich die Kommunisten das Machtmonopol, ohne sich auf das Risiko eines ungewissen Wahlausgangs einlassen zu müssen. Die einem Staatsstreich ähnelnde Regierungsumbildung ist ein geplanter Schritt in Richtung auf die Sowjetisierung Osteuropas. Die Vorgänge werden im Westen mit Besorgnis wahrgenommen und als Verschärfung des Ost-West-Konfliktes interpretiert.

26.2.48 Marschall Sokolowskij ordnet an, daß in der Sowjetischen Besatzungszone Verfahren gegen ehemalige Mitglieder der NSDAP und ihrer Gliederungen bis zum 10. März zu beenden und die Entnazifizierungs- und Berufungskammern bis zum 10. April aufzulösen sind.

6.3.48 In einem nach Abschluß der ersten Beratungsperiode der Sechs-Mächte-Konferenz in London herausgegebenen Kommuniqué wird das Versagen des Rates der Außenminister festgestellt und die volle Einbeziehung der westlichen Besatzungszonen in das europäische Wiederaufbauprogramm befürwortet.

In diplomatischen Noten an die Regierungen der drei Westmächte beschuldigt die Sowjetunion ihre Alliierten, das Ab-

kommen über den Alliierten Kontrollrat verletzt und den Außenministerrat umgangen zu haben.

9. 3. 48 Die ›Deutsche Wirtschaftskommission‹ beschließt eine Neuorganisation der Verwaltung in der Sowjetischen Besatzungszone. Die DWK erhält damit praktisch die Befugnisse einer Zentral-»Regierung« für die Sowjetische Besatzungszone.

10. 3. 48 Der tschechoslowakische Außenminister Jan Masaryk stürzt unter ungeklärten Umständen aus dem Fenster seines Arbeitszimmers in Prag. Die Prager Nationalversammlung bestätigt die neue Regierung von Ministerpräsident Gottwald.

17. 3. 48 Im ›Brüsseler Pakt‹ vereinbaren Frankreich, Großbritannien und die Benelux-Staaten eine engere Zusammenarbeit und bilden ein Militärbündnis unter dem Namen ›Westunion‹.

Der ›II. Deutsche Volkskongreß‹, der »im Gedenken an die Revolution von 1848« tagt, wird in der Deutschen Staatsoper eröffnet; Otto Grotewohl und Dr. Wilhelm Külz halten Referate über die Lehren der Revolution von 1848.

Der Kongreß beschließt, einen ›Deutschen Volksrat‹ einzusetzen und in der Zeit vom 23. Mai bis 13. Juni in allen vier Besatzungszonen ein ›Volksbegehren für die Einheit Deutschlands‹ durchzuführen. Hermann Matern, der Vorsitzende der Berliner SED, fordert die Ausarbeitung einer Verfassung für die Deutsche Republik.

›Gangster am Werk‹, eine von der SED mit Genehmigung der Sowjetischen Militäradministration verbreitete Broschüre, nimmt der stellvertretende US-Militärgouverneur zum Anlaß, der SED vor dem Koordinierungsausschuß des Alliierten Kontrollrats psychologische Kriegführung mit Nazi-Methoden gegen die amerikanische Besatzungsmacht vorzuwerfen.

18. 3. 48 In Berlin finden aus Anlaß der Feiern zur Erinnerung an die Revolution von 1848 erstmals getrennte Großveranstaltungen statt.

Im Gründungsaufruf der KPD vom 11. Juni 1945 heißt es: »Mit der Vernichtung des Hitlerismus gilt es gleichzeitig, die Sache der Demokratisierung Deutschlands, die Sache der bürgerlich-demokratischen Umbildung, die 1848 begonnen wurde, zu Ende zu führen.« Knapp drei Jahre später lehnt die SED jedoch eine Teilnahme an den Feiern in der Frankfurter Paulskirche ab und gestaltet eine eigene Kundgebung auf dem Berliner Gendarmenmarkt zur Demonstration für den ›II. Deutschen Volkskongreß‹. Die westlich orientierten Parteien veranstalten eine Kundgebung auf dem Platz der Republik vor dem Reichstag.

19. 3. 48 Der ›Deutsche Volksrat‹ tritt zur konstituierenden Sitzung in Berlin zusammen.

20. 3. 48 Marschall Sokolowskij verläßt mit der sowjetischen Delegation die Sitzung des Alliierten Kontrollrats in Berlin. Der demonstrative Auszug bedeutet das Ende der Viermächte-Verwaltung in Deutschland.

Unmittelbaren Anlaß zu diesem Schritt geben der kurz zuvor abgeschlossene ›Brüsseler Pakt‹ und die wiederholte Weigerung der Vertreter der westlichen Alliierten, im Kontrollrat über die Ergebnisse und Beschlüsse der Londoner Sechs-Mächte-Konferenz zu berichten.

30. 3. 48 Die SMAD kündigt verschärfte Kontrollen an der Zonengrenze sowie Kontrollmaßnahmen im alliierten Zug- und Kraftwagenverkehr an.

Nachdem schon seit Jahresbeginn gelegentlich Störungen des Berlin-Verkehrs der westlichen Alliierten vorgekommen

Sitzung des ›Deutschen Volksrates‹ am 21. 4. 1949: Der spätere DDR-Außenhandelsminister Heinrich Rau gibt den »Wirtschaftsplan 1949« bekannt.

sind, beginnen die sowjetischen Besatzungstruppen seit dem 31. März die »kleine Berlin-Blockade« - vermehrte Inspektionen und Transportbehinderungen. Am 2. April reagieren Amerikaner und Briten mit verstärkten Lufttransporten für ihre Berliner Garnisonen.

3.4.48 Das aufgrund des Marshall-Plans entwickelte ›European Recovery Program‹ (ERP) tritt in Kraft.

Albert Norden spricht auf einer Großkundgebung gegen »Kriegshetzer« im Admiralspalast am 27. 10. 1948.

16.4.48 In Paris wird die ›Konvention für europäische wirtschaftliche Zusammenarbeit‹ unterzeichnet.

Die Unterzeichnung gilt als der Gründungsakt der ›Organization for European Economic Cooperation‹ (OEEC); für die drei westlichen Besatzungszonen unterschreiben noch die Militärgouverneure; gleichwohl bedeutet die Beteiligung Westdeutschlands an der Konvention einen ersten Schritt in die internationale Staatengemeinschaft.

17.4.48 Zum Abschluß der »Sequestrierung«, des befohlenen Einzugs von Vermögenswerten des Deutschen Reiches, der Länder und der NSDAP, verkündet die SMAD: »Es wird festgestellt, daß das Volkseigentum unantastbar ist«. Zugleich verfügt sie die Bildung einer ›Vereinigung Volkseigener Betriebe‹ (VVB).

Der stellvertretende US-Militärgouverneur lehnt die Durchführung des vom ›Deutschen Volksrat‹ geforderten ›Volksbegehrens für die Einheit Deutschlands‹ im amerikanischen Besatzungsgebiet ab.

18.4.48 Bei den Parlamentswahlen in Italien liegt die ›Democrazia Cristiana‹ weit vor der »Volksfront«.

Die in einer »Demokratischen Volksfront« zusammengeschlossenen Kommunisten und Linkssozialisten haben auf einen Wahlsieg gehofft. Der unerwartet andere Ausgang der Wahlen verdankt sich nicht allein amerikanischer Unterstützung der Rechtsparteien; sehr stark - und für die Kommunisten negativ - wirkt sich auch die staatsstreichartige Regierungsumbildung in der Tschechoslowakei aus. Die daran sichtbar werdenden Sowjetisierungstendenzen lösen auch unter den italienischen Wählern Besorgnis aus.

19.4.48 General Tschiang Kai-schek wird zum Präsidenten Chinas gewählt.

1.5.48 In Berlin kommt es zum erstenmal nach dem Kriege zu getrennten Mai-Veranstaltungen der Gewerkschaften; der FDGB demonstriert traditionell im Lustgarten im Sowjetischen Sektor; die ›Unabhängige Gewerkschaftsopposition‹ (UGO) auf dem Platz der Republik im Britischen Sektor.

Ende April rufen in Berlin führende Persönlichkeiten aus SPD, CDU und LDP dazu auf, am 1. Mai vor dem Reichstag für die vom Kommunismus bedrohte Demokratie zu demonstrieren.

10.5.48 In Südkorea finden gemäß UN-Beschlüssen allgemeine Wahlen zu einer Nationalversammlung statt.

12.5.48 Die US-Militärregierung erläßt neue Entnazifizierungsrichtlinien, die den Kreis der betroffenen Personen einschränken.

18.5.48 Die USA beginnen mit einer neuen Atombombenversuchsreihe auf dem Eniwetok-Atoll im Pazifik.

Der ›Deutsche Volksrat‹ beschließt auf seiner zweiten Sitzung, die Farben Schwarz-Rot-Gold für die Fahne einer neuen Republik zu verwenden. Die Feiern zur Einweihung der Frankfurter Paulskirche bezeichnet Präsident Wilhelm Pieck als Staffage für die Bildung eines westdeutschen Separatstaates.

23. 5. bis 13. 6. 48 In der Sowjetischen Besatzungszone und im Sowjetischen Sektor von Berlin liegen Unterschriftslisten des ›Volksbegehrens für die Einheit Deutschlands‹ aus.

›Deutschlands Stimme – Wochenblatt der Volksbewegung für Einheit und gerechten Frieden‹ meldet die Ergebnisse des am 13. Juni abgeschlossenen Volksbegehrens: In ganz Berlin trugen sich nur 35 Prozent der Wahlberechtigten (812378 Personen) in die Listen ein, in den Ländern der Sowjetischen Besatzungszone hingegen rund 90 Prozent.

7. 6. 48 Nach Abschluß der Londoner Sechs-Mächte-Konferenz werden die »Londoner Empfehlungen« veröffentlicht. Darin wird die Einberufung einer verfassunggebenden Versammlung für einen westdeutschen Bundesstaat vorgeschlagen.

16. 6. 48 Nach einer Auseinandersetzung über das Verhalten des US-Stadtkommandanten Oberst Howley verläßt die sowjetische Delegation die Alliierte Kommandantur; dieser Auszug beendet die alliierte Zusammenarbeit auf Kommandantenebene in Berlin.

19. 6. 48 Der nur in der Sowjetischen Besatzungszone bestehende ›Deutsche Volksrat‹ erklärt sich zur »berufenen Repräsentation für ganz Deutschland«.

20. 6. 48 Währungsreform in den drei Westzonen

Am 18. Juni verkünden die Militärgouverneure Frankreichs, Großbritanniens und der Vereinigten Staaten die Einführung einer neuen Währung in den von ihnen verwalteten westlichen Besatzungszonen. Sie unterrichten den sowjetischen Oberbefehlshaber in Deutschland, Marschall Sokolowskij, von der Währungsreform und erklären, daß diese sich nicht auf Berlin erstrecke. Am folgenden Tag erklärt Marschall Sokolowskij die Währungsreform in den drei Westzonen als die »Vollendung der Spaltung Deutschlands« und verhängt weitgehende Beschränkungen des Interzonenverkehrs.

23. 6. 48 SMAD-Befehl Nr. 111 ordnet eine am folgenden Tag in Kraft tretende Währungsreform für das Gebiet der Sowjetischen Besatzungszone und Groß-Berlins an. Die drei westlichen Militärregierungen erklären diesen Befehl in den von ihnen kontrollierten Sektoren Berlins für nicht gültig.

23. bis 24. 6. 48 Warschauer Konferenz der Außenminister von acht osteuropäischen Staaten

Die Konferenz bekräftigt die Ablehnung des Marshall-Plans; in einer Schlußerklärung protestieren die Außenminister gegen die Entstehung eines imperialistischen »Westblocks«.

24. 6. 48 Währungsreform in der Sowjetischen Besatzungszone; Beginn der Blockade Westberlins

In der Nacht zum 24. Juni werden sämtliche zu Land wie zu Wasser bestehenden Verkehrsverbindungen mit den

Unterschriftenaktion zum ›Volksbegehren für Einheit und gerechten Frieden‹ an der Sektorengrenze in Berlin

Belegschaften von Pankower Betrieben protestieren am 21. 6. 1948 öffentlich gegen die Währungsreform im Westen. (BPK)

Versorgungsflugzeug der »Luftbrücke« beim Anflug auf den Flughafen Tempelhof (BAK)

Max Reimann, der Vorsitzende der KPD, spricht auf einer Sitzung des Parlamentarischen Rates. (BPK)

Westsektoren der Stadt unterbrochen. Die sowjetische Militärregierung ordnet zudem die Einstellung der Lebensmittel- und Energielieferungen aus der Sowjetischen Besatzungszone in die Westsektoren Berlins an. Dort werden am nächsten Tag neue Geldscheine, die durch ein »B« gekennzeichnet sind, ausgegeben; sie gelten bis zum März 1949 als rechtmäßiges Zahlungsmittel neben der im Sowjetischen Sektor ausgegebenen Währung. Obwohl die SMAD das von ihr kontrollierte Währungsgebiet schon deshalb abriegeln muß, weil sie dessen wirtschaftliche und finanzpolitische Stabilität infolge der westlichen Währungsumstellungen bedroht sieht, weist sie den Vorhalt einer Blockade Westberlins stets zurück. Tatsächlich ist die massive Beschränkung der Lebensmöglichkeiten im Westteil der Stadt jedoch eine politische Kraftprobe, mit der letztlich verhindert werden soll, daß es zur Gründung eines separaten Weststaates in Deutschland kommt.

26. 6. 48 Die ersten im Rahmen der »Operation Vittles« eingesetzten Transportmaschinen landen auf dem Flughafen Tempelhof im Amerikanischen Sektor Berlins. Die für die Westberliner Bevölkerung bald schon überlebensnotwendig werdende »Luftbrücke« beginnt mit dem Transport von Versorgungsgütern für die Berliner US-Garnison.

27. 6. 48 Die Bukarester Konferenz des KOMINFORM schließt Jugoslawien aus; daraufhin wird eine Wirtschaftsblockade der KOMINFORM-Staaten gegen Jugoslawien verhängt.

Eine »Erklärung zur jugoslawischen Frage« der SED wird am 4. Juli in allen Parteiblättern auf der ersten Seite veröffentlicht. Die Einheitspartei schließt sich damit dem Kurswechsel der KPdSU an, die mit der Verurteilung Titos die These von »unterschiedlichen Wegen« zum Sozialismus verworfen hat. An der nun im ganzen Ostblock einsetzenden Stalinisierung beteiligt sich die SED, indem Anton Ackermann im September sein Konzept vom »besonderen deutschen Weg zum Sozialismus« widerrufen muß, die Entwicklung zur »Partei neuen Typus« beschlossen und eine ›Zentrale Parteikontrollkommission‹ gebildet wird. Damit sind die Voraussetzungen für eine Säuberung der Partei von »Tito-Agenten« sowie anderen »feindlichen und entarteten Elementen« geschaffen.

30. 6. 48 Der Parteivorstand der SED beschließt den ersten Zweijahrplan 1949/50.

1. 7. 48 Die Militärgouverneure der drei Westzonen übergeben die »Frankfurter Dokumente« an die Ministerpräsidenten der elf westdeutschen Länder; die Dokumente enthalten 1. verfassungsrechtliche Bestimmungen; 2. einen Auftrag, Vorschläge für eine Neugliederung der Länder vorzulegen; 3. die Grundzüge eines Besatzungsstatuts.

Mit dieser Übergabe befolgen die Westalliierten die Empfehlungen der Londoner Sechs-Mächte-Konferenz, die zum Abschluß ihrer Verhandlungen im Juni zur Gründung eines Weststaates in Deutschland aufgefordert hat.

3. 7. 48 In der Sowjetischen Besatzungszone beginnt die Bildung der Kasernierten Volkspolizei (KVP).

7. 7. 48 Die amerikanische Luftwaffe übernimmt die Kohleversorgung Berlins aus der Luft.

22. 7. 48 Um künftige Verhandlungen mit der Sowjetunion unter der Voraussetzung eines »Gleichgewichts der Kräfte« führen zu können, verstärken die Amerikaner ihre Luftstreitkräfte in Europa und besetzen erneut schon geräumte Militärstützpunkte in England. Seit dem 15. Juli tritt in London ein ständiger Ausschuß der Westmächte zu täglichen Beratungen über den Stand der Krise zusammen.

2.8.48 In Moskau findet eine Zusammenkunft von Vertretern der drei Westmächte mit Generalissimus Stalin und Außenminister Molotow statt.

10.8.48 Die Republik (Süd-)Korea, die sich als Repräsentantin von ganz Korea begreift, wird proklamiert.

Auf Schloß Herrenchiemsee konstituiert sich ein Ausschuß von Verfassungsexperten aus den drei westlichen Besatzungszonen, der im Auftrag der Ministerpräsidenten der Länder den Entwurf eines Grundgesetzes erarbeiten soll. Der Verfassungskonvent tagt bis zum 23. August.

13.8.48 In Berlin holt die sowjetische Delegation ihre Flagge vor der Alliierten Kommandantur ein und zieht endgültig aus dem Gebäude in der Kaiserswerther Straße in Dahlem aus.

21.8.48 Wegen zunehmender Übergriffe der Polizei des sowjetischen Sektors wird in Berlin die Grenze zwischen dem britischen und dem sowjetischen Sektor am Potsdamer Platz durch Stacheldraht gesichert.

25. bis 28.8.48 In Wroclaw (Breslau) findet der internationale ›Kongreß zur Verteidigung der Kultur‹ statt.

Zu dem Kongreß waren etwa 400 Intellektuelle nach Polen gekommen. Sie werden mit einer Eröffnungsrede von Alexander Fadejew, dem Leiter der sowjetischen Delegation, konfrontiert, die Gemeinsamkeiten von vornherein ausschließt. Unter den Anwürfen gegen westliche Literatur und ihre Autoren erlangt die Diffamierung Sartres als »Schreibtischhyäne« vielzitierte Berühmtheit. Hans Mayer faßt seine Eindrücke von der Versammlung so zusammen: »Der Kongreß war gescheitert. ... Im Saal gedieh das Freund-Feind-Schema zu voller Pracht.«

1.9.48 In Bonn konstituiert sich der Parlamentarische Rat.

6.9.48 Im Ostsektor von Berlin wird die 81. Sitzung der Stadtverordnetenversammlung im Neuen Stadthaus von Demonstranten verhindert.

Die Demonstrationen sind gelenkt, und die Demonstranten genießen den Schutz von SMAD und SED. Die anwesende Polizei greift während der Tumulte nicht ein, besetzt jedoch nach Abzug der Demonstranten das Gebäude und nimmt zahlreiche Verhaftungen vor. Die nicht der SED angehörenden Stadtverordneten versammeln sich danach im Studentenhaus am Steinplatz zu einer außerordentlichen Sitzung. Im Anschluß daran erklärt Statverordnetenvorsteher Dr. Suhr, die Mehrheit der Stadtverordneten werde nur dann in das Neue Stadthaus zurückkehren, wenn dort eine reibungslose Durchführung ihrer parlamentarischen Arbeit garantiert sei. Mit diesem Entschluß wird die Spaltung von Parlament und Stadtregierung in Berlin unvermeidlich.

12.9.48 Proklamation der Volksdemokratischen Republik (Nord-)Korea

15. bis 16.9.48 Während der 13. Tagung des Parteivorstands der SED werden Beschlüsse zur Umwandlung in eine »Partei neuen Typus« und zur Einrichtung einer ›Zentralen Parteikontrollkommission‹ (ZPKK) gefaßt.

20.9.48 In Paris beginnen die Außenminister der drei Westmächte Beratungen über die Berlin-Krise.

27.9.48 Das von der US-Militärregierung herausgegebene Weißbuch ›Die Berliner Krise. Ein Bericht über die Moskauer Verhandlungen 1948‹ erscheint.

13.10.48 Der Oelsnitzer Bergmann Adolf Hennecke erreicht eine vielgefeierte Übererfüllung seines Tagessolls im Kohleabbau.

Eine Titelseite der ›Neuen Berliner Illustrierten‹ zeigt den Bergmann Adolf Hennecke vor Ort.

›Hennecke-Aktivisten-Konferenz‹ im Februar 1949 im Ostsektor Berlins (BPK)

Angehörige der Deutschen Volkspolizei mit schwarz-rot-goldenen Fahnen im Demonstrationszug zum 1. Mai 1949 im Ostsektor Berlins (BAK)

Die Führungsspitze der Deutschen Volkspolizei im Demonstrationszug am 1. Mai 1949 im Ostsektor Berlins

Die vermutlich mit großer Sorgfalt vorbereitete Ausnahmeleistung wird noch in der Sowjetischen Besatzungszone als Anreiz zur Produktionssteigerung verwertet; es entsteht eine ›Hennecke-Bewegung‹, in die sich auch die FDJ mit sogenannten »Jungaktivistenkongressen« einschaltet.

19.10.48 Während einer Sitzung des UNO-Sicherheitsrates bezeichnen Vertreter der drei Westmächte die Blockade Berlins als eine Bedrohung des Friedens. Die sowjetische UNO-Delegation verteilt ebenfalls ein Weißbuch zur Berlin-Krise.

22.10.48 Der ›Deutsche Volksrat‹ nimmt den Entwurf einer ›Verfassung der Deutschen Demokratischen Republik‹ einstimmig an.

25.10.48 Gegen eine Abstimmung zur Berlin-Frage im UNO-Sicherheitsrat legt der sowjetische Vertreter ein Veto ein.

30.11.48 Im sowjetischen Sektor Berlins bildet eine Versammlung von 1616 Vertretern der Parteien und Massenorganisationen einen separaten Magistrat.

Die Versammelten wählen den bisherigen Präsidenten des Brandenburgischen Landtages, Friedrich Ebert, zum neuen Oberbürgermeister. Unter den Linden, vor der Universität, findet eine Massendemonstration statt, auf der die eben gewählten Magistratsmitglieder vorgestellt werden. Die nicht durch Wahlen legitimierte Versammlung vollendet mit ihrem Beschluß die Teilung der Berliner Stadtverwaltung.

5.12.48 In den drei westlichen Sektoren der Stadt finden Wahlen zur Stadtverordnetenversammlung statt. Trotz heftiger Propaganda der Kommunisten gegen die sogenannte »Spalterwahl« beträgt die Wahlbeteiligung 86,3 Prozent. Im Ergebnis erhalten SPD 64,5 Prozent (= 76 Mandate); CDU 19,4 Prozent (= 26 Mandate); LDP 16,1 Prozent (= 17 Mandate).

14.12.48 Die seit langem von Dr. Rainer Hildebrandt vorbereitete ›Kampfgruppe gegen Unmenschlichkeit‹ (KgU), die Verhaftungen und Verschleppungen durch die sowjetische Besatzungsmacht aufklären will, wird in den Westsektoren gegründet.

31.12.48 Mit der Landung einer ›Skymaster‹ auf dem Flugplatz Berlin-Tegel ist der 100000. Flug im Rahmen der »Luftbrücke« erfolgreich durchgeführt.

1949

25.1.49 Die UdSSR, Polen, die Tschechoslowakei, Ungarn, Bulgarien und Rumämien gründen in Warschau den ›Rat für gegenseitige Wirtschaftshilfe‹ (RGW = COMECON), der bis zum 26.6.1991 besteht.

Der Zusammenschluß dient der Koordination der nationalen Volkswirtschaftspläne und der Kooperation der nationalen Volkswirtschaften im Rahmen der internationalen sozialistischen Arbeitsteilung. Oberstes Organ ist die Mitgliederversammlung, die zu RGW-Tagungen zusammentritt; deren Beschlüsse werden von einem Exekutivkomitee ausgeführt. Albanien tritt dem Rat am 21. Februar 1949, die DDR am 29. September 1950 bei.

Die erste Parteikonferenz der SED tagt vom 25. bis 28. Januar in Berlin und benennt als eine der Hauptaufgaben künftiger Parteiarbeit die Entwicklung zur »Partei neuen Typus«, also zu einer stalinistisch-zentralistischen Kaderpartei. Zuvor hatte der Parteivorstand schon beschlossen, die Leitung der Partei einem Politbüro zu übertragen.

8.2.49 Der Parlamentarische Rat in Bonn beschließt, Berlin in der Präambel des Grundgesetzes als zwölftes Bundesland zu nennen.

16.2.49 Die westlichen Alliierten empfehlen deutschen Behörden den Abschluß der Entnazifizierung. Im sowjetischen Sektor von Berlin wird mit der Errichtung eines Gebäudes für die künftige Botschaft der UdSSR begonnen.

4.4.49 Der NATO-Vertrag wird in Washington unterzeichnet.

Das Verteidigungsbündnis wird von Belgien, Dänemark, Frankreich, Großbritannien, Island, Italien, Kanada, Luxemburg, den Niederlanden, Norwegen, Portugal und den USA geschlossen. Es soll im verschärften Ost-West-Konflikt der als bedrohlich empfundenen Militärpräsenz der Sowjetunion in Europa ein Gegengewicht entgegensetzen. Dem Bündnis treten am 18. Februar 1952 Griechenland und die Türkei sowie am 5. Mai 1955 die Bundesrepublik Deutschland bei.

8.4.49 Die Außenminister der drei Westmächte einigen sich in Washington über das Besatzungsstatut für eine künftige Bundesrepublik Deutschland.

22.4.49 Das ›Ruhrstatut‹ tritt in Kraft; es regelt die internationale Kontrolle von Kohle- und Stahlproduktion im Ruhrgebiet durch die westlichen Besatzungsmächte und die Benelux-Staaten.

Es soll in Zukunft ausgeschlossen sein, daß die Bodenschätze der Ruhr für Aggressionszwecke verwandt werden können; deshalb soll die Nutzung der Montanerzeugnisse künftig den Unterzeichnerstaaten zu ihrem gemeinschaftlichen Besten offenstehen. Diese Internationalisierung von Bergbau und Industrie im Ruhrgebiet ist – wie auch das Saarproblem – unter deutschen Parlamentariern heftig umstritten. Dennoch vollzieht die Bundesregierung am 30. November den im Statut von vornherein vorgesehenen Beitritt. Durch die aus dem Schuman-Plan hervorgehende ›Montanunion‹, die ›Europäische Gemeinschaft für Kohle und Stahl‹, werden 1952 die als diskriminierend empfundenen Beschränkungen deutscher Wirtschaftsinteressen weitgehend aufgehoben.

1.5.49 An den Demonstrationen zum 1. Mai im Ostsektor nehmen erstmals geschlossene Formationen der nunmehr offiziell so bezeichneten »Volkspolizei« teil.

10.5.49 Der Parlamentarische Rat bestimmt mit 33 gegen 29 Stimmen Bonn zum vorläufigen Regierungssitz.

12.5.49 Gemäß dem New Yorker Viermächte-Abkommen vom 4. Mai des Jahres hebt die Sowjetunion die Verkehrsbeschränkungen zwischen Westberlin und den westlichen Besatzungszonen auf und beendet damit die Blockade Berlins.

Nachdem um 0.01 Uhr die Blockade aufgehoben ist, fährt als erste Lastwagenkolonne eine britische Einheit mit zehn Fahrzeugen von Helmstedt nach Berlin; gleichzeitig passieren amerikanische und britische Fahrzeuge den Kontrollpunkt Dreilinden in Richtung Hannover. Der erste britische Militärzug trifft um 6.30 Uhr im Bhf. Charlottenburg ein; vier Stunden später erreicht ein aus Frankfurt a.M. kommender US-Militärzug den Bhf. Lichterfelde-West. Der FD 112, der erste Interzonenzug nach Köln, verläßt um 14.00 Uhr den Bahnhof Friedrichstraße.

Am späten Abend desselben Tages empfangen die drei westlichen Militärgouverneure Vertreter des Parlamentarischen Rates und genehmigen das von diesem verabschiedete Grundgesetz für eine Bundesrepublik Deutschland. Zugleich wird das Besatzungsstatut verkündet, daß mit der Konstituierung der ersten Bundesregierung in Kraft treten soll und den Fortbestand eines gemilderten und vertraglich ge-

Aufhebung der Berlin-Blockade: Die ersten Interzonenbusse starten zur Fahrt von Berlin nach Hannover. (BPK)

bundenen Besatzungsregimes in Westdeutschland regelt.

15.5.49 Kardinal Mindszenty wird in Ungarn wegen Hochverrats und Währungs-Schwarzhandels verurteilt.

In der Sowjetischen Besatzungszone und im Ostsektor Berlins finden am 15. und 16. Mai Wahlen zum ›III. Deutschen Volkskongreß‹ statt, bei denen sich zwei Drittel der Wähler für die gemeinsame Kandidatenliste entscheidet.

Der Volkskongreß setzt sich aus 1400 nach Einheitslisten gewählten Delegierten aus der Sowjetischen Besatzungszone und 610 Teilnehmern aus den Westzonen zusammen. Während der Tagung vom 29. Mai bis 3. Juni wird eine Verfassung für eine »Deutsche Demokratische Republik« angenommen.

Der erste Bundespräsident, Professor Theodor Heuss, leistet den Amtseid vor dem Deutschen Bundestag. (BAK)

23.5.49 In Paris beginnt die sechste Außenministerkonferenz, die bis zum 20. Juli dauert, in der Deutschlandfrage jedoch keine Ergebnisse bringt.

17.7.49 In der Berliner ›Neuen Welt‹ in der Hasenheide findet die erste Kundgebung von Ostvertriebenen statt; die Teilnehmer fordern in einer Resolution den uneingeschränkten Zusammenschluß aller Heimatvertriebenen.

Die Familie des Kantinenpächters beobachtet auf dem Gebäude des späteren Bundestags in Bonn den Einzug der Mitglieder des Parlamentarischen Rates zur Unterzeichnung des Grundgesetzes. (BPK)

29.7.49 Die Militärregierungen von Großbritannien und den USA geben bekannt, daß die »Luftbrücke« vom 1. August 1949 an allmählich eingeschränkt werden soll.

Mit zehn Tonnen Kohle trifft am 30. September in Tempelhof der letzte »Luftbrücken«-Transporter ein; jedes der fünf Besatzungsmitglieder vertritt eine der auf dem Rhein-Main-Flughafen in Frankfurt stationierten US-Transporteinheiten; sie werden von OB Reuter begrüßt und bedankt.

14.8.49 Wahlen zum ersten Deutschen Bundestag

Um die 402 Mandate des Bundestages bewerben sich sechzehn Parteien und 70 parteilose Kandidaten. Von den mehr als 30 Millionen Wahlberechtigten beteiligen sich 78,5 Prozent an der Wahl; 31 Prozent der abgegebenen Stimmen entfallen auf CDU/CSU, 29,2 Prozent auf SPD, 11,9 Prozent auf die FDP und 5,7 Prozent auf die KPD.

25.8.49 Erstmalige Verleihung der Nationalpreise durch das Präsidium des ›Deutschen Volksrats‹

12.9.49 Theodor Heuss wird von der Bundesversammlung in Bonn zum Bundespräsidenten gewählt.

15.9.49 Der erste Deutsche Bundestag wählt mit knappster Mehrheit den CDU-Abgeordneten Dr. Adenauer zum Bundeskanzler.

Bundeskanzler Dr. Konrad Adenauer stellt dem Bundestag am 20. September das aus Ministern der CDU/CSU, der FDP und der DP gebildete Kabinett vor. Am folgenden Tag macht er mit einigen Ministern einen Antrittsbesuch bei der Hohen Kommission auf dem Petersberg bei Bonn; damit wird das Besatzungsstatut wirksam, das die bisher geltenden alliierten Siegerrechte modifiziert und mildert. An die Stelle der Militärgouverneure sind nun Hohe Kommissare getreten.

16.9.49 In Ungarn beginnt ein von langer Hand vorbereiteter Schauprozess gegen den ehemaligen Innenminister László Rajk und sieben weitere Mitangeklagte. Die Urteile ergehen nach einwöchiger Prozessdauer; Rajk und vier weitere Angeklagte werden zum Tode, die anderen zu lebenslangen oder hohen Zuchthausstrafen verurteilt.

Rajk - Spanienkämpfer, Leiter des kommunistischen Widerstandes in Ungarn während des Zweiten Weltkriegs, Innenminister und Inhaber hoher Parteiämter - wird der Kontakte zu westlichen Geheimdiensten und der Mitwirkung an der »titoistischen Verschwörung« bezichtigt. Seine Verhaftung am 30. Mai löst die Verfolgung zahlreicher »Rajkisten« in Ungarn aus. Laut Anklageschrift hat der Prozess internationale Bedeutung: »Die amerikanischen und englischen Spionageorganisationen erkauften sich die Tito-Leute noch zur Zeit des Krieges gegen Hitler, um die nationale und soziale Befreiung der Völker Südosteuropas zu verhindern, die Sowjetunion zu isolieren, den dritten Weltkrieg vorzubereiten.«

21.9.49 Proklamation der Volksrepublik China; in der Bundesrepublik tritt das Besatzungsstatut in Kraft, das dem jungen Staat eine noch sehr eingeschränkte Souveränität zugesteht. Die Befugnisse der drei westlichen Militärgouverneure gehen nun an eine Alliierte Hohe Kommission über.

23.9.49 Präsident Truman teilt einer überraschten amerikanischen Öffentlichkeit mit, die Sowjetunion habe vor kurzem – im August – einen atomaren Sprengsatz gezündet.

Die Nachricht löst in den USA erhebliche Beunruhigung aus, da sie bedeutet, daß das amerikanische Atomwaffenmonopol - viel schneller als allgemein erwartet - aufgehoben ist. Zusammen mit den Schwierigkeiten bei der Durchführung des ERP-Programms in Europa und mit der Unabänderlichkeit eines Sieges der Kommunisten in China bewirkt diese Einsicht, daß die antikommunistischen Einstellungen in der amerikanischen Öffentlichkeit sich verschärfen.

7.10.49 Die 330 Mitglieder des im Mai 1949 vom ›III. Deutschen Volkskongreß‹ gewählten »Deutschen Volksrates« erklären sich auf einer Sitzung im Haus der DWK in der Leipziger Straße zur Provisorischen Volkskammer und setzen die Verfassung der Deutschen Demokratischen Republik in Kraft.

In Berlin treten im Haus der DWK die Provisorische Volkskammer und eine kurz zuvor konstituierte Provisorische Länderkammer am 11. Oktober zu gemeinsamer Sitzung zusammen und wählen den SED-Vorsitzenden Wilhelm Pieck zum ersten Präsidenten der Deutschen Demokratischen Republik. Am späten Nachmittag wird der neue Präsident auf einer Großkundgebung vor der Humboldt-Universität gefeiert.

8.10.49 Das erste Abkommen über den Interzonenhandel wird in Frankfurt a. M. unterzeichnet.

Zur Abwicklung des Waren- und Dienstleistungsverkehrs wird in Frankfurt a. M. eine Treuhandstelle für den Interzonenhandel eingerichtet; sie wird 1950 nach Berlin verlegt. Am 20. September 1951 und am 16. August 1960 werden jeweils modifizierte Abkommen verhandelt bzw. in Kraft gesetzt.

12.10.49 Die Volkskammer bestätigt die erste Regierung der DDR; Ministerpräsident wird Otto Grotewohl (SED).

15.10.49 Als erster Staat der Welt erkennt die Sowjetunion die DDR an und nimmt diplomatische Beziehungen zu ihr auf.

In einem Glückwunschtelegramm Stalins vom 13. Oktober heißt es: »Die Bildung der friedliebenden Deutschen Demokratischen Republik ist ein Wendepunkt in der Geschichte Europas. Es unterliegt keinem Zweifel, daß die Existenz eines friedliebenden, demokratischen Deutschlands neben dem Bestehen der friedliebenden Sowjetunion die Möglichkeit neuer Kriege in Europa ausschließt, dem Blutvergießen in Europa ein Ende macht und die Knechtung der europäischen Länder durch die Weltimperialisten unmöglich macht.«

21.10.49 In einer Regierungserklärung vor dem Bundestag spricht Bundeskanzler Adenauer der DDR jede demokratische Legitimität ab und

Wilhelm Pieck nach seiner Wahl zum ersten Präsidenten der DDR

Präsident Johannes Dieckmann eröffnet am 8. 10. 1949 die erste Sitzung der DDR-Volkskammer.

behauptet einen Alleinvertretungsanspruch der Bundesrepublik.

Oktober 1949 Am 38. Breitengrad, der Demarkationslinie zwischen Nord- und Südkorea, beginnen die Zwischenfälle durch Bandenkriege und Partisaneneinsätze.

6.11.49 Austausch diplomatischer Vertreter zwischen der DDR und der Koreanischen Volksdemokratischen Republik.

8.11.49 Der Westberliner Magistrat lizensiert eine ›Vereinigung politischer Ostflüchtlinge‹, die alle politischen Flüchtlinge aus der SBZ in einer Schutz- und Hilfsorganisation zusammenfassen möchte.

12.11.49 Der sowjetische Stadtkommandant, Generalmajor Kotikow, übergibt die bisher von den Militärbehörden der SMAD wahrgenommenen Verwaltungsfunktionen an den neuen Magistrat von Ostberlin.

22.11.49 Mit der Unterzeichnung des ›Petersberger Abkommens‹ erreicht die Bundesregierung einen gewissen Zuwachs an Souveränität.

Durch das von den drei Hohen Kommissaren und dem Bundeskanzler unterzeichnete Abkommen wird der Bundesrepublik gestattet, konsularische Beziehungen zu ausländischen Mächten aufzunehmen; zudem werden wirtschaftliche Erleichterungen zugestanden.
Im Gegenzug verpflichtet sich die Bundesregierung, dem ›Ruhrstatut‹ und dem ›Europarat‹ beizutreten.

29.11.49 In einer KOMINFORM-Resolution wird die endgültige Verurteilung Jugoslawiens wegen »vollzogenem Übergang der Tito-Clique zum Faschismus« festgestellt.

November 1949 Der aus der SBZ geflohene Rechtsanwalt Horst Erdmann gründet mit mehreren ebenfalls geflüchteten Kollegen den ›Untersuchungsausschuß freiheitlicher Juristen‹ (UfJ).

6.12.49 Der Regierungssitz der nationalchinesischen Republik wird nach Taipeh auf Taiwan (Formosa) verlegt.

Im chinesischen Bürgerkrieg, der während der japanischen Aggression gegen China während des Zweiten Weltkriegs vorübergehend beigelegt war, drängen die Kommunisten seit 1947 auf eine Übernahme der Macht von der nationalchinesischen Kuo-min-tang-Regierung unter General Tschiang Kai-schek. Das stete Vorrücken der kommunistischen Volksarmee zwingt die Nationalregierung schließlich, letzte Positionen auf dem Festland zu räumen und nach Taiwan (Formosa) zu fliehen. Mit Unterstützung der USA wird dort eine Republik China gegründet, die den Anspruch erhebt, das ganze chinesische Volk zu vertreten.

7. bis 14.12.49 In Bulgarien findet der Schauprozess gegen »die Hochverräter, Spione und Saboteure der Gruppe Traitscho Kostow« statt.

Die sorgfältig inszenierten, im Rundfunk übertragenen Verhandlungen dienen der Abwehr von Tendenzen, im Zusammengehen mit Jugoslawien auf eine südslawische Union hinzuarbeiten. Kostow, der als einziger sein erpresstes Geständnis vor Gericht widerruft, wird zum Tode, die anderen zehn Mitangeklagten werden zu lebenslangen oder hohen Zuchthausstrafen verurteilt.

Streben nach Souveränität
Zwei Staaten in Deutschland

8.2.50 Das Ministerium für Staatssicherheit der DDR (MfS) wird eingerichtet.

9.2.50 In den USA wirft Senator Joseph McCarthy der Truman-Regierung vor, Mißerfolge der amerikanischen Außenpolitik seien die Folge von Verrat und Sabotage durch Kommunisten im State Department und anderen Regierungsbehörden. Auf Betreiben McCarthys wird ein Senatsausschuß zur Untersuchung »unamerikanischer Umtriebe« eingerichtet, der zwischen 1950 und 1954 zahlreiche Regierungsbeamte, Intellektuelle, Künstler und auch Immigranten einer antikommunistischen Gesinnungsprüfung unterzieht.

14.2.50 Mao Tse-tung folgt einer Einladung Stalins nach Moskau; während seines Besuches wird ein Freundschafts- und Beistandspakt zwischen der UdSSR und der VR China geschlossen.

15.2.50 Der am 3. Februar gebildete ›Nationalrat‹ in der DDR beschließt das Programm der Nationalen Front, das als Hauptforderung enthält: »Schaffung eines einheitlichen, demokratischen, friedliebenden und unabhängigen Deutschlands und Wiederherstellung der politischen und wirtschaftlichen Einheit Berlins als der Hauptstadt Deutschlands«.

1.3.50 General Tschiang Kai-schek wird zum Präsidenten der nationalchinesischen Republik China gewählt.

22.3.50 Die Bundesregierung appelliert erstmals an alle Deutschen, die vier Besatzungsmächte und die Weltöffentlichkeit, die deutsche Einheit durch freie, gesamtdeutsche Wahlen herzustellen.

25.4.50 Präsident Truman billigt ein Memorandum des Nationalen Sicherheitsrates der USA (NSC 68) zur künftigen politisch-militärischen Strategie gegenüber der UdSSR.

In dem Geheimpapier wird festgestellt, die Sowjetunion richte derzeit ihr Interesse auf die »Subversion oder gewalttätige Zerstörung des Regierungssystems und der Gesellschaftsstruktur in den Ländern der nicht sowjetischen Welt« und konzentriere sich »gegenwärtig auf die Beherrschung der eurasischen Landmasse«; als Gegenmaßnahme empfiehlt es »einen beschleunigten Aufbau politischer, wirtschaftlicher und militärischer Stärke und dadurch die Herstellung von Vertrauen in der freien Welt.« Mit dem Memorandum ›NSC 68‹ werden die ideologischen Voraussetzungen für eine »Politik der Stärke« formuliert und festgeschrieben.

29.4.50 Im ersten politischen Schauprozess des Obersten Gerichts der DDR werden die beiden Hauptangeklagten Prof. Willi Brundert (SPD) und Dr. Leo Herwegen (CDU) zu je fünfzehn Jahren Zuchthaus verurteilt.

Mit diesem offiziell wegen illegaler Wertpapiertransaktionen gegen acht Angeklagte geführten Prozess sollen Strömungen sozialdemokratischer und bürgerlicher Opposition in der DDR öffentlich angeprangert und eingeschüchtert werden. Er findet vom 24. bis 29. April unter Vorsitz von Hilde Benjamin im Dessauer Landestheater statt.

9.5.50 Der französische Außenminister Robert Schuman schlägt die Bildung einer ›Europäischen Gemeinschaft für Kohle und Stahl‹ vor (Schuman-Plan).

Mao Tse-Tung besucht eine Kolchose in der Sowjetunion. (ADN)

Der französische Außenminister Robert Schumann und Bundeskanzler Konrad Adenauer (BPK)

Aus der französischen Regierungserklärung ergibt sich eine Möglichkeit, das in der Bundesrepublik als diskriminierend empfundene ›Ruhrstatut‹ in Richtung auf eine gleichberechtigt organisierte europäische Gemeinschaft für Kohle und Stahl zu überwinden; unter dem Namen ›Montanunion‹ tritt eine solche am 25. Juli 1952 in Kraft. Aus französischer Sicht wird damit eine deutsche Alleinverfügung über die Schwerindustrie an der Ruhr weiterhin ausgeschlossen und zudem ein neuer Schritt unternommen, um Europa als »Dritte Kraft« zwischen den Machtblöcken zu etablieren.

Passanten informieren sich in Westberlin über die Lage während des Koreakrieges.

27. bis 30. 5. 50 Deutschlandtreffen der FDJ in Ostberlin

Obwohl Walter Ulbricht am Eröffnungstag auf dem ›Kongreß der jungen Friedenskämpfer‹ in der Werner-Seelenbinder-Halle zu dem Thema spricht: »Die deutsche Jugend und der Kampf um den Frieden«, haben propagandistische Ankündigungen und Pressespekulationen zuvor schon Nervosität auf beiden Seiten erzeugt. Am Pfingstsonntag findet ein achtstündiger Vorbeimarsch von rund 700 000 Jugendlichen an einer im Lustgarten aufgestellten Ehrentribüne statt; Besuche in den Westsektoren sind FDJ-Mitgliedern wegen angeblich drohender Verhaftungen untersagt; für dennoch kommende Besucher werden von Westberliner Organisationen und Betrieben besondere Betreuungsaktionen veranstaltet.

25. 6. 50 Nordkoreanische Armeeinheiten überschreiten den 38. Breitengrad und stoßen gegen Seoul vor.

Nach der Kapitulation Japans wird Korea nördlich des 38. Breitengrades von der Roten Armee, südlich davon von der US-Army besetzt. Unter der Besatzungsherrschaft entwickeln sich entsprechend orientierte und gestützte Regimes: Das unter Kim Il-sung im Norden und das aggressiv antikommunistische unter Syngman Rhee im Süden. Sie stehen sich auch nach dem 1949 erfolgten Abzug der Besatzungstruppen feindlich gegenüber, was in gelegentlichen Grenzscharmützeln an der Demarkationslinie zum Ausdruck kommt. Aus dem Einfall nordkoreanischer Truppen wird mehr als ein Grenzzwischenfall, weil Südkorea - ohne Not! - am dritten Tag der Invasion vor den Eindringlingen zurückweicht - offenbar, um so massive Unterstützung seitens der USA zu provozieren.

26. bis 30. 6. 50 Der von Melvin J. Lasky organisierte ›Kongreß für Kulturelle Freiheit‹ findet in Westberlin statt.

27. 6. 50 Präsident Truman ordnet die Unterstützung der südkoreanischen Truppen durch amerikanische Luft- und Seestreitkräfte an.

Die Regierung der Vereinigten Staaten sieht in dem Angriff der Nordkoreaner sofort eine »sowjetische Herausforderung« an die freie Welt. Die vom südkoreanischen Präsidenten Syngman Rhee geforderte und durch taktische Rückzüge seiner Truppen provozierte US-Militärhilfe erfolgt formal unter einem Mandat der UNO zur Wiederherstellung der alten Ordnung. Die UdSSR kann gegen den UNO-Beschluß kein Veto einlegen, da sie gerade zu der Zeit dem Sicherheitsrat aus Protest fernbleibt.
Unter dem Oberbefehl des US-Generals MacArthur kämpfen sükoreanische und amerikanische Streitkräfte als UNO-Truppen gegen den von der UdSSR unterstützten »Aggressor« aus dem Norden. Der Krieg eskaliert, als die Streitmacht MacArthurs am 15. September den 38. Breitengrad überschreitet und bis an die chinesische Grenze vordringt. Dadurch wird ein Eingreifen der VR China in den Konflikt provoziert.
Die erste mit militärischen Mitteln ausgetragene Konfrontation zwischen den beiden Machtblöcken löst überall große Besorgnis aus. In den USA sehen sich die antikommunistischen Hardliner endgültig bestätigt; die im Memo-

randum ›NSC 68‹ propagierte »Politik der Stärke« setzt sich durch. In Europa nehmen die Befürchtungen vor dem Expansionismus des kommunistischen Weltsystems ebenfalls zu; die Bereitschaft zu gemeinschaftlicher Gegenwehr wächst.

6. 7. 50 Das ›Görlitzer Abkommen‹ zwischen der DDR und Polen bestätigt die in der ›Warschauer Erklärung‹ festgelegten Markierungen der Oder-Neiße-Grenze; Bundestag und Bundesregierung legen gegen dieses Abkommen Verwahrung ein.

20. bis 24. 7. 50 Auf dem III. Parteitag der SED in Berlin wird ein neues Partei-Statut verabschiedet und Walter Ulbricht zum Generalsekretär gewählt.

Mit dem ersten Fünfjahrplan für die Jahre 1951-55 beschließt die SED zugleich den »Übergang zur langfristigen sozialistischen Wirtschaftsplanung«. Eine weitere Entschließung des Parteitages fordert, die Umwandlung der SED zur »Partei neuen Typus« voranzutreiben; dazu wird ein neues Parteistatut verabschiedet, worin der »demokratische Zentralismus« als Mittel, die Schlagkraft der Partei zu erhöhen, festgeschrieben ist.

Nach dem III. Parteitag beginnt in der DDR ein Prozeß der Stalinisierung, zu dem innerparteiliche Säuberungen ebenso gehören wie der verschärfte Kampf gegen Spione und Agenten, gegen Trotzkisten, die »Tito-Clique« oder das Ostbüro der SPD. Auch alte Parteigenossen und ehemalige politische Emigranten trifft es. In einer Erklärung des ZK und der ›Zentralen Parteikontrollkommission‹ der SED vom 24. August 1950 heißt es: »Spionageorganisationen handeln stets nach dem Grundsatz, einmal in ihre Netze geratene Menschen nicht wieder loszulassen. Daher können besonders die nach 1945 unterhaltenen Beziehungen nicht bagatellisiert werden. Die am engsten mit [dem angeblichen US-Agenten Noel] Field verbundenen Paul Merker, Leo Bauer, Bruno Goldhammer, Willy Kreikemeyer, Lex Ende und Maria Weiterer haben dem Klassenfeind in umfangreicher Weise Hilfe geleistet und werden aus der Partei ausgeschlossen.«

5. 8. 50 Die in Stuttgart-Bad Cannstadt versammelten ostdeutschen Landsmannschaften verabschieden eine ›Charta der deutschen Heimatvertriebenen‹; darin verzichten sie ausdrücklich auf Rache und Vergeltung und geloben, durch harte, unermüdliche Arbeit am Wiederaufbau Deutschlands und Europas teilnehmen zu wollen.

25. bis 26. 8. 50 Der I. Nationalkongreß der Nationalen Front tritt in Berlin zusammen und beschließt ein Programm für die im Oktober bevorstehenden Wahlen sowie die Aufstellung von Einheitslisten.

Die aus dem Volkskongreß hervorgegangene ›Nationale Front des demokratischen Deutschland‹ wird gleichzeitig mit der Gründung der DDR konstituiert; sie soll gesamtdeutsche Politik mit dem Ziel der Vorbereitung der Einheit Deutschlands betreiben, muß sich zugleich aber zu den Grundzügen der sowjetischen Politik und somit auch zur »Zwei-Lager-Theorie« bekennen. Unter den 2500 Delegierten des ersten Nationalkongresses sind auch rund 1000 westdeutsche; sie wählen einen ›Nationalrat‹ unter dem Vorsitz des parteilosen Professors Erich Correns.

12. bis 18. 9. 50 Die Außenministerkonferenz der Westmächte verständigt sich über einen westdeutschen Wehrbeitrag zur Verteidigung Europas.

29. 9. 50 Die DDR wird in den ›Rat für gegenseitige Wirtschaftshilfe‹ (RGW) aufgenommen.

9. 10. 50 Aus Protest gegen Inhalt und Methode der von Bundeskanzler Adenauer eingeleiteten Politik der Wiederbewaffnung tritt Bundesinnenminister Heinemann zurück.

Unterzeichnung des ›Görlitzer Abkommens‹ durch den polnischen Ministerpräsidenten Cyrankiewicz und Ministerpräsident Grotewohl (ADN)

Einweihung des Stalin-Denkmals an der Stalin-Allee in Ostberlin: Walter Ulbricht spricht und die Parteiführung spendet Beifall. (2 Abb. BAK)

15.10.50 In der DDR finden Volkskammer-, Landtags- und Gemeindewahlen nach Einheitslisten der Nationalen Front statt; die Wahlbeteiligung wird mit 98,44 Prozent angegeben, die Ja-Stimmen mit 99,7 Prozent.

20. bis 21.10.50 Die Konferenz der Außenminister der Ostblock-Staaten in Prag veröffentlicht eine Erklärung gegen die geplante Remilitarisierung Deutschlands sowie Vorschläge zur Konstituierung eines »gesamtdeutschen Rates« zur Vorbereitung einer gesamtdeutschen provisorischen Regierung.

Die ›Prager Deklaration‹ wird den Westmächten durch die Sowjetunion übermittelt; sie schlägt vor, unverzüglich einen Friedensvertrag mit Deutschland »unter Wiederherstellung der Einheit Deutschlands in Übereinstimmung mit dem Potsdamer Abkommen« vorzubereiten; in der Übergangszeit soll ein paritätisch zusammengesetzter »gesamtdeutscher konstituierender Rat« provisorisch Regierungsgeschäfte übernehmen und für Konsultationen bei der Ausarbeitung eines Friedensvertrages bereitstehen. Die Westmächte gehen auf diese Vorschläge zunächst nicht ein.

26.11.50 Nachdem die von General MacArthur befehligten Verbände trotz verschiedener Warnungen seitens der chinesischen Regierung tief nach Nordkorea vorgedrungen sind und an einer Stelle den koreanisch-chinesischen Grenzfluß erreicht haben, treten Truppen der VR China zu einer Gegenoffensive an und treiben die »westlichen« Eindringlinge über den 38. Breitengrad zurück. Der daraufhin von MacArthur geforderte Einsatz von Atomwaffen wird von Präsident Truman auf einer Pressekonferenz am 30. November nicht völlig ausgeschlossen.

30.11.50 In einem Brief an die Bundesregierung schlägt Ministerpräsident Otto Grotewohl vor, Besprechungen über die Bildung eines paritätischen »Gesamtdeutschen Konstituierenden Rates« aufzunehmen, der auch die Vorbereitung »freier gesamtdeutscher Wahlen« übernehmen könne.

15.12.50 In der DDR wird das ›Gesetz zum Schutze des Friedens‹ erlassen.

Im Wahlprogramm der Nationalen Front zu den Oktober-Wahlen 1950 hieß es: »Darum stimmt am 15. Oktober für den einheitlichen Wahlvorschlag der Nationalen Front, das heißt für den Frieden, damit nie mehr eine Mutter ihren Sohn beweint und ein Leben in Frieden, Glück und Wohlstand aufgebaut werden kann.« Gemäß einem Aufruf des zweiten ›Weltkongresses der Kämpfer für den Frieden‹, der im November in Warschau getagt hat, sorgt die Volkskammer dann für gesetzliche Friedenssicherung. Doch ähnlich dem Artikel 6 der DDR-Verfassung bietet das ›Gesetz zum Schutze des Friedens‹ auch eine Handhabe gegen Oppositionelle: Es stellt Kriegspropaganda sowie Rassen- oder Völkerhetze unter Strafe, setzt aber auch den staatlicher Verfolgung aus, der »gegen Teilnehmer am Kampf für den Frieden … hetzt«.

1951

8.1.51 Ein ›Informationsbüro West‹, das Nachrichten aus der DDR und anderen Ostblockstaaten sammeln und verbreiten soll, nimmt die Tätigkeit auf; an seiner Gründung sind u.a. die ›Kampfgruppe gegen Unmenschlichkeit‹, der ›Untersuchungsausschuß Freiheitlicher Juristen‹ und die ›Vereinigung der Opfer des Stalinismus‹ beteiligt.

30.1.51 Unter dem Schlagwort »Deutsche an einen Tisch!« appelliert die Volkskammer der DDR an den Deutschen Bundestag, gemeinsam einen »Gesamtdeutschen Konstituierenden Rat« einzuberufen.

18. 4. 51 Während des ersten Besuches von Bundeskanzler Adenauer in Frankreich werden die Verhandlungen über die ›Montanunion‹ zum Abschluß gebracht. Zusammen mit den Außenministern Frankreichs, Italiens und der Benelux-Staaten unterzeichnet Adenauer den Vertrag über die ›Europäische Gemeinschaft für Kohle und Stahl‹ (EGKS).

11. 5. 51 Der Bundestag verabschiedet das Gesetz zur Regelung der Rechtsverhältnisse der unter Artikel 33 des Grundgesetzes fallenden Personen.

Mit dem sogenannten »131er-Gesetz« werden die Versorgungsansprüche von Angehörigen des öffentlichen Dienstes geregelt, die am 8. Mai 1945 in einem Dienst oder Arbeitsverhältnis standen oder vorher aus einem solchen vertrieben wurden; damit werden auch die Versorgungsansprüche jener anerkannt, die durch Entnazifizierung aus dem öffentlichen Dienst entfernt wurden.

10. 7. 51 Beginn der Waffenstillstandsverhandlungen in Korea, die sich über zwei Jahre hinziehen.

3. 8. 51 In der Ostberliner Stalin-Allee, zwischen Andreas- und Koppenstraße, wird das erste in Deutschland errichtete Stalin-Denkmal enthüllt.

In Moskau rechnet Chruschtschow Ende Oktober 1961 auf dem XXII. Parteitag der KPdSU erneut mit dem Stalinismus ab. Daraufhin läßt die SED in der Nacht vom 13. auf den 14. November des Jahres das Stalin-Denkmal durch Soldaten der NVA abräumen; gleichzeitig werden alle Straßenschilder, die auf die Stalin-Allee hinweisen, abmontiert. Die Prachtstraße, gefeiertes Zeugnis des sozialistischen Aufbauwillens, heißt nun westlich des Strausberger Platzes Karl-Marx-Allee; östlich davon erhält sie ihren ursprünglichen Namen, Frankfurter Allee, zurück.

5. bis 19. 8. 51 In Ostberlin finden die ›III. Weltfestspiele der Jugend und Studenten‹ sowie die ›XI. Akademischen Sommerspiele‹ statt.

Eine Gruppe bayrischer Teilnehmer an den Weltjugendfestspielen in Ostberlin während eines Umzuges am Lustgarten

Zur Eröffnung begrüßt Enrico Berlinguer, der italienische Präsident des Weltbundes der demokratischen Jugend, rund 26 000 Delegierte aus 104 Ländern; während der zweiwöchigen Veranstaltungsfolge nehmen aus der DDR rund zwei Millionen Jugendliche an den Weltfestspielen teil. Den propagandistischen Höhepunkt der Veranstaltungen bildet eine »Friedensdemonstration« am 12. August, während der länger als acht Stunden die Kolonnen mit Antikriegsplakaten und Friedensparolen an der Tribüne mit Staats- und Parteiprominenz vorbeidefilieren. In Westberlin werden während der Dauer der Festspiele Kundgebungen und Unterhaltungsveranstaltungen für »Grenzgänger« geboten.

10. bis 14. 9. 51 Die Konferenz der drei westlichen Außenminister in Washington einigt sich auf eine Beteiligung der Bundesrepublik an der EVG und die Ablösung des Besatzungsstatuts.

Ein deutscher Wehrbeitrag soll im Rahmen der ›Europäischen Verteidigungsgemeinschaft‹ (EVG) geleistet werden; mit dem Inkrafttreten eines entsprechenden Abkommens soll das Besatzungsstatut durch einen Generalvertrag ersetzt werden.

15.9.51 Ministerpräsident Grotewohl und die Volkskammer der DDR fordern den Bundestag erneut auf, in gesamtdeutsche Beratungen über die Durchführung »gesamtdeutscher freier Wahlen für eine Nationalversammlung« einzuwilligen.

27.9.51 Erklärung der Bundesregierung zur Wiederherstellung der deutschen Einheit.

Bundeskanzler Adenauer nimmt Bezug auf die Vorschläge der DDR vom 15. September, indem er die Vorlage einer Wahlordnung für freie Wahlen ankündigt; er benennt 14 Grundsätze für eine Wahlordnung zu gesamtdeutschen Wahlen und schlägt vor, internationale Kontrollorgane zu bilden.

Kundgebung der Vertriebenenverbände zum ›Tag der Heimat‹ in der Berliner Waldbühne am 2. 8. 1953

17.11.51 Nach Einigungsverhandlungen wird in Hannover der ›Bund der vertriebenen Deutschen‹ (BvD) gegründet, dem sich jedoch nicht alle Landsmannschaften anschließen.

In der Frühzeit der Bundesrepublik bedingt eine weitgehende Zersplitterung der Vertriebenenorganisationen deren innen- wie außenpolitische Erfolglosigkeit. Erst 1958 vereinigen sich der ›Verband der ostdeutschen Landsmannschaften e. V.‹ (VdL) und der BvD nach langen Verhandlungen zum ›Bund der Vertriebenen - Vereinigte Landsmannschaften und Landesverbände e. V.‹. Sitz des nunmehr zentralisierten Verbandsapparates wird Bonn.

19.11.51 Die Bundesregierung stellt Antrag beim Bundesverfassungsgericht, die neonazistische ›Sozialistische Reichspartei‹ (SRP) zu verbieten. Das Verfahren wird am 24. 1. 52 eröffnet; das Urteil vom 23. 10. 1952 ordnet die Auflösung der Partei an.

22.11.51 Die Bundesregierung stellt Antrag beim Bundesverfassungsgericht, die KPD zu verbieten.

1952

8.2.52 Der Bundestag debattiert über einen deutschen Verteidigungsbeitrag und befürwortet - gegen die Stimmen der Opposition - eine Beteiligung an der EVG.

10.3. 52 Die Regierung der UdSSR richtet eine Note an die Regierungen Frankreichs, Großbritanniens und der USA; sie enthält neue sowjetische Vorschläge zur Regelung der Deutschlandfrage.

Um eine Wiederbewaffnung der Bundesrepublik im Rahmen der EVG zu verhindern, hat die Regierung der Sowjetunion anfangs an die Viermächte-Verantwortung appelliert und auf die in Potsdam verabschiedeten Entmilitarisierungsmaßnahmen verwiesen. In gleicher Absicht hat die DDR gegenüber der Bundesregierung gedrängt, »Deutsche an einen Tisch« zu bringen und einen »Gesamtdeutschen Rat« zu bilden. Als das nichts fruchtet und ein erfolgreicher Abschluß der EVG-Verhandlungen absehbar wird, unterbreitet die Sowjetunion den drei Westalliierten Vorschläge für einen Friedensvertrag mit einem vereinigten, neutralen Deutschland.
Die Westmächte reagieren zurückhaltend und mit der Gegenforderung nach gesamtdeutschen freien Wahlen, wovon in der »Stalin-Note« keine Rede war. Doch schon am 9. April räumt Moskau auch diese Möglichkeit ein. Es werden noch weitere Noten gewechselt, und in der Bundesrepublik entsteht darüber eine heftige öffentliche Auseinandersetzung. In Übereinstimmung mit den Westmächten sieht die Bundesregierung in den sowjetischen Vorschlägen nur ein Störmanöver, um den Prozess der Westintegration der Bundesrepublik aufzuhalten. Die Gegenmeinung, für die sich

prominente Politiker und Journalisten einsetzen, sieht hingegen die vielleicht letzte Chance, durch Verzicht auf Wiederbewaffnung und Militärbündnisse die Wiedervereinigung zu erreichen. Entsprechend fordert sie, die Ernsthaftigkeit des sowjetischen Angebots durch Verhandlungen zu prüfen.

25. 3. 52 Die Antwortnote der Westmächte an die UdSSR macht freie Wahlen unter UNO-Kontrolle in Deutschland zur Vorbedingung für Verhandlungen über einen Friedensvertrag.

9. 4. 52 In einer weiteren Note an die Westmächte beharrt die UdSSR weiterhin auf deutscher Bündnisfreiheit, geht aber auf die Bedingung ein, freie Wahlen in Deutschland zuzulassen; diese sollen allerdings nicht von der UNO, sondern von den vier Mächten kontrolliert werden.

11. 5. 52 Bei der von Kommunisten veranstalteten »Jugendkarawane« in Essen mit 30 000 Teilnehmern kommt es zu schweren Auseinandersetzungen mit der Polizei, in deren Verlauf Philipp Müller, ein einundzwanzigjähriger Mann aus München, erschossen wird.

Die kommunistische Propaganda schlachtet diesen Vorfall vielfältig aus. Vierzehn Tage später heißt es im »Manifest« des IV. FDJ-Parlaments in Leipzig: »Wir müssen verhindern, daß dem Mord an Philipp Müller der Mord an Hunderttausenden junger deutscher Patrioten folgt.«

26. 5. 52 In Bonn wird der ›Deutschlandvertrag‹ unterzeichnet.

Unmittelbar vor der Unterzeichnung kommt es noch noch zu einer Debatte über die sogenannte »Bindungsklausel« des Vertrages, die vorsieht, daß auch ein wiedervereinigtes Deutschland an das westliche Verteidigungsbündnis gebunden bliebe. Diese - für die Sowjetunion unannehmbare - Bestimmung hatte Bundeskanzler Adenauer schon akzeptiert; durch die erst kurz vor Unterzeichnung aufkommende Diskussion sieht er sich dann zu Nachverhandlungen mit den Alliierten veranlaßt.

Der Ministerrat der DDR erläßt die ›Verordnung über Maßnahmen an der Demarkationslinie zwischen der Deutschen demokratischen Republik und den westlichen Besatzungszonen Deutschlands‹.

Damit wird das Ministerium für Staatssicherheit mit der Kontrolle und verstärkten Bewachung der Grenzen der DDR beauftragt, »um ein weiteres Eindringen von Diversanten, Spionen, Terroristen und Schädlingen« in die DDR zu verhindern; in der Folgezeit kommt es zur Anlage einer 5 km breiten Sperrzone entlang der Demarkationslinie.

27. 5. 52 Die Außenminister der sechs Montanunion-Staaten unterzeichnen in Paris den Vertrag über die ›Europäische Verteidigungsgemeinschaft‹ (EVG).

Der EVG-Vertrag, hervorgegangen aus dem französischen Pleven-Plan, sieht den Aufbau Europäischer Verteidigungsstreitkräfte mit Einschluß eines deutschen Truppenkontingents nach den Grundsätzen der Gleichheit und Integration vor. Er ist an den ›Deutschlandvertrag‹ gekoppelt. Beide Vertragswerke werden schließlich nicht wirksam, weil die französische Nationalversammlung am 30. August 1954 eine Ratifizierung des EVG-Vertrages mehrheitlich ablehnt.

Absperrung mit Warnschild an der innerdeutschen Grenze (BAK)

Der KPD-Vorsitzende Max Reimann spricht auf der Beerdigung von Philipp Müller in München.

Der französische Außenminister bei der Unterzeichnung des ›Deutschlandvertrages‹ (BPK)

In Berlin trennen Arbeiter der Ostberliner Postverwaltung die Fernsprechnetze zwischen beiden Teilen der Stadt und zwischen Westberlin und der Sowjetischen Besatzungszone.

27. bis 30.5.52 IV. Parlament der FDJ in Leipzig; Walter Ulbricht erklärt in einer Ansprache, die Jugendlichen sollten das Waffenhandwerk erlernen, »um unser Vaterland mit der Waffe zu verteidigen«.

Es findet ein Aufmarsch bewaffneter FDJ-Gruppen statt, auf den die KgU in einer Plakataktion mit Schlagworten wie »Friedenskämpfer?« - »Flintenweiber!« reagiert. In Beschlüssen vom 1. Juni verpflichtet sich die FDJ, »die deutsche Jugend zum Schutze unserer demokratischen Errungenschaften und zur Verteidigung der Heimat zu organisieren«.

FDJ-Mitglieder paradieren während des IV. FDJ-Parlaments in Leipzig mit Kleinkalibergewehren. (BAK)

9. bis 12.7.52 Zweite Parteikonferenz der SED; Walter Ulbricht hält ein Referat über die »planmäßige Errichtung der Grundlagen des Sozialismus in der DDR« und eröffnet damit eine Politik der beschleunigten Sowjetisierung.

Die Konferenz beschließt die Kollektivierung der Landwirtschaft »auf völlig freiwilliger Grundlage«, die Bildung von Produktionsgenossenschaften des Handwerks, die Organisierung bewaffneter Streitkräfte in der DDR sowie - »zur Stärkung der demokratischen Staatsmacht« - Änderungen der Verwaltungsstruktur der DDR. Sie erklärt, eine »Verschärfung des Klassenkampfes« sei unvermeidlich; gegen die »Vasallenregierung in Bonn«, die rechtssozialdemokratischen Führer und Gewerkschaftsführer wird zum »nationalen Befreiungskampf« aufgerufen. Diese Kampfparolen stehen in einem tendenziellen Widerspruch zu den Friedens- und Vereinigungsangeboten, die nicht erst seit der sowjetischen Deutschlandnote vom 10. März in verschiedener Form von östlicher Seite unterbreitet werden. Die innenpolitischen Aufgaben - Schaffung einer regulären Armee, Verwaltungsumbau und Kollektivierung - kosten viel Geld und zwingen die DDR zur »äußersten Ausschöpfung der Ressourcen«. Deren Auswirkungen auf den Lebensstandard der Bevölkerung schüren in der Folgezeit Unzufriedenheit und Krisenbewußtsein.

22.7.52 Die Verfassung der VR Polen tritt in Kraft.

23.7.52 Entsprechend den Forderungen der II. Parteikonferenz der SED werden die fünf Länder der DDR aufgehoben und an ihrer Stelle vierzehn Verwaltungsbezirke mit insgesamt 217 Kreisen eingerichtet.

25.7.52 Die Vereinbarungen über die ›Montanunion‹ erhalten Gültigkeit. Damit werden die im ›Ruhrstatut‹ vorgesehenen Kontrollen und Beschränkungen der westdeutschen Schwerindustrie aufgehoben.

19. bis 20.9.52 Eine Abordnung der Volkskammer unter Leitung von Hermann Matern besucht Bonn und wird von Bundestagspräsident Ehlers empfangen.

Die Volkskammer wählt am 5. September die Mitglieder der Delegation: Hermann Matern, Otto Nuschke, Dr. Karl Hamann, Heinrich Homann, Ernst Goldenbaum. Die Vorschläge der Volkskammer an den Deutschen Bundestag, die Bundestagspräsident Dr. Hermann Ehlers am 19. September von der fünfköpfigen Delegation übergeben werden, beziehen sich auf zwei »für unser Volk entscheidende Fragen«: »1. Die Entsendung von Vertretern der Deutschen Demokratischen Republik und der westdeutschen Bundesrepublik zur Teilnahme an einer Viermächtekonferenz, die eine friedliche Regelung aller Deutschland betreffenden Fragen zum Ziel haben soll, und 2. die Bildung einer deutschen Prüfungskommission für freie gesamtdeutsche Wahlen einschließlich des Beginns ihrer Tätigkeit.«

20. bis 27. 11. 52 Slansky-Prozess in Prag

Angeklagt sind vierzehn führende Kommunisten – Spanienkämpfer, Mitglieder des antifaschistischen Widerstandes, Überlebende der Konzentrationslager. Angeblich bildeten sie die »Leitung des staatsfeindlichen Verschwörungszentrums mit Rudolf Slansky an der Spitze«. Der Prozeß steht im Zusammenhang mit Säuberungsmaßnahmen, die nach dem Ausschluß Jugoslawiens aus dem KOMINFORM im gesamten Ostblock eingeleitet werden. Schon 1950/51 werden in der DDR 150 000 SED-Mitglieder aus der Partei ausgeschlossen; unter den Führungskadern trifft es Paul Merker, Leo Bauer, Willy Kreikemeyer, Lex Ende u. a. Ihnen werden Verbindungen zu dem angeblichen US-Agenten Noel Field vorgeworfen, dem zuvor in Budapest ein Schauprozess gemacht worden ist. Nach dem Urteil im Slansky-Prozess zieht das ZK der SED im Dezember 1952 wiederum »Lehren aus dem Prozeß gegen das Verschwörerzentrum Slansky«; es folgen weitere Parteiausschlüsse sowie die Entmachtung von Franz Dahlem, dem einflußreichsten Gegenspieler Ulbrichts in der SED-Führung.

1953

5. 3. 53 Tod Stalins

6. 3. 53 Einen Tag nach Stalins Tod tritt das ZK der SED zu einer Trauersitzung zusammen; der Ministerrat der DDR ordnet Landestrauer an.

19. 3. 53 Der Deutsche Bundestag ratifiziert den ›Deutschlandvertrag‹ und den EVG-Vertrag.

Der ›Vertrag über die Beziehungen zwischen der Bundesrepublik Deutschland und den Drei Mächten‹, kurz ›Deutschlandvertrag‹ genannt, soll an die Stelle des Besatzungsstatuts von 1949 treten; er beschränkt die Sonderrechte der Alliierten auf ein Minimum, erstrebt ein geeintes, innerhalb einer westeuropäischen Staatengemeinschaft gleichberechtigtes Deutschland, dessen endgültige Grenzregelungen erst mit Abschluß eines Friedensvertrages festzulegen sind. Der Vertrag soll zugleich mit dem EVG-Vertrag in Kraft treten.

7. bis 19. 4. 53 Bundeskanzler Adenauer besucht zum ersten Mal die USA und Kanada.

20. 4. 53 In der DDR wird eine Preiserhöhung für rationierte Lebensmittel angeordnet.

TÄGLICHE RUNDSCHAU

Zeitung für Politik, Wirtschaft und Kultur

Sonderausgabe vom Freitag, 6. März 1953

AM 5. MÄRZ UM 21.50 UHR VERSCHIED DER VORSITZENDE DES MINISTERRATS DER UDSSR UND SEKRETÄR DES ZENTRALKOMITEES DER KPDSU, J.W. STALIN.
DER UNSTERBLICHE NAME STALINS WIRD IMMER IM HERZEN DES SOWJETVOLKES UND IN DEN HERZEN DER WERKTÄTIGEN DER GANZEN WELT LEBEN.

Mitteilung des Zentralkomitees der Kommunistischen Partei der Sowjetunion, des Ministerrats der UdSSR und des Präsidiums des Obersten Sowjets der UdSSR

An alle Mitglieder der Partei, an alle Werktätigen der Sowjetunion!

Teure Genossen und Freunde!

Das Zentralkomitee der Kommunistischen Partei der Sowjetunion, der Ministerrat der UdSSR und das Präsidium des Obersten Sowjets der UdSSR teilen der Partei und allen Werktätigen der Sowjetunion in tiefem Schmerz mit, daß der Vorsitzende des Ministerrats der UdSSR und Sekretär des Zentralkomitees der Kommunistischen Partei der Sowjetunion, Josef Wissarionowitsch Stalin, am 5. März um 21.50 Uhr nach schwerer Krankheit verschieden ist.

Das Herz des Mitkämpfers und genialen Fortsetzers der Sache Lenins, des weisen Führers und Lehrers der Kommunistischen Partei und des Sowjetvolkes, Josef Wissarionowitsch Stalin, hat aufgehört zu schlagen.

Der Name Stalins ist unserer Partei, dem Sowjetvolk und den Werktätigen der ganzen Welt unendlich teuer. Gemeinsam mit Lenin hat Genosse Stalin die mächtige Partei der Kommunisten geschaffen, sie erzogen und gestählt; gemeinsam mit Lenin war Genosse Stalin der Inspirator und Führer der Großen Sozialistischen Oktoberrevolution, der Begründer des ersten sozialistischen Staates der Welt. Genosse Stalin setzte die unsterbliche Sache Lenins fort und führte das Sowjetvolk zum welthistorischen Sieg des Sozialismus in unserem Lande. Genosse Stalin führte unser Land zum Sieg über den Faschismus im zweiten Weltkrieg, was die gesamte internationale Lage grundlegend veränderte.

Genosse Stalin wappnete die Partei und das gesamte Volk mit dem großen und klaren Programm des Aufbaus des Kommunismus in der UdSSR.

Der Tod des Genossen Stalin, der sein ganzes Leben selbstlos in den Dienst der großen Sache des Kommunismus gestellt hat, ist ein außerordentlich schwerer Verlust für die Partei, für die Werktätigen des Sowjetlandes und der ganzen Welt.

Die Nachricht vom Hinscheiden des Genossen Stalin wird in den Herzen der Arbeiter, der Kolchosbauern, der Intelligenz und aller Werktätigen unserer Heimat, in den Herzen der Kämpfer unserer ruhmreichen Armee und Kriegsmarine, in den Herzen der Millionen Werktätigen aller Länder der Welt tiefen Schmerz auslösen. In diesen Tagen der Trauer schließt sich die große brüderliche Familie aller Völker unseres Landes noch enger unter der erprobten Führung der Kommunistischen Partei zusammen, die von Lenin und Stalin geschaffen und erzogen wurde.

Das Sowjetvolk ist von grenzenlosem Vertrauen und heißer Liebe zu seiner teuren Kommunistischen Partei durchdrungen, da es weiß, daß oberstes Gesetz der gesamten Tätigkeit der Partei der Dienst für die Interessen des Volkes ist.

Die Arbeiter, Kolchosbauern, die sowjetischen Geistesschaffenden, alle Werktätigen unseres Landes folgen unbeirrbar der Politik unserer Partei, die den Lebensinteressen der Werktätigen entspricht und die weitere Festigung der Macht unserer sozialistischen Heimat zum Ziele hat. Die Richtigkeit dieser Politik der Kommunistischen Partei ist in jahrzehntelangem Kampf erprobt worden, sie hat die Werktätigen des Sowjetlandes zu den historischen Siegen des Sozialismus geführt. Durch diese Politik begeistert, schreiten die Völker der Sowjetunion unter der Führung der Partei zuversichtlich neuen Erfolgen des kommunistischen Aufbaus in unserem Lande entgegen. Die Werktätigen unseres Landes wissen, daß die weitere Hebung des materiellen Wohlstandes aller Schichten der Bevölkerung — der Arbeiter, der Kolchosbauern und der Intelligenz —, die maximale Befriedigung der ständig wachsenden materiellen und kulturellen Bedürfnisse der gesamten Gesellschaft stets Gegenstand der besonderen Sorge der Kommunistischen Partei und der Sowjetregierung war und ist.

Das Sowjetvolk weiß, daß die Verteidigungsfähigkeit und die Macht des Sowjetstaates wachsen und erstarken, daß die Partei in jeder Weise die Sowjetarmee, die Kriegsmarine und die Organe des Abwehrdienstes festigt, um ständig unsere Bereitschaft zu erhöhen, jeglichem Aggressor eine vernichtende Abfuhr zu erteilen.

Die Außenpolitik der Kommunistischen Partei und der Regierung der Sowjetunion war und ist die unwandelbare Politik der Erhaltung und Festigung des Friedens, des Kampfes gegen die Vorbereitung und Entfesselung eines neuen Krieges, die Politik der internationalen Zusammenarbeit und der Entwicklung von sachlichen Beziehungen zu allen Ländern.

Getreu dem Banner des proletarischen Internationalismus festigen und entwickeln die Völker der Sowjetunion die brüderliche Freundschaft mit dem großen chinesischen Volk und mit den Werktätigen aller Länder der Volksdemokratie, die freundschaftlichen Beziehungen zu den Werktätigen der kapitalistischen und kolonialen Länder, die für die Sache des Friedens, der Demokratie und des Sozialismus kämpfen.

Teure Genossen und Freunde!

Unsere Kommunistische Partei ist die große lenkende und führende Kraft des Sowjetvolkes im Kampf um den Aufbau des Kommunismus. Stählerne Einheit und eherne Geschlossenheit der Reihen der Partei — das ist die Hauptvoraussetzung für ihre Kraft und Macht. Es ist unsere Aufgabe, die Einheit der Partei wie unseren Augapfel zu hüten, die Kommunisten als aktive politische Kämpfer für die Durchführung der Politik und der Beschlüsse der Partei zu erziehen und die Verbundenheit der Partei mit allen Werktätigen, mit den Arbeitern, Kolchosbauern und der Intelligenz, weiter zu festigen, denn in dieser untrennbaren Verbundenheit mit dem Volk liegt die Kraft und die Unbesiegbarkeit unserer Partei.

Die Partei betrachtet es als eine ihrer wichtigsten Aufgaben, die Kommunisten und alle Werktätigen im Geiste hoher politischer Wachsamkeit, im Geiste der Unversöhnlichkeit und Härte im Kampf gegen die inneren und äußeren Feinde zu erziehen.

Das Zentralkomitee der Kommunistischen Partei der Sowjetunion, der Ministerrat der UdSSR und das Präsidium des Obersten Sowjets der UdSSR wenden sich in diesen Tagen der Trauer an die Partei und das Volk und geben ihrer festen Ueberzeugung Ausdruck, daß sich die Partei und alle Werktätigen unserer Heimat noch enger um das Zentralkomitee und die Sowjetregierung zusammenschließen, alle ihre Kraft und ihre schöpferische Energie für die große Sache des Aufbaus des Kommunismus in unserem Lande mobilisieren werden. Der unsterbliche Name Stalins wird immer in den Herzen des Sowjetvolkes und der gesamten fortschrittlichen Menschheit leben.

Es lebe die große, alles besiegende Lehre von Marx, Engels, Lenin und Stalin!
Es lebe unsere mächtige sozialistische Heimat!
Es lebe unser heldenhaftes Sowjetvolk!
Es lebe die große Kommunistische Partei der Sowjetunion!

Das Zentralkomitee der Kommunistischen Partei der Sowjetunion — **Der Ministerrat der UdSSR** — **Das Präsidium des Obersten Sowjets der UdSSR**

5. März 1953

Aerztliches Gutachten über die Krankheit und über den Tod J. W. Stalins

In der Nacht zum 2. März erlitt J. W. Stalin einen Schlaganfall (Blutung in der linken Gehirnhälfte) auf der Grundlage einer Hypertonie und Arteriosklerose. Infolgedessen kam es zu einer rechtsseitigen Lähmung und zu einem anhaltenden Verlust des Bewußtseins. Schon am ersten Tag der Krankheit wurden Anzeichen der Störung der Atemtätigkeit infolge Störung der Funktionen der Nervenzentren festgestellt. Diese Veränderungen nahmen von Tag zu Tag zu; sie trugen den Charakter der sogenannten periodischen Atmung mit längeren Pausen (vom Typ Cheyne-Stokes).

In der Nacht zum 3. März nahmen die Störungen der Atemtätigkeit zeitweise bedrohlichen Charakter an. Ferner wurden seit Beginn der Erkrankung wesentliche Veränderungen des Herzgefäßsystems, und zwar hoher Blutdruck, Beschleunigung und Störung des Pulsrhythmus (Flimmerarhythmie) und Herzerweiterung, festgestellt.

Im Zusammenhang mit den fortschreitenden Störungen der Atemtätigkeit und des Kreislaufs traten bereits ab 3. März Anzeichen von Sauerstoffmangel auf. Seit dem ersten Tag der Erkrankung stieg die Temperatur, und es machte sich eine Vergrößerung der Leukozytenzahl bemerkbar, was auf die Entwicklung von Entzündungsherden in den Lungen hindeuten konnte.

Am letzten Tag der Krankheit traten bei einer bedeutenden Verschlechterung des allgemeinen Zustandes wiederholte Anfälle einer schweren akuten Herzgefäßinsuffizienz (Kollaps) auf. Die elektrokardiographische Untersuchung ergab eine akute Störung in den Herzkranzgefäßen mit Herdveränderung am Herzmuskel.

In der zweiten Hälfte des 5. März begann sich der Zustand des Kranken zusehends zu verschlechtern: Die Atmung wurde oberflächlich, mit starker Beschleunigung; der Puls stieg auf 140 bis 150 Schläge in der Minute und wurde schwächer.

Bei zunehmender Herzgefäß- und Ateminsuffizienz verschied J. W. Stalin um 21.50 Uhr.

Der Minister für Gesundheitswesen der UdSSR, A. F. TRETJAKOW
Der Chef der Medizinischen und Sanitären Verwaltung des Kreml, I. I. KUPERIN
Der Hauptinternist des Ministeriums für Gesundheitswesen der UdSSR, Professor P. E. LUKOMSKIJ
Ordentliches Mitglied der Akademie der Medizinischen Wissenschaften, Professor N. W. KONOWALOW
Ordentliches Mitglied der Akademie der Medizinischen Wissenschaften, Professor A. L. MJASNIKOW
Ordentliches Mitglied der Akademie der Medizinischen Wissenschaften, Professor E. M. TAREJEW
Korrespondierendes Mitglied der Akademie der Medizinischen Wissenschaften, Professor I. N. FILIMONOW
Professor I. S. GLASUNOW
Professor R. A. TKATSCHOW
Dozent W. I. IWANOW-NESNAMOW."

Moskau, 5. März 1953

Ueber die Bildung einer Kommission zur Vorbereitung der Beisetzung des Vorsitzenden des Ministerrats der Union der Sozialistischen Sowjetrepubliken und Sekretärs des Zentralkomitees der Kommunistischen Partei der Sowjetunion, Josef Wissarionowitsch Stalin

Moskau, 6. März (ADN). Der Ministerrat der UdSSR und das Zentralkomitee der Kommunistischen Partei der Sowjetunion haben beschlossen, eine Kommission zur Vorbereitung der Beisetzung des Vorsitzenden des Ministerrats der Union der Sozialistischen Sowjetrepubliken und Sekretärs des Zentralkomitees der Kommunistischen Partei der Sowjetunion, Generalissimus Josef Wissarionowitsch Stalin, zu bilden. Dieser Kommission gehören an: die Genossen N. S. Chruschtschow als Vorsitzender, L. M. Kaganowitsch, N. M. Schwernik, A. M. Wassilewskij, N. M. Pegow, P. A. Artemjew und M. A. Jasnow.

Sonderausgabe der ›Täglichen Rundschau‹ vom Freitag, den 6. 3. 1953, mit der Nachricht vom Tode Stalins

11. 5. 53 In einer Rede vor dem Unterhaus spricht Premierminister Churchill von der Möglichkeit eines Gipfeltreffens der Großmächte.

Nach dem Tode Stalins bleiben in der sowjetischen Politik weiterhin Momente

Stalin, mit Füßen getreten: eine im Zusammenhang mit den Ereignissen des Juni 1953 inszenierte Photographie (BAK)

von Entspannung spürbar, die in England positiver gesehen werden als in Regierungskreisen der USA. Churchill vermutet eine tatsächliche Verhandlungsbereitschaft der Sowjets und räumt ein, daß eine Entspannung ohne Befriedigung sowjetischer Sicherheitsinteressen nicht möglich sein werde. Er bringt deshalb auch den Gedanken einer Neutralität Deutschlands als mögliches Thema einer Gipfelkonferenz wieder ins Gespräch.

13. bis 14. 5. 53 Auf der 13. Tagung des ZK der SED wird eine Erhöhung der Arbeitsnormen um 10 Prozent bis zum 30. Juni empfohlen.

15. 5. 53 Bundeskanzler Adenauer erläutert Premierminister Churchill in London seine Bedenken gegen Viermächteverhandlungen vor Inkrafttreten des EVG-Vertrages.

23. 5. 53 Die ›Prawda‹ nimmt wohlwollend Stellung zu der Rede Churchills vom 11. Mai.

27. 5. 53 In Industriebetrieben in Finsterwalde kommt es zu Streiks wegen der angekündigten Normerhöhung. Daß es unter der Arbeiterschaft in der DDR vielfach aufgestaute Unzufriedenheit gibt, zeigt sich an weiteren Arbeitsniederlegungen. Anfang Juni wird in verschiedenen Industriebetrieben und Bergwerken gegen die Normerhöhung gestreikt.

28. 5. 53 Die UdSSR löst die Sowjetische Kontrollkommission in Deutschland auf; Wladimir S. Semjonow wird Hoher Kommissar der UdSSR in Deutschland.

Der Ministerrat der DDR beschließt eine Erhöhung der Arbeitsnormen um durchschnittlich 10 Prozent.

3. bis 4. 6. 53 Malenkow, Berija, Chruschtschow, Bulganin, Mikojan und weitere Mitglieder der sowjetischen Partei-und Staatsführung verhandeln in Moskau mit Vertretern der DDR und drängen auf einen Kurswechsel in der Politik der SED.

Die neue sowjetische Führung sieht, daß das sozialistische Lager unter stalinistischer Herrschaft heruntergekommen ist, und drängt daher auf innen- wie außenpolitische Entspannung. Den einbestellten DDR-Vertretern Grotewohl, Ulbricht und Oelßner wird ein Forderungskatalog vorgelegt, in dem es u. a. heißt: »Zur Verbesserung der entstandenen Lage ist es notwendig: 1) Unter den heutigen Bedingungen ist der Kurs auf eine Forcierung des Aufbaus des Sozialismus in der DDR, der von der SED eingeschlagen und vom Politbüro des ZK der KPdSU (B) in seinem Beschluß von 8. Juli 1952 gebilligt worden war, für nicht richtig zu halten.
2d) … Der Fünfjahrplan der DDR ist zu revidieren in der Richtung einer Lockerung des überspannten Tempos der Entwicklung der schweren Industrie.
2f) … Es ist eine solche Lage zu erreichen, daß die Regierungsmaßnahmen vom Volke verstanden werden und unter der Bevölkerung selbst Unterstützung finden.«

9. 6. 53 Das Politbüro der SED empfiehlt der Regierung Maßnahmen zur Verbesserung der Lebenslage und zur »Stärkung der Rechtssicherheit«. Damit soll der in Moskau geforderte »Neue Kurs« eingeleitet werden.

10. 6. 53 Der Bundestag fordert eine Viermächtekonferenz über freie Wahlen in Deutschland, die Bildung einer freien gesamtdeutschen Regierung und den Abschluß eines Friedensvertrages.

11. 6. 53 Der Ministerrat der DDR beschließt die Durchführung des »Neuen Kurses«.

16. 6. 53 Das Presseamt beim Ministerrat gibt bekannt, daß der Beschluß der Regierung über die Normenerhöhung vom 28. Mai aufgehoben ist.

In der Gewerkschaftszeitung ›Tribüne‹ erscheint jedoch am selben Tag ein Artikel, in dem der Fortbestand der Normerhöhung bekräftigt wird. Berliner Bauarbeiter von Baustellen am Krankenhaus Friedrichshain und an der Stalin-Allee (Block 40) legen die Arbeit nieder und marschieren zum Gebäude des FDGB in der Innenstadt.

17. 6. 53 Unruhen in Berlin und der DDR; das Politbüro der SED wird von Hochkommissar Semjonow nach Karlshorst beordert, wo dieser bekanntgibt, ab 13.00 Uhr sei der Ausnahmezustand angeordnet.

BEFEHL

des Militärkommandanten des sowjetischen Sektors von Berlin

Betrifft: **Erklärung des Ausnahmezustandes im sowjetischen Sektor von Berlin**

Für die Herbeiführung einer festen öffentlichen Ordnung im sowjetischen Sektor von Berlin wird befohlen:

1. Ab 13 Uhr des 17. Juni 1953 wird im sowjetischen Sektor von Berlin der Ausnahmezustand verhängt.
2. Alle Demonstrationen, Versammlungen, Kundgebungen und sonstige Menschenansammlungen über 3 Personen werden auf Straßen und Plätzen wie auch in öffentlichen Gebäuden verboten.
3. Jeglicher Verkehr von Fußgängern und der Verkehr von Kraftfahrzeugen und Fahrzeugen wird von 9 Uhr abends bis 5 Uhr morgens verboten.
4. Diejenigen, die gegen diesen Befehl verstoßen, werden nach den Kriegsgesetzen bestraft.

Militärkommandant des sowjetischen Sektors von Berlin
Generalmajor Dibrowa

Berlin, den 17. Juni 1953

Öffentliche Bekanntmachung des von der sowjetischen Besatzungsmacht am 17. 6. 1953 verhängten Ausnahmezustands

Demonstranten werfen Steine gegen sowjetische Panzer, die am 17. Juni zur Sektorengrenze in Ostberlin vorrücken.

In der Zeit vom 16. bis 18. Juni kommt es in mehr als 250 Orten der DDR zu Streiks und Demonstrationen; dabei trägt die regelmäßige Berichterstattung des Westberliner Rundfunksenders RIAS über die Ereignisse in Ostberlin dazu bei, daß sich das Aufbegehren im Umland ausbreitet. Soweit dessen öffentliche Manifestationen nicht von selbst ihr Ende finden, werden sie von Soldaten der Roten Armee unterdrückt. Zwar beschränkt sich der Einsatz sowjetischer Panzer weitgehend auf Machtdemonstrationen, dennoch gibt es im Verlauf der Unruhen mindestens 21 Tote. In Berlin wird der Ausnahmezustand erst am 11. Juli wieder aufgehoben. Auch wenn sich insgesamt nur ein Bruchteil der Arbeiter in der DDR an den Unruhen beteiligte, so bedeutet die öffentliche Demonstration ihres Unwillens und die dadurch offenbar werdende Hilf- und Machtlosigkeit der SED doch, daß die Legitimation der Herrschaft einer »Arbeiterpartei« in einem »Arbeiterstaat« erschüttert ist. Unmittelbar nach dem Aufruhr schreibt Ministerpräsident Grotewohl im ›Neuen

TÄGLICHE RUNDSCHAU

Redaktion und Verlag: „Tägliche Rundschau", Berlin NO 18, Am Friedrichshain 22. Fernruf: Sammelnummer 51 01 71. Auskunft: Apparat 02. Vertriebsabteilung: 51 01 71. Sprechstunden der Redaktion von 10 bis 19 Uhr. Anzeigen-Abteilung: 51 01 71

Zeitung für Politik, Wirtschaft und Kultur

Vertretungen in den Bezirksstädten: Potsdam, Friedrich-Ebert-Straße 69, Fernruf: 53 25; Schwerin, Schmiedestraße 16, Fernruf: 41 76; Erfurt, Max-Liebermann-Straße 1, Fernruf: 25 11; Halle (Saale), Schleiermacherstraße 3, Fernruf: 2 50 37 und 2 53 49; Dresden-Weißer Hirsch, Wolfshügelstraße 7, Fernruf 3 64 70; Frankfurt (Oder), Stalinallee 26, Fernruf: 3 86; Magdeburg, Otto-von-Guericke-Straße 40a, Fernruf: 3 26 49; Rostock, Klement-Gottwald-Straße 63, Fernruf: 36 24; Bezirksredaktion Leipzig C 1, Dittrichring 14, Fernruf: 2 00 45

Nr. 138 (2468) 9. Jahrgang — Freitag, 19. Juni 1953 — Ausgabe I Z Preis 15 Pf.

Verbrecherischer Plan ausländischer und Westberliner Agenten gescheitert

Berlin (ADN). Die Regierung der Deutschen Demokratischen Republik teilt mit:

Während die Regierung der Deutschen Demokratischen Republik ihre Anstrengungen darauf richtet, durch neue wichtige Maßnahmen die Lebenshaltung der Bevölkerung zu verbessern, wobei sie ihre besondere Aufmerksamkeit der Verbesserung der Lage der Arbeiterschaft zuwendet, haben käufliche Elemente, und zwar Agenten ausländischer Staaten und ihre Helfershelfer aus Kreisen der deutschen Monopolherren, die Maßnahmen der Regierung zu durchkreuzen versucht. Es wurde festgestellt, daß die Arbeitsniederlegungen, zu denen es gestern in einer Reihe von Betrieben kam, ebenso wie die provokatorischen Ausschreitungen einzelner Gruppen faschistischer Agenten in den Straßen des demokratischen Sektors von Berlin, nach einem einheitlichen, in Westberlin hergestellten, für einen bestimmten, im geeigneten Moment vorgesehenen Plan durchgeführt wurden.

Die Exzesse endeten mit dem vollen Zusammenbruch des angezettelten Abenteuers, da sie auf den Widerstand großer Teile der Bevölkerung und der Machtorgane stießen.

In den Betrieben wird die normale Arbeit wieder aufgenommen. Auf den Straßen wird die Ordnung aufrechterhalten. Keinerlei Ausschreitungen von Provokateuren und kriminellen Elementen werden geduldet werden. Gescheitert sind die schändlichen Versuche der ausländischen Agenten, die wichtigen, auf die Verbesserung der Lebenslage der Bevölkerung gerichteten Maßnahmen der Regierung zu stören. Gescheitert ist der Versuch, Verwirrung zu säen, um der Herstellung der Einheit Deutschlands neue Hindernisse in den Weg zu legen. Die Regierung der Deutschen Demokratischen Republik wird entscheidende Maßnahmen ergreifen, um die an den Ausschreitungen Schuldigen strenger Bestrafung zuzuführen. Provokateure können nicht auf Milde rechnen.

Bekanntmachungen der Regierung der DDR

Berlin (TR). Das Presseamt beim Ministerpräsidenten teilt mit:

Maßnahmen der Regierung der Deutschen Demokratischen Republik zur Verbesserung der Lage der Bevölkerung sind von faschistischen und anderen reaktionären Elementen in Westberlin mit Provokationen und schweren Störungen der Ordnung im demokratischen Sektor von Berlin beantwortet worden. Diese Provokationen sollen die Herstellung der Einheit Deutschlands erschweren.

Der Anlaß für die Arbeitsniederlegung der Bauarbeiter in Berlin ist durch den gestrigen Beschluß in der Normenfrage fortgefallen.

Die Unruhen, zu denen es danach gekommen ist, sind das Werk von Provokateuren und faschistischen Agenten ausländischer Mächte und ihrer Helfershelfer aus deutschen kapitalistischen Monopolen. Diese Kräfte sind mit der demokratischen Macht in der Deutschen Demokratischen Republik, die die Verbesserung der Lage der Bevölkerung organisiert, unzufrieden. Die Regierung fordert die Bevölkerung auf:

1. Die Maßnahmen zur sofortigen Wiederherstellung der Ordnung in der Stadt zu unterstützen und die Bedingungen für eine normale und ruhige Arbeit in den Betrieben zu schaffen.

2. Die Schuldigen an den Unruhen werden zur Verantwortung gezogen und streng bestraft. Die Arbeiter und alle ehrlichen Bürger werden aufgefordert, die Provokateure zu ergreifen und den Staatsorganen zu übergeben.

3. Es ist notwendig, daß die Arbeiter und die technische Intelligenz in Zusammenarbeit mit den Machtorganen selbst die notwendigen Maßnahmen zur Wiederherstellung des normalen Arbeitsverlaufes ergreifen.

Die Regierung der Deutschen Demokratischen Republik
Otto Grotewohl, Ministerpräsident

Berlin, den 17. Juni 1953.

Berlin (ADN). Im Interesse der unverzüglichen Normalisierung des Lebens führen die Organe der Verwaltung, der Wirtschaft und des Verkehrs in der Deutschen Demokratischen Republik und im demokratischen Sektor Berlins am 18. Juni ihre reguläre Tätigkeit durch.

Alle Arbeiter, Angestellte und Angehörige der Intelligenz nehmen zu den üblichen Zeiten ihre Beschäftigung ordnungsgemäß wieder auf.

Alle Geschäfte sind zu öffnen, damit der Handel wieder seinen ungestörten Fortgang nimmt.

Die Regierung der Deutschen Demokratischen Republik
Der Ministerpräsident
Otto Grotewohl

Berlin, den 17. Juni 1953.

Berlin (TR). Das Presseamt beim Ministerpräsidenten teilt mit:

Der Beschluß der Regierung über die Erhöhung der Arbeitsnormen vom 28. Mai 1953 ist aufgehoben.

Die einzelnen Ministerien sind mit der Durchführung dieser Maßnahme beauftragt.

Otto Grotewohl, Ministerpräsident

Aufruf der Bezirksleitung der SED, des Magistrats von Groß-Berlin und des FDGB von Groß-Berlin

Berlin (ADN). Die Bezirksleitung Groß-Berlin der Sozialistischen Einheitspartei Deutschlands, der Magistrat von Groß-Berlin und der Freie Deutsche Gewerkschaftsbund von Groß-Berlin richten folgenden Aufruf an die Berliner Bevölkerung:

„Berlinerinnen und Berliner!

Die Beschlüsse des Politbüros und der Regierung sichern die schnelle Erfüllung Eurer berechtigten Forderungen! Laßt Euch nicht für den faschistischen Anschlag gegen den Frieden und die Wiedervereinigung Deutschlands mißbrauchen.

Sichert die Versorgung der Berliner!

Setzt in Euren Betrieben die friedliche Aufbauarbeit fort!

Das ist die Losung aller Berliner.

Bezirksleitung Groß-Berlin der Sozialistischen Einheitspartei Deutschlands
gez. Hans Jendretzky
Magistrat von Groß-Berlin
gez. Friedrich Ebert
Freier Deutscher Gewerkschaftsbund Groß-Berlin
gez. Willi Kuhn

Aufruf des FDGB-Bundesvorstandes

Berlin (ADN). Der Bundesvorstand des Freien Deutschen Gewerkschaftsbundes veröffentlicht folgenden von Herbert Warnke unterzeichneten Aufruf an alle Arbeiter und Angestellten:

„Arbeiter und Angestellte!

Im guten Glauben, gegen grobe Fehler bei Normenerhöhungen mit Arbeitsniederlegungen und Demonstrationen antworten zu müssen, sind Berliner Arbeiter und Angestellte durch Westberliner Provokateure und Agenten für die Interessen der Kriegstreiber und Monopolisten mißbraucht worden. Diese Provokateure haben die Handlungen ehrlicher Kollegen absichtlich zu Tumulten, Gewalttätigkeiten, Plünderungen von Volkseigentum und Brandstiftungen ausgenutzt.

Wem nützt das alles, und wer steht hinter diesen Vorgängen?

Das sind die gleichen Kräfte, die Deutschland schon zweimal ins Unglück gestürzt haben und die es jetzt ein drittes Mal versuchen. Nach ihrem Willen wurden rote Arbeiterfahnen heruntergerissen und Läden angezündet. Das sind faschistische Handlungen, die jeder ehrliche Arbeiter verabscheut. Diese Ereignisse haben das Ziel, die Verständigung der Deutschen untereinander zu hintertreiben und die Herstellung der Einheit Deutschlands zu verhindern.

Der Bundesvorstand des FDGB ruft alle Gewerkschaftsmitglieder und alle Arbeiter auf, die Machenschaften und Verbrechen der Kriegstreiber und ihrer Agenten zu vereiteln.

Nachdem auf Vorschlag des Bundesvorstandes des FDGB die Verordnung über die allgemeine Normenerhöhung durch die Regierung aufgehoben wurde, ist der Anlaß für die Arbeitsniederlegung fortgefallen. Der Bundesvorstand des FDGB hat im Zusammenhang mit Vorschlägen der Gewerkschaftsmitglieder der Regierung eine Reihe von Vorschlägen zur Verbesserung der Lebenslage der werktätigen Bevölkerung unterbreitet. Der FDGB wird Euch über das Ergebnis der Verhandlungen informieren.

Folgt dem Ruf eurer Gewerkschaftsorganisation zur sofortigen Wiederaufnahme der Arbeit. Es liegt im Interesse jedes Werktätigen; denn nur so kann die Versorgung der Bevölkerung gesichert und verbessert werden.

FDGB-Bundesvorstand
Herbert Warnke

Otto Nuschke von Stumm-Polizei verhaftet

Berlin (ADN). Das Sekretariat der Parteileitung der CDU teilt mit:

„Die vom RIAS verbreitete Nachricht, der Vorsitzende der Christlich-Demokratischen Union und Stellvertreter des Ministerpräsidenten, Otto Nuschke, habe sich unter den Schutz der Westberliner Polizei begeben, ist erlogen. Tatsächlich wurde Otto Nuschke, der sich auf dem Wege zu seiner Dienststelle befand, in der Nähe der Sektorengrenze am S-Bahnhof Warschauer Brücke in der Mühlenstraße von randalierenden Westberliner Banditen mit Gewalt an der Weiterfahrt gehindert, aus dem Wagen gezerrt, der Wagen zertrümmert und er selbst in den Westsektor verschleppt. Dort wurde er von der Stumm-Polizei festgenommen.

Wir verlangen die sofortige Freilassung Otto Nuschkes!"

So hausten die Westberliner Provokateure

Berlin (ADN). Vom Präsidium der Deutschen Volkspolizei wird mitgeteilt:

Im Verlaufe des 17. Juni 1953 versuchten bezahlte verbrecherische Elemente aus Westberlin, die Bevölkerung des demokratischen Sektors zu Gewalttaten gegen demokratische Einrichtungen, Betriebe, Läden und Geschäftshäuser und gegen die Volkspolizei aufzuhetzen. Die Westberliner Provokateure zogen plündernd und raubend durch einzelne Straßenzüge, wobei sie zu hinterhältigen bewaffneten Ueberfällen gegen Volkspolizei und fortschrittlich eingestellte Bevölkerungsteile übergingen. So wurden von den Rowdys unter anderem Konsumstände in der Zentralmarkthalle am Alexanderplatz zerstört. An der Oberbaumbrücke rissen sie die Oberleitungen der Straßenbahnen herunter. In den Straßen Unter den Linden, Friedrichstraße, Rathausstraße, Alexanderplatz, Oberbaumbrücke und Liebknechtstraße wurden Personenkraftwagen angehalten, umgestürzt und teilweise in Brand gesteckt. Im Berolina-Haus am Alexanderplatz wurde von den Banditen die Einrichtung zerschlagen. Sie drangen in die HO-Lebensmittelfiliale in der Liebknechtstraße und in andere Läden und Kioske ein und raubten die Waren. Hierbei gingen sie gegen Angestellte der Läden und Kioske mit brutaler Rücksichtslosigkeit vor. Am Ludwig-Jahn-Sportplatz demolierten sie HO- und Konsumkioske. Das Columbus-Haus am Potsdamer Platz wurde in Brand gesetzt. Die Banditen scheuten nicht davor zurück, ihre Angriffe gegen das Krankenhaus der Volkspolizei zu richten, wo sie die Fensterscheiben der Frauenstation zertrümmerten. Am Potsdamer Platz setzten sie ein Aufklärungslokal der Nationalen Front in Brand.

Die Bevölkerung distanzierte sich von den Provokateuren und ihren verbrecherischen Handlungen und trug mit zur Festnahme einiger Täter durch die Volkspolizei bei. Bei den Festgenommenen handelt es sich größtenteils um Westberliner Provokateure aus den Reihen faschistischer Organisationen. Von diesen Provokateuren werden zunächst folgende Namen bekanntgegeben:

Zessin, Alfred, geboren am 7. Dezember 1932, wohnhaft Berlin-Borsigwalde, Meranstraße 61a; Nemitz, Gerhard, geboren am 6. Oktober 1933, wohnhaft Wittenau, Kolonie Fasanerie, Rebhuhnweg 2; Lübke, Günter, geboren am 14. Mai 1935, wohnhaft Berlin N 65, Sparrstraße 27; Scheller, Claus, geboren am 21. November 1934, wohnhaft Berlin N 65, Fehmarner Straße 15; Hoffmann, Werner, geboren am 28. April 1933, wohnhaft Berlin-Friedenau, Fregestraße 74; Maag, Harri, geboren am 13. Juli 1936, wohnhaft Berlin-Borsigwalde, Fietzstraße 46; Augustin, Günter, geboren am 11. März 1936, wohnhaft Berlin N 65, Lynarstraße; Kroposchonka, Paul, geboren am 6. Dezember 1906, wohnhaft Berlin SO 36, Adalbertstraße 10; Staß, Joachim, geboren am 27. November 1936, wohnhaft Berlin-Neukölln, Reuterstraße 36; Fischer, Otto, geboren am 5. November 1925, wohnhaft Berlin N 20, Bornholmer Straße 46b; Hilmer, Rudolf, geboren am 5. November 1915, wohnhaft Berlin SO 36, Taborstraße 21.

Die Provokationsgruppen waren in den Abendstunden im wesentlichen zerschlagen.

Zusammenbruch des abenteuerlichen Anschlags faschistischer Agenten aus Westberlin

Faschistische und andere reaktionäre Elemente aus Westberlin hatten ein großangelegtes Abenteuer gestartet. Sie hatten sich das provokatorische Ziel gesteckt, im demokratischen Sektor von Berlin eine schwierige Lage zu schaffen.

Als äußeren Anlaß zu dem provokatorischen Anschlag benutzten die faschistischen Agenten den Umstand, daß die Bauarbeiter von drei Baustellen wegen des falschen Verhaltens der Bauleitung in der Frage der Normenerhöhung für wenige Stunden die Arbeit niedergelegt hatten. Dieser Konflikt entstand am 16. Juni und hatte nur lokalen Charakter.

Trotz aller Bemühungen der faschistischen Agenten, diesen Konflikt auszuweiten, beteiligten sich daran höchstens fünf Prozent von mehreren zehntausend Bauarbeitern.

Da die faschistischen Agenten enttäuscht waren, daß dieser Anschlag scheiterte, beschlossen sie am 16. Juni, provokatorische Maßnahmen in größerem Umfang zu ergreifen. Die Provokateure setzten alle Mittel der Propaganda, die Presse und den Rundfunk ein, entsandten mehrere tausend Agenten in den demokratischen Sektor und appellierten an die Bevölkerung des demokratischen Sektors von Berlin, einen Generalstreik zu beginnen.

Das in Westberlin befindliche Verschwörerzentrum, das diese Provokation organisierte, verriet sich als solches von Anfang an.

Schon am 16. Juni erließ die Regierung der DDR eine Bekanntmachung, daß der Beschluß über die Erhöhung der Arbeitsnormen aufgehoben ist. Der Vorwand für den Streik war demzufolge entfallen. Am 16. Juni kam es zu keinerlei Zwischenfällen. Den Westberliner Organisatoren der Provokation hat aber gerade das nicht gepaßt.

Ihr wahres Ziel bestand überhaupt nicht darin, die Arbeiter des demokratischen Sektors von Berlin „in Schutz zu nehmen". Die Arbeiter der DDR, wo die Macht in den Händen der Werktätigen liegt, werden sich schon mit ihrer Regierung ohne Hilfe von Adenauers Agenten in allen Fragen einigen.

Die faschistischen Provokateure, Agenten ausländischer Mächte und ihre Helfershelfer aus deutschen kapitalistischen Monopolen, die für die Unruhen verantwortlich sind, zu denen es am 17. Juni in Berlin gekommen ist, hatten sich das Ziel gesetzt, die auf die Verbesserung der Lebenslage der Bevölkerung gerichteten Maßnahmen der Regierung der DDR zu hintertreiben.

Das Verschwörerzentrum entfaltete eine intensive Arbeit, um die Bevölkerung des demokratischen Sektors von Berlin in dieses Abenteuer hineinzuziehen.

Aber auch diesmal gelang es ihnen nur, einen kleinen Teil der Bewohner Ostberlins für diese Provokation zu gewinnen, die große Masse der „Demonstranten" waren mehrere tausend aus Westberlin geschickte faschistische Unruhestifter und Rowdies. Die Organisatoren der Provokation hatten diesen Burschen die Anweisung gegeben, zu den äußersten Mitteln zu greifen, Regierungsgebäude zu überfallen, Betriebe in Brand zu stecken, Geschäfte zu plündern und bewaffnete Zusammenstöße zu provozieren.

Im Zusammenhang mit diesen Vorgängen wurden im Interesse des Schutzes der öffentlichen Ordnung und Ruhe Maßnahmen zur Herbeiführung der Ordnung im demokratischen Sektor von Berlin ergriffen. Das führte zum völligen Zusammenbruch des am 17. Juni in Berlin gestarteten verbrecherischen Abenteuers.

Die westlichen Organisatoren der Provokation versuchten ununterbrochen, das Vorgehen der auf den Straßen Versammelten zu leiten. So gab zum Beispiel der RIAS den Demonstrationsteilnehmern pausenlos Direktiven, wie sie vorgehen müssen. Adenauers Minister Kaiser gab seinen Agenten ständig Anweisungen, Adenauer unterstützte im Namen seiner Regierung ganz offen diesen provokatorischen Anschlag, Offiziere aus den westlichen Besatzungszonen fuhren in Uniform mit ihren Wagen inmitten der Menge umher und forderten sie zu aktiven Handlungen auf, Tausende von Agenten provozierten die Bevölkerung zu offenen Zusammenstößen, auch viele andere Maßnahmen wurden angewandt. Aber trotz aller dieser böswilligen provokatorischen Maßnahmen ließen sich 99 Prozent der Bevölkerung Ostberlins nicht von den Provokateuren beeinflussen und unterstützten nicht diesen gemeinen Anschlag.

So ist das Abenteuer, das die faschistischen Provokateure, die Agenten ausländischer Mächte und Helfershelfer der deutschen kapitalistischen Monopole angezettelt hatten, völlig gescheitert.

Nach dem Scheitern dieses Abenteuers versuchen die Organisatoren jetzt, den Anschein zu erwecken, daß sie mit diesen Vorkommnissen nichts zu tun gehabt hätten, daß sie nur „abseitsstehende Beobachter" gewesen wären. Es ist jedoch für jedermann klar, daß vor allem gerade diese Leute aus Westberlin für die in Ostberlin begangenen verbrecherischen Handlungen der Banditen und Lumpen verantwortlich sind.

BEFEHL
des Militärkommandanten des Sowjetischen Sektors von Berlin
Betrifft: Erklärung des Ausnahmezustandes im Sowjetischen Sektor von Berlin

Berlin (ADN). Für die Herbeiführung einer festen öffentlichen Ordnung im Sowjetischen Sektor von Berlin wird befohlen:

1. Ab 13 Uhr des 17. Juni 1953 wird im Sowjetischen Sektor von Berlin der Ausnahmezustand verhängt.

2. Alle Demonstrationen, Versammlungen, Kundgebungen und sonstige Menschenansammlungen über drei Personen werden auf Straßen und Plätzen wie auch in öffentlichen Gebäuden verboten.

3. Jeglicher Verkehr von Fußgängern und der Verkehr von Kraftfahrzeugen und anderen Fahrzeugen wird von 21 Uhr bis 5 Uhr verboten.

4. Diejenigen, die gegen diesen Befehl verstoßen, werden nach den Kriegsgesetzen bestraft.

Militärkommandant des Sowjetischen Sektors von Groß-Berlin
Generalmajor Dibrowa

BEKANNTMACHUNG
des Militärkommandanten des Sowjetischen Sektors von Berlin vom 18. Juni 1953

Hiermit wird bekanntgegeben, daß Willi Göttling, Bewohner von Westberlin, der im Auftrage eines ausländischen Aufklärungsdienstes handelte und einer der aktiven Organisatoren der Provokationen und der Unruhen im Sowjetischen Sektor von Berlin war und an den gegen die Machtorgane und die Bevölkerung gerichteten banditenhaften Ausschreitungen teilgenommen hat, zum Tode durch Erschießen verurteilt wurde.

Das Urteil wurde vollstreckt.

Militärkommandant
des Sowjetischen Sektors von Berlin
Generalmajor Dibrowa

Deutschland‹: »Wenn Massen von Arbeitern die Partei nicht verstehen, ist die Partei schuld, nicht die Arbeiter.«

21.6.53 Auf der 14. Tagung des ZK der SED wird der Arbeiteraufstand als »faschistische Provokation« verurteilt; es werden Lohnerhöhungen und die endgültige Rücknahme der Normerhöhung beschlossen.

27.6.53 Sturz Berijas in Moskau

29.6.53 Max Fechner, der Justizminister der DDR, verweist in öffentlicher Rede auf das verfassungsmäßige Streikrecht der Arbeiter.

Fechner gehört vor 1933 der sozialdemokratischen Parteiführung an und ist nach dem Kriege ein eifriger Befürworter der Einheitspartei. Als er nach dem 17. Juni die Freilassung von Verhafteten verfügt und für das Streikrecht der Arbeiter eintritt, weicht er von der inzwischen in Moskau neu festgelegten Linie ab. Er wird am 16. Juli abgesetzt und verhaftet; Nachfolgerin im Amt des Justizministers wird Hilde Benjamin.

7.7.53 Während einer Nachtsitzung des Politbüros am 7./8. Juli sprechen sich von den anwesenden dreizehn Genossen nur zwei (Matern, Honekker) für ein Verbleiben Ulbrichts in der Funktion des Generalsekretärs aus.

8.7.53 Grotewohl und Ulbricht fliegen nach Moskau.

9.7.53 Die Nachricht von der Verhaftung Berijas wird in Ostberlin bekannt.

11.7.53 Der am 17. Juni in der DDR verhängte Ausnahmezustand wird aufgehoben.

24. bis 26.7.53 Auf seiner 15. Tagung faßt das ZK der SED einen Beschluß über den »Neuen Kurs und die Aufgaben der Partei«, mit dem Konsequenzen aus den Juni-Unruhen gezogen werden.

Die Entschließungen des ZK sind zwiespältig. Einerseits wird festgestellt: »Das Wesen des Neuen Kurses besteht darin, in der nächsten Zeit eine ernsthafte Verbesserung der wirtschaftlichen Lage und der politischen Verhältnisse in der Deutschen Demokratischen Republik zu erreichen und auf dieser Grundlage die Lebenshaltung der Arbeiterklasse und aller Werktätigen zu heben.« Andererseits wird jedoch behauptet: »Die Generallinie der Partei war und bleibt richtig.« Demgemäß wird Walter Ulbricht in seinem Amt als Erster Sekretär des ZK bestätigt; seine Gegenspieler Zaisser und Herrnstadt werden aus dem ZK ausgeschlossen.

27.7.53 Waffenstillstand von Panmunjon zwischen Nordkorea und den UN-Truppen

4.8.53 Durch Bundesgesetz wird der 17. Juni zum ›Tag der deutschen Einheit‹ bestimmt.

Mit dieser Entscheidung werden die Vorgänge am 16./17. Juni entsprechend den in der Bundesrepublik nunmehr bestätigten antikommunistischen Einstellungen interpretiert: Die aus Unzufriedenheit mit Versorgung und erhöhten Arbeitsnormen entstandenen Unruhen, an denen vorwiegend Arbeiter beteiligt waren, werden zu einem »Volksaufstand« erklärt, dessen vordringliches Ziel die Herstellung der deutschen Einheit gewesen sei.

12.8.53 Die erste Wasserstoffbombe der UdSSR wird gezündet.

20. bis 22.8.53 Eine Regierungsdelegation der DDR erreicht bei Verhandlungen in Moskau wichtige Erleichterungen für die Wirtschaft.

Zum 1. Januar 1954 verzichtet die Regierung der UdSSR auf dann noch offene Reparationsforderungen; sie erläßt zudem Schulden, gewährt einen Halb-

Die ›Tägliche Rundschau‹ vom 19.6.1953 vermutet westdeutsche Drahtzieher hinter den Unruhen des 17. Juni.

Flugblatt der CDU zur Bundestagswahl vom 6. 9. 1953

US-Außenminister John Foster Dulles bei der Ankunft zur Berliner Außenminister-Konferenz im Januar 1954

milliarden-Rubel-Kredit, begrenzt die Stationierungskosten ihrer Truppen auf fünf Prozent der Staatseinnahmen der DDR und gibt 33 als SAG geführte Industriebetriebe zurück.

6. 9. 53 Wahlen zum zweiten Deutschen Bundestag; die CDU/CSU erhält 45,2, die KPD 2,2 Prozent der Stimmen.

Das Wahlergebnis zeigt, daß Bundeskanzler Adenauers entschlossener Kurs auf die Westintegration von einem großen Teil der Bevölkerung angenommen und bestätigt wird.

1954

7. 1. 54 Durch Beschluß des Ministerrats der DDR wird der ›Ausschuß für Deutsche Einheit‹ gebildet; als staatliche Institution ist er zuständig für alle mit der Vorbereitung der Wiedervereinigung Deutschlands und dem Abschluß eines Friedensvertrages zusammenhängenden Fragen.

22. bis 23. 1. 54 Auf der 17. Jahrestagung des ZK der SED wird beschlossen, die Kollektivierung der Landwirtschaft verstärkt zu betreiben; außerdem werden die schon im Juli 1953 eingeleiteten Säuberungsmaßnahmen fortgesetzt. Ackermann, Jendretzky und Elli Schmidt werden aus dem ZK, Herrnstadt und Zaisser nun auch aus der Partei ausgeschlossen.

25. 1. bis 18. 2. 54 Konferenz der Außenminister der vier Mächte in Berlin

Nach dem 17. Juni 1953 und bei fortgeschrittenem Stand der EVG-Verhandlungen bringen beide Seiten Vorschläge zur Verhandlung, die dem jeweiligen Widerpart als unannehmbar erscheinen müssen. Entgegen den sowjetischen Vorstellungen eines bündnisfreien Gesamtdeutschlands, für das zunächst eine provisorische Regierung eingesetzt werden solle, beharren die Westmächte weiterhin darauf, daß freie Wahlen am Anfang eines Wiedervereinigungsprozesses stehen müßten und daß einer frei gewählten Regierung überlassen sein müsse, ob und an welchen Bündnissen sie sich beteilige.

25. 3. 54 Die Regierung der UdSSR veröffentlicht eine Erklärung zur Anerkennung der Souveränität der DDR.

7. bis 8. 4. 54 Während einer Tagung landsmannschaftlicher Jugendverbände auf Burg Ludwigstein wird die ›Deutsche Jugend des Ostens‹ als Dachorganisation gegründet.

26. 4. bis 21. 7. 54 Genfer Konferenz über Korea und Indochina

5. bis 7. 6. 54 Die FDJ veranstaltet in Ostberlin das zweite ›Deutschlandtreffen der Jugend‹. Gleichzeitig findet ein ›Jugendkongreß für Frieden, Einheit und Freiheit‹ statt, an dem auch westdeutsche Delegierte teilnehmen.

9. 6. 54 Der vormalige Außenminister der DDR und stellvertretende Vorsitzende der CDU Georg Dertinger und weitere Mitangeklagte werden vom Obersten Gericht der DDR zu hohen Zuchthausstrafen verurteilt.

Dertinger wird am 15. Januar 1953 wegen »feindlicher Tätigkeit gegen die DDR« in Haft genommen. Schon vier Wochen vorher hatte man Dr. Karl Hamann (LDP), Minister für Handel und Versorgung, zusammen mit zwei Staatssekretären wegen Sabotage und Verursachung von Versorgungsmängeln verhaftet; über diese werden am 14. Juli des Jahres ähnlich harte Strafen verhängt. Die politischen Prozesse gegen Regierungsmitglieder sind Krisensymptome, offiziell gehören sie jedoch zu den »Lehren aus dem Prozeß gegen das Verschwörerzentrum Slansky«, die die SED seit Dezember 1952 besonders beherzigt.

14. 6. 54 In Bad Neuenahr konstituiert sich das ›Kuratorium Unteilbares Deutschland‹ (KUD).

Dem Kuratorium gehören 128 Persönlichkeiten aus Politik, Wissenschaft, Kultur und Wirtschaft an; den Vorstand bilden die Vorsitzenden von FDP, SPD und DGB, Thomas Dehler, Erich Ollenhauer und Walter Freitag, sowie der Bundesminister für gesamtdeutsche Fragen, Jakob Kaiser, und der Präsident der Berliner Industrie- und Handelskammer, Friedrich Spennrath. Die konstituierende Versammlung verabschiedet ein Manifest. In einem Pressekommentar des folgenden Tages behauptet das ›Neue Deutschland‹, das KUD sei auf »direkte amerikanische Anweisung« gegründet, und sieht darin eine »Zentrale für die Entfesselung von Provokationen und für die Verhinderung der deutschen Verständigung«.

20. 7. 54 Dr. Otto John, der Präsident des Bundesverfassungsschutzes, wechselt in die DDR.

John, der als Betroffener an einer Feierstunde zum Gedenken an die Opfer des 20. Juli 1944 im Bendler-Block teilnahm, spricht in einer am 23. Juli vom DDR-Innenministerium über Rundfunk verbreiteten Erklärung von einer »Nazifizierung« der Bundesrepublik. Auf einer vom ›Ausschuß für deutsche Einheit‹ einberufenen internationalen Pressekonferenz am 11. August in Ostberlin richtet er scharfe Angriffe gegen die EVG und die Remilitarisierung Westdeutschlands. Am folgenden Tag bezeichnet Bundesinnenminister Schröder die »Affaire John« als eine »Niederlage im Kalten Krieg«. Die Bundesregierung setzt eine Belohnung von DM 500 000 für die »restlose Aufklärung des Falles John« aus. Der des Verrats Beschuldigte kehrt Ende 1955 in die Bundesrepublik zurück, wo er zu vier Jahren Zuchthaus verurteilt wird.

21. 7. 54 Die Schlußerklärung der Genfer Konferenz über den Indochina-Konflikt besiegelt das Ende der französischen Herrschaft in Indochina.

30. 8. 54 Der EVG-Vertrag scheitert in der französischen Nationalversammlung.

Die Ablehnung hat zur Folge, daß auch der von der Bundesrepublik schon im Mai 1952 unterzeichnete ›Deutschlandvertrag‹ nicht in Kraft treten kann. Die Entscheidung bedeutet nicht nur den Fortbestand der beschränkten Souveränität der Bundesrepublik, sie ist auch ein »schwarzer Tag« für alle Anhänger der Idee eines geeinten Europa.

8. 9. 54 Die Amerikaner gründen nach dem Vorbild der NATO in Manila den Südostasienpakt SEATO (›South East Asia Treaty Organisation‹).

27. 9. bis 3. 10. 54 Die Londoner Neun-Mächte-Konferenz, an der der auch der deutsche Bundeskanzler teilnimmt, berät Fragen eines europäischen Zusammenschlusses und eines Verteidigungsbeitrags der Bundesrepublik im Rahmen des Nordatlantikpaktes. Die Beratungen werden wenig später in den Pariser Konferenzen fortgesetzt und abgeschlossen.

September 54 Zwischen Volksrepublik und Republik China kommt es zu Feindseligkeiten und kriegerischen Auseinandersetzungen.

Bundeskanzler Adenauer auf der Londoner Neun-Mächte-Konferenz im Herbst 1954 (BPK)

Otto John, der Präsident des Bundesverfassungsschutzes, spricht auf einer Pressekonferenz in Ostberlin. (LAB)

Rotchinesische Angriffe auf Küsteninseln, die zur Republik China gehören, lösen heftige Gegenreaktionen aus. Die in der Fukienstraße stationierte 7. US-Flotte hält sich aus den Feindseligkeiten heraus, da die USA nicht in einen Krieg mit der Volksrepublik China hineingezogen werden wollen. Am 2. Dezember des Jahres schließen die USA und die Republik China dann ein Verteidigungsabkommen.

Erich Ollenhauer, der Vorsitzende der SPD, während einer Rede

19. bis 23. 10. 54 Drei parallele Konferenzen in Paris führen zur Unterzeichnung der Pariser Verträge über die Erweiterung der bisherigen ›Westunion‹ zur ›Westeuropäischen Union‹ (WEU), die Neufassung des Deutschlandvertrages und den Beitritt der Bundesrepublik zur NATO; die drei Westalliierten erkennen die Bundesregierung als alleinige deutsche Regierung an (Alleinvertretungsanspruch); die anderen NATO-Staaten übernehmen die Erklärung.

29. 11. bis 2. 12. 54 Auf der Moskauer Sicherheitskonferenz beschließen die UdSSR und acht weitere Ostblockstaaten Maßnahmen zur gemeinschaftlichen Organisation der Streitkräfte.

1955

14. 1. 55 Eine sowjetische ›Erklärung zur deutschen Frage‹ betont, die Wiedervereinigung hänge vor allem von der Haltung des deutschen Volkes selbst ab.

In einer Rundfunkansprache am 22. Januar nimmt Bundeskanzler Adenauer zu der Erklärung Stellung und weist insbesondere die Bedingung zurück, die Pariser Verträge nicht zu ratifizieren.

19. 1. 55 »Taiwankrise« – In Reaktion auf das Abkommen zwischen der Republik China und den USA vom 2. Dezember 1954 greifen rotchinesische Truppen Inseln an, die von der nationalchinesischen Regierung beansprucht und verteidigt werden.

25. 1. 55 Die Sowjetunion erklärt die Beendigung des Kriegszustands mit Deutschland.

29. 1. 55 In Frankfurt a. M. findet die von der SPD organisierte »Paulskirchen-Aktion« statt, die als Höhepunkt einer Demonstrations- und Kundgebungswelle gegen den Abschluß der Pariser Verträge geplant ist.

Auf der Versammlung von namhaften Vertretern aus SPD, Gewerkschaften, Kirche und Wissenschaft sprechen mehrere Universitätsprofessoren, der ehemalige Bundesinnenminister Dr. Gustav Heinemann und der SPD-Vorsitzende Erich Ollenhauer darüber, daß für das deutsche Volk die Wiedervereinigung das dringlichste politische Anliegen sei. Es wird ein ›Deutsches Manifest‹ verabschiedet, worin die mit dem Abschluß der Pariser Verträge und der deutschen Remilitarisierung drohenden Gefahren für eine Wiedervereinigung aufgezeigt werden.

24. 2. 55 Der Bagdad-Pakt, ein von den USA und Großbritannien mit der Türkei organisierter Verteidigungspakt gegen die UdSSR im mittleren Osten, wird vereinbart.

Dem Pakt gehören zunächst die Türkei und der Irak sowie seit 1955 der Iran, Pakistan und Großbritannien an; die USA erklären am 6. Juni 1957 ihren Beitritt zum Militärausschuß des Paktes; nach dem Ausscheiden des Irak wird das Bündnis am 18. August 1958 in CENTO-Pakt umbenannt (›Central Treaty Organization‹)

27. 3. 55 In Ostberlin finden die ersten »Jugendweihen« statt.

18. bis 24. 4. 55 Auf Java versammeln sich 23 asiatische und sechs afrikanische Staaten zur Konferenz von Bandung.

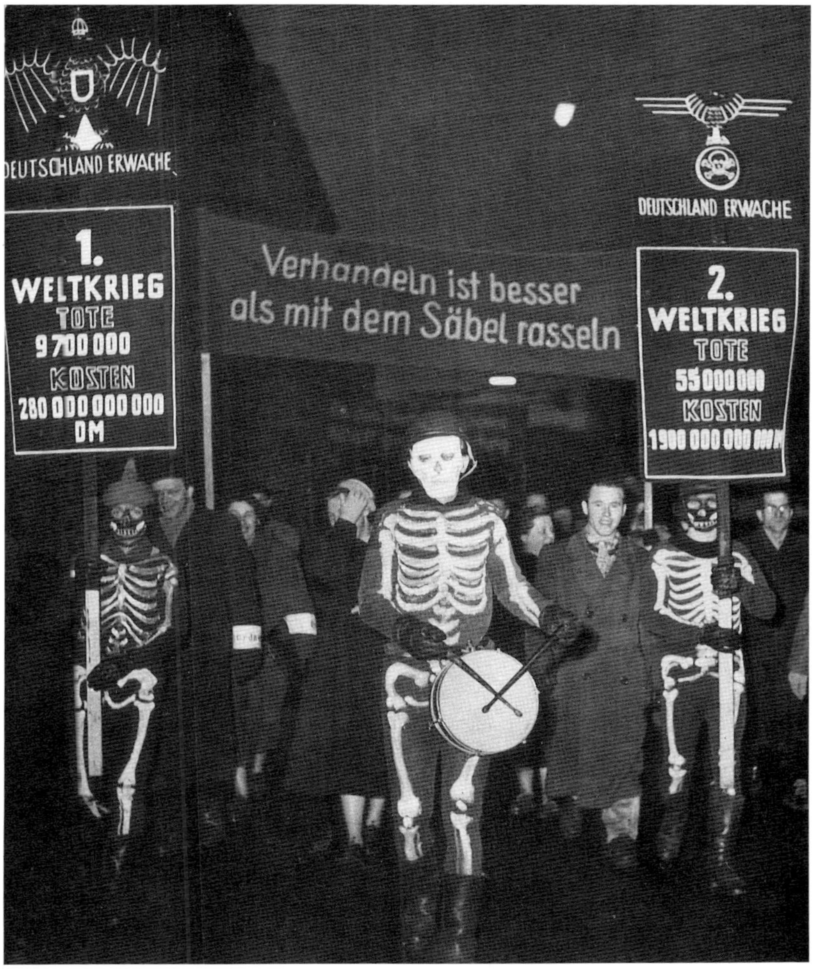

Eine Demonstration in München gegen Remilitarisierung

Die Staaten, darunter die VR China, erklären sich als »blockfrei« und für einen »aktiven Neutralismus« in der Blockkonfrontation des Kalten Krieges. Sie suchen nach einer einheitlichen Strategie im Kampf gegen die »Ausbeutung der unterentwickelten Länder gegen den Kolonialismus«.

1. 5. 55 Bei den Mai-Demonstrationen in der DDR treten erstmals bewaffnete Verbände der Betriebskampfgruppen in der Öffentlichkeit in Erscheinung.

5. 5. 55 Die Pariser Verträge treten in Kraft; die drei Hohen Kommissare unterzeichnen die Proklamation über die Aufhebung des Besatzungsstatuts; die Bundesrepublik ist souverän.

6. 5. 55 Das Wehrverbotsgesetz des Alliierten Kontrollrats von 1945 wird für die Bundesrepublik aufgehoben; zugleich tritt für sie der Nordatlantikvertrag (NATO-Vertrag) in Kraft.

14. 5. 55 Abschluß des Warschauer Paktes

Der ›Vertrag über Freundschaft, Zusammenarbeit und gegenseitigen Beistand‹ (Warschauer Vertrag) wird von Albanien, Bulgarien, der DDR, Polen, Rumänien, der ČSSR, der Sowjetunion und Ungarn unterzeichnet; gleichzeitig wird ein Beschluss über die Bildung eines ›Vereinten Kommandos der Streitkräfte‹ gefaßt. Am 1. Juli 1991 wird der Warschauer Pakt formell aufgelöst.

Sonderausgabe der ›Berliner Zeitung‹ vom 25. 7. 1955 zum Besuch des sowjetischen Ministerpräsidenten Bulganin und des Ersten Parteisekretärs Chruschtschow in Ostberlin

SONDER-AUSGABE

kostenlos

Berliner Zeitung

11. Jahrgang

Die „Berliner Zeitung" erscheint täglich, außer montags, sonntags mit Beilage „Bild-BZ" — Red. u. Verlag: Berlin W 8, Jägerstraße 10/11; Telegr.-Adr.: Berlinerzeitung Berlin

Montag, 25. Juli 1955

Abonnement: Berlin monatlich 3 DM frei Haus; auswärts 3,75 DM frei Haus. — Anzeigen: mm-Zeile (45 mm breit) 3 DM. — Erfüllungsort und Gerichtsstand Berlin-Mitte

Bulganin und Chrustschow in Berlin

Ein herzlicher Händedruck der Freundschaft zwischen N. A. Bulganin und Otto Grotewohl unmittelbar nach der Ankunft der sowjetischen Regierungsdelegation. — Dieser kleine Junge ließ es sich nicht nehmen, N. A. Bulganin auf seine Weise persönlich zu begrüßen. — Viele Berliner hatten sich zum Empfang der hohen Gäste auf dem Flugplatz eingefunden.

Unser Bild zeigt von links nach rechts: Marschall Shukow, A. A. Gromyko, W. M. Molotow, Otto Grotewohl, N. S. Chrustschow und N. A. Bulganin.

Berlin (ADN). Auf Einladung des Ministerrates der Deutschen Demokratischen Republik trafen am Sonntagvormittag aus Genf kommend auf dem Flugplatz Schönefeld bei Berlin ein:

Der Vorsitzende des Ministerrates der UdSSR, N. A. Bulganin, das Mitglied des Präsidiums des Obersten Sowjets der UdSSR, N. S. Chrustschow.

Zum Empfang der Gäste hatten sich eingefunden: Der Ministerpräsident der DDR, Otto Grotewohl, die Mitglieder des Präsidiums des Ministerrates der DDR und Stellvertreter des Vorsitzenden des Ministerrates Dr. Lothar Bolz, Dr. Hans Loch und Paul Scholz sowie Minister Fritz Selbmann; Mitglieder des Ministerrates der DDR; Mitglieder des Präsidiums der Volkskammer der DDR; die Mitglieder und Kandidaten des Politbüros des ZK der SED Hermann Matern, Karl Schirdewan, Fred Oelßner und Erich Mückenberger; das Mitglied des Politbüros des ZK der SED, Oberbürgermeister von Groß-Berlin Friedrich Ebert; der Sekretär des ZK der SED Gerhart Ziller; Vertreter der demokratischen Parteien und Massenorganisationen; Generale der Kasernierten Volkspolizei sowie die Mitglieder des Kollegiums des Ministeriums für Auswärtige Angelegenheiten der DDR.

Von sowjetischer Seite waren zugegen: Der Außerordentliche und Bevollmächtigte Botschafter der UdSSR in der DDR, G. M. Puschkin, der Oberkommandierende der Gruppe der sowjetischen Streitkräfte in Deutschland, Marschall A. A. Gretschko, sowie weitere Vertreter der Sowjetarmee.

Das Diplomatische Korps war vollzählig erschienen. Anwesend waren ferner Vertreter der in- und ausländischen Presse.

Zur Begrüßung hatten sich auf dem Flugplatz eine große Zahl Delegationen aus den volkseigenen Betrieben Berlins sowie Jugendliche eingefunden.

Eine Ehrenkompanie der Kasernierten Volkspolizei erwies den sowjetischen Gästen die Ehrenbezeigung. Ein Musikkorps intonierte die sowjetische Staatshymne und die deutsche Nationalhymne. Der Flugplatz war mit den Flaggen beider Länder geschmückt.

Der Ministerpräsident der DDR, Otto Grotewohl, und der Vorsitzende des Ministerrates der UdSSR, N. A. Bulganin, hielten Ansprachen (siehe unten).

Molotow, Shukow und Gromyko auf der Durchreise begrüßt

Berlin (ADN/Eig. Ber.). Auf dem Flug von Genf nach Moskau wurden auf ihrer Zwischenlandung in Schönefeld bei Berlin begrüßt:

Der Erste Stellvertreter des Vorsitzenden des Ministerrates der UdSSR und Minister für Auswärtige Angelegenheiten der UdSSR, W. M. Molotow, der Minister für Verteidigung der UdSSR, Marschall der Sowjetunion G. K. Shukow und der Erste Stellvertreter des Ministers für Auswärtige Angelegenheiten der UdSSR, A. A. Gromyko.

Zur Begrüßung waren u. a. erschienen: Der Stellvertreter des Vorsitzenden des Ministerrates und Minister für Auswärtige Angelegenheiten, Dr. Lothar Bolz; das Mitglied des Präsidiums des Ministerrates der DDR Minister Fritz Selbmann; die Mitglieder des Politbüros des ZK der SED Karl Schirdewan und Fred Oelßner; das Mitglied des Politbüros des ZK der SED, Oberbürgermeister von Groß-Berlin Friedrich Ebert, und Generalleutnant Heinz Hoffmann. Von sowjetischer Seite waren anwesend: Botschafter G. M. Puschkin und der Oberkommandierende der Gruppe der sowjetischen Streitkräfte in Deutschland, Marschall der Sowjetunion A. A. Gretschko.

W. M. Molotow, G. K. Shukow und A. A. Gromyko wurden gemeinsam mit N. A. Bulganin und N. S. Chrustschow von den anwesenden Betriebsdelegationen und Jugendlichen auf das herzlichste begrüßt. Molotow, Shukow und Gromyko traten nach kurzem Aufenthalt die Weiterreise nach Moskau an.

Die Rede Otto Grotewohls

Liebe Genossen und Freunde! Mit herzlicher Freude und Genugtuung begrüßen die Regierung und die Bevölkerung der DDR die Regierungsdelegation der UdSSR. Wir freuen uns, daß Sie unsere Einladung angenommen haben, nach dem Abschluß der Genfer Konferenz einige Tage in der Deutschen Demokratischen Republik zu verbringen.

Wir begrüßen den Vorsitzenden des Ministerrates der UdSSR, Genossen N. A. Bulganin (Beifall), das Mitglied des Präsidiums des Obersten Sowjets der UdSSR, Genossen N. S. Chrustschow (Beifall), und ihre Mitarbeiter. Mit großer Teilnahme und Spannung haben die Völker der Welt, darunter auch das deutsche Volk, in der letzten Woche nach Genf geblickt. Die Genfer Verhandlungen haben durch die konstruktiven Vorschläge der UdSSR zu den Fragen der Sicherheit für alle Völker, der Abrüstung und des Verbotes der Atomwaffen und der Lösung des Deutschlandproblems zu einer weltweiten internationalen Entspannung geführt.

Es hat sich erwiesen, daß die konsequente Friedenspolitik der UdSSR und des gesamten Friedenslagers und ihr Wille zur Verständigung das internationale Geschehen entscheidend beeinflußt haben. Die Aufnahme der in Genf geführten Gespräche über die Beendigung des kalten Krieges hat gezeigt, daß die Völker in der ganzen Welt die Politik der Stärke ablehnen und für internationale Verständigung und die friedliche Koexistenz eintreten. Deutschland und das deutsche Volk schöpfen neue Hoffnung für die Wiederherstellung der friedlichen und demokratischen Einheit ihres Vaterlandes. Wenn die vier Mächte in Genf eine Entspannung der Lage herbeiführen konnten, dann müssen die Deutschen in beiden Teilen Deutschlands das auch können und zur Verständigung über Deutschland kommen. Das ist die wichtige Lehre aus Genf für uns Deutsche.

Wir sprechen der Regierungsdelegation der UdSSR unseren Dank für ihre tatkräftige Arbeit im Interesse des Friedens und der Sicherheit der Völker aus und heißen Sie, liebe Genossen, in der Deutschen Demokratischen Republik herzlich willkommen (stürmischer Beifall).

Bei der Aufführung unseres Nationalprogramms für die Weltfestspiele der Jugend und Studenten in Warschau brachen die vielen tausend Anwesenden in wahre Begeisterungsstürme aus, als die hohen sowjetischen Gäste, N. S. Chrustschow und N. A. Bulganin, mit Ministerpräsident Otto Grotewohl die Freilichtbühne der Pionierrepublik betraten und inmitten der Jungen Pioniere Platz nahmen. Aufn.: Zentralbild

Berlin empfing seine hohen Gäste

Berlin (Eig. Ber.). Immer wieder wandern besorgte Blicke zum Himmel, der voller dunkler regenschwerer Wolken über dem Flugplatz Schönefeld liegt. Aber immer wieder verjagt der Wind die Regenwolken und strafft die Fahnen der Sowjetunion und der DDR, mit denen das Flugplatzgelände geschmückt ist. Trotzdem findet die Sonne nur selten eine Lücke in der Wolkendecke und übergießt das Rollfeld und die am Rande stehenden silbergrauen Flugzeuge mit hellem Licht.

Erwartungsfroh stehen die Regierungsmitglieder mit Ministerpräsident Grotewohl an der Spitze, Vertreter der Parteien und Massenorganisationen sowie der sowjetischen Armee, das Diplomatische Korps, die Reporter der in- und ausländischen Presse und Hunderte von Berliner Werktätigen und Junge Pioniere mit Fahnen und Blumen, um die sowjetische Regierungsdelegation zu empfangen.

Fernes Motorengeräusch zieht die Blicke nach Südwesten, wo sie einen sich rasch vergrößernden Punkt einfangen und nicht mehr loslassen. Sie verfolgen die silbrig glänzende Maschine, wie sie in weitem, elegantem Bogen zur Landung einkurvt, sicher aufsetzt und ausrollt.

Beifall und Jubel empfangen den Vorsitzenden des Ministerrates der UdSSR, Bulganin, und das Mitglied des Präsidiums des Obersten Sowjets, Chrustschow, als sie das Flugzeug verlassen und von Ministerpräsident Grotewohl begrüßt werden. Immer wieder bringen die Berliner Hochrufe auf die hohen Gäste und auf das Sowjetvolk aus. Dann nimmt Bulganin die Meldung des Kommandeurs der Ehrenformation der KVP und die Losung des Tages entgegen: „Ewige Freundschaft zwischen den Völkern der Sowjetunion und dem deutschen Volk." Nach dem Abschreiten der Front begrüßen die Volkspolizisten die Gäste mit einem dreifachen Hurra und defilieren an ihnen vorbei. Dann hielten Otto Grotewohl und N. A. Bulganin Begrüßungsansprachen, deren Wortlaut wir auf dieser Seite veröffentlichen.

Nach den Begrüßungsreden beherrschten viele Junge Pioniere den Platz. Ohne Respekt vor dem Protokoll liefen sie auf unsere Gäste zu und überreichten ihnen Blumensträuße. Immer wieder beugten sich N. A. Bulganin und N. S. Chrustschow zu den Kleinen hinab, und schon hatten fixe Hände ihnen das blaue Pionierhalstuch umgelegt. Die Gäste mußten ihre Blumen weitergeben, damit sie Hände und Arme freibekommen, um die sich ihnen entgegenstreckenden Händchen zu drücken oder Junge Pioniere auf den Arm zu nehmen. Mit strahlendem Gesicht winkte dann der Glückliche seinen Kameraden oder den Berlinern zu, bis er auf den Boden gestellt wurde, und ein anderer sich den Platz an der Schulter Bulganins oder Chrustschows eroberte. Am glücklichsten waren dann aber die kleinen Nachzügler, die das erste Gedränge gescheut hatten und nun den hohen Gästen ganz allein gegenüberstanden und ihnen ihre Blumen übergaben.

In dieser bewegten Szene des Lachens und Winkens steigerte sich der Jubel, als die weiteren Mitglieder der sowjetischen Regierungsdelegation, Außenminister Molotow, Verteidigungsminister Marschall Shukow und der Stellvertreter des Außenministers, Gromyko, eintrafen. Die gesamte Delegation begab sich dann am Spalier der Berliner vorbei, die immer wieder Hochrufe ausbrachten, „Freundschaft" und „Drushba" riefen, zu den wartenden Wagen. Während Außenminister Molotow, Marschall Shukow und A. A. Gromyko sofort die Weiterreise antraten, bestiegen N. A. Bulganin, N. S. Chrustschow, Otto Grotewohl und Botschafter Puschkin den offenen Wagen, der sie nach Berlin, in die Hauptstadt Deutschlands brachte.

Berlin grüßt die sowjetische Regierungsdelegation!

Berliner! Heraus zur Massenkundgebung zu Ehren des Regierungschefs der Sowjetunion, N. A. Bulganin, und des Mitglieds des Präsidiums des Obersten Sowjets, N. S. Chrustschow! — Alle am Dienstag, dem 26. Juli, um 17.00 Uhr, auf den Marx-Engels-Platz!

(Stellplätze siehe Seite 2)

Nationalrat der Nationalen Front

Die Rede N. A. Bulganins

„Genosse Ministerpräsident! Genossen!

Wir bringen unsere aufrichtige Freude anläßlich der Ankunft in der Deutschen Demokratischen Republik zum Ausdruck und danken für die Begrüßung und die freundschaftlichen Gefühle, die man uns hier entgegenbringt (stürmischer Beifall).

Wir kommen zu Ihnen aus Genf, wo eben erst die Konferenz der Regierungschefs der vier Mächte — der Sowjetunion, der Vereinigten Staaten von Amerika, Großbritanniens und Frankreichs — zu Ende gegangen ist. Die Genfer Konferenz wird sich zweifellos auf die internationale Lage günstig auswirken. Auf der Konferenz fand ein Meinungsaustausch über eine Reihe wichtiger internationaler Probleme, so über die europäische Sicherheit, die Deutschlandfrage, die Abrüstung und über die Herstellung von Kontakten zwischen Ost und West statt (Beifall).

Die von der Konferenz gefaßten Beschlüsse sowie die zusammenfassenden Abschlußerklärungen der Regierungschefs sind veröffentlicht worden. Aus diesen Dokumenten sind die positiven Arbeitsergebnisse der Konferenz ersichtlich.

Zur Deutschlandfrage wurde von der Konferenz ein vereinbarter Beschluß gefaßt, daß die Regelung der Deutschlandfrage und die Wiedervereinigung Deutschlands durch freie Wahlen in Übereinstimmung mit den nationalen Interessen des deutschen Volkes und den Interessen der europäischen Sicherheit verwirklicht wer-

(Fortsetzung auf Seite 2)

Abwehrbereitschaft oder atomwaffenfreies Europa?

15. 5. 55 Österreich und die vier Besatzungsmächte unterzeichnen den österreichischen Staatsvertrag.

Österreich wird in den Grenzen vom 1. Januar 1937 restituiert. Es muß sich verpflichten, keine politische und wirtschaftliche Vereinigung mit Deutschland anzustreben, Rüstungsbeschränkungen anzuerkennen und der UdSSR mit wirtschaftlichen Zugeständnissen entgegenzukommen; am 26. Oktober des Jahres beschließt der österreichische Nationalrat die immerwährende Neutralität.

26. 5. bis 2. 6. 55 Ministerpräsident Chruschtschow besucht Jugoslawien; in der ›Belgrader Deklaration‹ erkennt die UdSSR die jugoslawische Sonderform des Sozialismus an.

17. bis 23. 7. 55 Genfer Gipfelkonferenz der vier Großmächte

Zum ersten Gipfeltreffen zur Deutschlandfrage seit der Potsdamer Konferenz sind auch Beobachterdelegationen aus der Bundesrepublik und der DDR zugelassen. Die Regierungschefs können hinsichtlich einer Wiedervereinigung Deutschlands keine Fortschritte erzielen und vertagen die weitere Diskussion dieser Frage auf ein für Oktober in Aussicht genommenes Außenministertreffen.

26. 7. 55 Während einer Kundgebung im Berliner Lustgarten geht der sowjetische Ministerpräsident Chruschtschow erstmals in der Öffentlichkeit ausführlich und deutlich auf die Zwei-Staaten-Theorie ein.

9. bis 13. 9. 55 Bundeskanzler Adenauer besucht mit einer Regierungsdelegation die Sowjetunion.

Während der Verhandlungen in Moskau muß Adenauer dem sowjetischen Drängen auf Herstellung voller diplomatischer Beziehungen nachgeben; er erhält dafür die Zusage, daß alle noch in der UdSSR befindlichen Kriegsgefangenen repatriiert werden sollen. In einer einseitigen Erklärung Adenauers, die von der Sowjetregierung nur entgegengenommen, aber nicht anerkannt wird, heißt es: »Die Aufnahme diplomatischer Beziehungen ... bedeutet keine Änderung des Rechtsstandpunktes der Bundesregierung in bezug auf ihre Befugnisse zur Vertretung des deutschen Volkes in internationalen Angelegenheiten und in bezug auf die politischen Verhältnisse in denjenigen deutschen Gebieten, die gegenwärtig außerhalb ihrer effektiven Hoheitsgewalt liegen.«

20. 9. 55 Die »volle Souveränität« der DDR wird durch die Übertragung der Kontrolle über Land- und Wasserwege nach Westberlin, mit Ausnahme des Verkehrs der Westalliierten, von der Regierung der UdSSR bestätigt.

Bundeskanzler Adenauer in Moskau im Herbst 1955 (BPK)

23. 9. 55 Der Bundestag billigt die Aufnahme diplomatischer Beziehungen zur UdSSR.

26. 9. 55 Die Volkskammer beschließt das ›Gesetz zur Ergänzung der Verfassung über den Dienst zum Schutze des Vaterlandes‹ sowie Gesetze über Staatswappen und Staatsflagge der DDR.

Nachdem Verhandlungen in Moskau am 20. September mit dem Abschluß eines ›Vertrages über die Beziehungen zwischen der DDR und der UdSSR‹ abgeschlossen sind, praktizieren Regierung und Volkskammer der DDR die neue Souveränität im Sinne von Chruschtschows »Zwei-Staaten-Theorie«. Eine weitere Folge dieser Entwicklung ist, daß die bislang verheimlichte Aufrüstung in der DDR fortan öffentlich betrieben wird. Die allgemeine Wehrpflicht wird allerdings erst am 24. Januar 1962 eingeführt.

Ein Kriegsheimkehrer aus der Sowjetunion in Berlin

27.9. bis 16.11.55 Eine Konferenz der vier Außenminister in Genf endet ohne positives Ergebnis.

Seit dem Ausgang der Konferenz geht die Sowjetunion - ungeachtet der Auffassungen der Westmächte - von der Existenz zweier deutscher Staaten aus. Am 5. November wird von der Beobachterdelegation der DDR zudem die Erklärung abgegeben, das gesamtdeutsche Wahlen erst dann möglich seien, wenn zuvor eine »Demokratisierung und Entmilitarisierung« der Bundesrepublik stattgefunden habe.

7.10.55 Der erste Zug mit Kriegsheimkehrern aus der UdSSR trifft im Grenzdurchgangslager Friedland ein.

27.10. bis 10.11.55 DDR-Außenhandelsminister Rau besucht mit einer Regierungsdelegation Indien und Ägypten.

Der erste Versuch, durch Besuchsdiplomatie freundschaftliche Beziehungen zu anderen Staaten aufzubauen, wird ein außenpolitischer Erfolg für die Regierung der DDR; ihre Delegation wird sowohl in Indien von Nehru wie in Ägypten von Nasser empfangen.

8. bis 9.12.55 Einführung der »Hallstein-Doktrin«

Der als »Hallstein-Doktrin« bezeichnete Grundsatz der bundesrepublikanischen Außenpolitik soll den Schaden begrenzen, der aus der Moskauer Vereinbarung über die Aufnahme diplomatischer Beziehungen entstehen könnte. Er beinhaltet, daß keine diplomatischen Beziehungen zu Staaten unterhalten werden, die ihrerseits die DDR anerkennen. Ausnahmen davon sollen jedoch gegenüber solchen Staaten gemacht werden, die schon diplomatische Beziehungen zur DDR unterhielten, bevor sie solche auch mit der Bundesrepublik aufnahmen. Die Ausnahmeregelung ermöglicht es, den Beziehungen zur UdSSR einen Sonderstatus zu geben, der anderen Staaten nicht eingeräumt werden muß.

1956

18.1.56 Das Gesetz »über die Schaffung der Nationalen Volksarmee (NVA) und des Ministeriums für Nationale Verteidigung« wird in der Volkskammer der DDR beschlossen.

14. bis 25.2.56 XX. Parteitag der KPdSU – Chruschtschow kritisiert in einer »Geheimrede« den Mißbrauch der Macht durch Stalin, fordert eine Abkehr vom Personenkult und entwickelt ein Konzept der friedlichen Koexistenz unterschiedlicher Gesellschaftssysteme.

24. bis 30.3.56 Die 3. Parteikonferenz der SED befaßt sich mit Chruschtschows Kritik an der Herrschaft Stalins.

Die Delegierten werden hinter verschlossenen Türen über Chruschtschows Parteitagsrede informiert; auch spätere Funktionärsversammlungen, die in den Bezirken über die Stalinismus-Kritik abgehalten werden, sind nicht öffentlich.

27.4. bis 19.5.56 DDR-Außenhandelsminister Rau besucht den Sudan, Syrien, Libanon und Ägypten.

28. 6. 56 Streiks von Industriearbeitern und Bergleuten in Polen (Posener Juni-Aufstand)

7. 7. 56 Der Deutsche Bundestag verabschiedet gegen die Stimmen von SPD und GB/BHE sowie bei weitgehender Stimmenthaltung der FDP das Wehrpflichtgesetz, das alle Männer zwischen dem 18. und 45. Lebensjahr der allgemeinen Wehrpflicht unterstellt.

10. bis 12. 7. 56 Auf seiner 28. Tagung zieht das ZK der SED für die Partei und die DDR die »Lehren aus dem XX. Parteitag«.

Nun werden wieder »verschiedenartige demokratische Formen des Übergangs vom Kapitalismus zum Sozialismus« für möglich gehalten; die These von der »friedlichen Koexistenz von Staaten mit verschiedener sozialer und politischer Ordnung« wird übernommen; Beschuldigungen unter dem Schlagwort »Titoismus« werden bedauert, einschlägige Parteistrafen aufgehoben und Rehabilitierungen ausgesprochen. Die Rehabilitierten werden allerdings nicht wieder in ihre vormaligen Funktionen eingesetzt.

26. 7. 56 Aufgrund der Distanzierung Großbritanniens, der USA und der Weltbank vom Staudammprojekt bei Assuan verkündet Nasser die Verstaatlichung der Allgemeinen Suezkanalgesellschaft. Großbritannien, Frankreich und Israel vereinbaren gemeinsame Gegenmaßnahmen.

Der Suez-Krise geht ein langer Prozeß politischer Veränderungen in Ägypten voraus: Im Juli 1952 erzwingt ein Staatsstreich der Armee die Abdankung König Faruks; ein Jahr später erklärt sich das Land unter General Nabib zur Republik; aufgrund einer neuen Verfassung vom 16. Januar 1956 wird Ägypten zur Präsidialrepublik und Gamal Abdel Nasser wird am 23. Juni zum ersten Präsidenten gewählt. Die Verstaatlichung der Suezkanalgesellschaft löst eine internationale Krise aus, da vor

FAHNENEID

ICH SCHWÖRE:

Der Deutschen Demokratischen Republik, meinem Vaterland, allzeit treu zu dienen und sie auf Befehl der Arbeiter-und-Bauern-Regierung gegen jeden Feind zu schützen.

ICH SCHWÖRE:

An der Seite der Sowjetarmee und der Armeen der mit uns verbündeten sozialistischen Länder als Soldat der Nationalen Volksarmee jederzeit bereit zu sein, den Sozialismus gegen alle Feinde zu verteidigen und mein Leben zur Erringung des Sieges einzusetzen.

ICH SCHWÖRE:

Ein ehrlicher, tapferer, disziplinierter und wachsamer Soldat zu sein, den militärischen Vorgesetzten unbedingten Gehorsam zu leisten, die Befehle mit aller Entschlossenheit zu erfüllen und die militärischen und staatlichen Geheimnisse immer streng zu wahren.

ICH SCHWÖRE:

Die militärischen Kenntnisse gewissenhaft zu erwerben, die militärischen Vorschriften zu erfüllen und immer und überall die Ehre unserer Republik und ihrer Nationalen Volksarmee zu wahren.

Sollte ich jemals diesen meinen feierlichen Fahneneid verletzen, so möge mich die harte Strafe der Gesetze unserer Republik und die Verachtung des werktätigen Volkes treffen.

Der Fahneneid der Nationalen Volksarmee

Ein Posten der UN-Friedenstruppen am Suez-Kanal

Ein Zeitungsverkäufer in Köln ruft die Schlagzeile des Tages aus: Volksaufstand in Ungarn. (ADN)

Bundesaußenminister von Brentano bei der Vereidigung vor dem Deutschen Bundestag

allem britische und französische Interessen empfindlich betroffen sind. Israel nutzt die Lage, um am 29. Oktober auf die Sinai-Halbinsel vorzudringen; am 31. Oktober beginnt daraufhin eine englisch-französische Luftoffensive gegen Ägypten. Auf amerikanischen und sowjetischen Druck wird - unter Einschaltung der UNO - am 6. November ein Waffenstillstand durchgesetzt.

17.8.56 Nach fast fünfjähriger Verfahrensdauer wird die KPD vom Bundesverfassungsgericht verboten.

16.10.56 Regierungsumbildung in Bonn: F.J. Strauß wird Verteidigungsminister.

19.10.56 Während eines überraschenden Besuches in Warschau versucht Ministerpräsident Chruschtschow vergeblich, die Wahl Gomulkas zum Parteichef zu verhindern.

21.10. bis 11.11.56 Aufstände in Ungarn werden von sowjetischen Truppen niedergeschlagen.

Am 1. November erklärt sich Ungarn zum neutralen Staat und kündigt seine Mitgliedschaft im Warschauer Pakt; am selben Tag werden sowjetische Panzerdivisionen eingesetzt; Kardinal Mindszenty flüchtet in die US-Botschaft in Budapest. Eine moskautreue Gruppe unter János Kádár bildet am 4. November eine Gegenregierung zu der von Ministerpräsident Imre Nagy geführten. Am 22. November werden Nagy und seine Begleiter entführt und irgendwann hingerichtet, was erst am 17. Juni 1958 bekanntgegeben wird. Gegen erneute Unruhen werden im Januar 1957 wiederum sowjetische Panzer eingesetzt. Am 27. Mai 1957 wird ein Abkommen über den Status der sowjetischen Truppen in Ungarn unterzeichnet, das eine »zeitweilige« Stationierung für die Dauer des Atlantikpakts und der Anwesenheit amerikanischer Truppen in Westdeutschland festschreibt.

24.10.56 In Polen gibt der rehabilitierte Gomulka sein Reformprogramm bekannt.

28.10.56 Kardinal Stefan Wyszynski, seit 1953 interniert, kehrt nach Warschau zurück.

29.10.56 In Reaktion auf die Suez-Krise marschiert Israel in die Sinai-Halbinsel ein, erobert diese und eröffnet die Schiffahrt im Golf von Akaba zum Hafen Eilath.

6.11.56 Unter amerikanischem und sowjetischem Druck müssen Großbritannien und Frankreich in einen Waffenstillstand mit Ägypten einwilligen.

31.12.56 Walter Ulbricht schlägt - als »Zwischenlösung« - eine Konföderation beider deutscher Staaten vor.

1957

11.1.57 Gegen Unruhen und Arbeiterdemonstrationen in Ungarn werden erneut sowjetische Panzer eingesetzt.

31.1.57 Bundesaußenminister v. Brentano gibt eine Regierungserklärung vor dem Bundestag ab; sie enthält eine ausdrückliche Bezugnahme auf den völkerrechtlichen Fortbestand der Grenzen von 1937 und die erneute Festlegung, »daß das deutsche Volk die Oder-Neiße-Linie nicht als gegenwärtige oder künftige Grenze Deutschlands akzeptieren kann«; eine Lösung dieser Frage strebe es jedoch ausschließlich auf dem Verhandlungswege und keinesfalls mit Gewalt an.

25.2.57 General Norstad, NATO-Oberbefehlshaber in Europa, fordert eine Bewaffnung der Bundeswehr mit Atomwaffen.

Vertreter westeuropäischer Regierungen bei der Unterzeichnung der EWG-Verträge in Rom (BPK)

9. 3. 57 Präsident Eisenhower gibt eine Erklärung zur Nahost-Politik der US-Regierung ab (Nahostdoktrin).

In der politischen Grundsatzerklärung wird die Bereitschaft der USA zur Abwehr kommunistischer Aggressionen im Nahen Osten festgeschrieben; den arabischen Staaten wird Unterstützung mit allen militärischen und wirtschaftlichen Mitteln zugesichert, sofern diese es wünschen. Lybien, Libanon, Irak, Türkei, Iran, Saudi-Arabien, Afghanistan und Pakistan sprechen sich für die Doktrin aus; die USA treten daraufhin dem Militärausschuß des Bagdad-Pakts bei.

In Ostberlin werden Wolfgang Harich, Bernhard Steinberger und Manfred Hertwig wegen »Bildung einer konspirativen staatsfeindlichen Gruppe« zu hohen Zuchthausstrafen verurteilt; gegen die derselben Vergehen bezichtigten Walter Janka, Heinz Zöger, Gustav Just und Richard Wolff werden im Juli des Jahres ebenfalls Zuchthausstrafen verhängt.

Nach der von Chruschtschow eingeleiteten Entstalinisierung beginnt auch in der DDR ein intellektuelles »Tauwetter«. In diesem Zusammenhang scheint es einer Gruppe um den Philosophen Wolfgang Harich möglich, Ideen zu einer innerparteilichen Opposition und zu einer Konzeption vom besonderen deutschen Weg zum Sozialismus vorzuschlagen. Nach den Ereignissen in Ungarn reagiert die Partei jedoch mit den üblichen Säuberungsmaßnahmen auf solche Reformvorschläge. Die Urteile gegen die Harich-Gruppe signalisieren ein Ende des »Tauwetters«; es folgen im Herbst 1957 eine ideologische Kampagne gegen »Revisionismus« und im Dezember eine Verschärfung einschlägiger Strafgesetze.

25. 3. 57 Die Römischen Verträge über die ›Europäische Wirtschaftsgemeinschaft‹, die zum 1. Januar 1958 in Kraft treten sollen, werden unterzeichnet.

Die Vertragsunterzeichnung bedeutet einen wichtigen Schritt über die Montanunion hinaus in Richtung auf ein wirtschaftlich geeintes Europa. In Rom werden von Frankreich, Italien, den Benelux-Staaten und der Bundesrepublik nach langen Vorbereitungen zwei Verträge unterschrieben: ein ›Vertrag über die Gründung der Europäischen Atomgemeinschaft‹ (EURATOM) und ein ›Vertrag über die Gründung der Europäischen Wirtschaftsgemeinschaft‹ (EWG). Im EWG-Vertrag wird in Artikel 2 der Gemeinschaft u. a. zur Aufgabe gemacht, »durch die Errichtung eines gemeinsamen Marktes und die schrittweise Annäherung der Wirtschaftspolitik der Mitgliedstaaten eine harmonische Entwicklung des Wirtschaftslebens innerhalb der Gemeinschaft … und engere Beziehungen zwischen den Staaten zu fördern«.

1.4.57 Generalleutnant Hans Speidel tritt sein Amt als Befehlshaber der NATO-Landstreitkräfte in Europa-Mitte an. Am selben Tag rücken die ersten 10000 Wehrpflichtigen des Jahrgangs 1937 in Kasernen der Bundeswehr ein.

3.4.57 Bundeskanzler Adenauer erklärt, die Bundeswehr könne auf taktische Atomwaffen nicht verzichten.

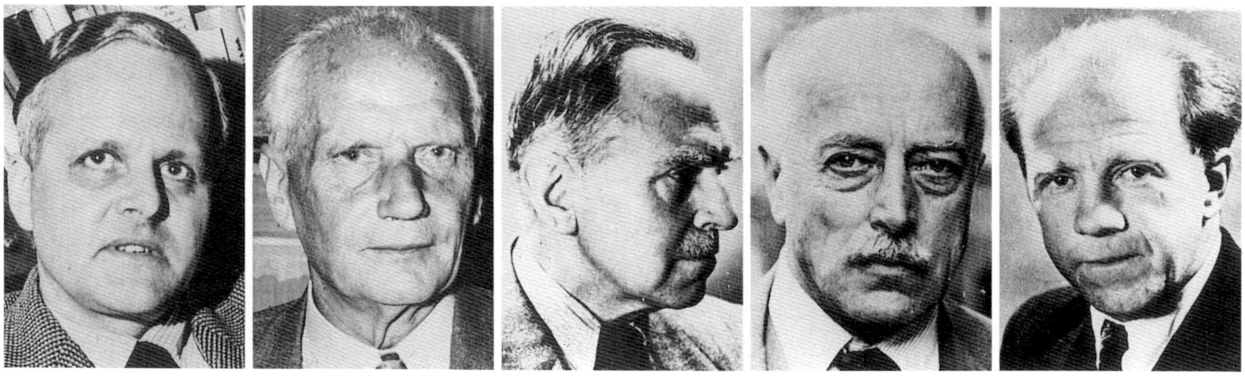

Einige der Verfasser des ›Göttinger Manifestes‹: Carl Friedrich von Weizsäcker, Max Born, Otto Hahn, Walther Gerlach und Werner Heisenberg (v. l. n. r.) (ADN)

Nachbildung einer Rakete in einem Demonstrationszug, womit der ›Sputnik‹-Start in der UdSSR verherrlicht werden soll.

12.4.57 Achtzehn führende deutsche Atomwissenschaftler legen das ›Göttinger Manifest‹ vor, das sich gegen eine Bewaffnung der Bundeswehr mit Atomwaffen wendet.

23. bis 30.5.57 USA-Besuch von Bundeskanzler Adenauer; am 28. Mai geben US-Präsident Eisenhower und der Kanzler eine gemeinsame Erklärung zur Verteidigungsbereitschaft der NATO ab.

29.7.57 Die Botschafter der drei Westmächte und Bundesaußenminister v. Brentano unterzeichnen die »Berliner Erklärung«, ein Zwölf-Punkte-Programm über die gemeinsame Politik für eine Wiedervereinigung Deutschlands.

15.9.57 Wahlen zum dritten Deutschen Bundestag

Mit einem Wahlkampf unter der Parole »Keine Experimente!« gelingt es den Unionsparteien unter Konrad Adenauer, eine absolute Mehrheit zu erhalten. Der dritte Deutsche Bundestag konstituiert sich am 15. Oktober in Berlin; im Kabinett von Bundeskanzler Adenauer stellt die CDU 11, die CSU 4 und die DP 2 Minister.

3.10.57 Vor der UNO schlägt der polnische Außenminister Rapacki eine atomwaffenfreie Zone in Mitteleuropa vor.

4.10.57 Erster ›Sputnik‹-Start in der UdSSR

Vor allem in den USA, aber auch in Westeuropa löst dieser unerwartete Leistungsnachweis der sowjetischen Weltraumforschung und -technik einen Schock aus. Nachdem die UdSSR schon beim Bau der Atombombe schneller aufgeholt hat, als man in Amerika für möglich halten mochte, verblüfft sie nun erneut durch einen vermeintlichen technologischen Vorsprung. In Reaktion darauf regt sich im Westen das Bedürfnis nach einer »Atempause«; die Bereitschaft zu einer »Burgfriedenspolitik« steigt zeitweilig.

19.10.57 Die erste Anwendung der »Hallstein-Doktrin« führt zum Abbruch der diplomatischen Beziehungen zu Jugoslawien.

1.11.57 An der Spitze des Ministeriums für Staatssicherheit der DDR wird Ernst Wollweber durch Erich Mielke abgelöst.

Mit der gelungenen Kaltstellung der innerparteilichen Oppositionsgruppe um Karl Schirdewan und Ernst Wollweber ist die Machtsteilung von Walter Ulbricht als Erster Sekretär des Zentralkomitees der SED gesichert; bis 1971 bleibt Ulbricht in dieser Position unangefochten.

16. bis 19.12.57 Die NATO-Gipfelkonferenz beschließt eine Modernisierung der westlichen Verteidigung.

1958

14.2.58 Eine erweiterte Fassung des Rapacki-Plans wird vorgelegt.
Die atomwaffenfreie Zone soll danach Polen, die CSSR, die DDR und die Bundesrepublik umfassen.

19.3.58 Bundeskanzler Adenauer schlägt der sowjetischen Regierung vor, der DDR den Status Österreichs zu geben.

20. bis 25.3.58 Bundestagsdebatte über Atombewaffnung und Deutschlandfrage

23.3.58 Der ›Arbeitsausschuß Kampf dem Atomtod‹ eröffnet in Frankfurt eine Reihe von Kundgebungen und Protestversammlungen.

25. bis 28.4.58 Während eines Besuches des stellvertretenden sowjetischen Ministerpräsidenten Mikojan in Bonn werden ein Handels- und ein Konsularabkommen unterzeichnet.

Die Regierung der Sowjetunion ist schon lange an der vertraglichen Regelung der Handelsbeziehungen zur Bundesrepublik interessiert, doch blockiert Bundeskanzler Adenauer gemäß der »Politik der Stärke« zunächst feste Vereinbarungen; erst westlicher Druck veranlaßt ihn zum Einlenken. Im Verlauf der Gespräche kommen auch die sowjetische Besorgnis über die atomare Bewaffnung der Bundeswehr sowie Adenauers Vorschlag, der DDR den Status Österreichs zu geben, zur Sprache. In diesen Fragen ergibt sich jedoch keinerlei Übereinstimmung.

2.5.58 Bundeskanzler Adenauer bezeichnet die von der SPD angekündigten Volksbefragungen zur Atomrüstung als verfassungswidrig und kündigt eine Verfassungsklage an.

31.5.58 Die Sowjetregierung bricht die in Moskau geführten diplomatischen Vorgespräche über eine Gipfelkonferenz einseitig ab, da sie keine Aussicht erkennt, hinsichtlich der Annahme des Rapacki-Plans oder einer Legitimierung der DDR etwas erreichen zu können.

10. bis 16.7.58 V. Parteitag der SED in Ostberlin

Eine Rede von Walter Ulbricht wird zum Parteitagsbeschluß erhoben; darin wird als »ökonomische Hauptaufgabe« gefordert, es sei die Überlegenheit über das kapitalistische System zu beweisen und die Bundesrepublik im Pro-Kopf-Verbrauch der Bevölkerung zu überholen; weiterhin werden darin die »Grundsätze der sozialistischen Moral und Ethik« verkündet.

30.7.58 Das Bundesverfassungsgericht entscheidet, daß das Hamburger Gesetz vom 9. Mai 1958 sowie einige in hessischen Gemeinden gefaßte Beschlüsse zur Durchführung einer Volksbefragung über Atomrüstung nichtig sind, da Angelegenheiten der Verteidigung in die alleinige Zuständigkeit des Bundes fallen.

18.8.58 Der bisherige Bagdad-Pakt wird in den CENTO-Pakt (›Central Treaty Organization‹) umgewandelt.

29.8.58 Mit der Bildung von Volkskommunen in China wird der Prozeß der Kollektivierung zu Ende gebracht.

Informationsstand der Atomrüstungsgegner in der Münchener Innenstadt (BPK)

Eine Kundgebung gegen Atomrüstung am 15.4.1958 in Westberlin

Bundeskanzler Adenauer und der Regierende Bürgermeister Brandt nehmen Stellung zu Chruschtschows Berlin-Ultimatum.

US-Außenminister Dulles mit Bundeskanzler Adenauer während eines Besuchs in Bonn

4.9.58 Die Regierung der DDR sendet Noten an die vier Großmächte zur Frage der Vorbereitung eines Friedensvertrages mit Deutschland.

Auch nach dem V. Parteitag der SED wird die Wiederherstellung der Einheit Deutschlands ins Zentrum der Agitation der Parteiführung gestellt. Der schon 1957 ins Gespräch gebrachte Plan einer Konföderation beider deutscher Staaten unter der Verwaltung eines paritätisch zusammengesetzten Gesamtdeutschen Rates wird jedoch schon Anfang des Jahres von der Bundesregierung schroff zurückgewiesen; sie macht wiederum freie Wahlen zur Grundvoraussetzung einer Einigung. Nach dieser Abweisung spricht es für das Selbstbewußtsein der DDR-Führung, daß sie sich mit ihren Vorstellungen zur Deutschen Frage nun direkt an die Regierungen der vier Mächte wendet.

22.9.58 Chruschtschow-Interview in der ›Prawda‹, worin er Frankreich vor einer leichtfertigen Freundschaft mit seinem militaristischen und revanchistischen Nachbarn warnt.

9.10.58 In einem Chruschtschow-Interview mit Walter Lippman wird vor einer atomar aufgerüsteten Bundesrepublik, die sich erneut gegen den Westen richten könne, gewarnt.

20. bis 23.10.58 Staatsbesuch des Bundespräsidenten Heuss in Großbritannien; er wird von Königin Elisabeth II. in Buckingham Palace empfangen.

27.10.58 Walter Ulbricht erhebt während einer Kundgebung im Ostberliner Friedrichstadtpalast den Anspruch, Berlin liege auf dem Territorium der DDR und sei ein Teil ihres Hoheitsgebietes.

4.11.58 Das Politbüro des ZK der SED erklärt in einem Kommuniqué zu Fragen der Versorgung und des Handels, »ökonomische Hauptaufgabe« sei, Westdeutschland bis 1961 zu überholen.

10.11.58 In einer Rede auf einem sowjetisch-polnischen Freundschaftstreffen in Moskau beschuldigt Chruschtschow die Westmächte, das Potsdamer Abkommen in allen wesentlichen Punkten gebrochen zu haben und kündigt an, die Sowjetunion werde den Viermächtestatus von Berlin aufheben; er bezeichnet Berlin als »Hauptstadt der DDR«.

26.11.58 Der französische Staatspräsident De Gaulle besucht die Bundesrepublik.

Der kurze Aufenthalt De Gaulles in Bad Kreuznach ist ein Gegenbesuch, der der Fortsetzung von Gesprächen über wirtschaftliche und politische Zusammenarbeit im Rahmen der EWG dient; vorausgegangen war ihm eine erste persönliche Begegnung zwischen Adenauer und De Gaulle auf dessen Landsitz in Colombey-les-deux-Eglises während eines Frankreich-Besuchs des Bundeskanzlers am 14. und 15. September des Jahres. Während dieser beiden Treffen werden die entscheidenden Bedingungen geklärt, die als Voraussetzung der deutsch-französischen Aussöhnung und Freundschaft einzuhalten sind.

27.11.58 Die sowjetische Regierung kündigt in gleichlautenden Noten an die drei Westmächte, die Bundesrepublik und die DDR den Viermächtestatus Berlins auf; sie schlägt die Umwandlung West-Berlins in eine »entmilitarisierte freie Stadt« vor und räumt eine Frist von sechs Monaten für Verhandlungen ein (»Chruschtschow-Ultimatum«).

1.12.58 Die Justizverwaltungen der Länder der Bundesrepublik errichten in Ludwigsburg die ›Zentrale Stelle zur Verfolgung nationalsozialistischer Gewaltverbrechen‹.

Nachdem sich im Verlauf des Ulmer Einsatzgruppen-Prozesses 1958 heraus-

gestellt hat, daß es für zahlreiche Verbrechen, die außerhalb der eigentlichen Kriegshandlungen begangen wurden, bisher keine juristische Erfassung gab, soll diese Vorermittlungsinstanz insbesondere solche Gewalttaten an Juden und anderen Zivilpersonen aufspüren. Durch die Arbeit der zentralen Ermittlungsbehörde werden Verfahren wie der Frankfurter Auschwitz-Prozeß und der Düsseldorfer Maidanek-Prozeß ermöglicht. Dennoch zeigen sowohl die späteren Verjährungsdebatten im Bundestag wie die von bundesdeutschen Gerichten ergangenen Urteile und Strafzumessungen, daß gerade die grauenvollsten Relikte der NS-Vergangenheit politisch wie juristisch nur unzureichend bewältigt werden können.

31.12.58 Die Westmächte lehnen die einseitige Aufkündigung des Viermächtestatus von Berlin ab, erklären sich jedoch bereit, über die Stadt im Zusammenhang mit der Deutschlandfrage und dem Problem der europäischen Sicherheit zu verhandeln.

1959

4. bis 16.1.59 DDR-Ministerpräsident Grotewohl besucht Ägypten, den Irak und Indien.

10.1.59 In gleichlautenden Noten fordert die UdSSR, innerhalb von zwei Monaten eine Friedenskonferenz unter deutscher Beteiligung einzuberufen.

Die Bundesregierung weist die sowjetischen Forderungen zurück. In Reaktion auf die sowjetische Initiative und im Blick auf die bevorstehende Außenministerkonferenz in Genf legen FDP und SPD im März eigene Deutschlandpläne vor.

16.2.59 Fidel Castro wird Ministerpräsident in Kuba.

25.3.59 Staatspräsident de Gaulle plädiert für die Anerkennung der Oder-Neiße-Grenze als Voraussetzung einer Wiedervereinigung und empfiehlt verstärkte Beziehungen zwischen der Bundesrepublik und der DDR »auf allen praktischen Gebieten«.

24.4.59 Auf der ersten ›Bitterfelder Konferenz‹ werden die Kulturschaffenden in der DDR zu unmittelbarer Beteiligung am sozialistischen Aufbau aufgefordert, und die Arbeiterklasse ermuntert, mehr künstlerische Talente in den eigenen Reihen zu entwickeln.

In einer programmatischen Rede vor Autoren und Arbeitern des Elektrochemischen Kombinats Bitterfeld beruft sich Walter Ulbricht auf die Beschlüsse des V. Parteitages der SED und fordert, »daß alles getan wird, um alle Talente, alle Fähikeiten, die in der Bevölkerung vorhanden sind, zu entwickeln, um der sozialistischen Kultur eine ganz breite Grundlage zu geben.« Für die Kampagne zur Schaffung einer »neuen sozialistischen Nationalkultur« werden die Losungen geprägt: »Dichter in der Produktion« und »Greif zur Feder, Kumpel«.

11.5. bis 20.6. und 13.7. bis 5.8.59 Außenministerkonferenz der vier Mächte über das Deutschlandproblem in Genf; die Bundesrepublik

Links: Der sowjetische Ministerpräsident Nikita Chruschtschow, aufgenommen während seines USA-Aufenthalts im September 1959 (BPK)

Rechts: Ministerpräsident Fidel Castro auf einer Kundgebung 1959 in Havanna (BPK)

Die Delegation der DDR auf der Außenministerkonferenz im Mai 1959 in Genf (BAK)

und die DDR nehmen als Beobachter »an Katzentischen« teil; der von der USA vorgelegte Herter-Plan ist der letzte gemeinsame Vorschlag der Westalliierten für eine Wiedervereinigung Deutschlands.

4.6.59 Im Zuge einer Bodenreform in Kuba wird ausländischer Besitz enteignet.

26. und 27.8.59 Während einer Europareise besucht US-Präsident Eisenhower auch Bonn; er bekräftig erneut die Berlin-Garantie der westlichen Verbündeten.

Empfangstransparent für US-Präsident Eisenhower, Bonn im August 1959

Bundeskanzler Adenauer im Gespräch mit dem israelischen Ministerpräsidenten Ben-Gurion in New York (BPK)

15. bis 27.9.59 Ministerpräsident Chruschtschow besucht die USA; das sowjetische Berlin-Ultimatum wird vertagt.

20.10.59 Die Bundesregierung beantragt beim Bundesverwaltungsgericht, die ›Vereinigung der Verfolgten des Naziregimes‹ (VVN) als kommunistisch gelenkte Organisation zu verbieten.

Kurz zuvor hat die schon seit langem mit Verboten bedrohte VVN Kritik an dem aus der NS-Zeit belasteten Bundesminister Oberländer geübt. Die Verhandlung des Verbotsantrages findet erst im November 1962 statt und wird dann ohne Benennung eines neuen Termins vertagt.

13. bis 15.11.59 Auf einem Sonderparteitag in Bad Godesberg berät und verabschiedet die SPD eine neues Grundsatzprogramm, mit dem sich die traditionsreiche »Arbeiterpartei« von weltanschaulichen und theoriegeschichtlichen Bindungen löst, um sich fortan als »Volkspartei« zu verstehen und zu präsentieren.

10. bis 14.12.59 Auf einer Ratstagung des RGW in Sofia werden die endgültigen Statuten des RGW verabschiedet (in Kraft gesetzt am 13.4.1960).

1960

23.1.60 Walter Ulbricht schlägt in einem Schreiben an Bundeskanzler Adenauer vor, in ganz Deutschland eine Volksabstimmung über Abrüstung, einen Friedensvertrag und eine deutsche Konföderation abzuhalten; er fordert erneut den Status einer Freien Stadt für West-Berlin.

4. bis 13.2.60 Der stellvertretende sowjetische Ministerpräsident Mikojan besucht Kuba; ein Wirtschaftsabkommen mit der UdSSR wird vereinbart.

10.2.60 Die Volkskammer der DDR beschließt das Gesetz zur Bildung eines ›Nationalen Verteidigungsrates‹.

14.3.60 Während eines USA-Besuches spricht Bundeskanzler Adenauer in New York mit UN-Generalsekretär Dag Hammarskjöld und mit dem israelischen Ministerpräsidenten David Ben Gurion; die Gespräche bedeuten einen wichtigen Schritt zur deutsch-israelischen Verständigung.

Demonstrative Bekanntmachungen der vollzogenen Kollektivierung der Landwirtschaft in der DDR, April 1960 (2 Abb. BAK)

14.4.60 Die seit 1957 in der DDR verstärkt betriebene Kollektivierung der Landwirtschaft wird abgeschlossen und vielfach gefeiert.

Auf der 33. ZK-Sitzung im Oktober 1957 propagiert Ulbricht den Aufbau des Sozialismus auf dem Lande als »große revolutionäre Umwälzung«. Im folgenden Jahr entstehen daraufhin 3000 ›Landwirtschaftliche Produktionsgenossenschaften‹. Angetrieben von Agitationstrupps, die von der SED auf die Dörfer geschickt werden, kommt der »freiwillige« Zusammenschluß der Bauern in einer LPG schließlich im Bezirk Karl-Marx-Stadt zum Abschluß; mit dem 31. Mai 1960 bestehen 19345 LPG, die insgesamt 83,6 Prozent der landwirtschaftlich genutzten Flächen in der DDR bewirtschaften. Bundestag und Bundesregierung verurteilen die von der SED erzwungene Überführung von bäuerlichen Privatbetrieben in sozialistisches Eigentum schon am 6. April; am 26. April erscheint ein Weißbuch der Bundesregierung über ›Die Zwangskollektivierung des selbständigen Bauernstandes in Mitteldeutschland‹.

17.4.60 Der »Deutschlandplan des Volkes« wird als offener Brief des Zentralkomitees der SED an die Arbeiterschaft Westdeutschlands im ›Neuen Deutschland‹ veröffentlicht.

Der Plan ist sicher ein Versuch, von Schwierigkeiten abzulenken, die aufgrund eines verschärften Kurses der SED und insbesondere durch die forcierte Kollektivierung der Landwirtschaft in der DDR auftreten; er setzt jedoch auch auf den nach Chruschtschows USA-Besuch viel beschworenen »Geist von Camp David«. Das Problem der Wiedervereinigung lag nach Auffassung der Plan-Autoren »nicht in dem Vorhandensein zweier gesellschaftlicher Systeme in Deutschland, sondern in der Tatsache, daß der heutige westdeutsche Staat ein militaristischer Staat mit aggressiven Plänen ist, während die DDR ein sozialistischer Friedensstaat ist, dem jede aggressive Absicht und Handlung grundsätzlich fernliegt.«

19. bis 26.4.60 Studentenunruhen in Südkorea richten sich gegen die Regierung Syngman Rhee, der am 15. März für eine vierte Amtsperiode als Staatspräsident gewählt wurde.

Gegen das polizeistaatliche Regime in Südkorea hat sich viel Unzufriedenheit angestaut. Als ruchbar wird, der Staatspräsident versuche, sich mittels Wahlfälschung an der Macht zu halten, gehen die Studenten auf die Straße. Am 27. April des Jahres erfolgt daraufhin der Rücktritt Rhees; einen Monat später geht er freiwillig ins Exil.

›Das Geheimnis der U2. Ein Bericht über die Hintergründe des amerikanischen Luftpiratentums‹: Titel einer vom MfS der DDR 1960 herausgegebenen Propagandabroschüre

29.4.60 Nach einem in Abwesenheit des Angeklagten geführten Prozess gegen den Bundesminister Theodor Oberländer, dem während der NS-Zeit begangene Verbrechen vorgeworfen werden, ergeht vor dem Obersten Gericht der DDR das Urteil; es wird auf lebenslänglich Zuchthaus erkannt.

1.5.60 Der sowjetischen Luftabwehr gelingt es, ein amerikanisches U2-Aufklärungsflugzeug während eines Spionagefluges über der Sowjetunion abzuschießen.

Diese Art der Luftaufklärung über dem Territorium der UdSSR betreiben die Amerikaner schon seit geraumer Zeit, da sie ihre sehr hoch fliegenden Aufklärungsflugzeuge außerhalb der Reichweite der sowjetischen Luftabwehrsysteme wähnen. Der erfolgreiche Raketeneinsatz der Sowjets erschüttert ein weiteres Mal den Glauben an die technologische Überlegenheit des Westens; er liefert der sowjetischen Führung zudem ein Druckmittel in die Hand, da sie den Piloten der abgeschossenen Maschine lebend bergen und zu Aussagen über seinen »Spionageauftrag« veranlassen können. Diesen Vorteil nutzt Chruschtschow wenig später, um die Amerikaner auf der Pariser Gipfelkonferenz zu demütigen.

7.5.60 Die UdSSR nimmt diplomatische Beziehungen zu Kuba auf und schaltet sich wenig später (am 9. Juli) in den »Zuckerkrieg« zwischen USA und Kuba ein.

16. bis 17.5.60 Die Pariser Gipfelkonferenz scheitert schon vor Beginn wegen des U2-Zwischenfalls, da Präsident Eisenhower eine von Chruschtschow geforderte Entschuldigung wegen der erwiesenen Spionage über dem Territorium der UdSSR ablehnt.

19. bis 25.7.60 Polen fordert die NATO-Staaten in gleichlautenden Noten auf, zur Frage der Oder-Neiße-Grenze Stellung zu nehmen.

29.8.60 Das Innenministerium der DDR erläßt eine »Anordnung über das Betreten der Hauptstadt der DDR Berlin durch Bürger der deutschen Bundesrepublik«.

Die Maßnahme ist zunächst auf fünf Tage beschränkt und erfolgt zur »Abwehr der sich aus den ... in West-Berlin stattfindenden Revanchistentreffen für die DDR ergebenden Gefährdung der Ordnung und Sicherheit des friedlichen Lebens der Bevölkerung«; sie schreibt vor, daß ein Besuch im Ostteil der Stadt zwischen dem 31. August und 4. September nur mit einer gültigen Aufenthaltsgenehmigung gestattet wird. Am 8. September wird die Genehmigungspflicht für Bundesbürger, die Ostberlin besuchen wollen, auf unbefristete Zeit ausgedehnt.

1. bis 3.9.60 Verbandstag des ›Verbandes der Heimkehrer, Kriegsgefangenen und Vermißtenangehörigen Deutschlands‹ (VdH) in der Kongreßhalle in Westberlin

Die Versammlung wird an einem Tag auch von Bundespräsident Heuss besucht. Auf der Abschlußkundgebung spricht der Regierende Bürgermeister von Berlin, Willy Brandt; er protestiert gegen die seitens der DDR wegen der Veranstaltung verhängten Reisebeschränkungen und warnt davor, sich diese gefallen zu lassen.

3. bis 4.9.60 Zum ›Tag der Heimat‹ in Westberlin fordert eine Versammlung von Vertretern des ›Bundes der Vertriebenen‹ und Delegierten aus allen Landtagen in der Bundesrepublik, das Recht auf Selbstbestimmung, das als elementares Grundrecht jedem Volke zustehe, müsse auch den Deutschen zugebilligt werden.

Eine Großkundgebung mit 15 000 Teilnehmern in der Waldbühne findet wegen der »Abwehrmaßnahmen der DDR« großes Interesse bei den in und ausländischen Medien. Der Regierende Bürgermeister Brandt wendet sich gegen die »Kümmerlinge aus dem Kreis um Ulbricht« und stellt fest, die deutsche Jugend sei in ihrer überwältigenden Mehrheit vom Geiste der Völkerfreundschaft durchdrungen. Begriffe wie Revanchismus, Militarismus und Kriegshetze gehörten für sie genauso der Vergangenheit an wie für diejenigen, die in Deutschland Verantwortung tragen.

12. 9. 60 Walter Ulbricht wird Vorsitzender des neugeschaffenen Staatsrates der DDR.

30. 9. 60 In Reaktion auf die von der DDR angeordneten Beschränkungen für Berlin-Reisende kündigt die Bundesregierung das soeben erst neu verhandelte Interzonen-Handelsabkommen.

Die DDR bezeichnet diese Maßnahme als »Wirtschaftskrieg«. Bis zum Ende des Jahres kommen nach längeren Verhandlungen beide Seiten überein, das Abkommen am 1. Januar 1961 wieder in Kraft zu setzen; durch eine Widerrufsklausel hat die Bundesregierung nun jedoch ein Junktim zwischen dem ungehinderten Berlin-Verkehr und dem Interzonenhandel hergestellt.

25. 10. 60 Die SPD nominiert Willy Brandt zum Kanzlerkandidaten für die Bundestagswahlen 1961.

15. 12. 60 Der Vorsitzende des Staatsrates der DDR schlägt einen zehnjährigen Gewaltverzicht zwischen der DDR und der Bundesrepublik vor.

1961

3. 1. 61 Die USA brechen die diplomatischen Beziehungen zu Kuba ab.

6. 1. 61 Ministerpräsident Chruschtschow hält unmittelbar nach der Amtseinführung von US-Präsident Kennedy eine Rede, in der er die Überlegenheit und den unaufhaltsamen Vormarsch des sozialistischen Weltsystems preist.

14. bis 18. 1. 61 In China beschließt das ZK der KPC den »großen Sprung nach vorn«.

29. 3. 61 Der Politische Beratende Ausschuß des Warschauer Paktes fordert den Abschluß eines Friedensvertrages mit beiden deutschen Staaten und die Umwandlung West-Berlins in eine entmilitarisierte Freie Stadt.

11. bis 18. 4. 61 Bundeskanzler Adenauer besucht die USA; Präsident Kennedy versichert ihn erneut der Bereitschaft der Vereinigten Staaten, die Freiheit der Bundesrepublik und Westberlins zu verteidigen.

17. 4. 61 Die von Exilkubanern in den USA mit amerikanischer Duldung unternommene »Schweinebucht-Invasion« auf Kuba beginnt; das waghalsige Unternehmen scheitert am 20. April.

16. 5. 61 Militärputsch in Südkorea; die Regierung Tschang wird gestürzt.

3. bis 4. 6. 61 Gipfeltreffen zwischen dem sowjetischen Ministerpräsidenten und dem neuen US-Präsidenten Kennedy in Wien; Chruschtschow übergibt ein Memorandum zur Deutschland- und Berlinpolitik, worin der Abschluß eines separaten Friedensvertrages zwischen UdSSR und DDR angekündigt wird.

Ministerpräsident Chruschtschow mit der Gattin von US-Präsident Kennedy während des Gipfeltreffens in Wien 1961 (BPK)

NVA-Soldaten arbeiten hinter Tarnnetzen an der Befestigung der Sektorengrenze in Berlin.

15. 6. 61 Ulbricht fordert auf einer internationalen Pressekonferenz in Ostberlin die Neutralisierung Westberlins; auf die Frage einer Frankfurter Journalistin leugnet er jede Absicht, in Berlin eine Mauer zu bauen.

Die Presse der DDR startet Mitte Juli eine Propagandakampagne gegen »Menschenhandel« und »Abwerbungsaktionen« des Westens.

25. 7. 61 In einer Rundfunk- und Fernsehansprache verkündet Präsident John F. Kennedy »three essentials« für eine Regelung in der Berlin-Frage.

Die drei wesentlichen Forderungen der amerikanischen Politik besagen: »1. die Freiheit der Bevölkerung von Westberlin, ihr eigenes politisches System zu wählen; 2. die Anwesenheit westlicher Truppen, solange sie von der Bevölkerung gewünscht und benötigt werden; und 3. den ungehinderten Zugang zur Stadt von Westen auf der durch sowjetzonales Gebiet führenden Autobahn sowie auf den Luft- und Wasserwegen.«

28. 7. 61 Das Politbüro der SED fordert von Innenminister Maron weitere Maßnahmen im Bereich der Reichsbahn, um die »Republikflucht« einzudämmen.

30. 7. 61 In der Sowjetunion wird ein neues Parteiprogramm der KPdSU veröffentlicht.

3. bis 5. 8. 61 In Moskau findet eine Tagung der Ersten Sekretäre der Kommunistischen Parteien in den Warschauer-Pakt-Staaten statt. SED-Sekretär und Staatsratsvorsitzender Ulbricht fordert erneut die Sperrung und Sicherung der Berliner Sektorengrenze, um den bedrohlich angewachsenen Flüchtlingsstrom zu stoppen; diesmal stimmen Chruschtschow und die anderen KP-Chefs zu.

Im ganzen Jahr 1961 werden 207026 Republikflüchtlinge registriert, im Juli des Jahres allein 30415; rund die Hälfte davon sind noch nicht 25 Jahre alt. Insgesamt sind seit 1949 bis zum Mauerbau 3129970 Menschen aus der DDR und dem Ostsektor von Berlin geflohen.

6. bis 7. 8. 61 Der sowjetische Kosmonaut German Titow umkreist für 25 Stunden im Raumschiff ›Wostok II‹ die Erde.

7. 8. 61 In einer außerordentlichen Sitzung des Politbüros der DDR berichtet Ulbricht von dem Moskauer Treffen der Parteichefs; das Politbüro faßt einen formellen Beschluß, die Grenzen zur Bundesrepublik und nach Westberlin zu schließen.

12. 8. 61 Beschluß des DDR-Ministerrats zur Sperrung und Absicherung der Grenzen

In Ostberlin ruft VP-Präsident Generalmajor Eikemeier für 19.00 Uhr seinen Stab zusammen; um 20.00 Uhr erfolgt das »Öffnen der gesiegelten Unterlagen«, aus denen die Einsatzplanung für die VP an der Grenze hervorgeht.

13. 8. 61 Um 1.00 Uhr beginnt das seit langem erwogene und vorbereitete Projekt »Chinesische Mauer II«; rund 25000 Mann der ›Betriebskampfgruppen‹ besetzen die Grenze um Westberlin; NVA-Einheiten stehen in zweiter Staffel, die Truppen der Roten Armee halten sich im Hintergrund bereit. Die Abriegelung der DDR nach Westen hat begonnen.

15. 8. 61 Das Politbüro der SED stellt fest, die »vorläufige Sicherung« der Grenzen sei abgeschlossen, fordert aber »schon jetzt einen Plan für den weiteren Ausbau der Grenzsicherung in der zweiten Etappe«.

Bewacht von Grenzpolizei beginnen Pioniere der NVA und Bauarbeiter nun mit dem Bau der Mauer, für die große Mengen vorgefertigter Betonteile bereit

Bundeskanzler Adenauer während seines späten Besuchs im August 1961 in Berlin (LAB)

stehen. Der neunzehnjährige Unteroffizier der Grenzpolizei Conrad Schumann springt über ein Stacheldrahthindernis und flüchtet als erster DDR-Grenzer in den Westen.

16. 8. 61 In Westberlin findet vor dem Schöneberger Rathaus eine Protestkundgebung gegen den Mauerbau statt.

18. 8. 61 Der Vorsitzende des Staatsrates der DDR, Walter Ulbricht, spricht im Fernsehen über die »friedenserhaltenden Maßnahmen« in Berlin.

19. bis 21. 8. 61 US-Vizepräsident Lyndon B. Johnson und der ehemalige Militärgouverneur Lucius D. Clay besuchen Westberlin.

22. 8. 61 Bundeskanzler Konrad Adenauer besucht Berlin.

1. bis 2. 9. 61 Dem sowjetischen Astronauten German Titow, der am 6. August mit dem Raumschiff ›Wostok II‹ den zweiten bemannten Raumflug der UdSSR erfolgreich beendet hatte, wird in Ostberlin ein triumphaler Empfang inszeniert.

17. 9. 61 Wahlen zum vierten Deutschen Bundestag

Der russische Astronaut German Titow zusammen mit dem Staatsratsvorsitzenden Ulbricht während einer Stadtrundfahrt durch Ostberlin (BAK)

Die CDU erreicht 192, die CSU 50 Mandate, die SPD 190 und die FDP 67. Die folgenden Koalitionsverhandlungen sind schwierig, da die CDU/CSU auf einen Koalitionspartner angewiesen ist, die FDP sich aber im Wahlkampf auf ein Zusammengehen mit der CDU/CSU »ohne Adenauer« festgelegt hat. Am 2. November wird schließlich ein Koalitionsvertrag geschlossen, in dem festgelegt ist, daß Konrad Adenauer nur noch »Kanzler auf Zeit« werden soll. Am 7. November wird Adenauer dann zum vierten Mal vom Parlament zum Bundeskanzler gewählt.

20.9.61 Die Vokskammer der DDR beschließt das ›Gesetz zur Verteidigung der DDR‹.

Gleichzeitig wird in einer Sitzung des von Erich Honecker geleiteten ›Zentralen Stabes‹ über den Stand der Grenzsicherung in Berlin beraten. Danach formuliert Honecker den »Kampfauftrag zur Sicherung des Friedens an der Staatsgrenze«, worin gefordert wird: »Alle Durchbruchsversuche müssen unmöglich gemacht werden.«

17.10.61 Konstituierung des vierten Deutschen Bundestages

17. bis 31.10.61 Während des XXII. Parteitags der KPdSU wird die Verurteilung der Herrschaft Stalins seit 1934 ausgesprochen; im Zusammenhanghang mit der Haltung zu Albanien kommt es zu Differenzen mit der KP Chinas, die den Parteitag vorzeitig verläßt.

Ein sowjetischer Panzer in Stellung an der Berliner Mauer

27.10.61 Am ›Checkpoint Charlie‹ in Berlin stehen sich sowjetische und amerikanische Panzer unmittelbar und bedrohlich gegenüber.

13.11.61 In Ostberlin wird die ›Stalin-Allee‹ umbenannt und das 1951 dort errichtete Stalin-Denkmal nächtens beseitigt; das am 7. Mai 1953 ›Stalinstadt‹ genannte Wohngebiet des Eisenhüttenkombinats Ost heißt von nun an Eisenhüttenstadt.

Spottbild auf dem Rücktitel einer Propagandabroschüre aus der BRD, in dem der Denkmalsturz in der Stalin-Allee schon 1953 vorausgesehen wurde.

24.11.61 Die ›Zentrale Erfassungsstelle der Landesjustizverwaltungen‹ in Salzgitter nimmt ihre Arbeit auf.

Die Erfassungsstelle hat die Aufgabe, Hinweisen auf Gewaltanwendung an den Grenzen und im Strafvollzug der DDR nachzugehen und Beweismittel darüber zu sammeln. Der Regierung der DDR gilt sie als ein »Relikt des Kalten Krieges« und als ständige Belastung der Beziehungen zwischen den beiden deutschen Staaten. Die von seiten der Bundesrepublik als ein »Symbol der Fürsorge« erhaltene Behörde erfaßt in den drei Jahrzehnten ihres Bestehens rund 42 000 Gewaltakte; nach vollzogener Einheit übergibt sie die Akten an die Staatsanwaltschaften, die am jeweiligen Tatort zuständig sind; 1992 soll sie aufgelöst werden.

2.12.61 Castro erklärt Kuba zur sozialistischen Republik.

1962

Die Bundeswehr beginnt den »Ballonversand« von Flugblättern und »hochwertigen« Lizenznachdrucken in die DDR, der erst 1972 wieder eingestellt wird.

1.1.62 In einer Neujahrsansprache rechtfertigt der Vorsitzende des Staatsrates der DDR die Errichtung des »antifaschistischen Schutzwalles«.

24.1.62 Die Volkskammer der DDR beschließt das ›Gesetz über die allgemeine Wehrpflicht‹.

17.1.62 Bundeskanzler Adenauer gibt eine Regierungserklärung zur EWG-Agrarpolitik ab.

Kurz zuvor hat der EWG-Ministerrat in Brüssel beschlossen, vom 1. Juli 1962 an bis zum 31. Dezember 1969 schrittweise einen Gemeinsamen Agrarmarkt aufzubauen. Ziel ist, innerhalb des Gemeinsamen Agrarmarktes alle Landwirte an der allgemeinen Einkommensentwicklung zu beteiligen und die Bevölkerung mit guten und preiswerten Lebensmitteln zu versorgen. Der Bundeskanzler würdigt die Brüsseler Beschlüsse und den damit eingeleiteten Übergang zur zweiten Stufe des Gemeinsamen Marktes als eines der wichtigsten Ereignisse der letzten Jahrhunderte.

28.2.62 Die Regierung der USA schlägt vor, eine internationale Behörde zur Überwachung des freien Zugangs nach Westberlin zu schaffen.

Gedenkstätte für den bei einem Fluchtversuch getöteten Peter Fechter an der Mauer in Kreuzberg (LAB)

22. 3. 62 DDR-Außenminister Winzer erklärt, Bürger Westberlins benötigten künftig für Reisen durch die DDR Reisevisa.

6. 6. 62 Bundeskanzler Adenauer schlägt der Regierung der UdSSR einen zehnjährigen »Burgfrieden« vor unter der Bedingung, daß den Menschen in der DDR Erleichterungen zugestanden werden.

17. 6. 62 Vom IV. Nationalkongreß der Nationalen Front der DDR wird ein »Nationales Dokument« zur Koistenz und Konföderation zweier deutscher Staaten verabschiedet: »Die geschichtliche Aufgabe der Deutschen Demokratischen Republik und die Zukunft Deutschlands«.

In dem Dokument, das schon im März des Jahres beschlossen wurde, heißt es: »Die Deutsche Demokratische Republik würde sich am deutschen Volk und seiner Zukunft versündigen, wenn sie sich bei der Erfüllung ihrer historischen Mission von der Entwicklung der Klassenkämpfe und dem Tempo des Verfalls der kapitalistisch-imperialistischen Herrschaft in Westdeutschland abhängig machen wollte.«

19. 6. 62 An der Grenze in Berlin wird mit der Errichtung einer zweiten Sperrmauer und der Anlage eines »Todesstreifens« begonnen.

17. 8. 62 Peter Fechter, ein achtzehnjähriger Bauarbeiter aus Ostberlin, wird bei einem Fluchtversuch an der Mauer angeschossen und verblutet.

Am folgenden Tag kommt es zu Protestdemonstrationen in Westberlin. Die Bundesregierung erklärt am 20. August, eine Flucht über die Berliner Mauer sei keine Grenzverletzung im Sinne des Völkerrechts; folglich würden diejenigen, die eine solche Flucht behinderten, in der Bundesrepublik belangt werden.

22. 8. 62 Die Regierung der Sowjetunion löst die sowjetische Kommandantur in Berlin auf; der Generalmajor der NVA Poppe wird zum Stadtkommandanten von Ostberlin ernannt.

29. 8. bis 9. 9. 62 Staatsbesuch des französischen Staatspräsidenten De Gaulle in der Bundesrepublik

Auf den herzlichen Empfang durch die Bevölkerung antwortet De Gaulle während einer Rede vor der Jugend in Ludwigsburg am 9. September; in deutscher

Präsident de Gaulle und Bundeskanzler Adenauer im Juli 1962 in der Kathedrale von Reims (BAK)

Sprache betont er »die Würdigung und das Vertrauen, die ich für Ihr großes Volk, jawohl, das große deutsche Volk hege«.

25. 9. 62 In New York überreicht eine Delegation des ›Kuratoriums Unteilbares Deutschland‹ dem Direktor der UN-Menschenrechtskommission eine Beschwerde wegen Verletzung der Menschenrechte an den Grenzen der DDR.

18. bis 28. 10. 62 Kuba-Krise – Der sowjetische Versuch, Atomraketen auf Kuba zu stationieren, wird im letzten Moment abgebrochen.

Wachtposten an der kubanischen Küste (ADN)

Nachdem die USA Beweise dafür haben, daß auf Kuba Abschußrampen für sowjetische Mittelstreckenraketen errichtet werden, erklärt Präsident Kennedy am 22. Oktober, der Aufbau eines sowjetischen Raketenstützpunktes auf Kuba bedeute eine schwerwiegende Veränderung in der Verteilung strategischer Waffen und somit eine Bedrohung des Friedens; er mobilisiert Truppen und verhängt eine Seeblockade gegen sowjetische Schiffe, die Kurs auf Kuba halten. Die Sowjetunion erklärt sich dann am 26. Oktober zur Aufgabe des Raketenstützpunktes auf Kuba bereit.

26. 10. 62 »Spiegel-Affaire« – Auf Antrag der Bundesanwaltschaft werden die Redaktionsräume des ›Spiegel‹ durchsucht, sein Herausgeber Augstein, der Verlagsdirektor und mehrere leitende Redakteure unter dem Verdacht des Landesverrats aufgrund einer Veröffentlichung über die Bundeswehr verhaftet.

Auf Drängen der SPD befaßt sich Anfang November der Bundestag mit der »Spiegel-Affaire«; Bundeskanzler Adenauer spricht von einem »Abgrund von Landesverrat«! Bundesverteidigungsminister Strauß muß zugeben, an der Verhaftung des ›Spiegel‹-Redakteurs Ahlers in Spanien beteiligt zu sein. Durch den Rücktritt der fünf FDP-Minister, die eine Zusammenarbeit mit Strauß im Kabinett ablehnen, kommt es schließlich Anfang Dezember zu einer Regierungsumbildung. Strauß erklärt am 30. November, er wolle einem Kabinett Adenauer nicht mehr angehören. Am 13. Mai 1965 lehnt es der Bundesgerichtshof ab, gegen Conrad Ahlers und Rudolf Augstein das Hauptverfahren zu eröffnen.

13. 12. 62 Nach vollzogener Regierungsumbildung stellt Bundeskanzler Adenauer das wiederum unter Beteiligung der FDP zustandegekommene Kabinett vor.

18. 12. 62 Auf Empfehlung des ständigen NATO-Rates verhängt die Bundesregierung gegenüber der UdSSR und anderen Ostblockstaaten ein Embargo für – als strategisch wichtig eingeschätzte – Großstahlrohre für Öl-Pipelines.

Das am 18. März 1963 rückwirkend in Kraft tretende »Röhren-Embargo« unterbindet die Ausfuhr von 163 000 Tonnen Großröhren, die schon im Vorjahr zwischen deutschen Firmen und der UdSSR fest vereinbart worden war; die Regierung der Sowjetunion bezeichnet daraufhin in einer Note das Embargo als Völkerrechtsbruch.

1963

14.1.63 Indem die BRD die diplomatischen Beziehungen zu Kuba abbricht, wendet sie zum zweiten Mal die »Hallstein-Doktrin« an.

16.1.63 Chruschtschow spricht auf dem VI. Parteitag der SED in Ostberlin.

Der Parteitag beschließt das erste Programm der SED; es stellt den »Sieg der sozialistischen Produktionsverhältnisse in allen Bereichen der Volkswirtschaft« fest und verkündet: »Ein neues Zeitalter der Geschichte des deutschen Volkes hat begonnen: das Zeitalter des Sozialismus.« Zur Regelung der »nationalen Frage in Deutschland« übernimmt das Programm die Forderung zur Bildung einer »Konföderation der beiden deutschen Staaten, der sich auch die Freie Stadt Westberlin anschließen könnte«.

17.1.63 Der Regierende Bürgermeister Brandt sagt ein vereinbartes Gespräch mit Chruschtschow ab, weil die Berliner CDU mit Aufkündigung der Senatskoalition in Westberlin droht.

7.3.63 Zwischen der Bundesrepublik und Polen wird die Errichtung einer Handelsmission in Warschau vereinbart.

1.5.63 Die Stadtkommandanten der drei Westmächte in Berlin protestieren gegen die Abhaltung einer Militärparade der NVA im Ostteil der Stadt.

10.6.63 In einer Rede an der Amerikanischen Universität in Washington erklärt Präsident Kennedy, die US-Regierung sei bereit, auf eine Verbesserung der Ost-West-Beziehungen hinzuwirken.

20.6.63 Die Regierungen der USA und der UdSSR vereinbaren die Installation einer telephonischen Direktverbindung (»heißer Draht«) zwischen Washington und Moskau.

21.6.63 Der Ministerrat der DDR erläßt eine Verordnung über Maßnahmen zum Schutze der Staatsgrenze zwischen der DDR und West-Berlin.

Mit dem Erlaß wird auch für die Grenze innerhalb Berlins die Einrichtung eines 100 m breiten Schutzzstreifens vorgeschrieben, der von Bürgern der DDR nur mit Sonderausweis, von Bürgern anderer Staaten überhaupt nicht betreten werden darf.

23. bis 26.6.63 US-Präsident Kennedy besucht die BRD und West-berlin.

Information

BERLIN EDITION

COPYRIGHT BY HARALD P. ROSEN, KREFELD, SEIDENSTR. 111

PRÄSIDENT KENNEDY: ICH BIN EIN BERLINER

ANSPRACHE JOHN F. KENNEDYS VOR DEM SCHÖNEBERGER RATHAUS

Vor zweitausend Jahren war der stolzeste Satz, den ein Mensch sagen konnte, der: Ich bin ein Bürger Roms. Heute ist der stolzeste Satz, den jemand in der freien Welt sagen kann: Ich bin ein Berliner.

Sie sollen nach Berlin kommen!

Wenn es in der Welt Menschen geben sollte, die nicht verstehen oder nicht zu verstehen vorgeben, worum es heute in der Auseinandersetzung zwischen der freien Welt und dem Kommunismus geht, dann können wir ihnen nur sagen, sie sollen nach Berlin kommen!

Es gibt Leute, die sagen, dem Kommunismus gehöre die Zukunft. Sie sollen nach Berlin kommen!

Und es gibt wieder andere in Europa und in anderen Teilen der Welt, die behaupten, man könne mit den Kommunisten zusammenarbeiten. Auch sie sollen nach Berlin kommen!

Und es gibt auch einige wenige, die sagen, es treffe zwar zu, daß der Kommunismus ein böses und ein schlechtes System sei, aber er gestatte es ihnen, wirtschaftlichen Fortschritt zu erreichen. Aber laßt auch sie nach Berlin kommen!

Ein Leben in Freiheit ist nicht leicht, und die Demokratie ist nicht vollkommen. Aber wir hatten es nie nötig, eine Mauer aufzubauen, um unsere Leute bei uns zu halten und sie daran zu hindern, woanders hinzugehen. Ich möchte Ihnen im Namen der Bevölkerung der Vereinigten Staaten, die viele tausend Kilometer von Ihnen entfernt lebt, auf der anderen Seite des Atlantiks, sagen, daß meine amerikanischen Mitbürger stolz, sehr stolz darauf sind, mit Ihnen zusammen selbst aus der Entfernung die Geschichte der letzten 18 Jahre teilen zu können. Denn ich weiß nicht, daß jemals eine Stadt 18 Jahre lang belagert wurde und dennoch lebt in ungebrochener Vitalität, mit unerschütterlicher Hoffnung, mit der gleichen Stärke und mit der gleichen Entschlossenheit wie heute West-Berlin.

1,4 Millionen Menschen säumten die Straßen Westberlins. Allein 450.000 begrüßten John F. Kennedy auf dem Platz vor dem Schöneberger Rathaus

»Ich bin ein Berliner!« – Titelseite eines Sonderdrucks aus Anlaß des Berlin-Besuches von US-Präsident Kennedy im Juni 1963

ND-Schlagzeile vom 24. 7. 1963 zur Urteilsverkündung in dem vor dem Obersten Gericht der DDR geführten Prozeß gegen den Bonner Staatssekretär Hans Globke

Proletarier aller Länder, vereinigt euch!

NEUES DEUTSCHLAND

ORGAN DES ZENTRALKOMITEES DER SOZIALISTISCHEN EINHEITSPARTEI DEUTSCHLANDS

18. Jahrgang / Nr. 200 — Berlin, Mittwoch, 24. Juli 1963 — Berliner Ausgabe / Einzelpreis 15 Pf

Das Oberste Gericht der DDR fällte das Urteil über Globke: Lebenslänglich!

PRÄSIDENT Dr. TOEPLITZ (Mitte) verkündet das Urteil gegen Globke: Lebenslanges Zuchthaus. Rechts Oberrichter Reinwarth, links Oberrichter Mühlberger Foto: ND/Klaus

Von unseren Prozeßberichterstattern Klaus Haupt und Günter Fleischmann

Berlin. Der Prozeß des Obersten Gerichts der DDR gegen Hans Josef Maria Globke ist beendet. Der 1. Strafsenat fällte das Urteil über den Bonner Staatssekretär. Präsident Dr. Heinrich Toeplitz verlas es am Dienstag 10 Uhr 30 zu Beginn des elften Verhandlungstages: „Im Namen des Volkes: Der Angeklagte wird wegen in Mittäterschaft begangenen fortgesetzten Kriegsverbrechens und Verbrechens gegen die Menschlichkeit in teilweiser Tateinheit mit Mord gemäß Artikel 6 des Statutes für den Internationalen Militärgerichtshof, §§ 211, 47, 73 StGB zu lebenslangem Zuchthaus verurteilt. Die bürgerlichen Ehrenrechte werden ihm auf Lebenszeit aberkannt."

Wieder – wie schon an zehn Tagen vorher – war der Verhandlungssaal überfüllt. Pressevertreter und Beobachter, Gäste aus Westdeutschland und der DDR füllten ihn bis zum letzten Platz. Unter den Beobachtern hatten u. a. der Minister der Justiz Dr. Hilde Benjamin und Landesrabbiner Dr. Martin Riesenburger Platz genommen. Das während der Dauer des Prozesses immer mehr gewachsene Interesse der Welt an den Verhandlungen kommt auch darin zum Ausdruck, daß an dem Prozeß 571 Beobachter aus 33 Ländern teilnahmen. 193 kamen aus 25 kapitalistischen Ländern, 42 aus sieben sozialistischen Ländern, 336 aus Westdeutschland. 247 Journalisten, davon 41 aus Westdeutschland, waren beim Pressezentrum akkreditiert. Mehrere ausländische Fernsehstationen machten Filmaufnahmen, so auch am letzten Tag des Prozesses.

Unmittelbar nach der Verkündung des Urteils begann die vielstündige Verlesung der Urteilsbegründung durch Präsident Dr. Toeplitz und die Oberrichter Reinwarth und Mühlberger. In dieser Urteilsbegründung, die sich durch die gleiche unangreifbare Gründlichkeit auszeichnet wie die gesamte Verhandlungsführung an den zehn vorangegangenen Prozeßtagen, stellt das Gericht fest:

- Das Oberste Gericht erfüllte mit dem Prozeß eine Verpflichtung, die sich für den ersten deutschen Arbeiter-und-Bauern-Staat aus der Geschichte, aus dem Völkerrecht und aus den nationalen Interessen des deutschen Volkes ergibt.
- Die DDR übt alle Rechte eines souveränen Staates aus, zu denen auch die Jurisdiktionsgewalt auf ihrem Gebiet gehört. Deshalb steht ihr das Recht der Aburteilung von Verbrechen deutscher Staatsangehöriger zu, mögen sie vor oder nach der Gründung der DDR auf ihrem heutigen Gebiet begangen worden sein.

Der 1. Strafsenat stellte fest, daß Globke stets bestrebt war, dem faschistischen System dienstbar zu sein und seine aggressiven Ziele zu unterstützen. Über diese Dienstbarkeit hinaus hat Globke bei der Kennzeichnung, Verfolgung und Ausrottung jüdischer Bürger und bei der verbrecherischen Germanisierungspolitik Gesetze durch Auslegungen und eigene Handlungen noch verschärft.

In einer ausführlichen Auseinandersetzung mit der Verteidigung wies das Gericht nach, daß Globke nicht als Helfer, sondern als Mittäter vorsätzlich an den Judenverfolgungen und am Völkermord mitwirkte. Er beging seine Verbrechen in Kenntnis des verbrecherischen Charakters der faschistischen Politik. Den Handlungen Globkes lagen schließlich niedrigste Motive zugrunde – der faschistische Rassen- und Völkerhaß. (Siehe Seite 4)

Heute beginnt die Beratung des RGW

Weitere Partei- und Regierungsdelegationen in der sowjetischen Hauptstadt eingetroffen

Moskau (ADN/ND). Heute beginnt in Moskau die Beratung der Ersten Sekretäre der Zentralkomitees der kommunistischen und Arbeiterparteien sowie der Regierungschefs der Mitgliedländer des Rates für Gegenseitige Wirtschaftshilfe. Auf der Tagesordnung der bedeutsamen Beratung steht ein Bericht des Exekutivkomitees des RGW über die Arbeit zur Verwirklichung der Beschlüsse der Juniberatung (1962) der Vertreter der Parteien der Mitgliedländer des Rates und über die weiteren Aufgaben bei der Entwicklung der wirtschaftlichen Zusammenarbeit zwischen den RGW-Mitgliedstaaten.

Neben der Delegation der Deutschen Demokratischen Republik unter Leitung des Genossen Walter Ulbricht waren am Montag bereits die Delegationen der Ungarischen Volksrepublik und der Mongolischen Volksrepublik in der sowjetischen Hauptstadt eingetroffen. Die ungarische Delegation wird vom Ersten Sekretär des ZK der USAP und Vorsitzenden der Revolutionären Arbeiter-und-Bauern-Regierung, János Kádár, geleitet, die Delegation der MVR vom Ersten Sekretär des ZK der Mongolischen Revolutionären Volkspartei und Ministerpräsidenten der MVR, Jumshagin Zedenbal.

Am Dienstag trafen die Delegationen der CSSR, Polens, Bulgariens und Rumäniens in Moskau ein. Leiter der tschechoslowakischen Delegation ist der Erste Sekretär des ZK der KPC und Staatspräsident der CSSR, Antonin Novotný. Der Delegation gehören ferner an: Ministerpräsident Viliam Široký, der stellvertretende Ministerpräsident Otakar Šimunek, der Sekretär des ZK der KPC Vladimir Koucký, Außenhandelsminister František Hamouz und der Vorsitzende der Staatlichen Plankommission, Alois Indra.

An der Spitze der polnischen Delegation stehen der Erste Sekretär des ZK der PVAP, Wladyslaw Gomulka, und der Vorsitzende des Ministerrates, Józef Cyrankiewicz. Weiter gehören der Delegation an: das Mitglied des Politbüros des ZK der PVAP Zenon Kliszko, der Vorsitzende der Staatlichen Plankommission beim Ministerrat und Mitglied des Politbüros des ZK der PVAP Stefan Jędrychowski, der stellvertretende Vorsitzende des Ministerrates Piotr Jaroszewicz sowie der Botschafter der Volksrepublik Polen in der UdSSR und Mitglied des ZK der PVAP Boleslaw Jaszczuk.

Die bulgarische Delegation steht unter Leitung des Ersten Sekretärs der Bulgarischen KP und Vorsitzenden des Ministerrates der Volksrepublik Bulgarien, *(Fortsetzung auf Seite 2)*

Weiterer Fortschritt in Moskau

Moskau (ADN). Der sowjetische Außenminister Gromyko, USA-Staatssekretär Harriman und der britische Minister für Wissenschaft und Technik, Lord Hailsham, sowie ihre Berater haben in der Dienstagsitzung der Moskauer Konferenz der drei Atommächte „einen weiteren Fortschritt bei der Vorbereitung eines Abkommens über das Verbot der Kernwaffenversuche in der Atmosphäre, im kosmischen Raum und unter Wasser erzielt". Dies wurde in einem offiziellen Kommuniqué mitgeteilt, das am Dienstagabend in der sowjetischen Hauptstadt veröffentlicht wurde.

Der Meinungsaustausch über andere Fragen von gegenseitigem Interesse wurde fortgesetzt.

Die nächste Zusammenkunft findet am Mittwoch statt.

Am Dienstagvormittag waren laut UPI Staatssekretär Harriman und Minister Hailsham zu einem separaten Gespräch zusammengekommen.

Sechster Turbosatz mit 100 MW am Netz

Von unserem VK Günther Hornath

Lübbenau. Dienstag morgen 1.00 Uhr: Unter Leitung des Ingenieurs Horst Niedenführ wurde die sechste 100-MW-Turbine des Kraftwerksblocks II an das Netz geschaltet. Damit sind in Lübbenau zwei von insgesamt drei Bauabschnitten vollendet.

Lübbenau erhält insgesamt eine Kapazität von 1300 MW und ist damit eines der größten Kraftwerke Europas. Die Grundsteinlegung erfolgte im Oktober 1957. Das Kraftwerk besteht aus insgesamt drei Betriebsteilen. Der Teil I mit seinen sechs 50-MW-Turbosätzen war im Dezember 1960 fertiggestellt. Das soeben voll installierte Werk II verfügt über 100-MW-Turbosätze, die gegenüber den kleineren Turbinen und Generatoren bedeutend wirtschaftlicher arbeiten. Eine einzige 100-MW-Maschine kann eine Stadt von 200 000 Einwohnern mit Strom versorgen. 1964 wird der Bau des Kraftwerkes Lübbenau endgültig abgeschlossen.

Pflug und Drillmaschine folgen Mähdreschern

LPG Oehna drillt trotz Trockenheit viel Zwischenfrucht

Jüterbog (ND). Die Mitglieder der LPG „Freier Bauer" in Oehna, Kreis Jüterbog, hatten am Dienstag ihre 37 ha Wintergerste bereits gemäht und geborgen. Vom Roggen waren 30 ha gebindert und aufgestellt. Auch 11 ha Hafer waren bereits gebindert und zum Teil aufgehockt. Während die Bäuerinnen die Garben aufstellen, pflügen die Traktoristen zwischen den Hockenreihen. Danach werden sofort Serradella, Sommerwicken und Lupinen als Zwischenfrüchte gedrillt. Auf einem 25 ha großen Roggenfeld begann am Dienstag der Mähdrescher mit dem Schwaddrusch.

Der Anbau von Zwischenfrüchten ist ein hoher Trumpf im Wettbewerb der Oehnaer Genossenschaftsbauern. Sie lassen sich dabei auch von der Trokkenheit nicht abhalten. „Wir wollen die Produktionspläne für Milch, Fleisch und Eier überbieten, damit mehr Produkte auf den Markt kommen und zugleich unsere LPG und die Republik stärken", sagt LPG-Vorsitzender Genosse Werner Anders. „Dazu brauchen wir natürlich Futter. Deshalb sind wir so sehr hinter dem Anbau von Zwischenfrüchten her. Ich kann jeder LPG nur raten, das gleiche zu tun."

LPG-Vorsitzender Genosse Werner Anders: Genosse Gerhard Grüneberg riet uns, die wissenschaftlichen Erkenntnisse besser zu nutzen. Das beherzigen wir. Entsprechend einer Empfehlung des Landwirtschaftsinstituts Potsdam drillen wir bis 1. August auf 93 ha großkörnige und danach nur noch kleinkörnige Leguminosen

Feldbaubrigadier Genosse Konrad Emmrich: Manche meinen, für die Aussaat der Zwischenfrüchte sei es zu trocken. Das ist eine irrige Ansicht. Auch auf unserem leichten Boden reicht die Feuchtigkeit zum Keimen der neuen Saat. Natürlich muß man jetzt eine mitteltiefe Saatfurche pflügen

Fotos: ND/Kohler

Wir sind doch keine Krebse!

Von Wolfram Graber, Parteisekretär im VEB Galvanotechnik Leipzig

Im zweiten Halbjahr haben wir in unserem Betrieb noch einiges vor. Wir wollen entsprechend der Losung der Marzahner Maschinenbauer „Mit hoher Qualität, niedrigen Kosten, moderner Technik – zum Nutzen für die Gesellschaft und für jeden einzelnen" handeln. Dabei geht es auch uns besonders um das Gütezeichen „Q" für wichtige Erzeugnisse.

Für die Weiterführung des Wettbewerbs haben uns die Vorschläge Nikita Chruschtschows und Walter Ulbrichts auf der großen Freundschaftskundgebung am 2. Juli ausgezeichnet geholfen. Unsere Kollegen haben sie im Betrieb am Lautsprecher gehört.

Sofort nach der Übertragung begannen mit Unterstützung unserer Agitatoren eifrige Diskussionen. Die neue Friedensinitiative des Sozialismus, die von Berlin ausging, steht seitdem im Mittelpunkt der politischen Gespräche unter den Kollegen.

Auch der Horizontalbohrer Heinz Ernst hatte damals am Lautsprecher gesessen. Seine Gedanken danach: Walter Ulbricht und Nikita Chruschtschow haben übereinstimmend erklärt, daß unsere freiwillig übernommenen und erfüllten Wettbewerbsverpflichtungen eine Volksabstimmung durch die Tat für die kluge und richtige Politik unserer Regierung sind, denn unsere Leistungen auf ökonomischem Gebiet kommen dem ganzen Volk zugute. Sie verleihen den Vorschlägen für Verständigung und Frieden den richtigen Nachdruck. Vor allem mit friedlicher Arbeit für den Sozialismus, nicht mit radikalen Schlagworten kämpfen wir gegen den Krieg. Und den Vorschlag des sowjetischen Ministerpräsidenten für die Einstellung von Kernwaffenversuchen, einen Nichtangriffspakt zwischen den Staaten der NATO und des Warschauer Vertrages, die Gedanken Walter Ulbrichts zur Konföderation, begrüßen wir nicht schlechthin, sondern beweisen unsere Zustimmung am besten mit neuen Erfolgen im sozialistischen Wettbewerb.

*

So wie Heinz Ernst denken viele in unserem Werk. Immer mehr setzt sich die Erkenntnis durch: Die Entwicklung unserer Wirtschaft – das ist die Grundbedingung für eine erfolgreiche Außenpolitik. Und wir stimmen völlig mit unserem Genossen Walter Ulbricht überein: Je stärker unsere Republik, je anziehender der Sozialismus, um so eher erkennen die westdeutschen Arbeiter, welchen Weg sie zu einem einheitlichen Deutschland gehen müssen. Auch die westdeutschen Werktätigen sagen, sie wollen ein fortschrittliches Deutschland. Was heißt aber ein fortschrittliches Deutschland zu schaffen? Wir in der DDR werden weiter vorwärtsmarschieren.

Wir sind doch keine Krebse, wir gehen doch nicht zurück, sagte Walter Ulbricht vor den Werftarbeitern in Stralsund. Wir werden den umfassenden Aufbau des Sozialismus durchführen. Und in Westdeutschland muß man vorwärtsgehen, indem man die Macht der Monopole zurückdrängt und die Macht der Militaristen bricht.

Wir denken, unsere wirtschaftlichen Erfolge interessieren auch die Arbeiter der anderen hochindustrialisierten kapitalistischen Staaten Westeuropas wie z. B. unsere französischen Kollegen, die heute einen erbitterten Kampf um demokratische Rechte und gegen die unverschämte Ausbeutung führen.

In diesem Sinne erläutern also unsere Agitatoren den Kollegen die politischen Grundfragen.

*

Natürlich erschöpfen sich unsere Diskussionen nicht in solchen Feststellungen. Heinz Ernst fügte seinen Überlegungen hinzu, daß nun der Wettbewerb bei uns noch besser organisiert werden müsse. Besonders die produktionsvorbereitenden Abteilungen sollten besser mitmachen, damit *(Fortsetzung auf Seite 2)*

Zwei USA-Neger Der Demonstrant auf dem linken Bild wurde in Cambridge im USA-Staat Maryland mit Tränengas und gefällten Bajonetten bedroht, als er sich in einen Protestzug gegen den Rassenterror einreihte. – Der Negersprinter Bob Hayes auf dem rechten Bild holte in Moskau beim Leichtathletikländerkampf einen Sieg für die USA. Was wird aus ihm, wenn sein sportlicher Ruhm verblaßt? – Lesen Sie unseren Kommentar auf Seite 2: Galgen und Lorbeer

Fotos: ZB/Telefoto

24. bis 25. 6. 63 Eine von SED und Ministerrat gemeinsam veranstaltete Wirtschaftskonferenz berät über die ›Richtlinie für das neue ökonomische System der Planung und Leitung der Volkswirtschaft‹ (NÖSPL).

Das Reformprogramm zur Modernisierung und Rationalisierung der Volkswirtschaft in der DDR wird schon auf dem VI. Parteitag der SED von Walter Ulbricht vorgetragen; demgemäß beschließt die Partei dann auch in einem neuen Statut, Vorrang habe künftig das Produktionsprinzip, d. i. der an wirtschaftlichen Strukturen und Erfordernissen orientierte Aufbau der Partei und eine entsprechende Gestaltung ihrer Tätigkeit. Daraufhin werden bald nach dem Parteitag Büros für Industrie- und Bauwesen und für Landwirtschaft sowie ideologische Kommissionen auf den verschiedenen Ebenen der Partei eingerichtet.

28. 6. bis 4. 7. 63 Aus Anlaß von Ulbrichts 70. Geburtstag (30. Juni) besucht Chruschtschow die DDR.

15. 7. 63 Während einer Tagung in der Evangelischen Akademie in Tutzing vertritt Egon Bahr erstmals das Konzept »Wandel durch Annäherung«.

5. 8. 63 Die USA, Großbritannien und die UdSSR vereinbaren ein »Teststopabkommen«, das die Einstellung von Sprengversuchen mit Atomwaffen – mit Ausnahme von unterirdischen – vorsieht.

15. 10. 63 Bundeskanzler Adenauer tritt zurück. Der Bundestag wählt am folgenden Tag den bisherigen Wirtschaftsminister Professor Ludwig Erhard zum Bundeskanzler.

Bei den Koalitionsverhandlungen nach der »Spiegel-Affäre« hat Bundeskanzler Adenauer verbindlich zugesagt, sein Amt im Herbst 1963 aufzugeben. Obwohl er mit dem von seiner Partei favorisierten Nachfolger nicht einverstanden ist, tritt er am 15. Oktober zurück. Vor dem Bundestag erklärt er, stolz zu sein auf das, »was das deutsche Volk in dieser verhältnismäßig kurzen Spanne Zeit erreicht hat«; er muß jedoch auch eingestehen, daß man »der Wiedervereinigung nicht näher gekommen« sei, und daß in dieser Frage wohl nur »mit Hilfe unserer Freunde« noch etwas erreicht werde könne.

17. 10. 63 Die drei großen Atommächte kommen überein, den Weltraum von Atomwaffen und anderen Massenvernichtungsmitteln freizuhalten.

22. 11. 63 US-Präsident Kennedy wird in Dallas ermordet; Nachfolger wird der bisherige Vizepräsident Lyndon B. Johnson.

17. 12. 63 Das erste Passierschein-Abkommen, das mit Zustimmung der Bundesregierung von einem Beauftragten des Westberliner Senats mit der Regierung der DDR vereinbart wurde, wird nach sieben Verhandlungsrunden unterzeichnet. Es ermöglicht Westberlinern über Weihnachten und Neujahr Verwandtenbesuche in Ostberlin.

Ministerpräsident Chruschtschow besichtigt im Januar 1963 mit SED-Funktionären die Grenzbefestigungen in der Berliner Friedrichstraße (BAK)

Plakattafel an der Berliner Mauer zum ersten Passierschein-Abkommen für den Jahreswechsel 1963/64 (BAK)

Agenturen des Kalten Krieges in Deutschland

Diese Auflistung von Behörden, Institutionen und Organisationen, die während des Kalten Krieges operativ und gelegentlich auch subversiv tätig waren, will Ausstellungsbesuchern und Kataloglesern die Orientierung erleichtern. Sie ist jedoch keineswegs vollständig, weder hinsichtlich der Auswahl solcher »Agenturen«, noch hinsichtlich der dazu gegebenen Erläuterungen. Hätten wir es auf Vollständigkeit angelegt, so hätten wir von den Aufzählungen und Organigrammen ausgehen müssen, in denen man östlicher- wie westlicherseits warnend und anklagend darstellte, wer sich durch wen oder was bedroht fühlte.

Aufzählungen von westlichen Organisationen, die gegen die DDR tätig waren, finden sich z. B. bei: Steininger, P. A. und Autorenkollektiv - Westberlin. Ein Handbuch zur Westberlin-Frage, Berlin/DDR 1959, bs. S. 69ff; Benjamin, Hilde und Autorenkollektiv - Zur Geschichte der Rechtspflege in der DDR, Bd. 1: 1945-1949; Bd. 2: 1949-1961, Berlin/DDR 1976, 1980, bes. Bd. 2, S. 277 ff; schematische Zusammenstellungen (Organigramme) der Gegenseite finden sich etwa in den Propagandabroschüren aus der Bundesrepublik: Augen auf! Kommunismus durch die Hintertür, hg. v. Bundesministerium für Gesamtdeutsche Fragen, Neudruck Juli 1951; Jahn, Hans - Ein Blick hinter den »Eisernen Vorhang«. Gefahr aus dem Osten! von Hans Jahn, Erster Vorsitzender der Gewerkschaft der Eisenbahner Deutschlands, den Delegierten des 2. Kongresses des Internationalen Bundes Freier Gewerkschaften in Mailand vom 4. bis 12. Juli 1951 überreicht, Frankfurt a. M. 1951. Dergleichen Bedrohungsszenarien auf Stichhaltigkeit zu überprüfen und für die darin aufgeführten Instanzen die jeweils wesentlichen Daten zu ermitteln, hätte umfangreichere Nachforschungen nötig gemacht, die im Rahmen dieses Ausstellungsprojektes nicht geleistet werden konnten. Der Leser ist also gebeten, die nachstehenden Informationen als ein erstes, durchaus ergänzungsbedürftiges Orientierungsangebot zu nehmen.

Andreas Michaelis

Amt für Information der DDR

s. Presseamt des Ministerrates der DDR

Arbeitsgemeinschaft 13. August

s. Kampfgruppe gegen Unmenschlichkeit

Arbeitsgemeinschaft Demokratischer Kreise

s. Volksbund für Frieden und Freiheit

Arbeitsgemeinschaft Selbständiger Unternehmer

s. Forschungsbeirat für Fragen der Wiedervereinigung Deutschlands

Ausschuß für Deutsche Einheit

Die Bildung des Ausschusses wurde am 7. Januar 1954 auf einer Sitzung des DDR-Ministerrates beschlossen. Seine Aufgabe war die Koordinierung und Bearbeitung aller Fragen, »die mit der Vorbereitung eines Friedensvertrages mit Deutschland und der Wiederherstellung der Einheit eines demokratischen, friedliebenden und unabhängigen Deutschland im Zusammenhang stehen«. Erster Vorsitzender des Ausschusses wurde Hans Loch (LDPD), zum Sekretär wurde Albert Norden (SED) berufen, der zugleich in den Rang eines Staatssekretärs erhoben wurde. Der Ausschuß für Deutsche Einheit fungierte als offizielles Organ der DDR-Regierung für die Deutschlandpolitik. In einer Vielzahl von Publikationen, die speziell für die Verbreitung in der Bundesrepublik bestimmt waren, wurde die Adenauer-Regierung für die Spaltung Deutschlands und deren Vertiefung verantwortlich gemacht. Ein vierzehntägig herausgegebenes Informationsblatt polemisierte regelmäßig in außerordentlich scharfer Form gegen nahezu alle Entwicklungen und Erscheinungen des gesellschaftlichen Lebens in der Bundesrepublik, wobei beständig versucht wurde, einen Widerspruch zwischen der Politik der Regierung und den Interessen der Mehrheit der Bevölkerung herauszustellen. Mehrfach

rief der Ausschuß die BRD-Bürger auf, der Politik der Adenauer-Regierung die Zustimmung zu verweigern. Zu Propagandaveranstaltungen in der DDR wurden häufig prominente Oppositionelle aus der Bundesrepublik eingeladen.
Auf dem Gebiet der BRD unterhielt der Ausschuß für Deutsche Einheit zunächst mehrere Büros, die jedoch 1956 nach dem KPD-Verbot geschlossen wurden. Agitatoren des Ausschusses wurden in der Folgezeit strafrechtlich verfolgt. Offizielle Offerten zur Aufnahme von Verhandlungen wurden von der Bundesregierung und den führenden Parteien zumeist ignoriert, auch das *Kuratorium Unteilbares Deutschland* wies alle Gesprächsangebote des Ausschusses zurück. Nach der Schließung der Staatsgrenzen durch die DDR-Regierung verschwand der Ausschuß für Deutsche Einheit aus der vordersten Frontlinie des Kalten Krieges, offiziell stellte er seine Tätigkeit aber erst mit der Bildung des *Staatssekretariats für gesamtdeutsche Fragen* im Dezember 1965 ein.

Berliner Welle
s. Rundfunk im Amerikanischen Sektor (RIAS)

Betriebskampfgruppen
s. Kampfgruppen der Arbeiterklasse

Block der Heimatvertriebenen und Entrechteten
s. Gesamtdeutscher Block

Büro für gesamtdeutsche Hilfe
s. Bundesministerium für Gesamtdeutsche Fragen

Bund der Deutschen (BdD)
Am 10. Mai 1954 konstituierte sich in Düsseldorf auf einer außerordentlichen Konferenz des Rates der *Deutschen Sammlung* ein *Bund der Deutschen für Einheit, Frieden und Freiheit* als Partei. Der ehemalige Reichskanzler Joseph Wirth und Wilhelm Elfes wurden als Parteivorsitzende berufen. In einer auf der Gründungsversammlung verabschiedeten Proklamation wandte sich der BdD gegen die »Würdelosigkeit der undemokratischen Adenauer-Regierung, die die deutschen Interessen der amerikanischen Gewaltpolitik unterordnet«. Die Spaltung Deutschlands sollte vielmehr auf dem Wege von Verhandlungen und Abkommen zwischen beiden deutschen Staaten schrittweise überwunden werden.
Außenpolitisch trat der BdD für Abrüstung, Entspannung und ein System der kollektiven Sicherheit in Europa ein. Das Hauptaugenmerk seiner Inlandspropaganda richtete er gegen die Politik der Wiederbewaffnung und die Stationierung amerikanischer Atomraketen auf dem Territorium der Bundesrepublik. Wegen seiner einseitig gegen den Westen gerichteten Agitation erlangte der BdD trotz eines beachtlichen propagandistischen Aufwandes keinen nennenswerten politischen Einfluß. Bei der Bundestagswahl 1957, auf dem Höhepunkt seines Wirkens, erreichte er lediglich 0,2 Prozent (ca. 60 000 Stimmen). Als wichtigstes Publikationsorgan des BdD fungierte die 1953 von Joseph Wirth gegründete ›Deutsche Volkszeitung‹, darüber hinaus gab der Bund zahlreiche Flugblätter, Flugschriften und Broschüren heraus. Wegen der geringen Resonanz als eigenständige Partei ging er 1960 ein Wahlbündnis mit der *Deutschen Friedensunion (DFU)* ein.

Bund der Vertriebenen – Vereinigte Landsmannschaften (BdV)
Die Herausbildung von Organisationen, die sich als Interessenvertretung von »Heimatvertriebenen« aller ehemals deutschen Gebiete verstanden, und die eine Revision der alliierten Beschlüsse von Jalta und Potsdam forderten, begann in den Westzonen im Juni 1947 mit der Gründung des *Bundes der Danziger.* Bis 1950 entstanden dann insgesamt 20 *Landsmannschaften,* die sich auf Landes- und bald auch auf Bundesebene organisierten und als ein – zunächst allerdings nicht sehr bedeutender – Faktor auf die politische Entwicklung der Bundesrepublik einzuwirken suchten. Die Bundesregierung bemühte sich, diese Einflußnahme mit der Bildung des *Bundesministeriums für Vertriebene, Flüchtlinge und Kriegsgeschädigte* unter Kontrolle zu halten. Dieses stellte einerseits erhebliche Mittel für die Aktivitäten der *Landsmannschaften* bereit, hatte andererseits aber dafür zu sorgen, daß die radikalen Forderungen der Vertriebenen sich den politischen Zwängen und der Interessenlage im westlichen Bündnis anpaßten.
Die *Landsmannschaften* lehnten nicht nur die Existenz der DDR ab, sie forderten auch die Wiedervereinigung Deutschlands innnerhalb der Vorkriegsgrenzen. In ihren Zeitungen und auf Kundgebungen bedienten sie sich einer nationalistischen und extrem antikommunistischen Sprache. Durch die gegenüber den verschiedenen Staaten Osteuropas erhobenen Gebietsansprüche trugen die *Landsmannschaften* in einem weit über die Grenzen Deutschlands hinausgehenden Maße zur Verschärfung von Spannungen während des Kalten Krieges bei.
Deutschlandpolitische Auseinandersetzungen im engeren Sinne wurden durch Verbände wie die *Vereinigten Landsmannschaften Mitteldeutschlands* oder die *Bundeslandsmannschaft Thüringen* geprägt. Darüber hinausgehende »Wiedervereinigungspolitik« wurde vielfach bestimmt von den zahlenmäßig stärksten Verbänden, etwa der *Landsmannschaft Ostpreussen* und der *Sudetendeutschen Landsmannschaft.* Zu den auflagenstärksten Publikationsorganen der Vertriebenenpresse zählten ›Das Ostpreußenblatt‹, ›Das Pommernblatt‹ und die ›Sudetendeutsche Zeitung‹.
Bereits seit Anfang der 50er Jahre gab es Bestrebungen, eine Dachorganisation für alle Vereinigungen der Vertriebenen zu schaffen. Am 5. August 1950 verabschiedeten die in Stuttgart-

Bad Cannstadt versammelten ostdeutschen Landsmannschaften die ›Charta der deutschen Heimatvertriebenen‹. In dieser gemeinsamen Erklärung wurde auf Rache und Vergeltung ausdrücklich verzichtet und gelobt, durch harte, unermüdliche Arbeit am Wiederaufbau Deutschlands und Europas teilzunehmen. Ein nunmehr jährlich veranstalteter ›Tag der Heimat‹ förderte die Gemeinsamkeiten weiterhin, so daß es – über mehrere Zwischenstufen – schließlich im Dezember 1958 zu einem wirkungsvollen Zusammenschluß kam: Gegründet wurde der *Bund der Vertriebenen – Vereinigte Landsmannschaften und Landesverbände e. V. (BdV).* Sitz des nunmehr zentralisierten Verbandsapparates wurde Bonn. Erster Präsident des BdV war Hans Krüger (bis 1964), sein Nachfolger der Sozialdemokrat Wenzel Jacksch. Mitte der 60er Jahre zählte der Bund der Vertriebenen rund 1,8 Millionen Mitglieder und war damit nach dem DGB die stärkste Massenorganisation der Bundesrepublik.
Das Wirken der Landsmannschaften wie einzelner Vertriebenenpolitiker bot der Propagandamaschinerie der DDR zahlreiche Angriffspunkte. Besonders die zwischen den Vertriebenenverbänden und der Bundesregierung bestehenden Verbindungen, wie sie etwa in den Personen der Bundesminister Oberländer und Seebohm gegeben waren, wurden hervorgehoben und immer wieder attackiert. Dabei kam der von allen Medien der DDR betriebenen Polemik gegen revanchistische Gebietsansprüche und die politische Unbelehrbarkeit der »Revanchistenverbände« sehr zugute, daß Veranstaltungsredner und Verbandsfunktionäre häufig ehemalige Nationalsozialisten waren. Hier boten sich immer wieder gern genutzte Gelegenheiten, im Dienste des »demokratischen Antifaschismus« dem unverbesserlichen Gegner am Zeuge zu flicken. Dabei ging man in der DDR so weit, daß gegen die Minister Oberländer und Seebohm vor dem Obersten Gericht der DDR – in Abwesenheit der Angeklagten – Prozesse geführt und harte Urteile gefällt wurden.

Bund der vertriebenen Deutschen (BvD)

s. Bund der Vertriebenen

Bundesamt für Verfassungsschutz

Am 27. September 1950 wurden »zum Schutz der freiheitlichen demokratischen Grundordnung, des Bestandes und der Sicherheit des Bundes oder eines Landes« das Bundesamt für Verfassungsschutz mit Sitz in Köln sowie nachgeordnete Landesämter bzw. Landesverfassungsschutzbehörden gebildet. Hauptaufgabe dieser Ämter ist, Informationen über »verfassungsfeindliche Bestrebungen« zu sammeln und die jeweils vorgesetzte Regierung davon zu unterrichten. Seit 1961 werden dazu jährlich auf Bundes- wie Landesebene Verfassungsschutzberichte herausgegeben, in denen der je aktuelle Stand der Überwachung »extremistischer Aktivitäten« dokumentiert ist. Spezielle Abteilungen der Ämter widmen sich der Tätigkeit fremder Nachrichtendienste in der Bundesrepublik, für die Aufklärung außerhalb des bundesdeutschen Staatsgebietes ist jedoch der *Bundesnachrichtendienst* zuständig.
Das Bundesamt für Verfassungsschutz ist eine dem Bundesinnenministerium zugeordnete Bundesbehörde; die Landesämter ressortieren entsprechend bei den jeweiligen Innenministerien.
Ihnen kommen keine Polizei- oder Kontrollbefugnisse zu, doch kann ihnen in begründeten Fällen das Recht eingeräumt werden, sich über das Post- und Fernmeldegeheimnis hinwegzusetzen oder nachrichtendienstliche Mittel und Oberservationstechniken zu verwenden, um Einzelpersonen, Institutionen und selbst Parteien zu überwachen, die im Verdacht stehen, »verfassungsfeindlich« tätig zu sein. Seitens der Verfassungsschützer gab es immer wieder Versuche, die in der praktischen Arbeit für unerläßlich gehaltenen nachrichtendienstlichen Verfahrensweisen über die gesetzlichen Beschränkungen hinaus anzuwenden. Demgegenüber standen Bemühungen von Bundestagsabgeordneten, die parlamentarische und gerichtliche Kontrolle der »Dienste« zu verschärfen und auszuweiten.
Durch die Arbeit von zwei Untersuchungsausschüssen des Bundestages wurde immerhin erreicht, daß die Post- und Telephonüberwachung seit 1968 einer ständigen Kontrolle unterliegen.
In den 50er Jahren waren die Verfassungsschutzbehörden maßgeblich daran beteiligt, belastendes Material gegen die KPD und verschiedene kommunistisch beeinflußte oder von der DDR unterstützte Gruppierungen zu sammeln. Die dadurch erwiesene »Verfassungsfeindlichkeit« führte dann in zahlreichen Fällen zum Verbot dieser Organisationen auf Bundes oder Landesebene. Im Juli 1954 geriet das Bundesamt für Verfassungsschutz unvermittelt in den Blickpunkt des allgemeinen Interesses in Ost und West. Anlaß war das plötzliche Auftauchen des damaligen Präsidenten des Amtes, Otto John, in der DDR. Er äußerte sich dort auf einer Pressekonferenz und in mehreren öffentlichen Veranstaltungen gegen die EVG und die Wiederbewaffnung der Bundesrepublik und gab Interna über die Tätigkeit alliierter und bundesdeutscher Geheimdienste sowie über das Wiedererstarken nationalsozialistischer Tendenzen preis.
Bundesinnenminister Schröder nannte die »Affaire John« am 12. August vor dem Deutschen Bundestag eine »Niederlage im Kalten Krieg« und die Bundesregierung setzte eine Belohnung von DM 500 000 aus für die »restlose Aufklärung des Falles John«. Ende 1955 kehrte der »Überläufer« freiwillig in die Bundesrepublik zurück, wo er 1956 vom Bundesgerichtshof zu vier Jahren Zuchthaus verur-

teilt wurde. Die »Affaire John«, deren Hintergründe bis heute nicht restlos bekannt sind, gehört zu den spektakulärsten Ereignissen des Kalten Krieges in Deutschland.

Bundesanstalt für gesamtdeutsche Aufgaben (BfgA) / Gesamtdeutsches Institut

s. Bundesministerium für Gesamtdeutsche Fragen

Bundesinstitut für ostwissenschaftliche und internationale Studien

s. Bundeszentrale für politische Bildung

Bundesinstitut zur Erforschung des Marxismus-Leninismus

s. Bundeszentrale für politische Bildung

Bundesministerium für gesamtdeutsche Fragen (BMG)

Das Bundesministerium für gesamtdeutsche Fragen entstand im August/September 1949 im Prozeß der Herausbildung der Regierungsstruktur der Bundesrepublik. Erster Minister wurde der aus der Sowjetischen Besatzungszone in den Westen übergewechselte CDU-Politiker Jakob Kaiser. In der Einrichtung manifestierte sich – noch vor der Gründung der DDR – der Anspruch des westdeutschen Staates auf die Vertretung der Bewohner aller Besatzungszonen. Die von Kaiser entwickelte Struktur des Ministeriums – die später mehrfach modifiziert wurde – beinhaltete u. a. die Hauptabteilungen ›SBZ und Ostgebiete‹ und ›Berlin-West‹, zu denen jeweils mehrere Referate und Unterabteilungen gehörten. Entsprechend unterhielt das Ministerium in Westberlin auch einen zweiten Dienstsitz.
Die selbstgestellte Hauptaufgabe des Ministeriums in den 50er Jahren war es, die notwendigen Bedingungen für den Anschluß der DDR an die Bundesrepublik zu erkunden und letztendlich herbeizuführen. Dazu unterhielt es kooperative und informelle Beziehungen zu zahlreichen privaten Organisationen, die sich mit den Verhältnissen in der DDR beschäftigten und auf deren Veränderung hinarbeiteten. Einige dieser Gruppierungen bzw. Institutionen, wie der *Forschungsbeirat für Fragen der Wiedervereinigung Deutschlands*, der *Volksbund für Frieden und Freiheit (VFF)* oder der *Verein für die Förderung der Wiedervereinigung Deutschlands (VFWD)* mit dem erst 1958 eingerichteten *Büro für gesamtdeutsche Hilfe* fungierten direkt als nachgeordnete Einrichtungen des Ministeriums oder wurden von diesem angeleitet und finanziert.
Das Bundesministerium für gesamtdeutsche Fragen unterhielt mit dem *Informationsbüro West* ein eigenes Nachrichten- und Informationszentrum, das neben Eigenveröffentlichungen die Massenmedien der Bundesrepublik mit regierungsoffiziellen Nachrichten und Kommentaren über die DDR versorgte. Darüber hinaus gab das Ministerium verschiedene Periodika, etwa das ›SBZ-Archiv‹ und das Bulletin ›Hinter dem Eisernen Vorhang‹ (später ›Pressespiegel der Sowjetzone‹), heraus. Im Gegensatz zu den meisten Veröffentlichungen von KgU und UfJ wurden diese aber nicht speziell für den Vertrieb in der DDR verlegt. Aufgaben der Dokumentation, Information und Meinungsbildung wurden später zusammengefaßt und der *Bundesanstalt für Gesamtdeutsche Aufgaben - Gesamtdeutsches Institut (BfgA)* übertragen, die ab 1. September 1969 in Bonn ihre Arbeit aufnahm. Eine Nebenstelle des Instituts befand sich in Berlin. Die umfangreiche Öffentlichkeitsarbeit des Ministeriums wurde durch das *Bundespresseamt* und die *Bundeszentrale für politische Bildung (Bundeszentrale für Heimatdienst)* ergänzt und unterstützt.
Oberster Grundsatz der Tätigkeit des Bundesministeriums für gesamtdeutsche Fragen blieb bis weit in die 60er Jahre hinein der Alleinvertretungsanspruch der Bundesrepublik. Offizielle Kontakte zur DDR wurden rigoros abgelehnt. Geplante Auftritte von DDR-Repräsentanten in der Bundesrepublik oder in Westeuropa auf kulturellem oder sportlichem Gebiet scheiterten häufig an der Intervention dieses Ministeriums, das seine vordringlichste Aufgabe darin sah, für das Fortbestehen der internationalen Isolation der DDR auf allen Gebieten zu sorgen. Staatssekretär Franz Thedieck trat regelmäßig im Rundfunk auf, um den Alleinvertretungsanspruch der Bundesrepublik und die staatliche Illegitimität der DDR zu begründen. Das Bundesministerium für gesamtdeutsche Fragen fungierte de facto als regierungsamtliches Koordinierungszentrum im Kalten Krieg gegen die DDR.
Das Amt des Bundesministers für gesamtdeutsche Fragen hatte von 1949 bis 1957 Jakob Kaiser inne, seine Nachfolger waren Ernst Lemmer (bis 1962), Rainer Barzel (bis 1963) und Erich Mende (bis 1966). Noch in dessen Amtszeit begann eine Reorganisation des Ministeriums, die darauf abzielte, wieder eine stärkere Kontrolle über einige der Institute und Vereine zu gewinnen, die in dessen Umfeld oft recht selbständig agierten. Die politische Straffung wurde während der Großen Koalition von Herbert Wehner verstärkt fortgesetzt. Im Zuge der »neuen Ostpolitik« der Bundesregierung leistete das Ministerium seit Ende der 60er Jahre einen nicht geringen Beitrag zur Entspannung und Normalisierung der deutsch-deutschen Beziehungen.

Bundesministerium für Vertriebene, Flüchtlinge und Kriegsgeschädigte (BMVt)

Innerhalb des Bonner Kabinetts nahm dieses Ministerium insofern eine Sonderstellung ein, als es nur für bestimmte Personengruppen zuständig war. Die größte darunter waren die Vertriebenen: 1967 zählte man etwa 9,25 Millionen Inhaber der Flüchtlingsausweise A oder B einschließlich

zugehöriger Kinder. Kriegssachgeschädigte, für die das Ministerium seit 1954 zuständig war, schätzte man auf etwa 8 Millionen Betroffene. Die Gesamtzahl der Flüchtlinge aus der SBZ/DDR betrug 1967 etwa 3,5 Millionen. Außerdem wurden auch noch Aussiedler sowie Kriegs- und Zivilgefangene betreut. Zur Registrierung, Betreuung und Unterstützung dieser Personengruppen unterstanden dem Ministerium die Dienststellen des Bundesnotaufnahmeverfahrens in Berlin, im Grenzdurchgangslager Friedland und in Gießen sowie das für die Regelung des Lastenausgleichs geschaffene Bundesausgleichsamt in Bad Homburg. Erster Bundesvertriebenenminister wurde 1949 Hans Lukaschek (CDU); ihm folgte im zweiten Adenauer-Kabinett Theodor Oberländer (GB/CDU), der am 3. Mai 1960 wegen einer öffentlichen, von der DDR-Propaganda geschürten Diskussion über seine Beteiligung an NS-Verbrechen aus dem Amt schied.
Das Bundesvertriebenenministerium wurde im Oktober 1969 aufgelöst.

Bundesnachrichtendienst (BND)

Die Entstehungsgeschichte des regierungsoffiziellen Nachrichtendienstes der Bundesrepublik reicht bis in die unmittelbare Nachkriegszeit zurück, als sich die US-Army und später die CIA der Dienste des Wehrmacht-Generals Reinhard Gehlen versicherten. Dieser verfügte als ehemaliger Leiter der Abteilung ›Fremde Heere Ost‹ im Generalstab des Heeres über umfangreiche Kenntnisse und Erfahrungen im Umgang mit sowjetischen Militär- und Sicherheitsorganen, die er den Amerikanern zur Verfügung stellte. Angeleitet, kontrolliert und finanziert von den USA nahm 1947 unter strengster Geheimhaltung die *Organisation Gehlen* in Pullach bei München ihre Tätigkeit auf, versehen mit dem Auftrag der Besatzungsmacht, einen eigenständigen Nachrichtendienst aufzubauen und die sowjetisch besetzte Zone Deutschlands, aber auch die ČSR und Polen mit einem Netz von Agenten und Informanten zu überziehen.
In der ersten Hälfte der 50er Jahre arbeitete die *Organisation Gehlen* zwar im Sinne der sicherheitspolitischen und nachrichtendienstlichen Interessen der Bundesrepublik, wurde aber nach wie vor fast ausschließlich von US-Institutionen – vor allem der CIA – instruiert und mit finanziellen wie technischen Mitteln ausgerüstet. Erst 1955 wurde ein Umwandlungsprozeß eingeleitet, in dessen Folge die *Organisation Gehlen* als Bundesnachrichtendienst (BND) unmittelbar dem Kanzleramt der Bundesrepublik unterstellt wurde. Als Gründungsdatum des BND gilt der 1. April 1956. Zum Zeitpunkt der Übernahme in den Regierungsdienst zählte die *Organisation Gehlen* 1245 Mitarbeiter, bis 1963 wurde das Personal verdoppelt.
Der Bundesnachrichtendienst ist für zivile und militärische Auslandsaufklärung zuständig und dienstlich dem Staatssekretär im Bundeskanzleramt unterstellt. Er unterliegt keiner parlamentarischen Kontrolle, sondern nur der Aufsicht durch ein schon 1956 eingerichtetes »Parlamentarisches Vertrauensmännergremium«, dem damals der Bundeskanzler und die Fraktionsvorsitzenden der im Bundestag vertretenen Parteien angehörten. Eine Reihe von »Affairen« und damit befaßten Untersuchungsausschüssen haben gezeigt, daß eine wirksame Kontrolle der Nachrichtendienste überaus schwierig und vielfach unzureichend ist. In der Zeit des Kalten Krieges empfand man dies jedoch nicht als beunruhigendes Problem. Gemäß dem landläufigen Bedrohungsszenario rangierte die DDR im Funktionsplan des BND als »Operationsgebiet I«. Entsprechend galten Grenzsicherungsanlagen und militärische Einrichtungen der NVA und der sowjetischen Besatzungstruppen als vorrangige Ziele der Aufklärungsarbeit.

Bundespresseamt (BPA)

Das Presse- und Informationsamt der Bundesregierung (Bundespresseamt – BPA) wurde 1949 als Nachfolgeeinrichtung der in der Weimarer Republik bestehenden Reichspressestelle gebildet. Es war zunächst dem Bundeskanzleramt angeschlossen; im Juli 1958 wurde es selbständige Institution, blieb jedoch direkt dem Bundeskanzler unterstellt. Die Arbeit des Bundespresseamtes umfaßt operative und rezeptive Tätigkeiten (»Sprachrohr-« und »Hörrohrfunktion«), d. h. es sorgt einerseits für die Verbreitung und Kommentierung regierungsamtlicher Verlautbarungen, andererseits für die Versorgung der Regierungsdienststellen mit Informationen aus dem In- und Ausland.
Das BPA gab zu Zeiten des Kalten Krieges regelmäßig Bulletins sowohl zur Presse der Bundesrepublik als auch der DDR heraus. Seine Veröffentlichungen richteten sich vornehmlich an die Bevölkerung der Bundesrepublik, die sich daraus über Vorhaben und Ergebnisse der Regierungsarbeit informieren sollte. Über Privatpersonen und private Organisationen wurden sie jedoch auch in der DDR verbreitet. Darüber hinaus führte das BPA im Auftrag der Regierung Meinungsumfragen zu verschiedensten Themen durch, deren Ergebnisse je nach Bedarf veröffentlicht oder regierungsintern ausgewertet wurden. Eine ähnliche Funktion kam dem *Amt für Information der Regierung der DDR,* dem späteren *Presseamt des Ministerrates der DDR* zu, wobei diese Einrichtung weitaus offensiver und aggressiver in die Bundesrepublik hineinzuwirken suchte als das BPA in die DDR.

Bundeszentrale für Heimatdienst

s. Bundeszentrale für politische Bildung

Bundeszentrale für politische Bildung

Am 25. November 1952 wurde durch Erlaß des Bundesinnenministers in Bonn die *Bundeszentrale für Heimatdienst* eingerichtet. Sie war für die politische Bildung der Bundesbürger zuständig, informierte in diesem Rahmen aber natürlich auch über offizielle Auffasungen zu Alleinvertretungsanspruch, Totalitarismustheorie und Wiedervereinigung. 1957 wurde der Bundeszentrale noch ein *Ostkolleg* angegliedert. Es arbeitete in Köln und veranstaltete vor allem Wochenseminare für Lehrer und andere Vermittler politischer Anschauungen. Ihm war speziell die Aufgabe zugewiesen, »durch Tagungen über Ideologie, Wirtschaft, Recht, politisches System, gesellschaftliche Struktur und geschichtliche Grundlagen des Kommunismus in seinen verschiedenen Ausprägungen, vornehmlich in Osteuropa, umfassend zu informieren und zu orientieren«, sowie »durch Gegenüberstellungen und Vergleiche die Strukturen, Möglichkeiten und Probleme freiheitlich demokratischer Ordnungen« bewußt zu machen.
Wiederum auf Erlaß des Bundesinnenministers wurde am 6. April 1961 in Köln ein *Bundesinstitut zur Erforschung des Marxismus-Leninismus* errichtet, das die in der Ost-West-Auseinandersetzung bedeutsamen wissenschaftlichen Kenntnisse und Vorstellungen systematisch erfassen und durch eigene Forschungstätigkeit ergänzen sollte. Das Institut, daß 1966 in *Bundesinstitut für ostwissenschaftliche und internationale Studien* umbenannt wurde, publizierte die Ergebnisse seiner wissenschaftlichen Tätigkeit und erstellte Gutachten für Bundesbehörden.
Die *Bundeszentrale für Heimatdienst* wurde 1963 umbenannt in Bundeszentrale für politische Bildung. Laut ministeriellem Erlaß war sie nun zuständig dafür, »auf überparteilicher Grundlage im deutschen Volk das Verständnis für politische Sachverhalte zu wecken, das demokratische Bewußtsein zu festigen und die Bereitschaft zu politischer Mitarbeit zu stärken«.

DDR-Komitee für Menschenrechte

s. Komitee zum Schutze der Menschenrechte

Deutsche Welle

s. Rundfunk im Amerikanischen Sektor (RIAS)

Deutscher Freiheitssender 904

Der Rundfunksender nahm 1956 seine Arbeit auf. Er fungierte offiziell als Sprachrohr der verbotenen KPD und vermittelte in seinen Programmen den Eindruck eines vom Gebiet der Bundesrepublik aus operierenden Untergrundsenders. Er strahlte regelmäßig verschlüsselte konspirative Nachrichten aus, von denen ein Großteil fingiert war. Auf diese Weise sollte eine rege illegale Tätigkeit der KPD in der Bundesrepublik vorgetäuscht werden. Die Redaktion des Senders befand sich jedoch in Ostberlin und wurde direkt von der Abteilung Agitation, Presse und Rundfunk des ZK der SED angeleitet. Die Sendeanlagen hatten ihren Standort in Burg bei Magdeburg.
Eine ähnliche Funktion hatte der *Deutsche Soldatensender*, der sich mit speziellen Gruß- und Wunschsendungen an die Soldaten der Bundeswehr wandte. Beide Sender unterschieden sich von den offiziellen DDR-Sendern durch eine an die Hörgewohnheiten der Bundesbürger angepaßte Moderation und Musikauswahl, in ihren Nachrichten und Kommentaren wurde die Politik der Bundesregierung jedoch scharf angegriffen und diffamiert. Im Zuge der Anbahnung vertraglicher Beziehungen zwischen der DDR und der Bundesrepublik stellten beide Sender Anfang der 70er Jahre ihre Tätigkeit ein.

Deutscher Friedensrat

Die Bildung einer überparteilichen Vereinigung der Friedenskräfte auf deutschem Boden wurde im April 1949 von Vertretern des deutschen Organisationskomitees für den Weltfriedenskongress und Teilnehmern der Tagungen in Paris und Prag beschlossen. Am 10. Mai 1949 wurde in Ostberlin das *Komitee der Kämpfer für den Frieden* gegründet. Als Vorsitzende wurden die Schriftsteller Anna Seghers, Arnold Zweig und Johannes R. Becher gewählt. Das Komitee beschloß die unverzügliche Aufnahme von Kontakten zu Friedensgruppen und -organisationen in den westlichen Besatzungszonen mit dem Ziel der Schaffung einer gesamtdeutschen Vertretung aller »Friedenskräfte«. Nach der Bildung von zwei deutschen Staaten wurde das *Komitee der Kämpfer für den Frieden*, das sich im Dezember 1950 als *Deutsches Friedenskomitee* neu konstituierte, sehr schnell zum Organ der regierungsoffiziellen Friedensbewegung in der DDR, die im Rahmen der unter starkem kommunistischen Einfluß stehenden »Weltfriedensbewegung« mobilisiert wurde. Im Januar 1953 erfolgte eine erneute Umstrukturierung, aus der der Deutsche Friedensrat hervorging.
Das Wirken der ostdeutschen Friedensorganisationen war von dem Anspruch geprägt, die einzig legitimen Vertreter aller »friedliebenden Deutschen« zu sein. In zahlreichen Publikationen wurde die »Friedenspolitik« der DDR-Regierung propagiert, während die Bundesregierung der »Kriegstreiberei« bezichtigt wurde. Die einseitige Anlehung an prokommunistische Gruppen setzte der Akzeptanz des Deutschen Friedensrates seitens der antimilitaristischen, demokratischen Bewegung in der Bundesrepublik von vornherein enge Grenzen. Mitte der 50er Jahre wurden dessen gesamtdeutsche Ambitionen auch zunehmend zurückgenommen. Der Deutsche Friedensrat konzentrierte sich nun weitgehend auf die Repräsen-

tation der DDR in der internationalen Friedensbewegung.

Deutsche Friedensunion (DFU)
Die Deutsche Friedensunion wurde am 17. Dezember 1960 als »nationale Sammlungsbewegung« linksoppositioneller Kräfte der Bundesrepublik gegründet. Sie vertrat vor allem in der Deutschland- und Militärpolitik Ansichten, die denen der Bundesregierung zuwiderliefen. So forderte die DFU unter anderem die Anerkennung der DDR und den Austritt der Bundesrepublik aus der NATO. Unter dem Wahlspruch »Für Entspannung und Frieden – gegen Rüstung und Krieg« errang sie bei den Bundestagswahlen 1961 rund 600000 Stimmen (1,9 Prozent) und wurde damit zur stärksten politischen Kraft links von der SPD.
Führende Repräsentanten der Deutschen Friedensunion waren in den Anfangsjahren Prof. Renate Riemeck, Lorenz Knorr und Karl Graf von Westphalen, die in der demokratischen Öffentlichkeit der Bundesrepublik hohes Ansehen genossen. Die DFU verlor jedoch an politischer Akzeptanz, als sie zunehmend zu einem Sammelbecken für Funktionäre der verbotenen KPD wurde und unter deren Einfluß geriet. Seitens der Bundesregierung und der sie stützenden Parteien und Interessengruppen wurde sie von Anfang an als »prokommunistisch« angeprangert und als »trojanisches Pferd« Moskaus abgewehrt.

Deutsche Sammlung
s. Bund der Deutschen (BdD)

Deutscher Soldatenbund
s. Verband deutscher Soldaten (VdS)

Deutscher Soldatensender
s. Deutscher Freiheitssender 904

Deutscher Volkskongress
Der Begriff »Deutscher Volkskongress« steht gleichermaßen für eine von der SED initiierte und dominierte Massenbewegung wie für eine Reihe von politischen Veranstaltungen in der zweiten Hälfte der 40er Jahre. Am 26. November 1947 beschloß der SED-Parteivorstand einen »Aufruf zu einem deutschen Volkskongress für Einheit und gerechten Frieden«. Parteien, Massenorganisationen, kulturelle Vereinigungen, Betriebsbelegschaften und Einzelpersonen in allen Teilen Deutschlands wurden aufgefordert, Delegierte zu einem Kongress nach Berlin zu entsenden, um den Willen zur Einheit zu demonstrieren. Während in der Sowjetischen Besatzungszone Aktivitäten in Vorbereitung dieser Versammlung zur *Volkskongressbewegung* proklamiert wurden, lehnten die einflußreichen politischen Organisationen der Westzonen eine Beteiligung an dieser »Propaganda-Aktion« ab.
Unter der Bezeichnung *Deutscher Volkskongress für Einheit und gerechten Frieden* fanden im Dezember 1947, im März 1948 und im Mai 1949 jeweils im Sowjetischen Sektor von Berlin drei Veranstaltungen statt, die im Selbstverständnis ihrer Organisatoren alle »wahrhaft demokratischen und patriotischen Kräfte« Deutschlands repräsentierten. Unter den jeweils rund 2000 Delegierten waren immer etwa 600 Vertreter aus den westlichen Besatzungszonen.
In Vorbereitung des zweiten gesamtdeutschen Volkskongresses wurde im Februar 1948 in Vegesack bei Bremen ein Volkskongress für das Land Niedersachsen durchgeführt, auf dem neben einer starken SED-Delegation aus der Sowjetischen Besatzungszone und zahlreichen westdeutschen Kommunisten auch Repräsentanten von SPD, DGB und bürgerlichen Parteien vertreten waren. Weitere Veranstaltungen dieser Art sowie alle Aktivitäten im Rahmen der *Volkskongressbewegung* wurden von den westlichen Besatzungsmächten verboten.
Der 2. Deutsche Volkskongress beschloß im März 1948, in ganz Deutschland ein Volksbegehren für einen Volksentscheid über die Einheit Deutschlands durchzuführen. Während der Vorbereitungen dazu prallten die Propagandamaschinerien des Kalten Krieges erstmals unmittelbar aufeinander. Trotz massiver ideologischer und staatlichrepressiver Beeinflussung trugen sich auch etwa 1,5 Millionen Bewohner der Westzonen in die Listen des Volksbegehrens ein. Die Durchführung eines – auf der Verfassung der Weimarer Republik basierenden – Volksentscheides wurde jedoch nur in der Sowjetischen Besatzungszone genehmigt. Der auf dem 2. Kongress gewählte *Deutsche Volksrat,* dem auch 100 Vertreter aus den Westzonen angehörten, fungierte zunächst als koordinierendes und leitendes Organ der *Volkskongressbewegung* zwischen den Kongressen. Nach der Neuwahl auf dem 3. Kongress konstituierte er sich am 7. Oktober 1949 zur ›Provisorischen Volkskammer der Deutschen Demokratischen Republik‹.
Die *Volkskongressbewegung* stand im vollen Einklang mit der Deutschlandpolitik der sowjetischen Besatzungsmacht und vermittelte so den Eindruck, sie wolle einer »Sowjetisierung« ganz Deutschlands Vorschub leisten. Sie war aber auch Ausdruck der Illusion der SED, an der Spitze einer gesamtdeutschen, alle Klassen und Schichten umfassenden Volksbewegung eine einheitliche »deutsche demokratische Republik« – wie es im Verfassungsentwurf des *Deutschen Volksrates* hieß – zu schaffen. Die *Volkskongressbewegung* scheiterte letztendlich an den von den Alliierten diktierten politischen Realitäten; sie war daher sowohl Mittel als auch Opfer des Kalten Krieges. Sie fand aber auch eine zunehmend unüberwindbare Barriere in dem sich herausbildenden Demokratieverständnis der Mehrheit der westdeutschen Bevölkerung.

Deutscher Volksrat
s. Deutscher Volkskongress

Deutsches Friedenskomitee
s. Deutscher Friedensrat

Deutschlandfunk
s. Rundfunk im Amerikanischen Sektor (RIAS)

Deutschlandsender
s. Rundfunk im Amerikanischen Sektor (RIAS)

Forschungsbeirat für Fragen der Wiedervereinigung Deutschlands
Der Beirat konstituierte sich am 24. März 1952 auf Initiative des *Bundesministeriums für gesamtdeutsche Fragen.* Ihm gehörten Mitglieder aller im Bundestag vertretenen Parteien (außer der KPD) an sowie Persönlichkeiten aus Wirtschaft, Wissenschaft und Kultur. Der Forschungsbeirat fungierte von Anfang an als Planungszentrum für den »Tag X«, wie der Tag der Wiedervereinigung Deutschlands prognostisch genannt wurde. Bundesminister Jakob Kaiser formulierte in seiner Rede auf der Gründungsversammlung als Aufgabe des Beirates, »in der Sowjetzone die Gedanken der Freiheit im Geiste abendländischer Kultur zu verwirklichen und im übrigen die beste Lösung zum Besten Gesamtdeutschlands zu finden«. Erster Vorsitzender des Beirates wurde der Bankier Friedrich Ernst.
Der Rat begann sogleich mit der Ausarbeitung eines »Sofortprogrammes«, welches alle Aufgaben erfaßte, »die im Falle einer Wiedervereinigung alsbald, also innerhalb des ersten Jahres, notwendig sein würden«. Derartige »Sofortprogramme« wurden 1953, 1956, 1961 und 1965 vorgelegt. Bei der Ausarbeitung seiner programmatischen Dokumente bediente sich der Forschungsbeirat der Zuarbeit zahlreicher Gruppierungen, die sich aus ehemaligen DDR-Bürgern rekrutierten und daher über weitreichende Informationen und Erfahrungen hinsichtlich der Lebensbedingungen in der DDR verfügten, so etwa die *Arbeitsgemeinschaft selbständiger Unternehmen,* die *Vereinigung der aus der Sowjetzone verdrängten Lehrer und Erzieher e. V.* oder die Juristenvereinigung *Königsteiner Kreis.* Der Forschungsbeirat war dem *Ministerium für gesamtdeutsche Fragen* als »selbständiges Organ« beigeordnet und wurde von diesem vollständig finanziert.
Die enge Einbindung in den Prozeß der politischen Entscheidungsfindung ließ der Arbeit des Forschungsbeirats für Fragen der Wiedervereinigung zeitweilig großen Einfluß zukommen. Übernahm er in den 50er Jahren in vieler Hinsicht eine ideologische Vorreiterrolle in den Auseinandersetzungen des Kalten Krieges, so war er in der zweiten Hälfte der 60er Jahre wiederum führend an der konzeptionellen Ausarbeitung der »neuen Ostpolitik« beteiligt.

Freie Deutsche Jugend (FDJ)
Der Aufbau der FDJ begann bereits unmittelbar nach Kriegsende mit der Bildung antifaschistischer Jugendausschüsse. Diese wandten sich im Februar 1946 an die SMAD mit dem Antrag auf Gründung einer »überparteilichen demokratischen Jugendorganisation«, der am 7. März genehmigt wurde. Dieser Tag gilt als der Gründungstag der Freien Deutschen Jugend. In ihrem Programm vom Juni 1946 bekannte sich die FDJ zu einer »einheitlichen demokratischen deutschen Republik«. Der Aufbau der Orts-, Kreis- und Landesorganisationen vollzog sich in »sensationeller« Geschwindigkeit: im März 1947 zählte die Organisation bereits mehr als 500 000 Mitglieder. Auch in den Westzonen entstanden – trotz fehlender Genehmigungen der Besatzungsmächte – zahlreiche FDJ-Gruppen mit mehreren tausend Mitgliedern.
Auf dem I. Parlament im Juni 1946 wurde Erich Honecker zum Vorsitzenden des Zentralrates der FDJ gewählt. Die »überparteiliche Jugendorganisation« genoß vom ersten Tag an die besondere Pflege und Aufmerksamkeit der SED. Die »Partei der Arbeiterklasse« übernahm die Funktionärsausbildung und sorgte mit der Herausgabe der Schriftenreihe ›Der junge Marxist‹ für das ideologische Rüstzeug. So entwickelte sich die FDJ schon frühzeitig zur »Kampfreserve der Partei«.
Die Freie Deutsche Jugend beteiligte sich führend an der *Volkskongressbewegung.* Mit großem Propagandaaufwand und großzügiger finanzieller Unterstützung des Staates bzw. der SED veranstaltete die FDJ im Mai 1950 das I. Deutschlandtreffen der Jugend und im August 1951 die III. Weltfestspiele der Jugend und Studenten, die in Ostberlin stattfanden. An beiden Veranstaltungen nahmen jeweils rund 30 000 Jugendliche aus der Bundesrepublik teil. Im Rahmen der Weltfestspiele kam es zu einer der wenigen »heißen Schlachten« des Kalten Krieges, als tausende FDJler einen propagandistischen »Kampfaufmarsch« veranstalteten und versuchten, in den Westteil der Stadt einzuziehen. Sie wurden von der dort aufgebotenen Polizei zurückgeprügelt.
In der ersten Hälfte der 50er Jahre führte die FDJ einen zwar von der SED gelenkten und finanzierten, nach außen hin jedoch als eigenständig ausgegebenen Agitationsfeldzug gegen die Regierung und die führenden Parteien der Bundesrepublik. Der eskalierte im Mai 1952, als der westdeutsche FDJler Philipp Müller bei einem Polizeieinsatz gegen eine Jugenddemonstration in Essen getötet wurde. Am 16. Juli 1954 wurde ein von der Bundesregierung beantragtes Verbot der FDJ durch das Bundesverwaltungsgericht ausgesprochen.
Auf dem IV. Parlament, das im Mai 1952 in Leipzig stattfand, übernahm die Freie Deutsche Jugend die Patenschaft über die *Volkspolizei.* Die Bereitschaft zur Verteidigung der DDR wurde zur Pflicht jedes FDJ-Mitgliedes erklärt. Nach dem 17. Juni 1953 verstärkte die SED ihren Druck zur Ausrichtung der FDJ auf die Grundlinie der Partei. Einige tausend Mit-

glieder der Jugendorganisation wurden wegen der Beteiligung an Streiks und Protestaktionen oder einfach wegen »versöhnlerischen Verhaltens« ausgeschlossen. Eine weitere Säuberungsaktion fand 1957 statt. Wie andere gesellschaftliche Organisationen der DDR rückte auch die FDJ Mitte der 50er Jahre stillschweigend von ihrem gesamtdeutschen Anspruch ab und konzentrierte sich auf Aktivitäten zur Stärkung der DDR. Auf einer Tagung des Zentralrates im April 1957 erklärte der neue Vorsitzende Karl Namokel die FDJ zur »sozialistischen Jugendorganisation der Deutschen Demokratischen Republik«.
In der Bundesrepublik existierten zu diesem Zeitpunkt noch in nahezu allen Städten illegale FDJ-Gruppen, die sich jedoch – wie die inzwischen ebenfalls verbotene KPD – am äußersten Rande des politischen Spektrums bewegten und keine nennenswerte politische Kraft repräsentierten. Gelegentlich trat die West-FDJ noch mit Flugblättern und agitatorischen Kleinschriften an die Öffentlichkeit, darüber hinaus beteiligte sie sich als eigenständige Organisation an verschiedenen Kampagnen der Friedensbewegung.
In der DDR wurde die FDJ in zunehmendem Maße als Träger von Hau-Ruck-Aktionen auf wirtschaftlichem Gebiet (»Jugendobjekte«) und als Organisator von »Kampfdemonstrationen« gebraucht. Im ideologischen Bereich widmete sie sich der Erziehung der Jugend zu Kämpfern für Frieden und Sozialismus. Dazu war die Teilnahme am ›Zirkel junger Sozialisten‹ für jeden FDJler obligatorisch. Die Freie Deutsche Jugend unterhielt mehrere Verlage, in denen neben sorgfältig ausgewählten Kinder- und Jugendbüchern eine Vielzahl von Schulungsmaterialien und Propagandaschriften herausgegeben wurden. Zentralorgan der Jugendorganisation war ab 1947 die Zeitung ›Junge Welt‹, die zunächst als Wochen-, später als Tageszeitung erschien.

Gesamtdeutscher Block / Block der Heimatvertriebenen und Entrechteten (GB/BHE)

Die »Vertriebenenpartei« formierte sich 1950 zunächst als *Block der Heimatvertriebenen und Entrechteten (BHE)* in verschiedenen Ländern und im Januar 1951 schließlich auf Bundesebene als Interessenvertretung aller aus osteuropäischen Ländern zwangsausgesiedelten deutschen Staatsbürger. Der 1. Bundesparteitag im Oktober 1952 beschloß die Umbenennung in ›Gesamtdeutscher Block / Block der Heimatvertriebenen und Entrechteten‹ (GB/BHE). Zum Parteivorsitzenden wurde Waldemar Kraft, zu dessen Stellvertreter Theodor Oberländer gewählt. Programmatisches Ziel des Blockes war die »friedliche Revision der Beschlüsse von Jalta und Potsdam durch Rückgabe der angestammten Heimat an die Vertriebenen«. Der GB/BHE betonte seine Loyalität gegenüber der demokratischen Grundordnung; die »Rechte der Vertriebenen« sollten ausschließlich »durch Mittel des parlamentarischen Kampfes« erstritten werden. Zur Propagierung seiner Absichten diente ihm die in Frankfurt a. M. herausgegebene Zeitung ›Deutsche Einheit‹.
Bei der Bundestagswahl 1953 errang der GB/BHE mit 5,9 Prozent der Stimmen 27 Mandate; Theodor Oberländer wurde daraufhin zum Bundesminister für Vertriebene, Flüchtlinge und Kriegsgeschädigte berufen. In der zweiten Hälfte der 50er Jahre wandten sich die großen Parteien, vor allem die CDU, in stärkerem Maße den Interessen der Vertriebenen und Umsiedler zu, was zu einem rapiden Mitglieder- und Wählerschwund beim GB/BHE führte. Kraft und Oberländer verließen 1955 den Block und schlossen sich der Adenauer-Partei an. Bei der Bundestagswahl 1957 scheiterte der GB/BHE an der Fünf-Prozent-Klausel, 1961 erfolgte die Fusion mit der *Deutschen Partei* zur *Gesamtdeutschen Partei (GDP)*, die jedoch ohne politischen Einfluß blieb.
Der GB/BHE war zeit seines Bestehens wegen der auf Revision der Nachkriegsgrenzen gerichteten Programmatik und der Vielzahl ehemaliger Nazis in seinen Reihen heftiger Polemik seitens der offiziellen Propaganda der DDR ausgesetzt, wurde aber auch von antifaschistisch-demokratischen Kreisen in der Bundesrepublik kritisiert. Heftig umstritten war vor allem die Person Theodor Oberländers, der aufgrund anhaltender öffentlicher Diskussionen über seine NS-Vergangenheit schließlich so unter Druck geriet, daß er 1960 als Minister zurücktreten mußte.

Gesamtdeutsche Partei (GDP)

s. Gesamtdeutscher Block

Gesamtdeutsche Volkspartei (GVP)

Die GVP ging im November 1952 aus der von Gustav Heinemann und Helene Wessel ein Jahr zuvor gegründeten *Notgemeinschaft für den Frieden Europas* hervor. Heinemann hatte der ersten Bundesregierung als Innenminister angehört, war aber bereits im Oktober 1950 aus Protest gegen die von Adenauer betriebene Politik der Wiederbewaffnung der Bundesrepublik aus der Regierung und 1952 aus der CDU ausgetreten. Die Gesamtdeutsche Volkspartei erklärte sich in ihrem Gründungsmanifest gegen Aufrüstung und militärische Blockbildung, für Frieden und Wiedervereinigung. Es gelang ihr jedoch nicht in angestrebtem Maße, sich als Repräsentantin einer »Dritten Kraft« zwischen den Blöcken zu profilieren. Noch im ersten Bundestag war die GVP zuletzt mit vier Parlamentariern vertreten, Abgeordneten anderer Parteien, die mit ihrem Mandat übergewechselt waren. Wichtigste Periodika der GVP waren die ›Gesamtdeutsche Rundschau‹ und die ›GVP-Nachrichten‹.
Im Wahlkampf 1953 trat die GVP gemeinsam mit dem gerade gegründeten *Bund der Deutschen* auf. Trotz eines großen Propagandaaufwandes er-

reichte das als bürgerlich-demokratische Alternative zur Adenauer-Regierung apostrophierte Wahlbündnis lediglich 318 000 Stimmen (1,2 Prozent). Kurz vor der nächsten Bundestagswahl, im Mai 1957, löste sich die Gesamtdeutsche Volkspartei auf; Heinemann und Frau Wessel schlossen sich der SPD an. Zahlreiche Mitglieder engagierten sich in der *Paulskirchenbewegung* und waren 1960 an der Gründung der *Deutschen Friedensunion* beteiligt.

Gesamtdeutsches Institut

s. Bundesministerium für Gesamtdeutsche Fragen

Gesellschaft für Sport und Technik (GST)

Die Gründung der GST erfolgte am 7. August 1952 in Ostberlin aufgrund eines Regierungsbeschlusses, der auf einen »Vorschlag« des ZK der SED zurückging. Die Hauptaufgabe der »sozialistischen Wehrorganisation« bestand darin, die Jugend der DDR physisch und ideologisch »auf den Dienst zum bewaffneten Schutz der Arbeiter-und- Bauern-Macht« vorzubereiten. In den 50er Jahren stand die Gewinnung von Freiwilligen für die *Kasernierte Volkspolizei* und später für die *Nationale Volksarmee* im Mittelpunkt des politischen Wirkens der GST. Auf einer Aktivtagung im Februar 1953 wurde als Zielstellung proklamiert, daß »jeder Bürger der DDR ... sich in der Handhabung des Gewehrs auskennen und seinen Ehrgeiz darein setzen [muß], daß jeder Schuß ins Schwarze trifft«. Im Mai 1956 wurde die GST dem gerade gebildeten Ministerium für Nationale Verteidigung unterstellt, gleichzeitig wurde der Sitz des Zentralvorstandes von Halle nach Neuenhagen (Kreis Strausberg) verlegt.
Die Mitgliedschaft in der GST war für viele Jugendliche in der DDR ein wichtiges Bewertungskriterium für den gesellschaftlichen Aufstieg. Die GST unterhielt mehrere Funktionärsschulen und zentrale Ausbildungsstätten für die verschiedenen Sektionen (u. a. Schießsport, Funktechnik, Fallschirmsport, Seesport). Ende der 50er Jahre hatte die Gesellschaft ca. 400 000 Mitglieder. Sie gab mehrere Fachzeitschriften heraus und zeichnete für zahlreiche Propagandaschriften gegen die »Remilitarisierung« in der Bundesrepublik und für die Erhöhung der Wehrbereitschaft in der DDR verantwortlich.

Hilfskomitee für politische Häftlinge in der Sowjetzone

s. Untersuchungsausschuß freiheitlicher Juristen (UfJ)

Informationsbüro der Kommunistischen und Arbeiterparteien (KOMINFORM)

Die Bildung des KOMINFORM wurde auf einer Beratung hochrangiger KP-Funktionäre aus neun europäischen Ländern am 30. Juni 1947 in der Nähe von Warschau beschlossen. Die Rede, die Andrej Shdanow auf diesem Treffen vortrug, kann als eines der »Grundsatzdokumente« des Kalten Krieges angesehen werden. Der Chefideologe der KPdSU und enge Vertraute Stalins entwickelte darin die berüchtigte »Zwei-Lager-Theorie«, wonach sich der Kampf zwischen dem »imperialistischen und antidemokratischen Lager, dessen Grundziel es ist, die Welthegemonie des USA-Imperialismus zu errichten und die Demokratie zu zerbrechen«, und dem »antiimperialistischen und demokratischen Lager« immer mehr verschärfe.
Das Informationsbüro, dem je zwei Vertreter der Kommunistischen Parteien der UdSSR, Polens, der ČSR, Ungarns, Rumäniens, Jugoslawiens, Bulgariens, Frankreichs und Italiens als ständige Mitglieder angehören sollten, wurde beauftragt, den »Erfahrungsaustausch und im Bedarfsfalle eine Koordinierung der Tätigkeit der kommunistischen Parteien auf der Grundlage des gegenseitigen Einvernehmens zu organisieren«. Als Sitz des Büros wurde Belgrad bestimmt. Das »Einvernehmen« hielt jedoch nicht einmal ein Jahr. Wie schon die 1943 aufgelöste Kommunistische Internationale scheiterte auch das KOMINFORM sehr schnell an den Widersprüchen innerhalb der kommunistischen Bewegung.
Nachdem der von Moskau verordnete Bruch mit den jugoslawischen Kommunisten im Juni 1948 noch relativ geschlossen vollzogen wurde (mit nachhaltiger Zustimmung der SED, die im KOMINFORM gar nicht vertreten war), erschütterten die stalinistischen Schauprozesse und nachfolgenden Säuberungen die kommunistischen Parteien Osteuropas in einem Maße, das ein geschlossenes Auftreten an der »Front des Kalten Krieges« immer schwieriger werden ließ. Dazu kamen entschiedenere Distanzierungen der französischen und italienischen Kommunisten gegenüber dem Hegemonieanspruch Moskaus und den Praktiken des Stalinismus. Längst der politischen Bedeutungslosigkeit verfallen, wurde das Informationsbüro auf Vorschlag der KPdSU im April 1956 aufgelöst.

Informationsbüro West

s. Bundesministerium für Gesamtdeutsche Fragen

Kampagne ›Kampf dem Atomtod‹

s. Paulskirchenbewegung

Kampfgruppen der Arbeiterklasse

Der Aufbau organisierter Arbeiterverbände mit rein innerbetrieblicher Schutzfunktion begann sporadisch 1952 in verschiedenen Industriezentren der DDR. Nach den Unruhen um den 17. Juni 1953 leitete die SED auf zentraler, regionaler und betrieblicher Ebene die forcierte und flächendeckende Aufstellung von Kampfgruppen ein. Die SED-Grundorganisationen aller bedeutenden volkseigenen Betriebe verpflichteten sich zur Bildung solcher Einheiten, die sich zu-

nächst weitestgehend aus deren Mitgliedern rekrutierten. Die militärische Ausbildung erfolgte unter der Anleitung von Offizieren der Volkspolizei, die politische Schulung oblag den SED-Kreisleitungen. Sprach man anfangs noch offen von »Kampfgruppen der Partei«, so wurde ab Mitte der 50er Jahre zunehmend der »Klassencharakter« dieser Formationen hervorgehoben. Schritt für Schritt wurden nun auch »klassenbewußte« parteilose Arbeiter, Angestellte und Intellektuelle sowie Angehörige der Blockparteien angesprochen und zur Ausbildung in den Kampfgruppen der Arbeiterklasse herangezogen, um die von der SED-Führung geforderten Personalstärken zu erreichen.
Am 1. Mai 1954 präsentierten sich in verschiedenen Städten der DDR erstmals Einheiten der Kampfgruppen der Öffentlichkeit, zumeist jedoch noch unbewaffnet und nicht uniformiert. Ab 1958 traten alle Kampfgruppenverbände stets in einheitlichen Uniformen und mit Bewaffnung (anfangs Karabiner, später Maschinenpistolen) auf. Zu diesem Zeitpunkt zählten sie rund 220000 Mitglieder. Am 13. August 1961 und in den Tagen danach wurden Kampfgruppeneinheiten zur Errichtung und Sicherung der Sperranlagen an der Staats- und Sektorengrenze in Berlin eingesetzt. Sie wurden von der Partei- und Staatsführung der DDR in vorderster Linie präsentiert, um vor der Weltöffentlichkeit die Unterstützung der Arbeiterklasse für die Absperrmaßnahmen zu demonstrieren.
Die Beteiligung an den Vorgängen vom 13. August blieb jedoch der einzige »Gefechtseinsatz« der Kampfgruppen. Ihre Aktivitäten beschränkten sich ansonsten auf die traditionellen, immer gewaltiger werdenden Aufmärsche am 1. Mai und an ausgewählten Jahrestagen der DDR, sowie auf Ernte- und Katastropheneinsätze. Die übergeordnete Leitung aller Kampfgruppen lag bei der ›Abteilung Kampfgruppen‹ im Ministerium des Innern, alle Grundsatzentscheidungen wurden jedoch vom ZK der SED getroffen. Der paramilitärische Charakter dieser »Schutztruppen der DDR« lieferte den politischen Gegnern im anderen Teil Deutschlands ein willkommenes Argument, um die Kampagnen der DDR gegen die Wiederbewaffnung der Bundesrepublik als verlogen abzutun und im Gegenzug die »Militarisierung des gesellschaftlichen Lebens« unter einem sozialistischen Regime anzuprangern.

Kampfgruppe gegen Unmenschlichkeit (KgU)

Die Gründung der Kampfgruppe gegen Unmenschlichkeit ging auf eine Initiative des Publizisten Rainer Hildebrandt zurück. Erklärtes Ziel war zunächst die Sammlung von Informationen über Personen, die in der Sowjetischen Besatzungszone verschleppt worden waren, sowie die Aufklärung der Öffentlichkeit über »sowjetische Konzentrationslager auf deutschem Boden«. Die Entstehung der Organisation vollzog sich in der zweiten Hälfte des Jahres 1948, ein formaler Gründungsakt ist nicht nachweisbar. Am 14. Dezember 1948 trat die Kampfgruppe mit dem Aufruf »Gegen Unmenschlichkeit« in Westberlin an die Öffentlichkeit. Anfang 1949 wurde ein spezieller Suchdienst aufgebaut, der teilweise von Berlin aus, teilweise direkt auf dem Gebiet der SBZ/DDR Nachforschungen über den Verbleib willkürlich verhafteter oder verschleppter Personen betrieb. Im April 1949 erhielt die KgU von der Alliierten Kommandantur die Lizenz als »unabhängige, rechtlich eingetragene Organisation überparteilichen und überkonfessionellen Charakters« (KgU-Archiv).
Ab Mitte 1949 begann die Kampfgruppe, regelmäßig über den RIAS die Namen von Opfern der sowjetischen Besatzungspolitik bekanntzugeben sowie vor Personen zu warnen, die mit den sowjetischen Behörden kollaborierten. Ende 1949 eröffnete sie mehrere Geschäftsstellen in der Bundesrepublik, wo sie fortan unter der Bezeichnung *Kampfbund gegen Unmenschlichkeit* agierte. Ein Schwerpunkt der Arbeit der Kampfgruppe in den Anfangsjahren war die soziale Betreuung ehemaliger Häftlinge und politischer Flüchtlinge aus der SBZ, unter denen zahlreiche Mitarbeiter der KgU-Büros geworben wurden; außerdem die Aufklärung über die politischen Verhältnisse im Ostteil Deutschlands. Im November 1949 wurde unter maßgeblicher Beteiligung der KgU in Westberlin die *Vereinigung politischer Ostflüchtlinge* als »Schutz- und Hilfsorganisation« für politisch Verfolgte gegründet.
Anfang der 50er Jahre wandelte sich die KgU unter dem wachsenden Einfluß von Ernst Tillich von einer überwiegend humanitären Einrichtung zu einer Organisation des aktiven Widerstandes gegen das politische System in der DDR. Anläßlich des 1. Deutschlandtreffens der FDJ im Mai 1950 wurden erstmals Tausende von Flugblättern mittels Ballons in Ostberlin verbreitet. In den folgenden Jahren weitete die KgU ihr Aktionsgebiet auf die gesamte DDR aus. Es entstanden zahlreiche illegale Orts-, Kreis- und Landesgruppen, deren Hauptaufgabe in der Sammlung und Weitergabe von Informationen bestand, die aber auch für Diversions- und Sabotageakte Verantwortung trugen.
Von der KgU-Zentrale in Westberlin wurden im Laufe der 50er Jahre mehrere Millionen Flugblätter und -schriften hergestellt und über der DDR abgeworfen bzw. per Post an ausgewählte oder beliebig angeschriebene Personen versandt. Einige Veröffentlichungen, die offensichtlich mit sehr primitiven Mitteln hergestellt wurden, entstanden vermutlich auch innerhalb der DDR. Auf Flugblättern mit lokaler oder regionaler Bezogenheit wurden Mitarbeiter und Informanten der Staatssicherheit und SED-Funktionäre »entlarvt«. In persönlichen Briefen wurde diesen Personen ihre Bestra-

fung nach der Wiedervereinigung angekündigt. Auch Morddrohungen gehörten zum Repertoire der Kampfgruppe gegen Unmenschlichkeit. Infolge ihrer vielfältigen und regen Aktivitäten gegen das sozialistische System geriet die KgU schon Anfang der 50er Jahre ins Schußfeld der Sicherheits- und Propagandaorgane der DDR. In mehreren Schauprozessen wurden angebliche oder tatsächliche Mitarbeiter und Handlanger der KgU zu hohen Gefängnisstrafen, in einigen Fällen sogar zum Tode verurteilt. Häufig wurde jedoch der bloße Vorwurf einer »Agententätigkeit« für die KgU dazu mißbraucht, um politische Gegner aus dem Verkehr zu ziehen. Die Publikationen der Kampfgruppe waren in der DDR streng verboten, ihre Verbreitung war strafbar. Aus Angst vor Repressalien, aber auch aus ehrlicher Ablehnung der scharf antikommunistischen Elaborate wurden KgU-Schriften in großen Mengen bei den Sicherheitsorganen der DDR abgeliefert.
Als offizielles Mitteilungsblatt der Organisation erschien die Monatsschrift ›KgU-Archiv‹. Darüber hinaus wurden zahlreiche Periodika für verschiedene Berufs- oder Bevölkerungsgruppen und Hunderte von Einzeldrucken herausgegeben. Die KgU genoß anfangs die uneingeschränkte Unterstützung von politisch einflußreichen Kräften in der Bundesrepublik. War sie anfangs noch auf private Spenden angewiesen, so erhielt sie schon bald erhebliche Zuwendungen aus dem Landes- bzw. Bundesbudget. Die Diskreditierung der KgU durch ihre offensichtliche Verstrickung in geheimdienstliche und kriminelle Praktiken bewirkte jedoch Mitte der 50er Jahre eine wachsende Distanzierung der Parteien und des Senats von Berlin. Bis zu ihrer Selbstauflösung im Jahre 1959 blieb die Kampfgruppe gegen Unmenschlichkeit eine der aktivsten und aggressivsten Organisationen des Kalten Krieges. Rainer Hildebrandt, der sich wegen politischer Differenzen mit Tillich Mitte der 50er Jahre aus der Leitung der KgU zurückgezogen hatte, gründete 1963 die *Arbeitsgemeinschaft 13. August.*

Kasernierte Volkspolizei (KVO)
s. Nationale Volksarmee

Königsteiner Kreis
s. Forschungsbeirat für Fragen der Wiedervereinigung Deutschlands

Komitee der antifaschistischen Widerstandskämpfer der DDR
s. Vereinigung der Verfolgten des Naziregimes

Komitee der Kämpfer für den Frieden
s. Deutscher Friedensrat

Komitee Freies Europa (Free Europe Comittee)
Das Komitee Freies Europa wurde 1949 von einer Gruppe US-amerikanischer Politiker und Geschäftsleute als private Organisation mit dem Ziel gegründet, »alle Schritte und Maßnahmen zu fördern und zu unterstützen, die zur Befreiung der Völker hinter dem Eisernen Vorhang beitragen«. Die Finanzierung erfolgte zum Großteil aus Spendensammlungen, die von der Bewegung *Kreuzzug für die Freiheit* in den USA organisiert wurden. Das Komitee konzentrierte seine Aktivitäten auf die Länder Osteuropas. Ihm gehörten zahlreiche emigrierte Politiker, Wirtschaftsvertreter und Geistesschaffende aus diesen Ländern an.
Das Komitee war maßgeblich am Aufbau der Rundfunkstation *Radio Freies Europa* beteiligt, die 1950 mit der Ausstrahlung von Sendungen in tschechischer und polnischer Sprache begann. Die Zentrale des Senders befand sich in New York, während Redaktion und Sendeanlagen zunächst in Biblis bei Frankfurt a. M., ab Ende 1952 in München ansässig waren. In seiner 1950 aufgestellten Charta beschreibt sich *Radio Free Europe* als »professionelles, unabhängiges Nachrichten- und Informationsmedium«, das einen »konstruktiven Dialog mit den Völkern Osteuropas und der Sowjetunion fördern will, indem es deren Kenntnisse von Ereignissen in der Welt und in ihren Ländern erweitert«. Das Komitee gab auch eine in mehreren Sprachen erscheinende Monatsschrift heraus: ›Hinter dem Eisernen Vorhang‹.
In den 50er Jahren weitete *Radio Freies Europa* Sendegebiet und Sendezeiten kontinuierlich aus, so daß es in den 60er Jahren alle sozialistischen Länder Europas einschließlich des europäischen Teils der Sowjetunion erreichen konnte. Für die Bewohner dieser Länder war der Rundfunksender neben dem ähnlich strukturierten und ausgerichteten *Radio Liberty* (ab 1953) die wichtigste und oft einzige Quelle von Informationen und Kommentaren aus dem Westen. Entsprechend heftig wurden beide Sender wegen ihrer »Einmischung in innere Angelegenheiten« von den Staats- und Sicherheitsorganen der osteuropäischen Länder bekämpft: Informanten wurden strafrechtlich verfolgt, die Programme regelmäßig gestört.

Komitee zum Schutze der Menschenrechte
Das Gremium wurde am 21. Mai 1959 unter der offiziellen Bezeichnung ›Komitee zum Schutze der Menschenrechte, gegen militaristische Willkür und Klassenjustiz in Westdeutschland‹ von führenden Juristen der DDR, darunter Rechtsanwalt Friedrich Karl Kaul, gegründet. Erster Vorsitzender wurde Friedel Malter. Hauptansatzpunkt für die Gründung und das Wirken des Komitees war in der Anfangszeit das Verbot der KPD in der Bundesrepublik. Das Komitee betrieb »Aufklärungsarbeit über das rechtsstaatlich verbrämte Unterdrückungssystem der BRD« durch eine umfangreiche Publikationstätigkeit sowie durch die Veranstaltung von Vorträgen, Diskussionsveranstaltungen

und Pressekonferenzen. Für die von politischen Repressionen betroffenen Kommunisten in der Bundesrepublik wurde mit großem propagandistischen Aufwand Rechtsbeistand geleistet, deren Familien wurden finanziell unterstützt und sozial betreut. Ebenso engagierte sich das Komitee für DDR-Bürger, die in der Bundesrepublik wegen verbotener politischer oder nachrichtendienstlicher Tätigkeit verhaftet und verurteilt wurden. »Menschenrechtsverletzungen« in der BRD waren Hauptgegenstand zahlreicher Dokumentationen und Analysen, mit denen das Komitee in den ersten Jahren seines Bestehens an die Öffentlichkeit trat und um internationale Beachtung rang. Als *DDR-Komitee für Menschenrechte* wandte es sich in den 70er Jahren verstärkt globalen Menschenrechtsroblemen in der westlichen bzw. der Dritten Welt zu.

Kommunistische Partei Deutschlands (KPD)

Die auf den Traditionen der KPD der Weimarer Republik aufbauende, 1945 in allen Teilen Deutschlands wiederbelebte und in der Sowjetischen Besatzungszone 1946 in der SED aufgegangene Kommunistische Partei Deutschlands war bis Mitte der 50er Jahre die politisch aktivste, propagandistisch wirksamste und am besten organisierte »antiwestliche« Kraft in der Bundesrepublik. Nachdem die angestrebte gesamtdeutsche Vereinigung mit der SPD am Verbot der Besatzungsmächte und am Widerstand der SPD-Führung im Westen gescheitert war, orientierte sich die KPD zunächst fast ausschließlich an der SED: Sie wurde zu deren Sprachrohr und verlängertem Arm im Westen Deutschlands. Die Konstituierung einer eigenständigen Parteiführung im April 1948 und die Aufhebung der organisatorischen Anbindung an die SED im Januar 1949 änderten de facto nicht viel – in den Augen ihrer Gegner überhaupt nichts – an diesem Zustand. Die KPD blieb stets mit dem Makel der »Fernsteuerung« aus Moskau oder Ostberlin behaftet.

Obgleich die Kommunisten in den Westzonen ungleich schlechtere Entfaltungsbedingungen hatten als ihre Genossen in der SBZ, entwickelte sich die KPD in der unmittelbaren Nachkriegsperiode zu einer beachtenswerten politischen Kraft. Bei den Wahlen zum ersten Deutschen Bundestag erhielt sie immerhin 1,36 Millionen Stimmen (5,7 Prozent) und somit fünfzehn Mandate. Mit ihren Forderungen u. a. nach Enteignung der Grundstoffindustrien und der Ablehnung des Generalvertrages geriet die KPD jedoch Anfang der 50er Jahre immer mehr ins politische Abseits. Der beginnende wirtschaftliche Aufschwung in der Bundesrepublik und das alles andere als leuchtende Beispiel des Ostens ließen kommunistische Ideologie und Propaganda zunehmend unglaubwürdig erscheinen. Hinzu kam, daß die KPD im Verlauf des Kalten Krieges in immer stärkere Konflikte mit den Machtmechanismen des Staates geriet und sich einem ungeheuren Propagandadruck der antikommunistischen Medien ausgesetzt sah. Bereits 1953 scheiterte die Partei bei der zweiten Bundestagswahl an der Fünf-Prozent-Klausel.

Bemerkenswerte Resonanz fand der Kampf der KPD gegen die Wiederbewaffnung der Bundesrepublik. Sie engagierte sich führend in der »Ohne-uns!«-Bewegung sowie bei der Vorbereitung der »Volksbefragung gegen Remilitarisierung und für den Abschluß eines Friedensvertrages«. Die gesamtdeutsch konzipierte Aktion wurde im Juni 1956 in der DDR durchgeführt, von der Bundesregierung jedoch verboten. Trotzdem gelang es den Initiatoren, in der Bundesrepublik fast neun Millionen Stimmen zu sammeln, von denen sich rund 90 Prozent gegen eine Wiederbewaffnung Deutschlands aussprachen. Im Juni 1953 verabschiedete die KPD ein Programm, demzufolge »zur Rettung des Friedens« und zur »friedlichen Wiedervereinigung Deutschlands« die Adenauer-Regierung gestürzt und eine »Koalitionsregierung deutscher Patrioten« gebildet werden müsse. Dieses Dokument beschleunigte den Prozeß der juristischen Kaltstellung der KPD im politischen Leben der Bundesrepublik, der im November 1951 mit einem Verbotsantrag der Bundesregierung eingeleitet worden war. Im November 1954 begann vor dem Bundesverfassungsgericht in Karlsruhe der Prozeß, der im August 1956 mit dem Verbot der KPD endete.

Die Kommunistische Partei Deutschlands zählte Anfang der 50er Jahre rund 60 000 Mitglieder. Vorsitzender der Partei war von 1948 bis zu ihrem Verbot Max Reimann. Der Sitz des Parteivorstandes befand sich zunächst in Frankfurt a. M., ab 1949 in Düsseldorf. Die KPD gab eine Vielzahl von Tageszeitungen mit regionaler Verbreitung heraus; 1951 begann sie mit dem Aufbau eines Netzes von Betriebszeitungen. Darüber hinaus waren alle Kampagnen der KPD von einer wahren Flut von Plakaten, Flugblättern, Maueranschlägen u. ä. begleitet. Die Wahlwerbung der Kommunisten übertraf in ihrer Quantität und Vielfalt teilweise die der »großen« Parteien. Nach dem Verbot betrieb die KPD ihre Agitation vorwiegend verdeckt, in Form von Tarnschriften. Finanziert wurde der gewaltige Propagandaapparat der Partei hauptsächlich aus Mitteln der SED.

Die Kommunistische Partei Deutschlands stand in den 50er Jahren im Brennpunkt des Kalten Krieges. Ihre massive und offensive Agitation gegen das in der Bundesrepublik bestehende politische System wurde mit der geballten Kraft staatlicher Repression und öffentlicher Ablehnung beantwortet. Dank der erheblichen finanziellen Zuwendungen aus der DDR und der ideologischen Rückendeckung durch die »kommunistische Weltbewegung« konnte sich die KPD jedoch auch nach dem Verbot noch am Rande des politischen Spektrums der Bundesrepublik behaupten. Als »Handlanger Moskaus« gebrandmarkt und zum »Verfassungsfeind« erklärt wurde die Partei jedoch im zunehmenden Maße von der bundesdeutschen Öffentlichkeit ignoriert.

Kreuzzug für die Freiheit

s. Komitee Freies Europa

Kuratorium Unteilbares Deutschland (KUD)

Die Bildung des Kuratoriums Unteilbares Deutschland geht auf eine Initiative von Bundesminister Jakob Kaiser zurück, der die Gründungsmitglieder persönlich auswählte und am 14. Juni 1954 nach Bad Neuenahr bei Bonn einlud. In einem auf dieser Versammlung verabschiedeten Manifest wird als Grundanliegen des Kuratoriums herausgestellt, »den Willen zur Wiedervereinigung in allen Kreisen unseres Volkes zu stärken«; es erklärte seine Verantwortung »für das Schicksal der Millionen Deutschen, ... denen ein Leben in Recht und Freiheit verwehrt ist«. Das »unteilbare Deutschland« sollte dabei nicht nur »die Bundesrepublik und die Zone, sondern auch die Saar und die Gebiete jenseits von Oder und Neiße« einschließen (W. W. Schütz, 1956).
Die »Volksbewegung für die Wiedervereinigung«, wie sich das Kuratorium anfangs nannte, wurde zunächst von 128 prominenten Vertretern aus Politik, Wirtschaft, Wissenschaft, Kultur und den Kirchen repräsentiert; darunter befanden sich u. a. die Parteivorsitzenden Dehler (FDP) und Ollenhauer (SPD), DGB-Chef Freitag, Minister Kaiser und der Bankier Abs. Zu seinem Präsidenten wählte das Kuratorium im Juli 1954 den ehemaligen Reichstagspräsidenten Paul Löbe (SPD). Das durch die Mitwirkung von Regierungsvertretern aufgewertete Kuratorium fungierte in seiner Anfangszeit de facto als ein Gegengewicht zu der die Westintegration der Bundesrepublik forcierenden Adenauer-Regierung.
In den deutschlandpolitischen Aktivitäten und Bestrebungen des KUD spielte Berlin eine zentrale Rolle. 1956 forderte es in einem Aufruf, den Sitz der Bundesregierung mit allen Ämtern und Behörden nach Berlin zu verlegen. Die Berliner Geschäftsstelle des KUD sollte die »Brückenkopffunktion« der Stadt verdeutlichen. Sie fungierte u. a. als »Beratungsstelle« für DDR-Bürger und koordinierte die im November 1958 angekündigte, mit spektakulärem Propagandaaufwand betriebene Aktion »Macht das Tor auf!«. Im Rahmen dieser Aktion wurden mehrere Millionen Anstecker mit dem Brandenburger Tor verkauft. Alljährlich – bis 1961 – organisierte das Kuratorium am ›Tag der deutschen Einheit‹ Gedenk- und Kulturveranstaltungen im Westteil der Stadt.
Das Kuratorium Unteilbares Deutschland lehnte zunächst jeglichen Kontakt mit offiziellen Institutionen der DDR ab. Das unmittelbar nach der Gründung des KUD eingegangene Gesprächsangebot des *Ausschusses für Deutsche Einheit* wurde in einer Presseerklärung brüsk zurückgewiesen: Es sei nicht Aufgabe des Kuratoriums, »mit sowjetzonalen Ausschüssen und Behörden« zu verhandeln. Seitens der DDR-Propaganda wurde das KUD fortan als »Flaggschiff des Kalten Krieges« gesehen und entsprechend bekämpft. Das »Gremium reaktionärer Politiker« (Sachwörterbuch der Geschichte, 1969) stand häufig im Zentrum heftiger Polemik der DDR-Medien. An dieser Haltung änderte sich auch nichts, als Anfang der 60er Jahre das Kuratorium in einen unübersehbaren Widerspruch zur damaligen Deutschlandpolitik der Bundesregierung geriet. Im Zuge seiner »offensiven Wiedervereinigungspolitik« räumte das KUD ein, daß dieses Ziel ohne vorherige »Verständigung mit dem Osten« nicht erreichbar sei. Mit seiner ab 1962 nachdrücklich erhobenen Forderung nach Verhandlungen mit der DDR wurde das Kuratorium praktisch zu einem Vorreiter der Entspannungspolitik. Auch bezüglich der »deutschen Gebiete« jenseits der Staatsgrenzen rückte es von seinen ursprünglich bezogenen Positionen ab.

Kyffhäuserbund

s. Verband deutscher Soldaten (VdS)

Ministerium für Staatssicherheit (MfS)

Am 8. Februar 1950 wurde per Gesetz die bis dato dem Ministerium des Innern (MDI) unterstellte ›Hauptverwaltung zum Schutze der Volkswirtschaft‹ zu einem eigenständigen Ministerium für Staatssicherheit erklärt, ohne daß dessen Aufgaben und Zuständigkeitsbereiche definiert wurden. Ungeklärte Unterstellungsverhältnisse und Kompetenzfragen führten in den 50er Jahren zu mehreren Umstrukturierungen; erst in den 70er Jahren prägte sich jene Machtvollkommenheit und Unantastbarkeit des MfS-Apparates aus, die das Ministerium praktisch als »Staat im Staate« erscheinen ließen.
Der unausgesprochene Anspruch der SED, über Belange der Staatssicherheit der DDR allein zu entscheiden, bestimmte die Entwicklung des MfS von Anfang an. Folgerichtig wurden die ersten Chefs des Ministeriums, Wilhelm Zaisser (bis 1953) und Ernst Wollweber (bis 1957) Opfer innerparteilicher Fraktionskämpfe, ehe 1957 Erich Mielke die Leitung des MfS übernahm. Sichtbarster Ausdruck der Differenzen zwischen Partei- und Sicherheitsapparat war die im Juli 1953 verfügte Zurückstufung des MfS in den Rang eines Staatssekretariats und dessen erneute Unterstellung unter das Innenministerium, nachdem das ZK der SED der Behörde schwere Versäumnisse und Fehler im Zusammenhang mit den Ereignissen um den 17. Juni vorgeworfen hatte. Im November 1955 wurde das Ministerium für Staatssicherheit in seiner ursprünglichen Form wiederhergestellt, doch gab es auch diesmal keine Abgrenzung der Kompetenzbereiche.

Die Tätigkeit des MfS konzentrierte sich in den Anfangsjahren fast ausschließlich auf die Abwehr von Störungen des volkswirtschaftlichen Aufbaus und die Konsolidierung der politischen Machtverhältnisse. Zunächst auf strengste Konspiration bedacht, trat das SfS/MfS nach dem Aufstand im Juni 1953 häufiger an die Öffentlichkeit. Regelmäßig wurden auf Pressekonferenzen entlarvte »Diversanten« und »Agenten« westlicher Geheimdienste sowie der KgU, des UfJ und des RIAS präsentiert. Mit großem propagandistischem Aufwand wurde über vereitelte Sabotageakte und andere erfolgreiche Aktionen berichtet. Minister Wollweber ging persönlich in Betriebe, um den Kontakt mit den Werktätigen zu suchen und die »Volksverbundenheit« des MfS zu demonstrieren. In diese Zeit fällt auch eine Reihe spektakulärer, völkerrechtlich unhaltbarer Übergriffe auf das Gebiet der Bundesrepublik und Westberlins, bei denen Personen in die DDR gelockt oder verschleppt wurden, um sie dort zu verhaften und vor Gericht zu stellen. Opfer dieser Piratenakte waren »Überläufer« aus den Reihen der Sicherheitsorgane der DDR, aber auch Mitarbeiter von bundesdeutschen oder Westberliner Institutionen, die angeblich aktive »Diversion« und Propaganda gegen die DDR betrieben.

Der Auf- und Ausbau des Staatssekretariats/Ministeriums für Staatssicherheit in der DDR erfolgte in enger Anlehnung an die Sicherheitsorgane der UdSSR. In der Konsolidierungsphase des MfS nahm es das KGB häufig noch selbst in die Hand, für die staatliche Sicherheit der DDR zu sorgen. Mit zunehmender Festigung der Strukturen und des Kaderbestandes entwickelte das Ministerium jedoch größere Eigenständigkeit; spätestens Anfang der 60er Jahre wurde es zu einer Institution, die in ihrer Funktion als »Schild und Schwert der Partei« einen alle Bereiche des gesellschaftlichen Lebens durchdringenden Machtfaktor darstellte. Darüber hinaus widmete es der überwiegend gegen die Bundesrepublik gerichteten »Auslandsaufklärung« verstärkte Aufmerksamkeit. Das MfS war zeit seines Bestehens auf das engste mit der Führung der SED verbunden. Alle Grundsatzentscheidungen wurden im Zentralkomitee der Partei getroffen, dem stets die ranghöchsten Generäle des MfS angehörten. Nahezu alle Offiziere des Ministeriums waren Mitglieder der SED.

Die Budget- und Personalentwicklung des Ministeriums für Staatssicherheit unterlag von Anfang an strengster Geheimhaltung. Zum Zeitpunkt der Gründung 1950 verfügte die Behörde über rund 2000 Mitarbeiter, bis 1959 stieg deren Zahl auf etwa 13 000. Dieser Personalbestand blieb lange Zeit konstant. Neben den hauptamtlichen Kräften betreute das MfS eine Vielzahl von »inoffiziellen Mitarbeitern«, darüber hinaus leisteten ganze Abteilungen anderer Ministerien und Institutionen regelmäßig Zuarbeiten für die »Stasi«. Dem MfS angegliedert war ab 1952 ein besonderes Wachregiment, dessen Personalbestand in den 50er Jahren zwischen 2000 und 4000 Mann lag. Es rekrutierte sich zunächst aus Zeitfreiwilligen, später aus ausgewählten Wehrpflichtigen; ihm oblagen im wesentlichen Aufgaben des Objekt- und Personenschutzes.

Die Arbeit des MfS wurde in der Zeit des Kalten Krieges mit dem offensiven Einwirken regierungsamtlicher Institutionen der Bundesrepublik in die DDR sowie der aggressiven Propaganda und aktiven »Diversion« antikommunistischer Organisationen und Agenturen als notwendig begründet und begriffen. Unrechtshandlungen und Überreaktionen gab es bereits in dieser Zeit zur Genüge, doch erschienen diese noch als Auswüchse eines Verfolgungswahns, der im politischen Reizklima der 50er Jahre reichlich Nahrung fand. Wenn auch die damalige Tätigkeit des Ministeriums noch nicht durchgehend von jener zynischen Bosheit und Rechtsferne geprägt war, mit der später Kontroll- und Unterdrückungsmaßnamen vollzogen wurden, so lagen im stalinistischen Herrschaftsanspruch der SED und »ihrer Staatssicherheit« doch schon die Keime zu solcher Perversion. Diese sollten sich dann in den 70er und 80er Jahren zu schrecklichen Wucherungen entfalten.

Nationale Front des Demokratischen Deutschland

Am 4. Oktober 1949 erklärte die SED in einem programmatischen Dokument den »Zusammenschluß aller patriotischen Kräfte«, wie ihn nach Auffassung der Partei die *Volkskongressbewegung* »Für Einheit und gerechten Frieden« repräsentierte, zur Nationalen Front des Demokratischen Deutschland. Diese schloß automatisch die Mitglieder aller Parteien und gesellschaftlichen Organisationen der DDR – natürlich »unter der Führung der Partei der Arbeiterklasse« – ein und betonte, für alle »demokratischen und nationalen Kräfte« in der Bundesrepublik offen zu sein. Im August 1950 wurden auf dem I. Nationalkongress »30 Freunde aus Westdeutschland« in den *Nationalrat der Nationalen Front* gewählt. Präsident des *Nationalrates* wurde der parteilose Wissenschaftler Prof. Erich Correns, der dieses Amt bis zu seinem Tod 1981 bekleidete.

Das im Februar 1950 verabschiedete Programm der Nationalen Front erklärte die »nationale Frage« zur »Klassenfrage«, die nur »im Kampf gegen das Monopolkapital« in der Bundesrepublik gelöst werden könne. Zur Propagierung dieses Zieles »vor Ort« wurde der *Westdeutsche Arbeitsausschuß der Nationalen Front* gebildet. Die Mehrzahl der durch diesen Ausschuß in der Bundesrepublik verbreiteten Propagandaschriften wurde allerdings weiterhin aus der DDR geliefert. Im Mittelpunkt des Wirkens der Nationalen Front in Westdeutschland stand bis Mitte der 50er Jahre der

Kampf gegen die Einbeziehung der Bundesrepublik in das westliche Bündnissystem, denn darin wurde das Haupthindernis für die Einheit Deutschlands gesehen.
Im Dezember 1953 wandte sich das Präsidium der Nationalen Front mit einem Aufruf an die Bevölkerung der Bundesepublik, den EVG-Vertrag abzulehnen, da dieser »der Spaltung Europas und der verstärkten Kriegsgefahr« diene. Dieser und ähnliche Aufrufe, Appelle und Erklärungen sowie zahlreiche Flugschriften und Broschüren wurden in allen Teilen der Bundesrepublik und in Westberlin in Millionenauflage verbreitet. Mit ähnlicher Vehemenz wandte sich die Nationale Front 1954/55 – teilweise im Rahmen der *Paulskirchenbewegung* – gegen die Ratifizierung der Pariser Verträge. Im September 1955 rief der *Westdeutsche Arbeitsausschuß* »alle Kräfte, die vom Willen der Einheit beseelt sind«, zum Kampf für die Abschaffung der militärischen Blöcke und die Schaffung eines »allumfassenden europäischen Sicherheitssystems« auf.
Während jedoch der *Westdeutsche Arbeitsausschuß* noch 1956 die These von der Herstellung der Einheit Deutschlands auf dem Wege des »nationalen Widerstandskampfes« gegen die Bundesregierung propagierte und die KPD an der Spitze einer breiten »patriotischen Bewegung« sah, stellte das Präsidium in Ostberlin im November 1955 fest, daß man »von der Realität der zwei deutschen Staaten« ausgehen müsse. Die Nationale Front sei, der »neuen Lage« entsprechend, die »Gemeinschaft aller patriotischen und demokratisch gesinnten Bürger der Deutschen Demokratischen Republik«. In der Folgezeit widmete sich die Organisation in der DDR weitgehend dem Aufbau des Sozialismus, während die Gruppen des *Westdeutschen Arbeitsausschusses* – offiziell verboten, in der Praxis jedoch mehr ignoriert als ernsthaft bekämpft – noch einige Jahre ein Schattendasein am Rande der Gesellschaft fristeten.

Nationalrat der Nationalen Front
s. Nationale Front des Demokratischen Deutschland

Nationale Volksarmee (NVA)
Die Bildung der *Kasernierten Volkspolizei,* die offiziell im Juli 1952 erfolgte, geht auf einen SMAD-Befehl zur Aufstellung »Kasernierter Bereitschaften« der Volkspolizei vom 3. Juli 1948 zurück. Freiwillige mit Zwei- oder Dreijahresverpflichtungen wurden unter der Anleitung sowjetischer »Berater« militärisch ausgebildet und politisch geschult. Häufige Umstrukturierungen und wechselnde Gewichtungen dieser paramilitärischen Formationen infolge des deutschlandpolitischen Taktierens der Besatzungsmacht ließen zunächst jedoch nur wenig Kontinuität hinsichtlich der Aufstellung bewaffneter Streitkräfte in der SBZ/DDR erkennen.
Anfang 1951 wurden unter der Bezeichnung »Volkspolizei-Dienststellen« (VPD) 24 Einheiten nach dem Muster sowjetischer Schützenregimenter aufgestellt, die konzipierte Sollstärke von 2400 Mann pro Einheit wurde jedoch nie annähernd erreicht. Daraufhin verstärkten SED und FDJ ihre Agitation zur Werbung von Freiwilligen. Die Jugendorganisation verpflichtete sich auf ihrem IV. Parlament im Mai 1952, »die besten Mitglieder in die Reihen der Deutschen Volkspolizei zu entsenden«. Am 5. Juli 1952 beschloß der Ministerrat der DDR, anstelle der 24 VPD vier »Territorialverwaltungen« der *Kasernierten Volkspolizei* mit Sitz in Schwerin, Pasewalk, Leipzig und Dresden zu bilden. Unmittelbar darauf begann die schrittweise Ausrüstung mit sowjetischen Waffen und die Ausstattung mit neuen Uniformen. Die Personalstärke stieg innerhalb weniger Monate auf ca. 80 000 Mann, jedoch wurden nach dem 17. Juni einige tausend KVP-Angehörige als »unzuverlässig« ausgesondert. Bereits im September 1953 erfolgte eine erneute Umgruppierung, die Territorialverwaltungen in Schwerin und Dresden wurden aufgelöst, eine neue, allerdings wesentlich kleinere Einheit wurde in Potsdam stationiert.
Als am 1. März 1956 auf Beschluß der Volkskammer die Nationale Volksarmee gebildet wurde, konnte man auf rund 100 000 militärisch ausgebildete Angehörige der *Kasernierten Volkspolizei* zurückgreifen. Zu diesem Zeitpunkt war die Aufstellung der Bundeswehr zwar beschlossen, jedoch noch nicht ein einziger westdeutscher Soldat rekrutiert. Dieser Tatsache ungeachtet forcierten in der zweiten Hälfte der 50er Jahre die Parteien, Massenorganisationen und Medien der DDR ihre Kampagnen gegen die »Remilitarisierung« der Bundesrepublik und den »Kriegstreiber« Adenauer. Demgegenüber wurde der Dienst in der Nationalen Volksarmee zum »Ehrendienst« für den Frieden deklariert.

Organisation Gehlen
s. Bundesnachrichtendienst (BND)

Ostbüro der SPD
Das »Ostbüro« der Sozialdemokratischen Partei wurde am 10. April 1946 als Vorabreaktion auf die bevorstehende Vereinigung von KPD und SPD in der Sowjetischen Besatzungszone gebildet. Der Aufgabenbereich des Büros ist nie offiziell definiert worden; sein Wirken war anfangs auf die Erhaltung der Parteiorganisationen in der SBZ, später auf den Schutz und die Betreuung vormaliger SPD-Mitglieder in der DDR gerichtet. Folglich waren die Hauptansprechpartner, Helfer und Informanten des Büros im Osten Deutschlands ehemalige Parteimitglieder und Sympathisanten der SPD, die sich durch die verordnete und zu Ostern 1946 vollzogene Vereinigung der Arbeiterparteien entmündigt fühlten oder die in der SED nicht ihre politische Heimat fanden. Ostbüros mit ähnlichen Aufgabenstellungen unterhielten in den 50er/60er Jahren auch die CDU und die FDP.

Das anfangs auch unter der Bezeichnung »Flüchtlingsbetreuungsstelle Ost« operierende SPD-Büro war zunächst beim Parteivorstand in Hannover, ab 1951 in Bonn angesiedelt; eine Außenstelle wurde in Berlin-Charlottenburg unterhalten. Finanziert wurde es vorwiegend aus Parteimitteln der SPD, erhielt aber auch Zuschüsse aus dem Bundeshaushalt. Als Leiter fungierte von 1947 bis 1966 Stephan Grzeskowiak, der sich Stephan Thomas nannte. Das Ostbüro betrieb innerhalb der SBZ/DDR einen teils offenen, teils verdeckten »Widerstandskampf gegen das kommunistische Regime«, wie es die SPD-Zeitung ›Der neue Vorwärts‹ 1952 formulierte. Mittel des Kampfes waren die massenhafte Verbreitung von Broschüren, Flugschriften und Handzetteln, die Sammlung von Informationen über Institutionen und Organisationen der DDR und deren führende Vertreter, das Unterwandern der »Sicherheitsorgane« sowie die Durchdringung und Zersetzung von Leitungsgremien auf den Gebieten Politik, Wirtschaft und Kultur bis hin zur gezielten Desorganisation und Sabotage von Wirtschaftsmaßnahmen.
Das Ostbüro unterhielt vielfältige Beziehungen zur *Organisation Gehlen/ BND* und zu nachrichtendienstlichen Einrichtungen der Westalliierten. Zahlreiche Bürger der DDR und der Bundesrepublik wurden von DDR-Gerichten als »Agenten des Ostbüros« zu teilweise hohen Haftstrafen verurteilt. Die relative Verselbständigung des Ostbüros in Richtung Nachrichtendienst/Agentenzentrale führte Anfang der 60er Jahre innerhalb des SPD-Parteivorstandes zu kontroversen Diskussionen hinsichtlich der Zukunft der Einrichtung. Im Zuge der neuen Entspannungspolitik wurde das Ostbüro der SPD 1966 aufgelöst.

Ostkolleg der Bundeszentrale für Heimatdienst
s. Bundeszentrale für politische Bildung

Ostermarschbewegung
s. Paulskirchenbewegung

Paulskirchenbewegung
Die Paulskirchenbewegung steht inmitten einer Reihe von Kampagnen und Volksbewegungen mit antimilitaristischem Charakter in der Bundesrepublik. Sie hatte ihren Ursprung in einer Friedenskundgebung, die am 29. Januar 1955 in der Frankfurter Paulskirche stattfand und an der neben führenden Funktionären von SPD und DGB zahlreiche prominente Vertreter des öffentlichen Lebens teilnahmen. Unter dem Motto: »Rettet Einheit, Frieden und Freiheit! Gegen Kommunismus und Nationalismus!«, wandten sie sich gegen die in den Pariser Verträgen vorgezeichnete Wiederbewaffnung der Bundesrepublik und deren Eingliederung in die NATO. In einem auf der Kundgebung verabschiedeten Manifest wurde darauf verwiesen, daß »die Aufstellung deutscher Streitkräfte in der Bundesrepublik und in der Sowjetzone … die Chancen der Wiedervereinigung für unabsehbare Zeit auslöschen« werde. Volk und Regierung wurden »zu entschlossenem Widerstand gegen die sich immer stärker abzeichnenden Tendenzen einer endgültigen Zerreißung unseres Volkes« aufgerufen.
Als eine Folge dieser Friedensdemonstration entwickelte sich die Paulskirchenbewegung, deren Teilnehmer in den nächsten Wochen in zahlreichen Städten der Bundesrepublik Kundgebungen, Diskussionsforen und lokale Volksbefragungen veranstalteten. Die am 27. Februar des Jahres angesetzte Ratifizierung der Pariser Verträge konnte dadurch allerdings nicht verhindert werden. Nach der Genfer Gipfelkonferenz im Juli des gleichen Jahres verebbten dann auch die Aktivitäten. Die Bewegung mobilisierte die verschiedensten Gruppen und Personen in der Bundesrepublik; sie lieferte damit auch eine Widerspiegelung von Vielfalt und Heterogenität der antimilitaristischen Kräfte in Westdeutschland. Es beteiligten sich vor allem viele linke Gruppierungen, doch im Reizklima des Kalten Krieges waren die maßgeblichen Initiatoren der Bewegung stets darauf bedacht, sich von kommunistisch beeinflußten Aktionen gegen die Remilitarisierung der Bundesrepublik möglichst scharf abzugrenzen.
Im Februar 1958 entwickelte sich eine neue Massenbewegung gegen die Militärpolitik der Bundesregierung. Die *Kampagne ›Kampf dem Atomtod‹* wandte sich gegen die mit Zustimmung des Bundestages betriebene Stationierung von Atomwaffen auf dem Gebiet der Bundesrepublik. In Hamburg, Frankfurt a.M., Hannover und anderen Städten fanden Großkundgebungen statt, an denen sich insgesamt mehr als eine Million Menschen beteiligten. Die unter maßgeblichem Einfluß von SPD und DGB stehende Kampagne lehnte – ebenso wie zuvor die Paulskirchenbewegung – den vielerorts geforderten Massenstreik gegen die atomare Aufrüstung ab und konzentrierte ihre Anstrengungen auf die Herbeiführung einer Volksbefragung. Als diese im Juni 1958 vom Bundesverfassungsgericht verboten wurde, löste sich die *Kampagne ›Kampf dem Atomtod‹* sehr schnell auf. An ihre Stelle trat ab 1960 die Ostermarschbewegung, in der alljährlich Tausende von Atomwaffengegnern ihre Ablehnung der Bonner Rüstungspolitik manifestierten.
Die antimilitaristischen Massenbewegungen in der Bundesrepublik wurden von der DDR allseitig unterstützt und propagandistisch aufgewertet. Dabei wurde meist der Umstand verschleiert, daß diese Bewegungen ausgeprägt pazifistische Züge trugen und sich gegen die Rüstungspolitik in West und Ost wandten. Gemäß dem Selbstverständnis, daß die Regierungen der DDR und der Sowjetunion – im Gegensatz zu denen der Bundesrepublik und der USA – prinzipielle und konsequente »Friedenspolitik« betrieben, konnte es in der DDR keine ver-

gleichbaren Bewegungen und Kampagnen geben. Erwünscht und erlaubt war lediglich, die Regierungspolitik massiv und lautstark zu unterstützen.

Pressemamt beim Ministerpräsidenten der DDR

s. Presseamt des Ministerrates der DDR

Presseamt des Ministerrates der DDR

Presse- und Informationspolitik hatte für die SED stets eine besondere Bedeutung, da ihr aufgrund der »führenden Rolle der Partei« ein Informationsmonopol zukam, das sie sowohl in den Bereichen Agitation und Propaganda als auch – in Form von Nachrichtenkontrolle und Informationslenkung – auf den Gebieten des Journalismus, der ökonomischen Planung und der wissenschaftlichen Forschung wahrzunehmen hatte. Als die Zensur der Besatzungsmacht im August 1949 von der SMAD aufgehoben wurde, entstand im September zunächst eine *Hauptverwaltung für Information.* Nach Gründung der DDR wurde diese umbenannt in *Amt für Information (AfI).* Solche Ämter bestanden zunächst nicht nur bei der Regierung der DDR, sondern bis 1952 auch bei den einzelnen Länderregierungen, wo sie u. a. für die Produktion von Propagandabroschüren und Plakaten zuständig waren. Nach der Aufhebung der Länder konzentrierte sich auch die Informationskontrolle noch stärker bei der Zentralregierung. Von 1952 bis 1963 lautete die offizielle Bezeichnung nun *Presseamt beim Ministerpräsidenten der DDR.*

Presse- und Informationsamt der Bundesregierung

s. Bundespresseamt

Radio Berlin International

s. Rundfunk im Amerikanischen Sektor

Radio Free Europe

s. Komitee Freies Europa

Radio Liberty

s. Komitee Freies Europa

Rundfunk im Amerikanischen Sektor (RIAS)

Die Installation eines eigenen Rundfunksenders der amerikanischen Besatzungsmacht geschah 1946 in Reaktion auf die Besetzung der entscheidenden Positionen des traditionellen *Berliner Rundfunks* im Funkhaus Masurenallee durch die Kommunisten. Zunächst wurde im Februar mittels Drahtfunk, der nur durch die Kopplung von Telefonanschlüssen und Rundfunkgeräten empfangen werden konnte, der Sendebetrieb aufgenommen. Ab September wurden die Programme des Drahtfunks (DIAS) unter dem Namen RIAS über einen Truppensender der US-Army im Stadtteil Britz ausgestrahlt. Bereits im Oktober 1946 griff der Sender aktiv ins politische Geschehen der Stadt ein. Im Vorfeld der Stadt- und Bezirksverordnetenwahlen erhielten alle in Berlin zugelassenen Parteien inklusive der SED Gelegenheit, ihr Wahlprogramm über den RIAS vorzustellen. Mit der zunehmenden Polarisierung der Fronten des Kalten Krieges bezog der Sender jedoch bald eindeutig Position. Als der RIAS im Juli 1948 sein neu hergerichtetes Funkhaus mit modernsten Sendeanlagen bezog, war er bereits auf seine Rolle als Sprachrohr der USA im Zentrum der Sowjetischen Besatzungszone fixiert.
Die kontinuierliche Erhöhung der Sendeleistung in den 50er Jahren diente ausschließlich dem Ziel, immer tiefer in das Gebiet der DDR einzudringen. Die Programmstruktur war darauf ausgerichtet, alle dort lebenden Bevölkerungsgruppen zu erreichen. Das wurde einerseits mit Nachrichten und politischen Magazinsendungen versucht, andererseits aber auch mit Gruß- und Wunschsendungen sowie speziellen Musikprogrammen. Über RIAS wandten sich regelmäßig führende Politiker der Bundesrepublik – Adenauer, Schumacher, Kaiser u. a. – direkt an die Bevölkerung der DDR. Beiträge von Organisationen wie der *Kampfgruppe gegen Unmenschlichkeit* und des *Untersuchungsausschusses freiheitlicher Juristen* hatten ihren festen Platz im RIAS-Programm. In Sendereihen wie »Berlin spricht zur Zone« oder »RIAS-Funkuniversität« wurde in den 50er Jahren unverhüllt dazu aufgefordert, die Politik der SED und der DDR-Regierung zu boykottieren bzw. der DDR den Rücken zu kehren. RIAS-Hörer wurden aufgerufen, Informationen und Berichte über das Leben in der DDR dem Sender zuzuschicken. Viele wurden dafür mit kleinen Geschenken belohnt, die in Westberliner Büros abgeholt werden mußten. Für den Briefverkehr wurden ständig wechselnde Deckadressen benutzt.
Der RIAS unterstand zunächst der Amerikanischen Militärverwaltung, ab 1955 der *United States Information Agency (USIA).* Finanziert wurde der Sender vom State Department der USA, ab Mitte der 50er Jahre flossen dem RIAS auch Mittel aus dem Bundeshaushalt zu. Der Rundfunk im Amerikanischen Sektor war in den 50er Jahren im deutschsprachigen Raum unangefochten die Nummer 1 im kalten Ätherkrieg. Die »freie Stimme der freien Welt«, offizielles Sprachrohr der amerikanischen Besatzungsmacht in Deutschland, bekam erst 1954 mit dem *Sender Freies Berlin* einen Konkurrenten im eigenen Macht- und Sendebereich, der aber trotz ähnlicher Programmstruktur nicht annähernd das Hörerpotential der RIAS erreichte. Die DDR vermochte es weder durch die Androhung und Anwendung von Repressalien noch durch ihre hölzerne Agitation, den Einfluß des RIAS einzudämmen. SED und FDJ standen mit ihrer plumpen Polemik gegen den »Hetzsender« weitgehend auf verlorenem Posten. Versuche des offiziellen DDR-

Rundfunks, mittels des *Deutschlandsenders* und der *Berliner Welle* ähnliche Einbrüche in die Hörerschaft der Bundesrepublik bzw. Westberlins zu erzielen, fanden keine nennenswerte Resonanz.
Trotz seines weit über die Grenzen Berlins hinausreichenden Einflusses blieb der RIAS ein Regionalsender. Die bereits 1949 angeregte Installation eines gesamtdeutschen Hörfunks als Organ der Bundesregierung verzögerte sich aufgrund rechtlicher Querelen – u. a. um den Standort des Senders – zwischen Bund, Ländern und Besatzungsmächten bis 1962. Dann erst nahm der *Deutschlandfunk* in Köln die Sendetätigkeit auf. In seiner speziell für die »ostdeutschen Hörer« konzipierten Eröffnungsrede deklarierte Bundespräsident Lübcke die Wiedervereinigung als »oberstes Ziel deutscher Politik«. Der *Deutschlandfunk* erreichte mit seinen modernen und leistungsstarken Sendeanlagen auch die entlegensten Gebiete der DDR, konnte sich aber im Berliner Raum kaum »Marktanteile« erobern. Ab Mitte der 50er Jahre trugen die DDR und die Bundesrepublik ihren kalten Medienkrieg per Äther auch in ferne Länder. *Radio Berlin International* und die *Deutsche Welle* wetteiferten um die Gunst der Hörer in Asien, Afrika und Lateinamerika.

Sender Freies Berlin

s. Rundfunk im Amerikanischen Sektor

Sowjetische Kontrollkommission

s. Sowjetische Militäradministration in Deutschland

Sowjetische Militäradministration in Deutschland (SMAD)

Die SMAD wurde am 9. Juni 1945 »zur Durchführung der Kontrolle über die Erfüllung der Deutschland durch die bedingungslose Kapitulation auferlegten Bedingungen und zur Verwaltung der sowjetischen Okkupationszone in Deutschland« gebildet. Zu ihrem ersten Chef wurde Marshall Shukow ernannt (Befehl Nr. 1). Der SMAD oblagen alle Grundsatzentscheidungen über die Gestaltung des politischen, ökonomischen und geistigkulturellen Lebens in der Sowjetischen Besatzungszone. Darüber hinaus kontrollierte und organisierte sie u. a. die Zurückführung sowjetischer Staatsbürger (Armeeangehörige, Kriegsgefangene, Zwangsarbeiter) in die Heimat, die Erfüllung der Reparationsverpflichtungen sowie der »Entnazifizierung«. Auf Befehl der SMAD wurden in der SBZ mehrere Internierungslager eingerichtet – zunächst für ehemalige NSDAP- und Wehrmachtsangehörige, später in zunehmendem Maße auch für Gegner der sowjetischen Besatzungspolitik. Insgesamt sollen nach neuesten Forschungen zwischen 1945 und 1950 mehr als 200 000 Deutsche in SMAD-Lagern interniert gewesen sein, wovon fast die Hälfte dort umkam bzw. in die Sowjetunion deportiert wurde. Die letzten Lager in Bautzen, Buchenwald und Sachsenhausen wurden erst 1950 aufgelöst.
Administrativ war das Wirken der SMAD darauf gerichtet, einen von der SED kontrollierten Verwaltungsapparat aufzubauen und die Grundlagen für die Sozialisierung des Wirtschaftssektors zu schaffen, exekutiv waren Organe der SMAD hauptverantwortlich für die Durchsetzung der Berlin-Blockade 1948/49. Die Sowjetische Militärverwaltung erließ während ihrer Amtszeit 647 Befehle, von denen allerdings nur 523 veröffentlicht wurden. Rund 400 SMAD-Befehle ergingen direkt an deutsche Behörden und griffen somit unmittelbar in die Gestaltung der politischen und ökonomischen Nachkriegsordnung in der Sowjetischen Besatzungszone ein. Die SMAD unterhielt einen eigenen Verlag, als offizielles Sprachrohr fungierte die Tageszeitung ›Tägliche Rundschau‹. Darüber hinaus erschien bis 1953 die Illustrierte ›Nachtexpress‹ als von der SMAD lizensierte Zeitschrift für die westlichen Besatzungszonen bzw. die Bundesrepublik und Westberlin. Am 10. Oktober 1949 übertrug die SMAD ihre Vollmachten an die Provisorische Regierung der DDR, die Interessen der Besatzungsmacht wurden fortan von der *Sowjetischen Kontrollkommission* wahrgenommen. Im August 1954 wurden alle Befehle der SMAD formell außer Kraft gesetzt.

Sozialistische Reichspartei (SRP)

Die 1949 in Niedersachsen gegründete SRP lehnte sich in ihrer Organisationsstruktur, Programmatik und Agitation bewußt eng an die NSDAP an. Sie bekannte sich offen zum Deutschen Reich in den Grenzen von 1937, das gegen den Willen der alliierten Siegermächte wiederhergestellt werden sollte. BRD und DDR wurden als »Satellitenstaaten« der Besatzungsmächte gleichermaßen abgelehnt.
Die Führung der Sozialistischen Reichspartei rekrutierte sich fast ausschließlich aus ehemaligen Offizieren der Deutschen Wehrmacht und mittleren NSDAP-Funktionären. Prominentester Sprecher war der frühere Generalmajor Otto-Ernst Remer. Ihren spektakulärsten Erfolg verzeichnete die SRP bei der Landtagswahl in Niedersachsen im Mai 1951, als sie 11 Prozent der Wählerstimmen errang. Zu diesem Zeitpunkt zählte die Partei etwa 40 000 Mitglieder.
Die Bundesregierung erkannte frühzeitig die Gefahr, die ihr aus der Existenz und dem Erstarken einer Nachfolgepartei der NSDAP erwuchs. Sie fürchtete einerseits einen Verlust an internationaler Reputation im Zuge der Bestrebungen um Integration in das westliche Bündnissystem, andererseits auch einschneidende Einbrüche in ihr Wählerpotential. Bereits im September 1950 wurden alle Mitglieder und offenen Anhänger der SRP aus dem öffentlichen Dienst entfernt, im Oktober 1951 wurde ihr Verbot beim Bundesverfassungsgericht beantragt. In Erwartung des Urteils, das im Oktober 1952 ausgesprochen

wurde, verkündete die SRP kurz zuvor ihre Selbstauflösung. Rechtsradikale und nationalsozialistische Denkansätze tauchten fortan immer wieder in programmatischen Erklärungen kleiner Parteien und Organisationen auf, die aber keine Massenbasis fanden und kaum politischen Einfluß erlangten.
Die Sozialistische Reichspartei stand angesichts der Ausrichtung und der Radikalität ihrer politischen Forderungen faktisch jenseits der Fronten des Kalten Krieges, allein ihre Existenz diente jedoch als Angriffspunkt einer Propaganda, die die Konsequenz der Bundesregierung bei der Bewältigung der faschistischen Vergangenheit in Zweifel zog.

Stahlhelm, Bund der Frontsoldaten

s. Verband deutscher Soldaten (VdS)

Staatssekretariat für gesamtdeutsche Fragen

s. Ausschuß für Deutsche Einheit

United States Information Agency (USIA)

s. Rundfunk im Amerikanischen Sektor

Untersuchungsausschuß freiheitlicher Juristen (UfJ)

Der Untersuchungsausschuß freiheitlicher Juristen wurde im September 1949 in Westberlin von einer Gruppe vormals in der Sowjetischen Besatzungszone ansässiger Juristen um Horst Erdmann (alias Dr. Theo Friedenau) gegründet. Zur vorrangigen Aufgabe der Vereinigung wurde bei der Gründung erklärt: das Sammeln von Informationen über Aktionen bzw. Urteile der Polizei- und Justizorgane der SBZ/DDR, die nicht den Normen bundesdeutscher Rechtsstaatlichkeit entsprachen. Darüber hinaus unterhielt der UfJ in Berlin (West) ein Büro, das Bürgern der DDR Rechtsauskünfte anbot. Anfang der 50er Jahre begann er mit der massenhaften Versendung von Flugschriften in die DDR. Diese waren von einer scharfen, zuweilen extrem zynisch antikommunistischen Diktion geprägt. In speziellen Schriften für verschiedene Berufsgruppen – z. B. ›Der Schienenbruch‹ für die Beschäftigten der Deutschen Reichsbahn – wurden die Empfänger u. a. aufgefordert, dem Untersuchungsausschuß Informationen über Mitarbeiter der Staatssicherheit und Parteifunktionäre aus ihrem Wohn- und Arbeitsbereich zu übermitteln, um diese in eine dort geführte »Belastetenkartei« aufzunehmen. Auf der Grundlage so gesammelter Informationen wurden Droh- und Schimpfbriefe an Partei- und Staatsfunktionäre sowie Mitarbeiter der Sicherheitsorgane der DDR verschickt. Ihnen wurde eine strafrechtliche Verfolgung ihrer Taten nach der Wiedervereinigung angekündigt.
Der Untersuchungsausschuß freiheitlicher Juristen wurde bei seiner Gründung zunächst von der US-amerikanischen Ford Foundation finanziert, später flossen ihm durch die enge Zusammenarbeit mit dem Bundesministerium für gesamtdeutsche Fragen auch staatliche Gelder zu. Auch zum BND und zur CIA unterhielt der UfJ rege Kontakte. Zahlreiche private Organisationen, wie das *Hilfskomitee für politische Häftlinge* in der Sowjetzone, waren dem UfJ angegliedert. Er unterhielt zudem in der DDR ein weitverzweigtes Informantennetz, aus dem er sich auch Interna aus höchsten Ebenen des Staats- und Sicherheitsapparates zu beschaffen wußte. Diese Informationen wurden nach nachrichtendienstlicher Auswertung und propagandistischer Aufbereitung in vielfältiger Weise im Propagandakrieg gegen die DDR eingesetzt. Der UfJ gehörte zu den von Polizei, Staatssicherheit und Justiz der DDR am heftigsten bekämpften Institutionen der Bundesrepublik. Zahlreiche »Agenten« des Ausschusses wurden – meist im Zusammenhang mit dem Vorwurf der Militärspionage oder Wirtschaftssabotage – von DDR-Gerichten zu drastischen Zuchthausstrafen verurteilt.

Verband deutscher Soldaten (VdS)

Der VdS wurde im September 1951 in Bonn gegründet als Dachorganisation für bis dato rund 50 bestehende Vereinigungen, die sich der Pflege militärischer Traditionen von Reichswehr und Wehrmacht verschrieben hatten. Der Verband diente fortan als Ansprechpartner für die Bundesregierung. Die Reverenz, die die staatstragenden Parteien dem Verband deutscher Soldaten erwiesen, äußerte sich u. a. in der Teilnahme von Regierungsvertretern an den großen »Soldatentreffen«, die alljährlich veranstaltet wurden. Mehrere Teilverbände erwarben den Status der »Gemeinnützigkeit« und somit den Anspruch auf Steuererlaß und sogar auf Fördermittel aus dem Bundeshaushalt. Die Aufgeschlossenheit gegenüber den militärischen Traditionsverbänden verschaffte den Regierungsparteien nicht nur Zugang zu einem beträchtlichen Wählerpotential, sie ermöglichte auch die Unterstützung kriegserfahrener Offiziere und Generäle beim Aufbau der Bundeswehr.
Die dem Verband deutscher Soldaten angeschlossenen Verbände waren allesamt konservativ, nationalistisch und extrem antikommunistisch ausgerichtet. Ihr Bestreben galt zumeist der Freisprechung des »deutschen Soldaten« vom Vorwurf verbrecherischen Handelns und von der Schmach der Niederlage im Zweiten Weltkrieg. An der Spitze des Dachverbandes standen von Anfang an ehemals führende Kräfte der Deutschen Wehrmacht, nicht zuletzt die Generäle der Waffen-SS Gille und Haußer. Die wichtigsten an der Gründung des VdS beteiligten Verbände, die alle ihre organisatorische Selbständigkeit behielten, waren der *Deutsche Soldatenbund*, der *Stahlhelm - Bund der Frontsoldaten* und die *HIAG*, eine »Hilfsgemeinschaft« für ehemalige Angehörige der Waffen-SS.

Der erzreaktionäre *Kyffhäuserbund* trat dem VdS 1954 bei.
Die militärischen Traditionsverbände führten regelmäßig »Kameradschaftstreffen«, Kundgebungen, Vorträge und Diskussionsveranstaltungen durch, um ihr militaristisches Gedankengut zu »pflegen« und ihre Sicht auf die jüngste deutsche Geschichte zu vermitteln. Diese bestand im wesentlichen aus der Leugnung jeder Mitverantwortung für Beginn und grausamen Verlauf des Zweiten Weltkriegs sowie der Nichtanerkennung der daraus resultierenden territorialen und politischen Veränderungen in Europa. In den ideologischen Auseinandersetzungen des Kalten Krieges sahen sich die Soldatenverbände einer heftigen Polemik seitens der offiziellen Organisationen, Institutionen und Medien der DDR ausgesetzt, zudem aber auch der Kritik oppositioneller Kreise in der Bundesrepublik. Insofern scheiterten Versuche, über die Grenzen der Bundesrepublik hinaus zu wirken, meist schon in Ansätzen an der konsequent repressiven Politik der DDR-Behörden gegenüber allen nationalistischen und militaristischen Tendenzen, sofern diese nicht ins Schema der dazulande gepflegten »revolutionären Militärtraditionen« paßten.

Verband der ostdeutschen Landsmannschaften e.V. (VdL)
s. Bund der Vertriebenen

Verein zur Förderung der Wiedervereinigung Deutschlands (VFWD)
s. Bundesministerium für Gesamtdeutsche Fragen

Vereinigung der Opfer des Stalinismus (VOS)
Die Vereinigung wurde am 9. Februar 1950 in Bonn von ehemaligen Bewohnern der Sowjetischen Besatzungszone, die dort politischen Verfolgungen ausgesetzt gewesen waren, gegründet. Sie setzte sich für die »Freilassung aller in sowjetischem und sowjetzonalem Gewahrsam befindlichen politischen Häftlinge und für eine umfassende soziale und ideelle Betreuung ihrer Mitglieder ein«. Darüber hinaus wollte sie »die Bevölkerung der freien Welt über die Gefahren des Kommunismus« aufklären. Als Wirkungsgebiet betrachtete sie »Gesamtdeutschland« in den Grenzen von 1937.
Der VOS stand ein Bundesvorstand vor, der alle zwei Jahre von einer Generalversammlung neu gewählt wurde. Sie unterhielt in nahezu allen Großstädten der Bundesrepublik und in Westberlin Geschäftsstellen und produzierte verschiedene Flugblätter und -schriften, die auch illegal in der DDR verbreitet wurden. Wichtigstes Publikationsorgan war das monatlich herausgegebene Mitteilungsblatt ›Die Freiheitsglocke‹, in dem regelmäßig Aufenthaltsmeldungen und Suchanzeigen über politische Häftlinge in der DDR veröffentlicht wurden. Darüber hinaus veranstaltete die VOS auf dem Gebiet der Bundesrepublik und in Westberlin zahlreiche Kundgebunden, Gedenkveranstaltungen und Vorträge.

Vereinigung politischer Ostflüchtlinge
s. Kampfgruppe gegen Unmenschlichkeit

Vereinigung der Verfolgten des Naziregimes (VVN)
Die VVN ging 1946 aus den auf regionaler Ebene entstandenen Ausschüssen der »Opfer des Faschismus« hervor, deren Hauptaufgabe die wirtschaftliche, soziale und gesundheitliche Betreuung der vom NS-Regime aus politischen oder rassischen Gründen Verfolgten war. Die Gründung der Vereinigung der Verfolgten des Naziregimes erfolgte im Februar 1947 in der Sowjetischen Besatzungszone, einen Monat später wurde in Frankfurt a.M. der Gesamtdeutsche Rat der VVN gebildet. Zu diesem Zeitpunkt waren in den verschiedenen Landesausschüssen rund 250000 Opfer der NS-Diktatur organisiert.
Nach der Gründung zweier selbständiger Staaten lief die Entwicklung der als gesamtdeutsch konzipierten Vereinigung zunehmend auseinander. Im Oktober 1949 beschloß der Rat der VVN die Bildung eines Westdeutschen Büros in Frankfurt a.M. Die damit aber noch nicht erfolgte organisatorische Trennung und die enge ideologische Anlehnung an die SED bzw. KPD führten dazu, daß die VVN in der Bundesrepublik als »radikale Organisation« eingestuft und behandelt wurde. Im September 1950 wurden VVN-Mitglieder von der Arbeit im öffentlichen Dienst ausgeschlossen, im August 1951 wurde das Büro in Frankfurt a.M. geschlossen. Darüber hinaus gründeten die CDU mit dem *Bund der Verfolgten des Nazi-Regimes* und die SPD mit der *Arbeitsgemeinschaft verfolgter Sozialdemokraten* eigene Organisationen, was zu einer Aufsplitterung der Mitgliedschaft der VVN führte. Im Januar 1952 wurde auf einer Delegiertenkonferenz in Krefeld eine eigenständige Zentrale Leitung der VVN für das Gebiet der Bundesrepublik unter dem Vorsitz von Marcel Frenkel gewählt.
Die Vereinigung beteiligte sich mit großem Engagement und finanziellem Aufwand am Widerstand gegen General- und EVG-Vertrag, Wehrbeitrag und Atombewaffnung sowie gegen die »Notstandsgesetze«. Obwohl die Aktionen der VVN kaum Widerhall in der Bevölkerung fanden, wurde 1953 ihre Tätigkeit in einigen Bundesländern verboten, die Geschäftsstelle der Zentralen Leitung wurde geschlossen. Marcel Frenkel wurde 1955 wegen des Verdachts auf »Hochverrat« verhaftet, die Anklage jedoch später fallengelassen. Die VVN der Bundesrepublik gab in der Zeit des Kalten Krieges eine Vielzahl von Publikationen vor allem zum Thema der Vergangenheitsbewältigung, aber auch zu aktuellen politischen Fragen heraus.
In der DDR entwickelte sich die VVN ab 1950 unter dem maßgeb-

lichen Einfluß von Ottomar Geschke und Franz Dahlem zunehmend zu einer »Kaderorganisation« der SED. Das führte zu Konflikten zwischen kommunistischen und nichtkommunistischen Mitgliedern, in deren Folge vor allem NS-Opfer jüdischer Herkunft aus der VVN austraten oder in die Bundesrepublik übersiedelten. Darüber hinaus wurden die Aktivitäten der Vereinigung durch interne Auseinandersetzungen behindert, etwa durch die von der SED inszenierte Kampagne gegen den »Sozialdemokratismus«, die Kontroverse über die Rolle der »Westemigranten« oder über die parteioffizielle Haltung zur »Slansky-Affaire«.
Die in der DDR für Januar 1953 geplante Hauptkonferenz wurde ohne nähere Begründung ausgesetzt. Einen Monat später erfolgte die Selbstauflösung der VVN; an deren Stelle trat das am 21. Februar 1953 gegründete *Komitee der antifaschistischen Widerstandskämpfer der DDR*. Hauptfeld der politischen Propagandatätigkeit des Komitees wurde nun die Anprangerung der unzulänglichen Aufarbeitung faschistischer Vergangenheit und des Auftauchens ehemaliger Nazis an führenden Positionen in Politik und Wirtschaft der Bundesrepublik.

Volksbund für Frieden und Freiheit (VFF)

Die von Anfang an extrem antikommunistisch ausgerichtete Organisation konstituierte sich im Januar 1950 in Hamburg. Ein Initiator der Gründung und langjähriger Frontmann des Bundes war Dr. Eberhard Taubert, der seine Erfahrungen mit antikommunistischer Propagandatätigkeit als Ministerialrat in Goebbels' Reichspropagandaministerium gesammelt hatte. Erklärtes Ziel des Volksbundes für Frieden und Freiheit war die »Wiederherstellung eines freien Gesamtdeutschlands im Rahmen der antibolschewistischen Weltfront« – so Hans Edgar Jahn, Mitinitiator des VFF und späterer Geschäftsführer der *Arbeitsgemeinschaft demokratischer Kreise*. Der VFF wurde vom Bundesministerium für gesamtdeutsche Fragen zunächst mit einem Jahresetat von 700 000 DM gefördert, ab 1957 überstiegen die Zuwendungen die Millionengrenze. Im Gegensatz zu UfJ und KgU wirkte der VFF nicht unmittelbar in die DDR hinein, sondern richtete seine Attacken zumeist gegen verständigungs- und kooperationsbereite Kräfte in der Bundesrepublik. Firmen, die mit der DDR Handel trieben, wurden unter dem Slogan »Verrat bringt Tod« mit Klebezetteln und Schmähbriefen überhäuft. Die Bevölkerung wurde aufgerufen, »Ostprodukte« jeder Art zu boykottieren. Im September 1952 organisierte der Volksbund anläßlich des Besuches einer Volkskammerdelegation in Bonn eine Anti-DDR-Demonstration. Darüber hinaus trat der VFF mit einer Unmenge von Plakaten, Flugschriften und Broschüren an die Öffentlichkeit. Mehrere Organisationen, die sich unter humanitärem Aushängeschild mit Flüchtlingen und politisch Verfolgten aus kommunistischen Ländern beschäftigten, waren dem Volksbund angeschlossen.
Als 1955 in der bundesdeutschen Presse die Vergangenheit Tauberts aufgerollt wurde, mußte sich der Alt-Nazi vom Vorsitz des VFF zurückziehen. In der Folge erlahmten die Aktivitäten des Bundes merklich bzw. verloren an polemischer Schärfe und Aggressivität. Taubert selbst veröffentlichte 1956 ein »Antikommunistisches Manifest« und zog 1959 mit einer Wanderausstellung ›40 Jahre Kommunismus‹ durch die Bundesrepublik.

Volkskongressbewegung

s. Deutscher Volkskongress

Westdeutscher Arbeitsausschuß der Nationalen Front

s. Nationale Front des Demokratischen Deutschland

Zentralvereinigung der Nachkriegsemigranten aus der UdSSR (ZOPE)

Die Vereinigung wurde im November 1952 von einer Gruppe Angehöriger der sowjetischen Besatzungstruppen um den ehemaligen SMAD-Offizier Gregory Klimow, die in die Bundesrepublik geflohen waren, gegründet. Die Gründungskonferenz rief die Völker des Westens auf, aktiv die Vorbereitung einer »antikommunistischen Revolution« zu unterstützen. Im April 1954 wurde auf einer Kundgebung in Westberlin mit dem ›Manifest des Neuen Rußland‹ das programmatische Dokument der ZOPE vorgelegt. Ihr Hauptbetätigungsfeld in Deutschland sahen die Emigranten im Einwirken auf die in der DDR stationierten Einheiten der Sowjetarmee. Millionen von Flugblättern in russischer Sprache wurden in den 50er Jahren mittels Ballons über sowjetischen Militäreinrichtungen abgeworfen.
Seit 1953 unterhielt die ZOPE in München eine »Schule des antikommunistischen Kampfes«; 1954 wurden Filialen in den USA und verschiedenen Ländern Westeuropas und Südamerikas gegründet. Finanziert wurde die Emigrantenvereinigung überwiegend von privaten Organisationen wie der ›Gesellschaft amerikanischer Freunde der Freiheit Rußlands‹ und der ›Tolstoi-Stiftung‹. Vorsitzender der ZOPE war von der Gründung bis 1958 Gregory Klimow, danach Theodor Lebedjew. Hauptsitz der Organisation war München, ein Büro befand sich in Westberlin. Die ZOPE gab 1955 bis 1957 die Zweimonatsschrift ›Der Antikommunist‹, ab 1958 in unverändert scharfer antikommunistischer Diktion die ›Freie Rundschau‹ heraus. Mit der Einstellung der Publikationstätigkeit im April 1962 verschwand die ZOPE aus dem Blickfeld der Öffentlichkeit.

Literaturverzeichnis

Das Literaturverzeichnis ist nach Themengruppen geordnet. Innerhalb einer Gruppe stehen die Titel in alphabetischer Reihenfolge nach Autorennamen; Sachtitel sind eingeordnet. Eine gelegentliche Ausnahme bilden biographische Titel zu einer Person wie z B. Konrad Adenauer; sie werden hinter den Namen der behandelten Personen nach dem Erscheinungsjahr angeführt. Die thematische Untergliederung wurde nach den folgenden Schlagworten vorgenommen: *Handbücher und Nachschlagewerke - der Globalkonflikt - die Deutschlandfrage* (Allgemeines / BRD / DDR / Berlin) - *Parteien, Gewerkschaften, Verbände, außerparlamentarische Opposition - Kunst- und Kulturgeschichte* (Allgemeines / Mittel und Methoden von Propaganda / Presse, Rundfunk, Film / Ausstellungskataloge).

Handbücher und Nachschlagewerke

Autorenkollektiv - Die gesellschaftlichen Organisationen in der DDR. Stellung, Wirkungsrichtungen und Zusammenarbeit mit dem sozialistischen Staat, Berlin/DDR 1980

Bartel, Horst u.a. - Wörterbuch der Geschichte, 2 Bde, Berlin/DDR 1983

DDR Handbuch, hg. v. Bundesministerium für innerdeutsche Beziehungen, wissensch. Leitung: Hartmut Zimmermann unter Mitarbeit von Horst Ulrich und Michael Fehlauer; Bd. 1 A-L; Bd. 2 M-Z, 3. überarb. u. erw. Auflage, Köln 1985

Deutsche Demokratische Republik. Handbuch, Leipzig 1979

Deutsche Geschichte in Daten, hg. v. Institut für Geschichte der Deutschen Akademie der Wissenschaften zu Berlin, Berlin/DDR 1967

Dobias, Tibor und Autorenkollektiv - Militärgeschichte der BRD. Abriß, 1949 bis zur Gegenwart, Schriften des Militärgeschichtlichen Instituts der DDR, Berlin/DDR 1989

Donat, Helmut / Holl, Karl (Hg.) - Die Friedensbewegung. Organisierter Pazifismus in Deutschland, Österreich und der Schweiz (Hermes Handlexikon), Düsseldorf 1983

Fischer, Alexander / Katzer, Nikolaus (Hg.) - Ploetz: Die Deutsche Demokratische Republik. Daten - Fakten - Analysen, Freiburg/Würzburg 1988

Geschichte der internationalen Arbeiterbewegung in Daten, hg. v. Institut für Marxismus-Leninismus beim ZK der SED, Berlin/DDR 1986

Handbuch sozialdemokratischer Politik, hg. v. Vorstand der SPD in Bonn, Bonn 1953

Hirsch, Kurt - Rechts von der Union. Personen, Organisationen, Parteien seit 1945. Ein Lexikon, München 1989

Meyer, Thomas / Klär, Karl-Heinz / Miller, Susanne / Novy, Klaus / Timmermann, Heinz (Hg.) - Lexikon des Sozialismus, Köln 1972

Nikel, Ulrike (Hg.) - Politiker der Bundesrepublik Deutschland. Persönlichkeiten des politischen Lebens seit 1949 von A bis Z, Düsseldorf 1985

Pollmann, Bernhard - Daten zur Geschichte der Deutschen Demokratischen Republik, ECON Handbuch, Düsseldorf 1984

Röhring, Hans-Helmut / Sontheimer, Kurt (Hg.) - Handbuch des deutschen Parlamentarismus. Das Regierungssystem der Bundesrepublik in 270 Stichworten, München 1970

Röhring, Hans Helmut / Sontheimer, Kurt (Hg.) - Handbuch des politischen Systems der Bundesrepublik Deutschland, 2. Aufl., München 1978

SBZ-Handbuch. Staatliche Verwaltungen, Parteien, gesellschaftliche Organisationen und ihre Führungskräfte in der Sowjetischen Besatzungszone Deutschlands 1945-1949, hg. v. Martin Broszat und Hermann Weber, München 1990

Stöss, Richard (Hg.) - Parteien Handbuch. Die Parteien der Bundesrepublik Deutschland 1945-1980, 2 Bde, Opladen 1983/84

Sowjetsystem und demokratische Gesellschaft. Eine vergleichende Enzyklopädie, 6 Bände, Freiburg/Basel/Wien 1966-72

Wörterbuch der Aussenpolitik und des Völkerrechts, hg. v. Institut für Internationale Beziehungen an der Akademie für Staats- und Rechtswissenschaft der DDR, Berlin/DDR 1980

Der Globalkonflikt

Adomeit, Hannes - Die Sowjetmacht in internationalen Krisen und Konflikten. Verhaltensmuster, Handlungsprinzipien, Bestimmungsfaktoren, m. e. Vorwort v. Richard Löwenthal, Baden-Baden 1983

Autorenkollektiv der Militärpolitischen Akademie ›W.I. Lenin‹ - Die moderne imperialistische Kriegsideologie, Übersetzung aus dem Russischen, hg. im Verlag des Ministeriums für Nationale Verteidigung, Berlin/DDR 1960

Barnet, Richard J. - Allies: America, Europe, Japan since the War, London 1984

Bonwetsch, Bernd - Kalter Krieg als Innenpolitik: Überlegungen zu innenpolitischen Bedingungen des Ost-West-Konflikts nach 1945, in: Stadtverfassung, Verfassungsstaat, Pressepolitik. Festschrift für Eberhard Naujoks zum 65. Geburtstag, Sigmaringen 1980, S. 230-249

Der Antikommunist. Zeitschrift für Aktive Freiheitspolitik, hg. v. Zentralvereinigung der Nachkriegsemigranten aus der UdSSR (ZOPE), München, Heft 1/1955 bis Heft 14/Dezember 1957; danach weitergeführt unter dem Titel: »freie rundschau. Zeitschrift für aktive Freiheitspolitik«

Hodos, Georg Hermann - Schauprozesse. Stalinistische Säuberungen in Osteuropa 1948-54, Berlin 1990

Kahn, Helmut Wolfgang - Der Kalte Krieg. Bd. 1: Spaltung und Wahn der Stärke 1945-1955 (1986); Bd. 2: Alibi für das Rüstungsgeschäft 1955-1973 (1987); Bd. 3: Die Nemesis 1973 bis heute (1988), Köln 1986ff

Kennan, George F. - Memoiren eines Diplomaten, m.e. Vorwort von Klaus Mehnert, München 1971

Kuster, Bruno / Zilkenat, Reiner - Die Strategie des kalten Krieges und ihre Erfinder, hg. v. Parteivorstand der Sozialistischen Einheitspartei Westberlins, Berlin 1982

LaFeber, Walter - America, Russsia, and the Cold War 1945-1980, 4th ed., New York/Chichester u.a. 1980

Link, Werner - Das Konzept der friedlichen Kooperation und der Beginn des Kalten Krieges (Mannheimer Schriften zur Politik und Zeitgeschichte 2), Düsseldorf 1971

Link, Werner - Der Ost-West-Konflikt. Die Organisation der internationalen Beziehungen im 20. Jahrhundert, 2. überarb u. erw. Auflage, Stuttgart/Berlin/Köln/Mainz 1988

Löwenthal, Richard - Weltpolitische Betrachtungen. Essays aus zwei Jahrzehnten, hg. u. eingel. v. Heinrich August Winkler, Göttingen 1983

Loth, Wilfried - Die Teilung der Welt 1941-1955. Geschichte des Kalten Krieges, München (8. Aufl.) 1990

Loth, Wilfried - Die doppelte Eindämmung. Überlegungen zur Genesis des Kalten Krieges 1945-1947, in : Historische Zeitschrift 238 (1984), S. 611-631

Loth, Wilfried - Das Ende der Nachkriegsordnung, in : Aus Politik und Zeitgeschichte Bd. 18/91, 26. April 1991, S. 3-10

Murphy, Robert - Diplomat unter Kriegern. Zwei Jahrzehnte Weltpolitik in besonderer Mission, Berlin 1965

Quarthal, Franz / Setzler, Wilfried (Hg.) - Stadtverfassung, Verfassungsstaat, Pressepolitik. Festschrift für Eberhard Naujoks zum 65. Geburtstag, Sigmaringen 1980

Révész, Laszlo - Die Liquidierung der Sozialdemokratie in Osteuropa, Bern 1971

Schlangen, Walter - Die Totalitarismus-Theorie. Entwicklung und Probleme, Stuttgart/Berlin/Köln/Mainz 1976

Yergin, Daniel - Shatterd Peace. The Origins of the Cold War and the National Security State, Boston 1977

Deutschland und Europa

Allgemeines:

Bender, Peter - Deutsche Parallelen. Anmerkungen zu einer gemeinsamen Geschichte zweier getrennter Staaten, Berlin 1989

Benz, Wolfgang - Potsdam 1945: Besatzungsherrschaft und Neuaufbau im Vier-Zonen-Deutschland (dtv - Deutsche Geschichte der neuesten Zeit), München 1986

Birke, Adolf M. - Nation ohne Haus. Deutschland 1945-1961, Die Deutschen und ihre Nation, Bd. 6, Berlin 1989

Burchett, Wilfred G. - Cold War in Germany, Melbourne 1950

Clay, Lucius D. - Germany and the Figth for Freedom, Cambridge 1950 (dt. Ausg.: Entscheidung in Deutschland, Frankfurt a.M. o.J.)

Daniel, Ute - Dollardiplomatie in Europa. Marshallplan, kalter Krieg und US-Außenwirtschaft 1945-52, Düsseldorf 1982

Diepenthal, Wolfgang - Drei Volksdemokratien. Ein Konzept kommunistischer Machtstabilisierung und seine Verwirklichung in Polen, der Tschechoslowakei und der Sowjetischen Besatzungszone Deutschlands, 1944 - 1948, Köln 1974

Finn, Gerhard/Julius, Liselotte (Hg.) - Von Deutschland nach Deutschland. Zur Erfahrung der inneren Übersiedlung, Köln 1983

Foschepoth, Josef (Hg.) - Kalter Krieg und Deutsche Frage. Deutschland im Widerstreit der Mächte 1945-1952, Göttingen/Zürich 1985

Greiffenhagen, Martin / Greiffenhagen, Sylvia - Ein schwieriges Vaterland. Zur politischen Kultur Deutschlands, München 1979

Grosser, Alfred - Geschichte Deutschlands seit 1945. Eine Bilanz, München 1974

Grosser, Alfred – Versuchte Beeinflussung. Zur Kritik und Ermunterung der Deutschen, Aufsätze und Ansprachen 1975 – 1980, München 1981

Grosser, Alfred – Mit Deutschen streiten. Aufforderungen zur Wachsamkeit, München 1987

Hauser, Oswald (Hg.) – Das geteilte Deutschland in seinen internationalen Verflechtungen, 15 Vorträge, Göttingen/Zürich 1987

Kahn, Helmut Wolfgang – Die Deutschen und die Russen. Geschichte ihrer Beziehungen, Köln 1984

Kleßmann, Christoph – Die doppelte Staatsgründung. Deutsche Geschichte 1945-1955, Göttingen 1982

Kleßmann, Christoph – Zwei Staaten, eine Nation. Deutsche Geschichte 1955-1970, Göttingen 1988

Klönne, Arno – Zurück zur Nation. Kontroversen zu deutschen Fragen, Köln 1984

Kopp, Fritz – Chronik der Wiederbewaffnung in Deutschland. Daten über Polizei und Bewaffnung 1945-1958. Rüstung der Sowjetzone – Abwehr des Westens, Köln 1958

Krieger, Wolfgang – General Lucius D. Clay und die amerikanische Deutschlandpolitik 1945-1949, Stuttgart 1987

Loth, Wilfried – Geschichte Frankreichs im 20. Jahrhundert, Stuttgart/Berlin/Köln/Mainz 1987

Loth, Wilfried – Ost-West-Konflikt und deutsche Frage. Historische Ortsbestimmungen, München 1989

Lüth, Paul – Bürger und Partisan. Über den Widerstand gestern, heute und morgen, Frankfurt a.M. 1951

Mayer, Hans – Ein Deutscher auf Widerruf. Erinnerungen, 2. Bde, Frankfurt a.M 1982 u. 1984

Nawrocki, Joachim – Die Beziehungen zwischen den beiden Staaten in Deutschland. Entwicklungen, Möglichkeiten und Grenzen, Berlin 1988

Nolte, Ernst – Deutschland und der Kalte Krieg (zuerst München/Zürich 1974), 2. neu bearbeitete Auflage, Stuttgart 1985

Ranke, Winfried – Deutsche Geschichte kurz belichtet. Photoreportagen von Gerhard Gronefeld 1937 – 1965, Berlin 1991

Rürup, Reinhard (Hg.) – Der Krieg gegen die Sowjetunion 1941-1945. Eine Dokumentation, Berlin 1991

Warburg, James P. – Germany: Bridge or Battleground, New York 1947

Weidenfeld, Werner / Zimmermann, Hartmut (Hg.) – Deutschland-Handbuch. Eine doppelte Bilanz 1949 – 1989, München 1989

Wettig, Gerhard – Entmilitarisierung und Wiederbewaffnung in Deutschland 1943-1955. Internationale Auseinandersetzungen um die Rolle der Deutschen in Europa, München 1967

BRD:

Abelshauser, Werner – Zur Entstehung der Magnettheorie in der Bundesrepublik. Ein Bericht von Hans Schlange-Schöningen über einen Staatsbesuch in Thüringen im Mai 1946, in: VfZ 27/1979, S. 661-79

Adenauer, Konrad:

Pütz, Helmuth (Hg.) – Konrad Adenauer und die CDU der Britischen Besatzungszone 1946-1949. Dokumente zur Gründungsgeschichte der CDU Deutschlands, Bonn 1975

Kriegsende und Neuanfang am Rhein. Konrad Adenauer in den Berichten des Schweizer Generalkonsuls Franz-Rudolph v. Weiss, 1944-1945, hg. v. Hanns Jürgen Küsters und Hans Peter Mensing, München 1986

Schwarz, Hans-Peter – Adenauer, Bd. 1: Der Aufstieg: 1876-1952; Bd. 2: Der Staatsmann: 1952-1967, Stuttgart 1986, 1991

Bahr, Egon:

Staffa, Rangmar – Egon Bahr. Der geheime Diener, Landshut 1974

Schröder, Karsten – Egon Bahr, m.e. Beitrag v. Günter Grass, Rastatt 1988

Badstübner, Rolf / Lange, Harald – Das Wiedererstehen des Militarismus in Westdeutschland (1945-1960). Dokumente und Materialien, Berlin/DDR 1962

Bänsch, Dieter (Hg.) – Die Fünfziger Jahre. Beiträge zu Politik und Kultur, Tübingen 1985

Bärwald, Helmut/Scheffler, Herbert – Partisanen ohne Gewehr. Funktion, Methoden und Argumente kommunistischer Infiltration, Köln 1967

Bartels, Wolfgang – Philipp Müller. Der Polizeimord in Essen, hg. v. Bundesvorstand der Sozialistischen Deutschen Arbeiterjugend (SDAJ), Dortmund 1977

Bender, Peter – Neue Ostpolitik. Vom Mauerbau bis zum Moskauer Vertrag (dtv – Deutsche Geschichte der neuesten Zeit), München 1986

Benz, Wolfgang (Hg) – Die Bundesrepublik Deutschland, 3 Bde, Frankfurt a.M. 1983

Benz, Wolfgang – Die Gründung der Bundesrepublik. Von der Bizone zum souveränen Staat (dtv – Deutsche Geschichte der neuesten Zeit), München 1984

Benz, Wolfgang (Hg) - Neuanfang in Bayern 1945 bis 1949. Politik und Gesellschaft in der Nachkriegszeit, München 1988

Benz, Wolfgang - Vom Besatzungsregime zur Bundesrepublik. Zeitgeschichte zwischen Kapitulation und Grundgesetz, in: Glaser/Pufendorf/ Schöneich - ›Soviel Anfang war nie‹, Berlin 1989, S. 25-33

Brandt, Willy:

Brandt, Willy / Lania, Leo (Bearb.) - Mein Weg nach Berlin, aufgezeichnet von Leo Lania, München 1960

Koch, Peter - Willy Brandt. Eine politische Biographie, unter wiss. Mitarbeit von Klaus Körner, Berlin/Frankfurt a.M. 1988

Brandt, Willy - Erinnerungen, Berlin/Frankfurt a.M/Zürich 1989

Braunbuch - Kriegs- und Naziverbrecher in der Bundesrepublik: Staat, Wirtschaft, Armee, Verwaltung, Justiz, Wissenschaft, hg. v. Nationalrat der Nationalen Front des demokratischen Deutschland u. v. Dokumentationszentrum der Staatlichen Archivverwaltung der DDR, Berlin 1965

Brünneck, Alexander von - Politische Justiz gegen Kommunisten in der Bundesrepublik Deutschland 1949-1968, Frankfurt 1978

Bruns, Wilhelm - Von der Deutschlandpolitik zur DDR-Politik? Prämissen, Probleme, Perspektiven, Opladen 1989

Clay, Lucius D.:

Clay, Lucius D. - Germany and the Figth for Freedom, Cambridge 1950 (dt. Ausg.: Entscheidung in Deutschland, Frankfurt a.M. o.J.)

Smith, Jean Edward (Hg.) - The Papers of General Lucius D. Clay: Germany 1945-1949, Bd. 1: 1945-47; Bd. 2: 1948/49, Bloomington/ London 1974

Backer, John H. - Die deutschen Jahre des General Clay. Der Weg zur Bundesrepublik 1945-1949, München 1983

Krieger, Wolfgang - General Lucius D. Clay und die amerikanische Deutschlandpolitik 1945-1949, Stuttgart 1987

Deutschland und das Europäische Wiederaufbauprogramm. Die wichtigsten Dokumente, hg. v. Economic Cooperation Administration, Office of the Special Mission to Germany, Frankfurt, Frankfurt a. M. um 1949

Die Alternative unserer Zeit. Auseinandersetzung der Sozialdemokratie mit dem Kommunismus, hg. v. Vorstand der Sozialdemokratischen Partei Deutschlands, Bonn 1960

Dohse, Rainer - Der dritte Weg. Neutralitätsbestrebungen in Westdeutschland zwischen 1945 und 1955, Hamburg 1974

Ellwein, Thomas - Krisen und Reformen. Die Bundesrepublik seit den sechziger Jahren (dtv - Deutsche Geschichte der neuesten Zeit), München 1989

From Ribbentrop to Adenauer. A Documentation on the West German Foreign Office, Published by the Ministry of Foreign Affairs of the German Democratic Republic, November 1961, Berlin/DDR 1961

Funke, Hajo (Hg.) - Von der Gnade der geschenkten Nation. Zur politischen Moral der Bonner Republik, Berlin 1988

Gimbel, John - Amerikanische Besatzungspolitik in Deutschland 1945-1949, Frankfurt a.M. 1971

Giordano, Ralph - Die zweite Schuld oder: Von der Last, Deutscher zu sein, Hamburg 1987

Glaser, Hermann - Kulturgeschichte der Bundesrepublik Deutschland, 3 Bde, München 1985-89

Globke, Hans:

Strecker, Reinhard-M. (Hg.) - Dr. Hans Globke: Aktenauszüge, Dokumente, Hamburg 1961

Globke - Der Bürokrat des Todes. Eine dreisprachige Dokumentation über die Blutschuld des höchsten Bonner Staatsbeamten bei der Ausrottung der Juden, hg. v. Ausschuss für Deutsche Einheit, o.O. (1962)

Urteil des Obersten Gerichts der DDR gegen Dr. Hans Globke. Urteil vom 23. Juli 1963 - 1 Zst (I) 1/63, in: Neue Justiz, Zeitschrift für Recht und Rechtswissenschaft, 17/1963, Nr. 15 (1. Augustheft), S. 449-512a

Im Namen der Völker - Im Namen der Opfer ... Auszüge aus dem Protokoll des Prozesses gegen den Bonner Staatssekretär Hans Globke vor dem 1. Strafsenat des Obersten Gerichts der Deutschen Demokratischen Republik vom 8.- 23. Juli in Berlin, Typoskript, hg. v. Pressezentrum Globke-Prozeß Berlin, Berlin 1963

Hafner, Georg M. / Jacoby, Edmund (Hg.) - Die Skandale der Republik, Hamburg 1990

Heinemann, Gustav W. - Verfehlte Deutschlandpolitik: Irreführung und Selbsttäuschung, Artikel und Reden, Frankfurt a.M. 1966

Herbst, Ludolf - Option für den Westen. Vom Marshallplan bis zum deutsch-französischen Vertrag (dtv - Deutsche Geschichte der neuesten Zeit), München 1989

Huster, Ernst-Ulrich / Kraiker, Gerhard / Scherer, Burkhard / Schlotmann, Friedrich-Karl / Welteke, Marianne - Determinanten der westdeutschen Restauration 1945-1949, Frankfurt a.M. 1972

Jacobsen, Hans-Adolf / Stenzl, Otto (Hg.) - Deutschland und die Welt. Zur Außenpolitik der Bundesrepublik 1949-1963, München 1964

Jahn, Hans - Ein Blick hinter den ›Eisernen Vorhang‹. Gefahr aus dem Osten!, von Hans Jahn, Erster Vorsitzender der Gewerkschaft der Eisenbahner Deutschlands, den Delegierten des 2. Kongresses des Internationalen Bundes Freier Gewerkschaften in Mailand vom 4. bis 12. Juli 1951 überreicht, Frankfurt a.M. 1951

Jahn, Hans Edgar - Für und gegen den Wehrbeitrag. Argumente und Dokumente, Köln 1957

Jahn, Hans Edgar - Vertrauen, Verantwortung, Mitarbeit. Eine Studie über Public-relations-Arbeit in Deutschland, Oberlahnstein 1953

Jahn, Hans Edgar - An Adenauers Seite. Sein Berater erinnert sich, München 1987

John, Otto - Zweimal kam ich heim. Vom Verschwörer zum Schützer der Verfassung, Düsseldorf/Wien 1969

Kade, Gerhard - Die Bedrohungslüge. Zur ›Legende von der Gefahr aus dem Osten‹, Berlin/DDR 1981

Klett, Roderich / Pohl, Wolfgang (Hg.) - Stationen einer Republik, Stuttgart 1979

Koch, Diether - Heinemann und die Deutschlandfrage, München 1972

Kopp, Fritz - Chronik der Wiederbewaffnung in Deutschland. Daten über Polizei und Bewaffnung 1945-1958. Rüstung der Sowjetzone - Abwehr des Westens, Köln 1958

Die Kriegs- und Menschlichkeitsverbrechen des Bonner Staatssekretärs Vialon, Typoskript, hg. v. Nationalrat der Nationalen Front des Demokratischen Deutschland, Berlin, 11. Februar 1965, Berlin/DDR 1965

Kroll, Hans - Lebenserinnerungen eines Botschafters, Köln/Berlin 1967

Kuby, Erich - Aus schöner Zeit. Vom Carepaket zur Nachrüstung: der kurze deutsche Urlaub, Hamburg 1984

Lenz, Otto - Im Zentrum der Macht. Das Tagebuch von Staatssekretär Otto Lenz 1951-1953, Bearb. von Klaus Gotto u. a., Düsseldorf 1989

Löwenthal, Richard - Vom kalten Krieg zur Ostpolitik, Stuttgart 1974

Loth, Wilfried - Der Koreakrieg und die Staatswerdung der Bundesrepublik, in: Foschepoth, J. - Kalter Krieg und die Deutsche Frage, Göttingen/Zürich 1985, S. 335-361

Monopole - Militarismus - Massenmord. Eine Auswahl von Beiträgen über die Militarisierung der Westzonen, hg. im Verlag des Ministeriums für Nationale Verteidigung, Berlin/DDR 1959

Nikel, Ulrike (Hg.) - Politiker der Bundesrepublik Deutschland. Persönlichkeiten des politischen Lebens seit 1949 von A bis Z, Düsseldorf 1985

Nollau, Günther - Wie sicher ist die Bundesrepublik?, München 1978

Norden, Albert - Das ganze System ist braun. Kriegs- und Naziverbrecher in der Bundesrepublik. Rede, gehalten auf der internationalen Pressekonferenz am 2. Juli 1965 in Berlin anläßlich der Übergabe des Braunbuches ›Kriegs- und Naziverbrecher in der Bundesrepublik‹, Berlin/DDR 1965

Der Oberländer-Prozess. Gekürztes Protokoll der Verhandlung vor dem Obersten Gericht der Deutschen Demokratischen Republik vom 20.- 27.4. 1960, hg. v. Ausschuss für deutsche Einheit, Berlin/DDR 1960

Röhrich, Wilfried - Die Demokratie der Westdeutschen. Geschichte und politisches Klima einer Republik, München 1988

Röhrich, Wilfried - Die verspätete Nation. Zur politischen Kultur der Bundesrepublik Deutschland, Köln 1983

Rüss, Gisela - Anatomie einer politischen Verwaltung. Das Bundesministerium für gesamtdeutsche Fragen - Innerdeutsche Beziehungen 1949-1970, München 1973

Rupp, Hans Karl - Politische Geschichte der Bundesrepublik Deutschland. Entstehung und Entwicklung. Eine Einführung, Stuttgart/Berlin/Köln/Mainz 1978

Scheel, Walter (Hg.) - Die andere deutsche Frage. Kultur und Gesellschaft der Bundesrepublik Deutschland nach dreißig Jahren, Stuttgart 1981

Schubert, Klaus von - Wiederbewaffnung und Westintegration. Die innere Aueinandersetzung um die militärische und außenpolitische Orientierung der Bundesrepublik 1950-1952; Schriftenreihe der Vierteljahreshefte für Zeitgeschichte Nr. 20, Stuttgart 1970

Schwarz, Hans-Peter - Vom Reich zur Bundesrepublik. Deutschland im Widerstreit der außenpolitischen Konzeptionen in den Jahren der Besatzungsherrschaft 1945-1949, Neuwied/Berlin 1966

Schumacher, Kurt:

Edinger, Lewis J. - Kurt Schumacher. Persönlichkeit und politisches Verhalten, Köln/Opladen 1967

Ritzel, Heinrich G. - Kurt Schumacher in Selbstzeugnissen und Bilddokumenten, Reinbek 1972

Scholz, Günther - Kurt Schumacher, Düsseldorf 1988

Speidel, Hans - Aus unserer Zeit. Erinnerungen, Berlin/Frankfurt a.M./Wien 1977

Streit, Christian - Keine Kameraden. Die Wehrmacht und die sowjetischen Kriegsgefangenen 1941-1945, Studien zur Zeitgeschichte hg. v. Institut für Zeitgeschichte, Bd. 13, Stuttgart 1978

Teller, Hans - Der Kalte Krieg gegen die DDR von seinen Anfängen bis 1961, Berlin 1979

Thape, Ernst - Von Rot zu Schwarz-Rot-Gold. Lebensweg eines Sozialdemokraten, Hannover 1969

Thomas, Siegfried - Der Weg in die NATO. Zur Integrations- und Remilitarisierungspolitik der BRD 1949-1955, Berlin/DDR 1978

Tönnies, Norbert - Der Weg zu den Waffen. Die Geschichte der deutschen Wiederbewaffnung 1949-1957, m. e. Vorw. von Bundesminister für Verteidigung Franz Josef Strauß, Köln 1957

Thränhardt, Dietrich - Geschichte der Bundesrepublik Deutschland, edition suhrkamp NF Bd. 267, Neue Historische Bibliothek, hg. v. H. U. Wehler, Frankfurt a.M. 1986

Walde, Thomas - ND-Report. Die Rolle der geheimen Nachrichtendienste im Regierungssystem der Bundesrepublik, München 1971

Weber, Jürgen (Hg.) - Die Republik der fünfziger Jahre. Adenauers Deutschlandpolitik auf dem Prüfstand, München 1989

Weizsäcker, Carl Friedrich v. - Die Verantwortung der Wissenschaft im Atomzeitalter, Göttingen 1957

Wieland, G. - Warum General v. Seydlitz erst 1955 aus der Sowjetunion zurückkehrte, in: antiFA 9/1990, S. 16/17

Zolling, Hermann / Höhne, Heinz - Pullach intern, Hamburg 1971

Zwerenz, Gerhard - Der Widerspruch. Autobiographischer Bericht, Frankfurt a.M. 1974

DDR:

Autorenkollektiv - Die gesellschaftlichen Organisationen in der DDR. Stellung, Wirkungsrichtungen und Zusammenarbeit mit dem sozialistischen Staat, Berlin/DDR 1980

Badstübner, Rolf und Autorenkollektiv - Geschichte der Deutschen Demokrtischen Republik, Berlin/DDR 1981

Badstübner, Rolf und Autorenkollektiv - Deutsche Geschichte in zwölf Bänden, Bd. 9: Die antifaschistisch-demokratische Umwälzung, der Kampf gegen die Spaltung Deutschlands und die Entstehung der DDR von 1945 bis 1949, Berlin/DDR 1989

Baring, Arnulf - Der 17. Juni 1953, Köln/Berlin 1965

Barm, Werner - Totale Abgrenzung. Zehn Jahre unter Ulbricht, Honecker und Stoph an der innerdeutschen Grenze. Ein authentischer Bericht, Stuttgart 1971

Benjamin, Hilde und Autorenkollektiv - Zur Geschichte der Rechtspflege in der DDR, Bd. 1: 1945-1949; Bd. 2: 1949-1961, Berlin/DDR 1976, 1980

Bohn, Helmut - Die Aufrüstung in der Sowjetischen Besatzungszone Deutschlands, Bonner Berichte aus Mittel- und Ostdeutschland, hg. v. Bundesministerium für Gesamtdeutsche Fragen, 2. erw. Auflage, Bonn/Berlin 1960

Brandt, Heinz - Ein Traum der nicht entführbar ist. Mein Weg zwischen Ost und West, Berlin 1978

DDR Handbuch, hg. v. Bundesministerium für innerdeutsche Beziehungen, wissensch. Leitung: Hartmut Zimmermann unter Mitarbeit von Horst Ulrich und Michael Fehlauer; Bd. 1 A-L; Bd. 2 M-Z, 3. überarb. u. erw. Auflage, Köln 1985

Deutsche Demokratische Republik: Handbuch, Leipzig 1979

Fischer, Alexander / Katzer, Nikolaus (Hg.) - Ploetz: Die Deutsche Demokratische Republik. Daten - Fakten - Analysen, Freiburg/Würzburg 1988

Fricke, Karl Wilhelm - Warten auf Gerechtigkeit, Köln 1971

Fricke, Karl Wilhelm - Die DDR-Staatssicherheit: Entwicklung, Strukturen, Aktionsfelder (Köln 1982), 3. aktualisierte u. erg. Auflage, Köln 1989

Fricke, Karl Wilhelm - Opposition und Widerstand in der DDR. Ein politischer Report, Köln 1984

Germer, Karl J. – Von Grotewohl bis Brandt. Ein dokumentarischer Bericht über die SPD in den ersten Nachkriegsjahren, Landshut 1974

Gniffke, Erich W. – Jahre mit Ulbricht. Mit einem Vorwort von Herbert Wehner, Köln 1966

Heinrich, Eberhard / Ullrich, Klaus – Befehdet seit dem ersten Tag. Über drei Jahrzehnte Attentate gegen die DDR, Frankfurt a.M. 1981

Herrnstadt, Rudolf – Das Herrnstadt-Dokument: Das Politbüro der SED und die Geschichte des 17. Juni 1953, hg. v. Nadja Stulz-Herrnstadt, Reinbek b. Hamburg 1990

Heym, Stefan – 5 Tage im Juni, Roman, München 1983

Heym, Stefan – Nachruf, München 1988

Kriegsverbrecher und Verbrecher gegen die Menschlichkeit erhielten in der DDR ihre gerechte Strafe, Arbeitsmaterial, hg. v. d. Zentralleitung des Komitees der Antifaschistischen Widerstandskämpfer, (Auszug aus ›Neue Justiz‹ 1982, Heft 7) o. O. [1982]

Kruse, Joachim v. (Hg.) – Weißbuch über die »Demokratische Bodenreform« in der Sowjetischen Besatzungszone Deutschlands. Dokumente und Berichte, erweiterte Neuauflage, München/Stamsried 1988

Lapp, Peter Joachim – Frontdienst im Frieden: Die Grenztruppen der DDR. Entwicklung, Struktur, Aufgaben, 2. überarb. u. aktualisierte Aufl., Koblenz 1987

Lemmer, Ernst – Manches war doch anders. Erinnerungen eines deutschen Demokraten, Frankfurt a.M. 1968

Loest, Erich – Durch die Erde ein Riss. Ein Lebenslauf, Hamburg 1981

Lukas, Richard – Zehn Jahre Sowjetische Besatzungszone. Politik, Wirtschaft, Kultur, Rechtswesen, Mainz/Wiesbaden/Düsseldorf 1955

Maaz, Hans-Joachim – Der Gefühlsstau. Ein Psychogramm der DDR, Berlin 1990

Pollmann, Bernhard – Daten zur Geschichte der Deutschen Demokratischen Republik, ECON Handbuch, Düsseldorf 1984

Richter, Michael – Die Ost-CDU 1948-1952. Zwischen Widerstand und Gleichschaltung (Forschungen zur Zeitgeschichte Bd. 19), 2. Aufl., Düsseldorf 1991

Roth, Karl Heinz / Neumann, Nicolaus / Leib, Hajo – Invasionsziel: DDR. Psychologische Kampfführung vom Kalten Krieg zur neuen Ostpolitik, Hamburg 1971

Schwarze, Hans Werner – Die DDR ist keine Zone mehr, Köln/Berlin 1969

Sontheimer, Kurt / Bleek, Wilhelm – Die DDR: Politik, Gesellschaft, Wirtschaft, 5. erw. u. neubearb. Auflage, Hamburg 1979

Spittmann, Ilse / Fricke, Karl Wilhelm (Hg.) – 17. Juni 1953. Arbeiteraufstand in der DDR, Köln 1982

Spittmann, Ilse (Hg.) – Die SED in Geschichte und Gegenwart, Köln 1987

Staritz, Dietrich – Sozialismus in einem halben Lande. Zur Programmatik und Politik der KPD/SED in der Phase der antifaschistisch-demokratischen Umwälzung in der DDR, Berlin 1976

Stern, Carola – Ulbricht. Eine politische Biographie, Köln/Berlin 1964

Tatsachen und Berichte aus der Sowjetzone, Schriftenreihe hg. v. Vorstand der SPD in Bonn, Bonn o.J. [um 1950]

Waffen- und Geländekunde. Handbuch für die Ausbildung der Kampfgruppen, Berlin/DDR 1957

Weber, Hermann – Geschichte der DDR, München 1985

Weber, Hermann – DDR: Grundriß der Geschichte 1945-1981, 4. überarb. u. erg. Auflage, Hannover 1982

Weber, Hermann (Hg.) – DDR: Dokumente zur Geschichte der Deutschen Demokratischen Republik 1945-1985, München 1986

Weber, Hermann – Die DDR 1945-1986 (Oldenbourg-Grundriss der Geschichte, Bd. 20), München 1988

Woywod, Georg / Heumeyer, Eckhard – Menschenrechte in der DDR und Berlin (Ost). Eine Dokumentation, hg. v.d. Internationalen Gesellschaft für Menschenrechte, Deutsche Sektion e.V., Frankfurt a.M. 1988

Berlin:

Anderhub, Andreas / Bennett, Jack O. – Blockade, Luftbrücke und Luftbrückendank. Zur Geschichte der Krise um Berlin 1948/49, in: Berliner Forum 2/1984, Berlin 1984

Arnold-Forster, Mark – The Siege of Berlin, London 1979 (dt. Ausg. Berlin/Frankfurt a.M. 1980)

Bennett, Jack O. – 40 000 Stunden am Himmel, Berlin/Frankfurt a.M./Wien 1982

Berlin - Chronik der Jahre 1945-1958. Schriftenreihe zur Berliner Zeitgeschichte, hg. i. A. des Senats von Berlin, 8 Bde, Berlin 1959-1974

Berliner Geschichtswerkstatt (Hg.) - Der Wedding, hart an der Grenze. Weiterleben in Berlin nach dem Krieg, Berlin 1987

Berliner Schicksal 1945 - 1952. Zusammengestellt im Auftrage des Senats von Berlin vom Büro für Gesamtdeutsche Fragen, Berlin 1952

Collier, Richard - Bridge across the Sky. The Berlin Blockade and Airlift, 1948-1949, New York/St. Louis u. a. 1978

Der Bau der Mauer durch Berlin. Die Flucht aus der Sowjetzone und die Sperrmaßnahmen des kommunistischen Regimes vom 13. August 1961 in Berlin, hg. v. Bundesministerium für gesamtdeutsche Fragen; faksimilierter Nachdruck der Denkschrift von 1961, zweite durchgesehene Aufl. Bonn/Berlin 1964

Davison, W. Phillips - Die Blockade von Berlin. Modellfall des Kalten Krieges, Frankfurt a. M./Berlin 1959

Fichter, Tilman / Lönnendonker, Siegward - Freie Universität Berlin 1948-1973. Hochschule im Umbruch, Teil I-IV, Berlin 1973-1975

Giangreco, D. M. / Griffin, Robert E. - Airbridge to Berlin. The Berlin Crisis of 1948, its Origins and Aftermath, Novato (Calif.) 1988

Herzfeld, Hans - Berlin in der Weltpolitik 1945-1970, Veröff. der Hist. Kommission zu Berlin, Bd. 38, Berlin/New York 1973

Hurwitz, Harold - Die politische Kultur der Bevölkerung und der Neubeginn konservativer Politik. Demokratie und Antikommunismus in Berlin nach 1945, Band 1, Köln 1983

Jackson, Robert - The Berlin Airlift, Wellingborough 1988

Keiderling, Gerhard - Die Berliner Krise 1948/49. Zur imperialistischen Strategie des Kalten Krieges gegen den Sozialismus und der Spaltung Deutschlands, Berlin 1982

Keiderling, Gerhard - Berlin 1945 - 1986. Geschichte der Hauptstadt der DDR, Berlin/DDR 1987

Krummholz, Walter - Berlin-ABC, unter Mitarbeit von Wilhelm Lutze, Oskar Kruß, Richard Höpfner u. a., hg. i. A. des Presse- und Informationsamtes des Landes Berlin, Berlin/München 1969

Lansing Dulles, Eleanor - Berlin und die Amerikaner, Köln 1967

Prell, Uwe / Wilker, Lothar - Berlin-Blockade und Luftbrücke 1948/49. Analyse und Dokumentation, Berlin 1987

Ranke, Winfried / Jüllig, Carola / Reiche, Jürgen / Vorsteher, Dieter - Kultur, Pajoks und CARE-Pakete. Eine Berliner Chronik, Berlin 1990

Reuter, Ernst:

Harpprecht, Klaus (Hg.) - Ernst Reuter. Ein Leben für die Freiheit. Eine Biographie in Bildern und Dokumenten, München 1957

Hirschfeld, Hans E. / Reichhardt, Hans J. (Hg.) - Ernst Reuter. Aus Reden und Schriften, Berlin 1963

Schwenger, Hannes - Ernst Reuter. Ein Zivilist im Kalten Krieg, München/Zürich 1987

Riklin, Alois - Das Berlinproblem. Historisch-politische und völkerrechtliche Darstellung des Viermächtestatus, Köln 1964

Rühle, Jürgen / Holzweißig, Gunter - 13. August 1961: Die Mauer von Berlin, Edition Deutschland Archiv, Köln 1981

Scholz, Arno - Politik am Kreuzweg. Beiträge aus dem ›Telegraf‹ in den Jahren 1946/47, Berlin 1948

Scholz, Arno - Kreuzwege der Politik. Beiträge aus dem ›Telegraf‹ in den Jahren 1948/49 Berlin 1950

Scholz, Arno - Berlin im Würgegriff, mit einer Zeitchronik der Jahre 1945-1952 und 38 Bildtafeln aus dieser Zeit, Berlin 1953

Schulz, Klaus-Peter - Auftakt zum Kalten Krieg. Der Freiheitskampf der SPD in Berlin 1945/46, Berlin 1965

Shlaim, Avi - The United States and the Berlin Blockade, 1948-1949. A Study in Crisis Decision-Making, Berkeley/Los Angeles/London 1983

Steininger, P. A. u. Autorenkollektiv - Westberlin. Ein Handbuch zur Westberlin-Frage, Berlin/DDR 1959

Tusa, Ann and John - The Berlin Airlift, New York 1988

Wetzlaugk, Udo - Berlin und die deutsche Frage, Köln 1985

Wetzlaugk, Udo - Die Alliierten in Berlin (Politolog. Studien Bd, 33, Sonderaufl. für die Landeszentrale für Polit. Bildungsarbeit Berlin), Berlin 1988

Parteien, Gewerkschaften, Verbände, außerparlamentarische Opposition

Acht Jahre sozialdemokratischer Kampf um Einheit, Frieden und Freiheit. Ein dokumentarischer Nachweis der gesamtdeutschen Haltung der Sozialdemokratie und ihrer Initiativen, hg. v. Vorstand der SPD, Bonn 1953

Autorenkollektiv (Leitung: Hiller, G. u. Sieber, R.) – Quo Vadis SPD, Berlin/DDR 1963

Brelie-Lewien, Doris von der / Grebing, Helga / Schulze, Rainer (Hg.) – Flüchtlinge und Vertriebene in der Westdeutschen Nachkriegsgeschichte. Bilanzierung der Forschung und Perspektiven für die künftige Forschungsarbeit, Quellen und Untersuchungen zur Geschichte Niedersachsens nach 1945, Band 4, Hildesheim 1987

Brelie-Lewien, Doris von der – Zur Rolle der Flüchtlinge und Vetriebenen in der westdeutschen Nachkriegsgeschichte – ein Forschungsbericht, in: Brelie-Lewien/Grebing/Schulze (Hg.) – Flüchtlinge und Vertriebenen in der westdeutschen Nachkriegsgeschichte, Hildesheim 1987, S. 24-45

Brües, Hans-Josef – Artikulation und Repräsentation politischer Verbandsinteressen, dargestellt am Beispiel der Vertriebenenorganisationen, wiso. Diss. Köln 1972, Köln 1972

Deckname Walter – Enthüllungen des ehemaligen Mitarbeiters der sogenannten ›Kampfgruppe gegen Unmenschlichkeit‹, Hanfried Hieke, hg. v. Nationale Front des demokratischen Deutschland, Berlin/DDR 1953

Der Antikommunist. Zeitschrift für Aktive Freiheitspolitik, hg. v. Zentralvereinigung der Nachkriegsemigranten aus der UdSSR (ZOPE), München, Heft 1/1955 bis Heft 14/Dezember 1957; danach weitergeführt unter dem Titel: ›freie rundschau‹, Zeitschrift für aktive Freiheitspolitik

Die Alternative unserer Zeit. Auseinandersetzung der Sozialdemokratie mit dem Kommunismus, hg. v. Vorstand der Sozialdemokratischen Partei Deutschlands, Bonn 1960

Dietzfelbinger, Eckart – Die Protestaktionen gegen die Wiederaufrüstung der Bundesrepublik Deutschland von 1948-1955, phil. Diss. Erlangen-Nürnberg 1984, 1984

Dokumente der Sozialistischen Einheitspartei Deutschlands, Bde I ff, Berlin/DDR 1951 ff

Donat, Helmut / Holl, Karl (Hg.) – Die Friedensbewegung. Organisierter Pazifismus in Deutschland, Österreich und der Schweiz (Hermes Handlexikon), Düsseldorf 1983

Fenner, Christian – Demokratischer Sozialismus und Sozialdemokratie. Realität und Rhetorik der Sozialismusdiskussion in Deutschland, Frankfurt a. M./New York 1977

Fisch, Gerhard / Krause, Fritz – SPD und KPD 1945/46. Einheitsbestrebungen der Arbeiterparteien, dargestellt an Beispielen aus Südhessen, Frankfurt a. M. 1978

Freyberg, Jutta v. / Fülberth, Georg / Harrer, Jürgen / Hebel Kunze, Bärbel / Hofschen, Heinz-Gerd / Ott, Erich / Stuby, Gerhard – Geschichte der deutschen Sozialdemokratie von 1863 bis zur Gegenwart, Köln 1989

Gaida, Hans-Jürgen – Die offiziellen Organe der ostdeutschen Landsmannschaften. Ein Beitrag zur Publizistik der Heimatvertriebenen in Deutschland, Berlin 1973

Germer, Karl J. – Von Grotewohl bis Brandt. Ein dokumentarischer Bericht über die SPD in den ersten Nachkriegsjahren, Landshut 1974

Hirsch, Kurt – Rechts von der Union. Personen, Organisationen, Parteien seit 1945. Ein Lexikon, München 1989

… im Dienste der Unterwelt. Dokumentarbericht über den ›Untersuchungsausschuss freiheitlicher Juristen‹ – Verein kraft Verleihung – Berlin-Zehlendorf-West, Limastraße 29, Berlin/DDR 1959

Kather, Linus – Die Entmachtung der Vertriebenen, Bd. 1: Die entscheidenden Jahre; Bd. 2: Die Jahre des Verfalls, München/Wien 1964, 1965

Katschanow, W. A. / Schumski, W. S. – Sozialdemokratie im Widerstreit zwischen Antikommunismus und Arbeiterinteressen, Frankfurt a. M. 1973

Kimminich, Otto – Das Recht auf die Heimat, m. e. Vorwort v. Dr. Herbert Czaja MdB (Schriftenreihe der Kulturstiftung der deutschen Vertriebenen, Heft 8, 2. Aufl.), Bonn 1979

Kleßmann, Christoph – Betriebsparteigruppen und Einheitsgewerkschaft. Zur betrieblichen Arbeit der politischen Parteien in der Frühphase der westdeutschen Arbeiterbewegung, in: VfZ 31/1983, S. 272-307

Klotzbach, Kurt – Der Weg zur Staatspartei. Programmatik, praktische Politik und Organisation der deutschen Sozialdemokratie 1945 bis 1965, Berlin/Bonn 1982

Krause, Fritz – Antimilitaristische Opposition in der BRD 1949-55, Frankfurt a. M. 1971

Kreuz, Leo Ferdinand - Das Kuratorium unteilbares Deutschland. Untersuchungen zu einer deutschlandpolitisch tätigen Institution, phil Diss. Bonn 1978, Bonn 1979

Lademacher, Horst (Hg) - Gewerkschaften im Ost-West-Konflikt, Bd.1, Melsungen 1982

Löwke, Udo F. - Die SPD und die Wehrfrage 1949 bis 1955, Bonn-Bad Godesberg 1976

Merz, Kai-Uwe - Kalter Krieg als antikommunistischer Widerstand. Die Kampfgruppe gegen Unmenschlichkeit 1948-1959, München 1987

Möller, Martin - Evangelische Kirche und Sozialdemokratische Partei in den Jahren 1945-1950. Grundlagen der Verständigung und Beginn des Dialoges, Göttingen 1984

Müller, Henning - Das Exempel Kulturbund: Anatomie eines Verbotes, in: Kat. A ›Zwischen Krieg und Frieden‹, Berlin 1980, S. 175-182

Narr, Wolf-Dieter - CDU / SPD, Programm und Praxis seit 1945, Stuttgart/Berlin/Köln/Mainz 1966

Neumann, Franz - Der Block der Heimatvertriebenen und Entrechteten 1950-1960. Ein Beitrag zur Geschichte und Struktur einer politischen Interessenpartei; Marburger Abhandlungen zur Politischen Wissenschaft, hg. v. Wolfgang Abendroth, Bd. 5, Meisenheim am Glan 1968

Pirker, Theo - Die SPD nach Hitler. Die Geschichte der Sozialdemokratischen Partei Deutschlands 1945-1964, München 1965

Pütz, Helmuth (Hg.) - Konrad Adenauer und die CDU der Britischen Besatzungszone 1946-1949. Dokumente zur Gründungsgeschichte der CDU Deutschlands, Bonn 1975

Révész, Laszlo - Die Liquidierung der Sozialdemokratie in Osteuropa, Bern 1971

Rüss, Gisela - Anatomie einer politischen Verwaltung. Das Bundesministerium für gesamtdeutsche Fragen - Innerdeutsche Beziehungen, 1949-1970, München 1973

Rüther, Martin - Zwischen Zusammenbruch und Wirtschaftswunder. Betriebsratstätigkeit und Arbeiterverhalten in Köln 1945 bis 1952, Bonn 1991

Schulz, Klaus-Peter - Auftakt zum Kalten Krieg. Der Freiheitskampf der SPD in Berlin 1945/46, Berlin 1965

Sonnewald, Bernd - Die Entstehung und Entwicklung der ostdeutschen Landsmannschaften, wiso. Diss. FU Berlin 1975, Berlin 1975

Spittmann, Ilse (Hg.) - Die SED in Geschichte und Gegenwart, Köln 1987

Staritz, Dietrich - Sozialismus in einem halben Lande. Zur Programmatik und Politik der KPD/SED in der Phase der antifaschistisch-demokratischen Umwälzung in der DDR, Berlin 1976

Wambach, Manfred Max - Verbändestaat und Parteioligopol. Macht und Ohnmacht der Vertriebenenverbände, Bonner Beiträge zur Soziologie, Nr. 10, Stuttgart 1971

Weber, Hermann (Hg.) - Der deutsche Kommunismus. Dokumente, Köln 1963

Kunst- und Kulturgeschichte

Allgemeines:

Arbeitsgruppe Pädagogisches Museum (Hg.) - ›Heil Hitler, Herr Lehrer‹! Volksschule 1933-1945. Das Beispiel Berlin, erarbeitet von Norbert Franck (Redaktion) und Gesine Asmus (Bildredaktion), Reinbek 1983

›August 1914‹. Ein Volk zieht in den Krieg, hg. v. der Berliner Geschichtswerkstatt, Berlin 1989

Bänsch, Dieter (Hg.) - Die Fünfziger Jahre. Beiträge zu Politik und Kultur, Tübingen 1985

Brenke, Susan / Zwehl, Konrad v. (Hg.) - ›Angesichts des Trümmerfeldes …‹, Begleitheft zur Ausstellung anläßlich des 40. Jahrestages der Bayerischen Verfassung; Veröffentlichungen zur Bayerischen Geschichte und Kultur des Hauses der Bayer. Geschichte, Nr. 13/86, München 1986

Brumlik, Micha / Kiesel, Doron / Kugelmann, Cilly / Schoeps, Julius H. (Hg.) - Jüdisches Leben in Deutschland seit 1945, Frankfurt a. M. 1986

Buber-Neumann, Margarete - »Freiheit, du bist wieder mein …« Die Kraft zu überleben, München/Wien 1978

Der ewige Jude, 265 Bilddokumente, gesammelt von Dr. Hans Diebow, München/Berlin 1937

Filmer, Werner / Schwan, Heribert (Hg.) - Alltag im anderen Deutschland, Düsseldorf/Wien 1985

Finn, Gerhard/Julius, Liselotte (Hg.) - Von Deutschland nach Deutschland. Zur Erfahrung der inneren Übersiedlung, Köln 1983

Grosz, George – Das Gesicht der herrschenden Klasse & Abrechnung folgt, überarb. Neuausgabe nach der 1921 im Malik-Verlag Berlin ersch. 3. erw. Ausgabe, Frankfurt a. M. 1973

Hewison, Robert, – In Anger. Culture in the Cold War 1945-1960, London 1981

Kaminski, Andrzej J. – Konzentrationslager 1896 bis heute. Eine Analyse, Stuttgart/Berlin/Köln/Mainz 1982

Keen, Sam – Faces of the Enemy. Reflections of the Hostile Imagination, New York 1986

Kehr, Wolfgang / Halfbrodt, Dirk (Hg.) – München 1919. Bildende Kunst/Fotografie der Revolutions- und Rätezeit, München 1979

Kolbenhoff, Walter – Untermenschen, Kopenhagen 1933

Rademacher, Hellmut – Das deutsche Plakat von den Anfängen bis zur Gegenwart, Leipzig 1965

Ranke, Winfried – Deutsche Geschichte kurz belichtet. Photoreportagen von Gerhard Gronefeld 1937-1965, Berlin 1991

Rohrbacher, Stefan / Schmidt, Michael – Judenbilder. Kulturgeschichte antijüdischer Mythen und antisemitischer Vorurteile, Reinbek bei Hamburg 1991

Zentner, Christian – Illustrierte Geschichte der Ära Adenauer, München 1984

Mittel und Methoden von Propaganda:

Alef-Bolkowiak, Gustaw / Bergold, Wolfgang / Gaddi, Giuseppe – Nie wieder Faschismus. Antifaschistiche Widerstandsbewegung von gestern und heute im Spiegel der Plakate, hg. v. d. Internationalen Föderation der Widerstandskämpfer, Wien 1973

Arnold, Friedrich – Anschläge. 220 politische Plakate als Dokumente der deutschen Geschichte 1900-1980, ausgew. u. kommentiert v. Friedrich Arnold, Ebenhausen b. München 1985

Bärwald, Helmut/Scheffler, Herbert – Partisanen ohne Gewehr. Funktion Methoden und Argumente kommunistischer Infiltration, Köln 1967

Baumgarten, Jürgen – Volksfrontpolitik auf dem Theater. Zur kulturpolitischen Strategie in der »antifaschistisch-demokratischen Ordnung« in Berlin 1945-1949, Gaiganz 1975

Bohrmann, Hans (Hg.) – Politische Plakate, m. Beitr. v. Ruth Malhotra u. Manfred Hagen (Die bibliophilen Taschenbücher, Nr. 435), Dortmund 1984

Buchbender, Ortwin – Das tönende Erz. Deutsche Propaganda gegen die Rote Armee im Zweiten Weltkrieg, phil. Diss. Hamburg 1978, Stuttgart 1978

Buton, Philippe/Gervereau, Laurent – Le couteau entre les dents. 70 ans d'affiches communistes et anticommunistes. Préface d'Annie Kriegel, Paris 1989

Denscher, Bernhard (Hg.) – Von der Sinnlichkeit der roten Farbe. Victor Th. Slama, m. Beiträgen von Gerda Barth, Bernhard Denscher, René Grohnert u. Siegfried Mattl, Publikation zu einer Ausstellung der Wiener Stadt- und Landesbibliothek in der Volkshalle des Wiener Rathauses, Oktober 1990, Wien 1990

Diederich, Rainer / Grübling, Richard / Bartholl, Max – Die Rote Gefahr. Antisozialistische Bildagitation 1918-1976, Berlin 1976

Döring, J. – Der Mensch-Tier-Vergleich: Die Spinne als Zeichen, in: Kat. A ›Bild als Waffe‹. Mittel und Motive der Karikatur in fünf Jahrhunderten, Ausst. in Hannover, Dortmund, Göttingen, München 1984/85, S. 238 ff

Fecht, Thomas (Hg.) – Politische Karikatur in der BRD, Reinbek bei Hamburg 1974

Frank, Volker (Hg.) – Ich will wirken in dieser Zeit. Druckgraphik in der DDR (Insel-Bücherei Nr. 1000), Leipzig 1974

Gagel, Hanna – Studien zur Motivgeschichte des deutschen Plakats 1900-1914, phil. Diss. FU Berlin 1971, Berlin [1972]

Gittig, Heinz – Illegale antifaschistische Tarnschriften 1933 bis 1945 (87. Beiheft zum Zentralblatt für Bibliothekswesen), Leipzig 1972

Hagen, Manfred – Das politische Plakat als zeitgeschichtliche Quelle, in: Geschichte und Gesellschaft 5/1979, Heft 4, S. 412-436

Hagen, Manfred – Werbung und Angriff. Politische Plakate im Wandel von hundert Jahren, in: Bohrmann, Hans (Hg.) – Politische Plakate, Dortmund 1984, S. 49-69

Halfbrodt, Dirk / Herz, Rudolf – Revolution und Fotografie. München 1918/19, Publikation zur gleichnam. Ausst. im Münchner Stadtmuseum 1988, München/Berlin 1988

Herding, Klaus / Otto, Gunter (Hg.) – Nervöse Auffassungsorgane des inneren und äußeren Lebens, Gießen 1980

Hofmann, Werner – Die Karikatur. Eine Gegenkunst? in: Kat. A ›Bild als Waffe‹, München 1984, S. 355-383

Jefimow, Boris – Für einen dauerhaften Frieden – gegen die Kriegsbrandstifter, Zeichnungen von Boris Jefimow, Dresden 1951

Kade, Gerhard – Die Bedrohungslüge. Zur ›Legende von der Gefahr aus dem Osten‹, Berlin/DDR 1981

Kämpfer, Frank – »Der rote Keil«. Das politische Plakat, Theorie und Geschichte, Berlin 1985

Körner, Klaus – Kalter Krieg und kleine Schriften, in: Börsenblatt für den Deutschen Buchhandel, Nr. 77 vom 27. Sept. 1991, Beilage ›Aus dem Antiquariat‹, 1991/9, S. A329-340

Kukryniksy – Das anglo-amerikanische Panoptikum. Zeichnungen der Kukryniksy, Dresden 1952

Lewis, John – Printed Ephemera, Ipswich 1962

Malhotra, Ruth – Künstler und politisches Plakat, in: Bohrmann, Hans (Hg.) – Politische Plakate, Dortmund 1984, S. 11-48

Malhotra, Ruth – Politische Plakate 1914-1945, Bilderhefte des Museums für Kunst und Gewerbe Hamburg, Nr. 22, Hamburg 1988

Marienfeld, Wolfgang – Die Geschichte des Deutschlandproblems im Spiegel der politischen Karikatur, hg. v. d. Niedersächsischen Landeszentrale für politische Bildung, Hannover 1989

Müller, Henning – Theater im Zeichen des Kalten Krieges. Untersuchungen zur Theater- und Kulturpolitik in den Westsektoren Berlins 1945-1952, phil. Diss. Berlin 1976, Berlin 1976

Paul, Gerhard – Aufstand der Bilder. Die NS-Propaganda vor 1933, Bonn 1990

Piltz, Georg – Geschichte der europäischen Karikatur, Berlin/DDR 1976

Projektgruppe Arbeiterkultur Hamburg (Hg.) – ›Vorwärts und nicht vergessen‹. Arbeiterkultur in Hamburg um 1930. Materialien zur Geschichte der Weimarer Republik, hg. im Zush. mit der Ausstellung ›Vorwärts – und nicht vergessen‹ in Hamburg 1982, Hamburg/Berlin 1982

Rasche, Adelheid – Die Zeitschrift ›La Charge‹ und Karikaturen von 1870, hg. v. Pädagogischer Dienst der Staatlichen Museen Preußischer Kulturbesitz, Berlin 1991

Roth, Karl Heinz / Neumann, Nicolaus / Leib, Hajo – Invasionsziel: DDR – Psychologische Kampfführung vom Kalten Krieg zur neuen Ostpolitik, Hamburg 1971

Rürup, Reinhard – Der Krieg gegen die Sowjetunion 1941-1945. Eine Dokumentation, Berlin 1991

Spang, Paul – Von der Zauberflöte zum Standgericht. Naziplakate in Luxemburg 1940-1944. Die Kulissen einer Zeit mit der Wiedergabe von 678 Plakaten, davon 78 in Farbe, zahlreichen Dokumenten, Bildern und einer Schallplatte, Luxemburg 1982

Stöckle, Wilhelm – Das deutsche Kaiserreich. Ansichtskarten und Texte aus der wilhelminischen Zeit, 1888-1918, Stuttgart 1985

Stöckle, Wilhelm – Deutsche Ansichten. 100 Jahre Zeitgeschichte auf Postkarten, mit 66 farbigen und 67 Schwarzweiß-Abbildungen, München 1982

›Tagebuch der Strasse‹. Geschichte in Plakaten, hg. v. d. Wiener Stadtbibliothek, Redaktion Bernhard Denscher, Wien 1981

Unverfehrt, Gerd – Große Fische fressen kleine Fische. Zu Entstehung und Gebrauch eines satirischen Motivs, in: Kat. A ›Bild als Waffe‹, München 1984, S. 402-441

Unverfehrt, Gerd – Karikatur: Zur Geschichte des Begriffs, in: Kat. A ›Bild als Waffe‹, München 1984, S. 345-354

Verner, Waldemar – Probleme der psychologischen Kriegführung der Bonner Militaristen, Schriftenreihe zu Fragen der Militärpolitik, Heft 16, im Verlag des Ministeriums für Nationale Verteidigung, Berlin/DDR 1960

Wasmund, Klaus – Politische Plakate aus dem Nachkriegsdeutschland. Zwischen Kapitulation und Staatsgründung, 1945-1949, Frankfurt a.M. 1986

Weimarer Republik, hg. v. Kunstamt Kreuzberg in Berlin und d. Inst. für Theaterwiss. der Universität Köln, Berlin/Hamburg 1977

Zeller, Ursula – Die Frühzeit des politischen Bildplakats in Deutschland (1848-1918), phil. Diss. Tübingen 1987, Stuttgart 1987

Presse, Rundfunk, Film:

Aronson, James – The Press and the Cold War, New York 1970

Bausch, Hans – Rundfunk in Deutschland, Bd.1-5, München 1980

Belach, Helga – Henny Porten. Der erste deutsche Filmstar, Berlin 1986

Boelcke, Willi A. – Die Macht des Radios. Weltpolitik und Auslandsrundfunk 1924-1976, Frankfurt a.M./ Berlin/Wien 1977

Chronologischer Katalog des Wortbandarchivs im staatlichen Komitee für Rundfunk, hg. vom staatlichen Komitee für Rundfunk der DDR, Berlin/DDR 1975

Derenburg, Michael - Streifzüge durch vier RIAS-Jahrzehnte. Anfänge und Wandlungen eines Rundfunksenders, Berliner Forum 2/86, Berlin 1986

Dovifat, Emil - Der NWDR in Berlin 1946-1954, Berlin 1970

Eisfeld, R. / Müller, J. (Hg.) - Gegen Barbarei. Essays Robert M. W. Kempner zu Ehren, Frankfurt a.M. 1989

Erinnerungen sozialistischer Rundfunkpioniere, hg. und bearb. von einem Kollektiv des Lektorats Rundfunkgeschichte unter Leitung von Manfred Scholz, 2.Auflage Berlin/DDR 1985

Euchner, Walter - Unterdrückte Vergangenheitsbewältigung: Motive der Filmpolitik in der Ära Adenauer, in: Eisfeld, R. / Müller, J. (Hg.) - Gegen Barbarei. Essays Robert M. W. Kempner zu Ehren, Frankfurt a.M. 1989

Fischer, Kurt - Dokumente zur Geschichte des deutschen Rundfunks und Fernsehens, Göttingen/Berlin/Frankfurt a.M. 1957

Hanzel, Horst - Rundfunk und Arbeiterklasse. Zur Geschichte des Kampfes der deutschen Werktätigen um den Rundfunk, Berlin/DDR 1965

Heinrich, Erik - Vom NWDR Berlin zum SFB. Rundfunkpolitik in Berlin 1946-1954, Diss. FU Berlin 1987

Hurwitz, Harold - Der heimliche Leser, Beiträge zur Soziologie des geistigen Widerstandes, Köln/Berlin 1966

Hurwitz, Harold - Die Stunde Null der deutschen Presse. Die amerikanische Pressepolitik in Deutschland 1945-1949, Köln 1972

Internationales Handbuch für Rundfunk und Fernsehen. Hg. vom Hans Bredow-Institut für Rundfunk und Fernsehen an der Universität Hamburg, Hamburg 1961 ff

Kähler, Hermann - Der kalte Krieg der Kritiker. Zur antikommunistischen Kritik an der DDR-Literatur, Berlin/DDR 1974

Kalter Krieg. 60 Filme aus Ost und West, hg. von der Stiftung Deutsche Kinemathek, Berlin 1991

Knapp, Manfred - Die Stimme Amerikas. Auslandspropaganda der USA unter der Regierung John F. Kennedys, Opladen 1972

Koszyk, Kurt - Kontinuität oder Neubeginn? Massenkommunikation in Deutschland 1945-1949, Siegen 1981

Kreimeier, Klaus - Kino und Filmindustrie in der BRD, Kronenberg 1973

Lerg, Winfried B. / Steininger, Rolf (Hg.) - Rundfunk und Politik 1923-1973. Beiträge zur Rundfunkforschung, Berlin 1975

Magnus, Kurt - Der Rundfunk in der Bundesrepublik und in West Berlin, Frankfurt a.M. 1955

Mettler, Barbara - Demokratisierung und Kalter Krieg. Zur amerikanischen Informations- und Rundfunkpolitik in Westdeutschland 1945-1949, Berlin 1975

Mickelson, Sigmund - America's other Voice: The Story of Radio Free Europe and Radio Liberty, New York 1983

Orbanz, Eva / Prinzler, Hans Helmut (Hg) - Staudte, Berlin 1991

Ott, Volker - Der Bonner Staatsstreich gegen Rundfunk und Fernsehen. Eine Dokumentation über die Einbeziehung des westdeutschen Rundfunks und Fernsehens in die psychologische Kriegsführung der Bonner Militaristen, Berlin/DDR 1962

Pipke, Günter - Rundfunk und Politik. Kleine Geschichte des Rundfunks in Deutschland, Hildesheim 1961

Schmiech, Horst / Podewin, Norbert - Revanchismus über Ätherwellen. Eine Dokumentation über die Rolle westdeutscher Rundfunkanstalten bei der Propagierung revanchistischer und chauvinistischer Ziele, Berlin/DDR 1963

Thiel, Reinold E. - Obrigkeitszensur und Gruppenzensur, in: Filmkritik Nr. 2, 1964

Umlauff, Ernst - Der Wiederaufbau des Buchhandels, Frankfurt/M. 1978

Unternehmen Wellenkrieg. Fakten, Zitate, Argumente zur westdeutschen Rundfunk- und Fernsehpolitik, hg. v. der Bezirksleitung der SED, Schwerin 1966

Walther, Gerhard - Der Rundfunk in der Sowjetischen Besatzungszone Deutschlands, hg. v. Bundesministerium für Gesamtdeutsche Fragen, Bonn/Berlin 1961

Walther, Willy (Hg.) - Entwicklungsprobleme des imperialistischen Rundfunks, Leipzig 1968

Wilharm, Irmgard - Die verdeckten Spuren des Kalten Krieges im deutschen Unterhaltungsfilm, in: Magazin 5, Deutsches Historisches Museum, Berlin 1992

Ausstellungskataloge:

›1. 9. 39‹. Ein Versuch über den Umgang mit Erinnerung an den Zweiten Weltkrieg, eine Ausstellung des DHM bearb. v. Dieter Vorsteher, Andrea v. Hegel u. a., Berlin 1989

I. Deutsche Karikaturen-Ausstellung 1954, veranst. v. Verband Bildender Künstler Deutschlands u. d. Verband der Deutschen Presse, Sektion Pressezeichnen, Berlin/DDR 1954

»Agitprop im Krieg gegen das ›Großdeutsche Reich‹«. Sowjetische Plakate 1941-1946 aus dem Staatlichen Historischen Museum Moskau, DHM-Magazin, 1/1991, Heft 4, Berlin 1991

›Bilderwelten II‹ – Satirische Illustrationen im Frankreich der Jahrhundertwende aus der Sammlung v. Kritter, Katalog zur Ausstellung im Museum für Kunst und Kulturgeschichte in Dortmund vom 7. 3. bis 8. 5. 1986, hg. v. Gerhard Langemeyer, Dortmund 1986

Biró Mihály 1886 – 1948, Plakate. hg. v. Magyar Munkasmozgalmi Muzeum u. Österreichische Gesellschaft für Kulturpolitik, Dr.-Karl-Renner-Institut, Budapest/Wien 1986

Blockade und Luftbrücke. Legende oder Lehrstück? Die Berlin-Krise von 1948/49 und ihre Folgen; Katalog zur gleichnamigen Wanderausstellung, hg. v. Stiftung ›Luftbrückendank‹, Berlin 1988

›Der letzte Kaiser: Wilhelm II. im Exil‹, hg. i. A. des Deutschen Historischen Museums v. Hans Wilderotter und Klaus-D. Pohl, Gütersloh/München 1991

›Ein Krieg wird ausgestellt‹. Die Weltkriegssammlung des Historischen Museums (1914-1918), Kleine Schriften des Historischen Museums Frankfurt, Band 8, 1976

›Ein neuer Mensch – Herr einer neuen Welt‹. Das Bild des revolutionären Kämpfers und Erbauers der sozialistischen Gesellschaft in der deutschen und sowjetischen Grafik und Plastik 1917-1970, eine Ausstellung der Deutschen Akademie der Künste zu Berlin und der Akademie der Künste der UdSSR Moskau, Berlin/DDR 1970

›Geflüchtet unter das dänische Strohdach‹. Schriftsteller und bildende Künstler im dänischen Exil nach 1933. Eine Ausstellung der Königlichen Bibliothek Kopenhagen in Zusammenarbeit mit dem Kultusminister des Landes Schleswig-Holstein, bearb. v. Willy Dähnhardt u. Birgit S. Nielsen, Heide in Holstein 1988

›Kriegsgefangen‹. Katalog zu einer Ausstellung des DHM, bearb. von Wilfried Rogasch u. a., Berlin 1990

›Künstler im Klassenkampf‹, Sonderausstellung des Museums für Deutsche Geschichte von April bis Juni 1988, m. e. Einführung von Harald Olbrich, Berlin/DDR 1988

›Preußen – Versuch einer Bilanz‹, Katalog einer Ausstellung der Berliner Festspiele GmbH in fünf Bänden, Bd. I, Ausstellungsführer, hg. v. Gottfried Korff, Text von Winfried Ranke, Reinbek 1981

»Von der ›Stunde 0‹ zum ›Tag X‹«. Das Saarland 1945-1959. Katalog zur Ausstellung des Regionalgeschichtlichen Museums im Saarbrücker Schloß, Saarbrücken 1990

›Wem gehört die Welt‹. Kunst und Gesellschaft in der Weimarer Republik, hg. zu einer Ausstellung der NGBK in Berlin 1977, Berlin 1977

›Zehn statt tausend Jahre. Die Zeit des Nationalsozialismus an der Saar (1935-1945)‹. Katalog zur Ausstellung des Regionalgeschichtlichen Museums im Saarbrücker Schloß, Saarbrücken 1988

›Zwischen Kaltem Krieg und Wirtschaftswunder‹. Eine Ausstellung aus den Beständen der Plakatsammlung des Münchner Stadtmuseums, 22. Oktober 1982 bis 9. Januar 1983, München 1982

Register

Personen- und Sachregister weisen Stellen in den Aufsätzen und in der Zeittafel nach; das Verzeichnis der Ausstellungsstücke sowie das lexikalisch angelegte Glossar zu ›Agenturen des Kalten Krieges in Deutschland‹ wurden nicht erschlossen. Seitenzahlen, die mit einem * gekennzeichnet sind, verweisen auf Abbildungen.

Personenregister

Sach- und Namensregister

Abkürzungen

ADN *Allgemeiner Deutscher Nachrichtendienst*
ADK *Arbeitsgemeinschaft Demokratischer Kreise*

BAK *Bundesarchiv Koblenz*
BdD *Bund der Deutschen*
BdV *Bund der Vertriebenen/Vereinigte Landsmannschaften*
BfgA *Bundesanstalt für gesamtdeutsche Aufgaben*
BHE *Bund der Heimatvertriebenen und Entrechteten*
BMG *Bundesministerium für gesamtdeutsche Fragen*
BMVt *Bundesministerium für Vertriebene, Flüchtlinge und Kriegsgeschädigte*
BND *Bundesnachrichtendienst*
BPA *Bundespresseamt*
BPK *Bildarchiv Preußischer Kulturbesitz*
BRD *Bundesrepublik Deutschland*
BvD *Bund der vertriebenen Deutschen*

CENTO-Pakt *Central Treaty Organization*
CDU *Christlich-Demokratische Union*
CSU *Christlich-Soziale Union in Bayern*
Comecon *Council for Mutual Economic Assistance*

DAF *Deutsche Arbeitsfront*
DEFA *Deutsche Film AG*
DFU *Deutsche Friedensunion*
DGB *Deutscher Gewerkschaftsbund*
DHM *Deutsches Historisches Museum*
DIAS *Drahtfunk im Amerikanischen Sektor*
DJO *Deutsche Jugend des Ostens*
DP *Deutsche Partei*
DWK *Deutsche Wirtschaftskommission*

EAC *European Advisory Commission*
EGKS *Europäische Gemeinschaft für Kohle und Stahl*
ERP *European Recovery Program*

Euratom *Europäische Atomgemeinschaft (auch EAG)*
EVG *Europäische Verteidigungsgemeinschaft*

FDGB *Freier Deutscher Gewerkschaftsbund*
FDJ *Freie Deutsche Jugend*
FDP *Freie Demokratische Partei*
FES *Friedrich-Ebert-Stiftung*
FSK *Freiwillige Selbstkontrolle der Filmwirtschaft*

GB/BHE *Gesamtdeutscher Block/Bund der Heimatvertriebenen und Entrechteten*
GDP *Gesamtdeutsche Partei*
GST *Gesellschaft für Sport und Technik*
GVP *Gesamtdeutsche Volkspartei*

KAS *Konrad-Adenauer-Stiftung*
KgU *Kampfgruppe gegen Unmenschlichkeit*
KOMINFORM *Informationsbüro der Kommunistischen und Arbeiterparteien*
KOMINTERN *Kommunistische Internationale*
KPC *Kommunistische Partei Chinas*
KPD *Kommunistische Partei Deutschlands*
KPdSU *Kommunistische Partei der Sowjetunion*
KUD *Kuratorium Unteilbares Deutschland*
KVP *Kasernierte Volkspolizei*

LAB *Landesarchiv Berlin*
LBB *Landesbildstelle Berlin*
LDPD *Liberaldemokratische Partei Deutschlands*
LPG *Landwirtschaftliche Produktionsgenossenschaft*

MfS *Ministerium für Staatssicherheit*

NATO *North Atlantic Treaty Organization*
NÖSPL *Neues ökonomisches System der Planung und Leitung der Volkswirtschaft*
NSDAP *Nationalsozialistische Deutsche Arbeiterpartei*
NVA *Nationale Volksarmee*
NWDR *Nordwestdeutscher Rundfunk*

PSK *Referat ›Psychologische Kampfführung‹ im Führungsstab der Bundeswehr*

RFE *Radio Free Europe*
RGW *Rat für gegenseitige Wirtschaftshilfe*
RIAS *Rundfunk im Amerikanischen Sektor*

SAG *Sowjetische Aktiengesellschaft*
SBZ *Sowjetische Besatzungszone*
SDK *Stiftung Deutsche Kinemathek*
SEATO *South East Asia Treaty Organization*
SED *Sozialistische Einheitspartei Deutschlands*
SFB *Sender Freies Berlin*
SMAD *Sowjetische Militäradministration in Deutschland*
SPD *Sozialdemokratische Partei Deutschlands*
SRP *Sozialistische Reichspartei*

UfJ *Untersuchungsausschuß freiheitlicher Juristen*
UGO *Unabhängige Gewerkschaftsopposition*
UNESCO *United Nations Educational, Scientific and Cultural Organization*
USIA *United States Information Agency*

VdH *Verband der Heimkehrer, Kriegsgefangenen und Vermißtenangehörigen Deutschlands*
VdL *Verband der ostdeutschen Landsmannschaften e. V.*
VdS *Verband deutscher Soldaten*
VEB *Volkseigener Betrieb*
VFF *Volksbund für Frieden und Freiheit*
VFWD *Verein zur Förderung der Wiedervereinigung*
VOS *Vereinigung der Opfer des Stalinismus*
VVB *Vereinigung Volkseigener Betriebe*
VVN *Vereinigung der Verfolgten des Naziregimes*

WEU *Westeuropäische Union*

ZOPE *Zentralvereinigung der Nachkriegsemigranten aus der UdSSR*
ZPKK *Zentrale Parteikontrollkommission*

Abbildungsnachweis

Die Leihgeber von Abbildungsvorlagen sind in den Bildlegenden mit nachstehenden Abkürzungen genannt. Alle anderen Abbildungen sind im Besitz des Deutschen Historischen Museums oder der im Ausstellungsverzeichnis angeführten Leihgeber.

ADN *Allgemeiner Deutscher Nachrichtendienst*
BAK *Bundesarchiv Koblenz*
DHM *Deutsches Historisches Museum*
FES *Archiv der Sozialen Demokratie der Friedrich-Ebert-Stiftung*
KAS *Archiv für Christlich-Demokratische Politik, Konrad-Adenauer-Stiftung*
LAB *Landesarchiv Berlin*
LBB *Landesbildstelle Berlin*
SDK *Stiftung Deutsche Kinemathek*

Bausteine des Deutschen Historischen Museums

1.9.39
Ein Versuch über den Umgang mit Erinnerung an den Zweiten Weltkrieg
Herausgegeben von *Dieter Vorsteher*

Baustein 1, 1989
Broschur, 21 x 24 cm, 152 Seiten, 137 s/w Abb., DM 20,– (vergriffen)

Kriegsgefangen
Objekte aus der Sammlung des Archivs und Museums der Kriegsgefangenschaft, Berlin und des Verbandes der Heimkehrer, Kriegsgefangener und Vermißtenangehöriger Deutschlands e. V. Bonn-Bad Godesberg im Deutschen Historischen Museum
Herausgegeben von *Rosemarie Beier* und *Regine Falkenberg*

Baustein 2, 1990
Broschur, 21 x 24 cm, 176 Seiten, 199 Abb., DM 20,–

Der Gläserne Mensch – Eine Sensation
Zur Kulturgeschichte eines Ausstellungsobjektes
Herausgegeben von *Rosemarie Beier* und *Martin Roth*

Baustein 3, 1990
Broschur, 22 x 28,5 cm, 160 Seiten, 111 Abb. in Duplex, 22 in Farbe, DM 36,–
Im Buchandel gebunden erhältlich

Leibesvisitation
Blicke auf den Körper in 5 Jahrhunderten
Objekte der Ausstellung des Deutschen Historischen Museums Berlin und des Deutschen Hygiene Museums Dresden
Herausgegeben von *Rosemarie Beier*

Baustein 4, 1990
Geheftete Broschur, 21 x 29,5 cm, 40 Seiten, 15 s/w Abb., DM 5,–

Winfried Ranke
Deutsche Geschichte – kurz belichtet
Photoreportagen von Gerhard Gronefeld 1937-1965
Herausgegeben von *Dieter Vorsteher*

Baustein 5, 1991
Broschur, Fadenheftung, 21 x 28,5 cm, 332 Seiten, 498 s/w Abb., DM 29,80
Im Buchandel gebunden erhältlich

Zeitzeugen
Ausgewählte Objekte aus dem Deutschen Historischen Museum
Herausgegeben von *Rosemarie Beier* und *Gottfried Korff*

Baustein 6, 1992
Hardcover, Fadenheftung, 29 x 20,5 cm, 296 Seiten, 315 Abb., davon 199 in Farbe, DM 68,–

Eisenkleider
Plattnerarbeiten aus drei Jahrhunderten aus der Sammlung des Deutschen Historischen Museums
Herausgegeben von *Gerhard Quaas*

Baustein 7, 1992
Schweizer Broschur, 21 x 24 cm, 132 Seiten, 90 Abb., davon 12 in Farbe, DM 19,80

Kunst! Kommerz! Visionen!
Deutsche Plakate 1888-1933
Herausgegeben von *Hellmut Rademacher* und *René Grohnert*

Baustein 8, 1992
Broschur, 24 x 33 cm, 292 Seiten, über 350 Abb., davon 200 in Farbe, DM 58,–
Im Buchhandel gebunden erhältlich

Für die im Buchhandel erhältlichen Titel wenden Sie sich bitte an Ihre nächste Buchhandlung, ansonsten richten Sie Ihre Bestellung an:

Deutsches Historisches Museum / Zeughaus
Unter den Linden 2 / O-1086 Berlin